AF537955

SPIDER-MAN/BLACK CAT

DAS BÖSE IN DIR

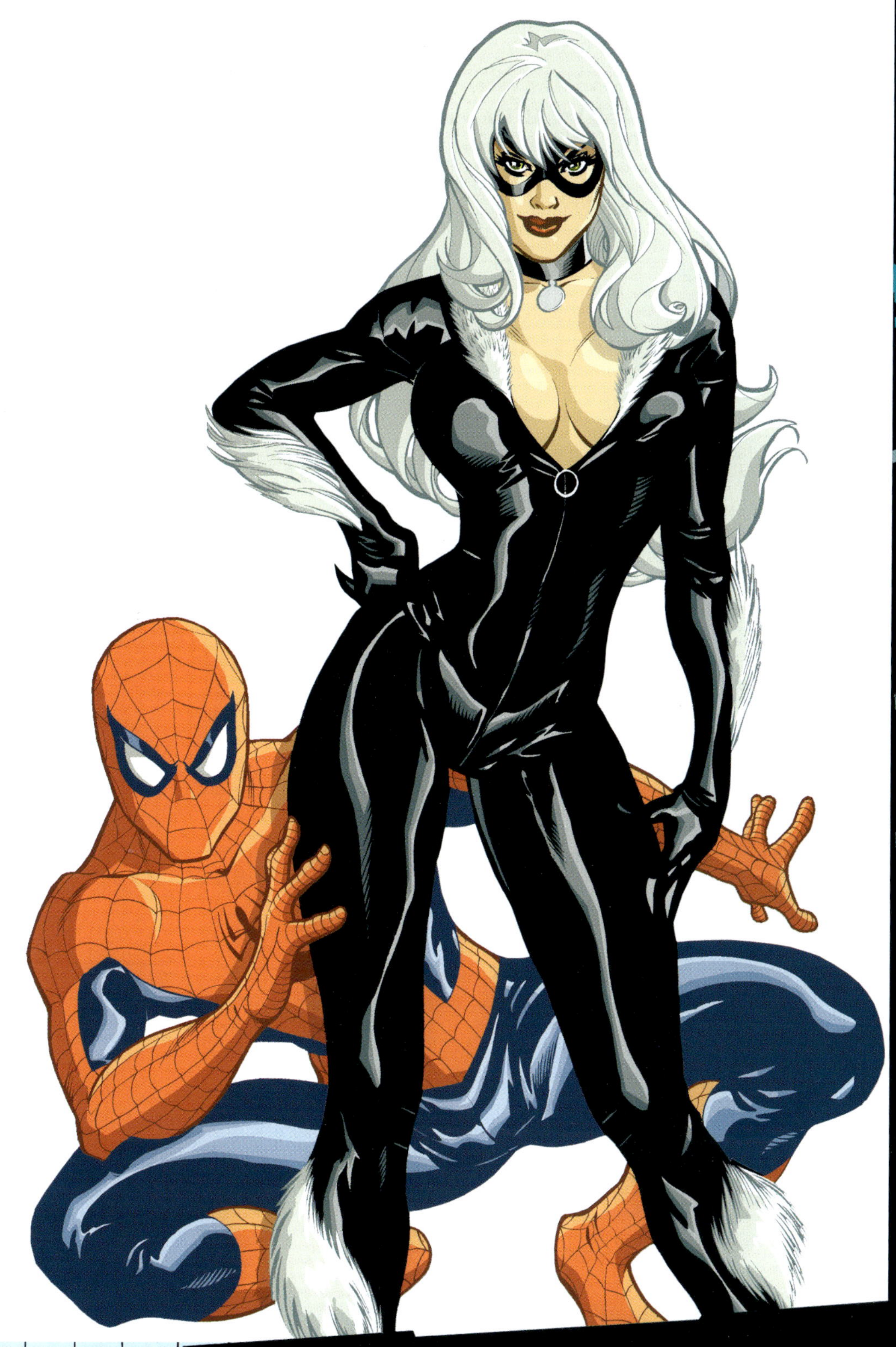

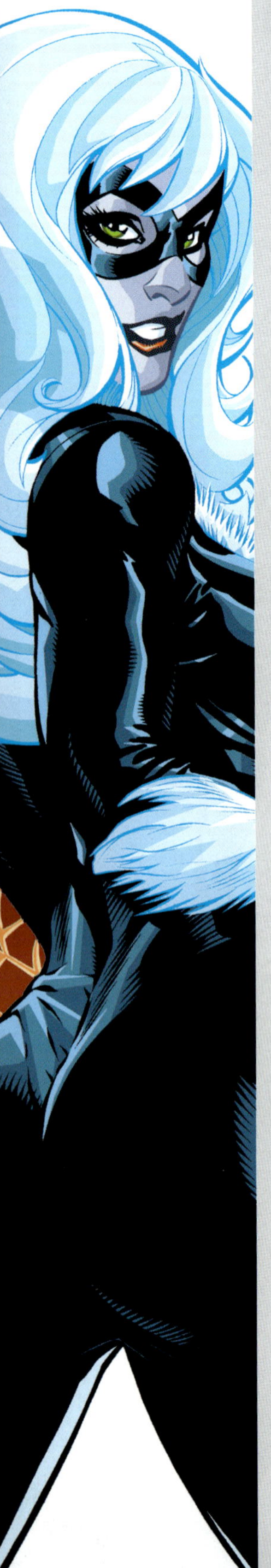

INHALT

MARVEL

SPIDER-MAN/BLACK CAT

DAS BÖSE IN DIR

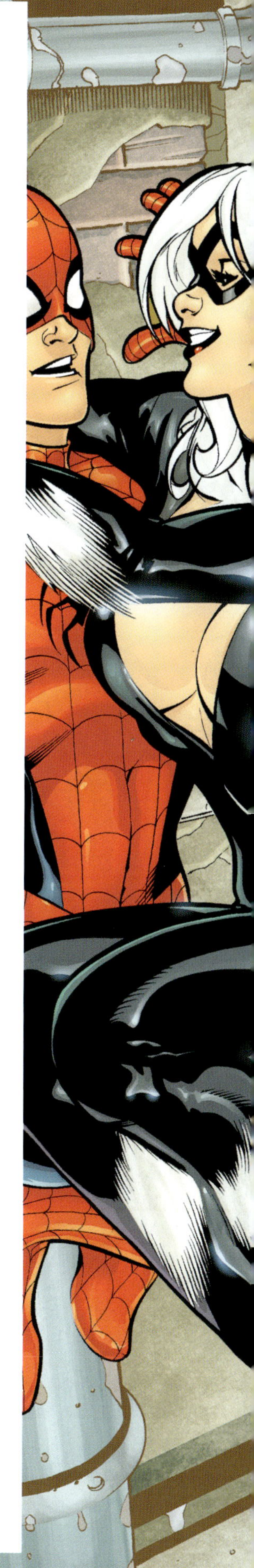

KEVIN SMITH
STORY

TERRY DODSON
ZEICHNUNGEN

RACHEL DODSON
TUSCHE

RACHEL DODSON (1, 5)
LEE LOUGHRIDGE (2-4, 6)
FARBEN

ELLETI
GIANLUCA PINI
LETTERING

MICHAEL STRITTMATTER
ÜBERSETZUNG

JOHN MIESEGAES
WARREN SIMONS
REDAKTION USA

C. B. CEBULSKI
CHEFREDAKTEUR USA

MARVEL MUST-HAVE: SPIDER-MAN/BLACK CAT – DAS BÖSE IN DIR erscheint bei **PANINI COMICS**, Schloßstraße 76, D-70176 Stuttgart. Druck: Lito Terrazzi Industria Grafica. Pressevertrieb: Stella Distribution GmbH, D-22297 Hamburg. Direkt-Abos auf **www.paninicomics.de.** Anzeigenverkauf: BLAUFEUER VERLAGSVERTRETUNGEN GmbH, info@blaufeuer.com. Es gilt die Anzeigenpreisliste Nr. 18 vom 01.10.2020. Geschäftsführer **Hermann Paul**, Publishing Director Europe **Marco M. Lupoi**, Finanzen **Felix Bauer**, Marketing Director **Holger Wiest**, Marketing **Fabio Cunetto**, Vertrieb **Alexander Bubenheimer**, Logistik **Ronald Schäffer**, PR/Presse **Steffen Volkmer**, Publishing Manager **Lisa Pancaldi**, Redaktion **Christian Endres**, **Harald Gantzberg**, **Matthias Korn**, **Anja Seiffert**, **Kristina Starschinski**, **Ilaria Tavoni**, **Daniela Uhlmann**, Übersetzung **Bernd Kronsbein**, **Michael Strittmatter**, Proofreading **Daniela Uhlmann**, Lettering **Elleti**, **Gianluca Pini**, grafische Gestaltung **Marco Paroli**, **Barbara Sarti**, Art Director **Alessandro Gucciardo**, Redaktion Panini Comics **Annalisa Califano**, **Beatrice Doti**, Prepress **Cristina Bedini**, **Andrea Lusoli**, **Nicola Soressi**, Repro/Packager **Alessandro Nalli** (coordinator), **Mario Da Rin Zanco**, **Valentina Esposito**, **Luca Ficarelli**, **Linda Leporati**. Deutsche Edition bei Panini Verlags-GmbH unter Lizenz von Marvel Characters B.V. Cover von **Terry Dodson**, *Spider-Man/Black Cat: The Evil That Men Do* (2002) HC.

Bibliografische Information der Deutschen Nationalbibliothek
Die Deutsche Nationalbibliothek verzeichnet diese Publikation in der Deutschen Nationalbibliografie; detaillierte bibliografische Daten sind im Internet über dnb.d-nb.de abrufbar.

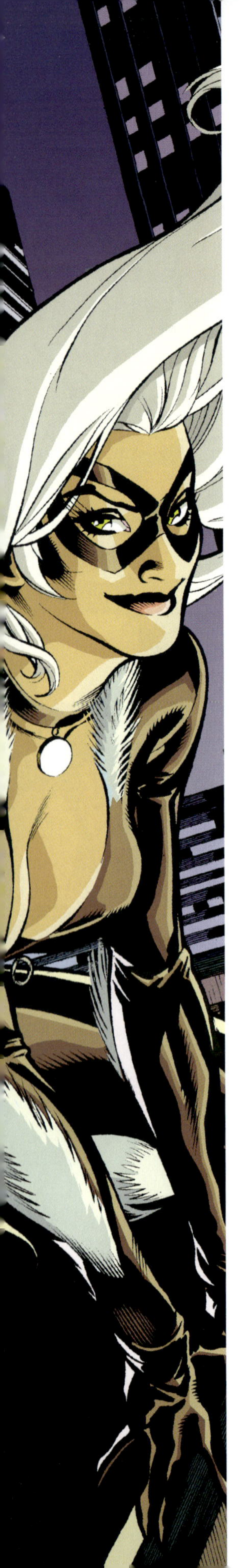

SPINNE, KATZE UND TEUFEL

Ende der 1990er hatte der beliebte Filmemacher und bekennende Comic-Fan **Kevin „Silent Bob" Smith** dabei geholfen, Marvel vor dem wirtschaftlichen Kollaps und dem kreativen Bankrott zu bewahren. Die berühmte DAREDEVIL-Saga aus seiner Feder, die er zusammen mit **Joe Quesada** und **Jimmy Palmiotti** unter dem Banner von Marvel Knights inszenierte, gehörte damals zu den Titeln, die Marvels Ruf als waschechtes Haus der Ideen wiederherstellten und viele alte wie neue Leser erstmals oder abermals für die Comics und Helden aus dem Kosmos von **Spider-Man**, den **Avengers** und den **X-Men** begeisterten. Damals involvierte Autor Smith nicht nur **Dr. Strange** und **Black Widow** in eine packende Geschichte über **Matt Murdock**, den blinden Anwalt und katholischen Mann ohne Furcht aus Hell's Kitchen, sondern ließ obendrein Spider-Mans alten Gegenspieler **Mysterio**, den Meister der Illusion und Spezialeffekte **Quentin Beck**, Selbstmord begehen. Die Spannung und Freude der Fans von Kevin Smith und den Marvel-Ikonen war entsprechend groß, als nach dem Jahrtausendwechsel bekannt wurde, dass Smith ein neues Marvel-Projekt in Arbeit hatte: Diesmal ging es um eine Panel-Miniserie mit Spider-Man, **Black Cat** und abermals **Daredevil**, die vom zeichnenden Ehepaar **Terry** und **Rachel Dodson** grandios visualisiert werden sollte. Am Ende dauerte es länger als geplant, bis Smith endlich alle Hefte geschrieben hatte, doch die Geschichte ist vielen Lesern nicht bloß wegen des immer sehenswerten Artworks der Dodsons als denkwürdig in Erinnerung geblieben – schließlich enthüllte Smith einige schockierende Details über Felicias Vergangenheit.

Felicia Hardy, die Tochter des berüchtigten Einbrechers **Walter Hardy**, debütierte im Jahre 1979 im heute klassischen US-Heft *Amazing Spider-Man* 194 von Autor **Marv Wolfman** und Zeichner **Keith Pollard**, mit Kostümdesign-Input von der zeichnenden X-Men-Legende **Dave Cockrum** und einem ikonischen Cover von Comic-Könner **Al Milgrom**. Bei ihrem ersten Schlagabtausch waren Spider-Man und die maskierte Diebin noch Widersacher. Früher ließ Black Cat ihre Gegner glauben, wie die sprichwörtliche schwarze Katze Pech zu bringen, was sie durch im Vorfeld präparierte Schauplätze ihrer Kämpfe erreichte. In den 1980ern wurden Black Cat und der Netzkopf allerdings ein Paar. Die diebische Katze wechselte für ihn sogar ins Lager der Helden und half Spidey gegen Superbösewichte wie **Dr. Octopus**. Spider-Man demaskierte sich außerdem vor Black Cat, die ihren „Spider" dummerweise aber viel aufregender fand als **Peter Parker**. Um mit ihrem Lover und all den Superschurken mithalten zu können, unterzog sich Cat einem Experiment, das ihr Superkräfte und echte Pechkräfte gab. Als herauskam, dass der kriminelle Kingpin **Wilson Fisk** das Experiment finanziert hatte, ging die Beziehung von Spider-Man und Black Cat endgültig in die Brüche. Daraufhin wurde es zwischen Pete und **Mary Jane Watson** ernst. Dennoch half Black Cat dem Wandkrabbler z. B. 1993 im Event **Maximum Carnage**. Trotz allem verließ Felicia die Stadt und gründete eine Detektiv- und Sicherheitsagentur. 2002, als die Story über Black Cats Rückkehr nach New York startete, lebten Peter und Mary Jane getrennt …

Christian Endres

DAS BÖSE IN DIR, TEIL 1: WHAT'S NEW, PUSSYCAT?

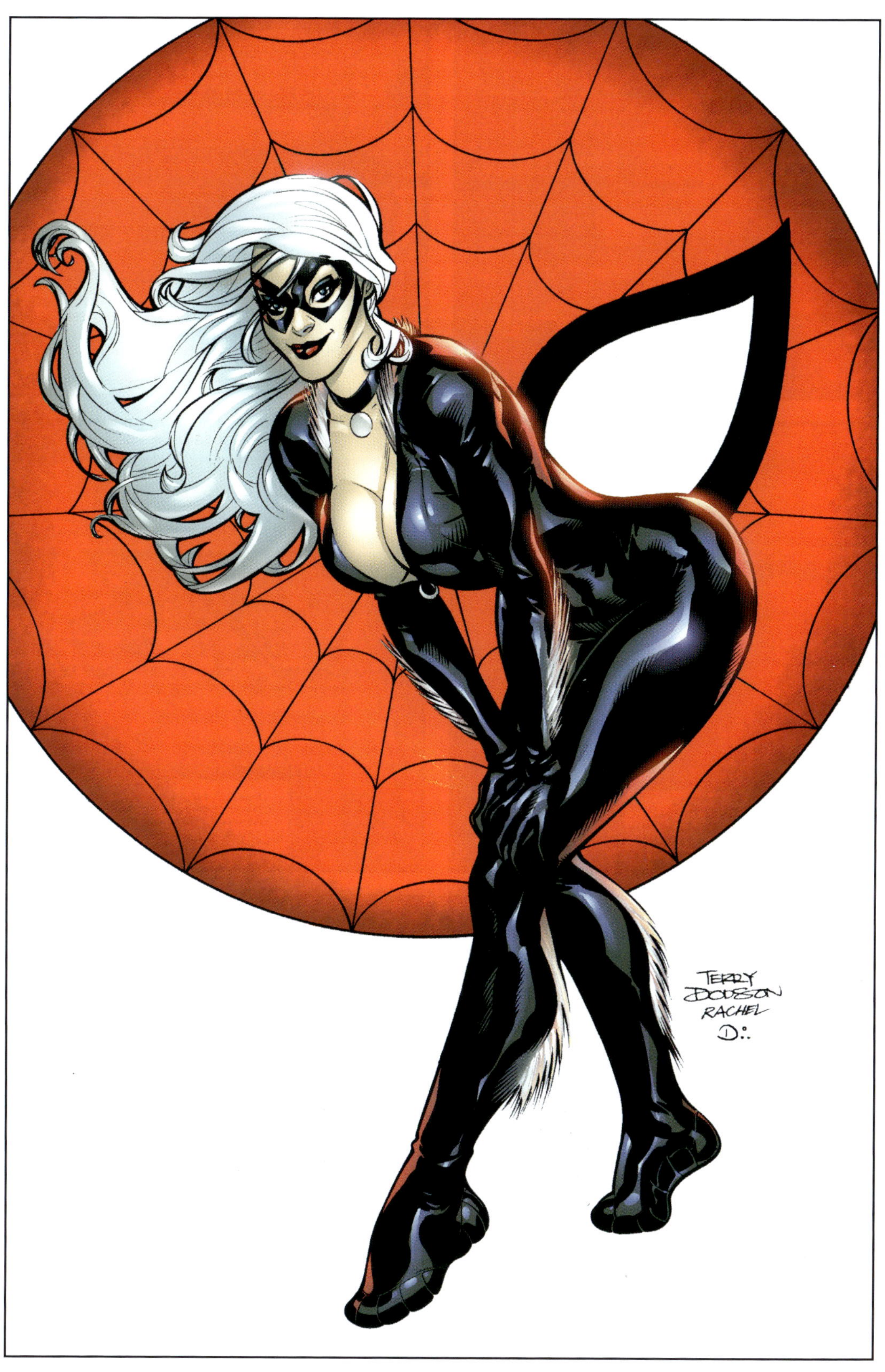

Spider-Man/Black Cat: The Evil That Men Do (2002) 1
Cover von **TERRY DODSON**

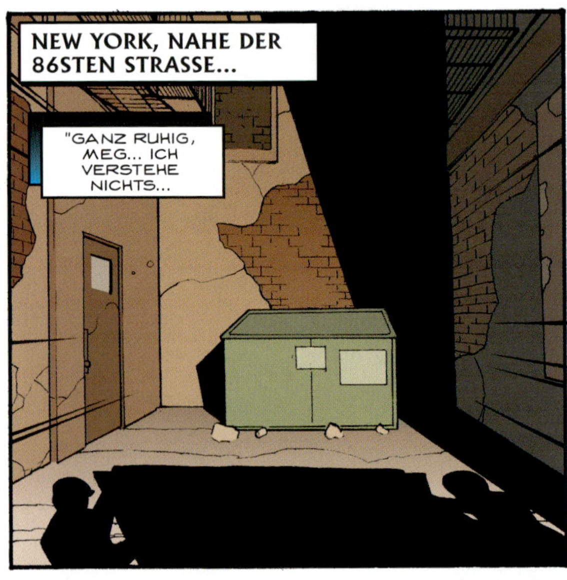
NEW YORK, NAHE DER 86STEN STRASSE...
"GANZ RUHIG, MEG... ICH VERSTEHE NICHTS...

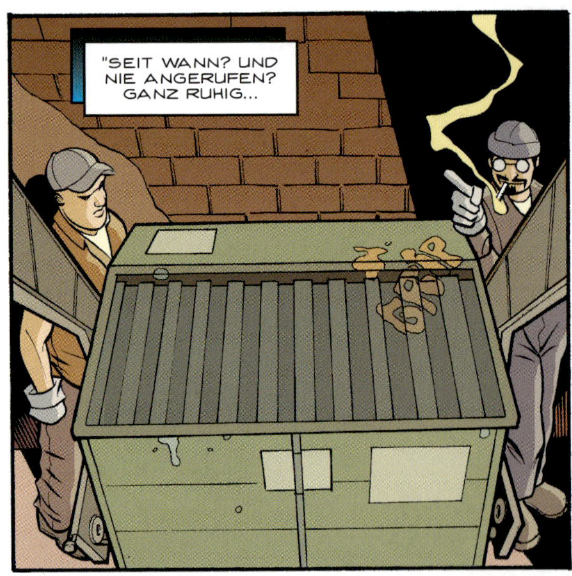
"SEIT WANN? UND NIE ANGERUFEN? GANZ RUHIG...

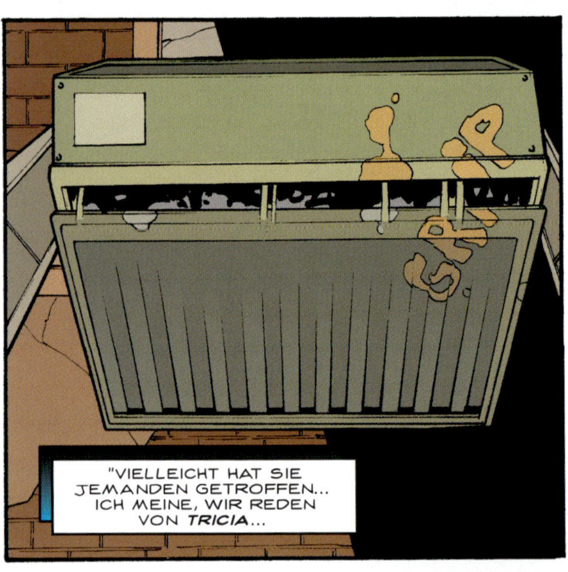
"VIELLEICHT HAT SIE JEMANDEN GETROFFEN... ICH MEINE, WIR REDEN VON *TRICIA*...

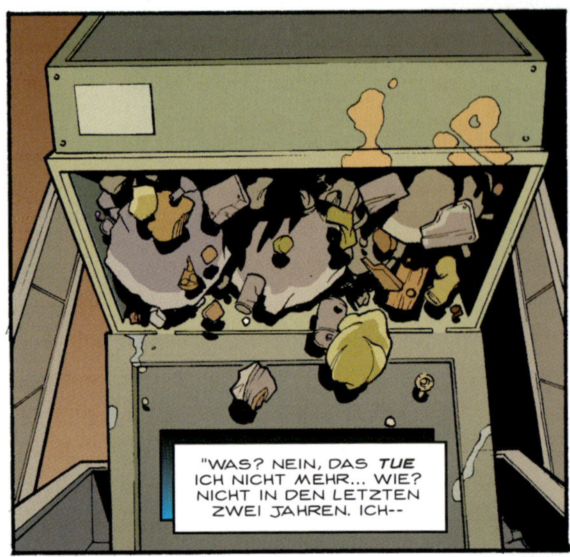
"WAS? NEIN, DAS *TUE* ICH NICHT MEHR... WIE? NICHT IN DEN LETZTEN ZWEI JAHREN. ICH--

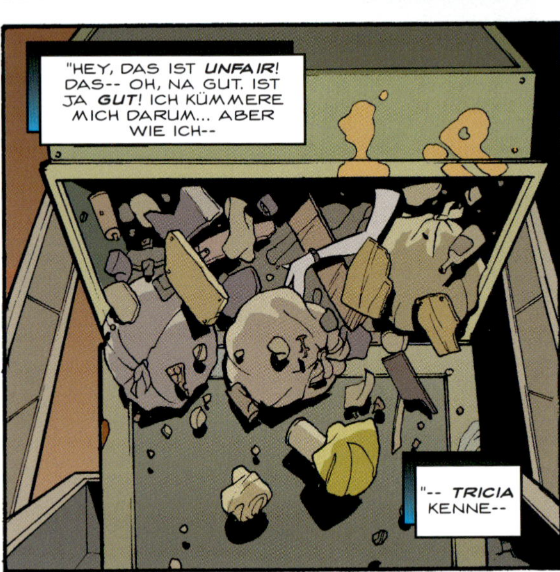
"HEY, DAS IST *UNFAIR*! DAS-- OH, NA GUT. IST JA *GUT*! ICH KÜMMERE MICH DARUM... ABER WIE ICH--
"-- *TRICIA* KENNE--

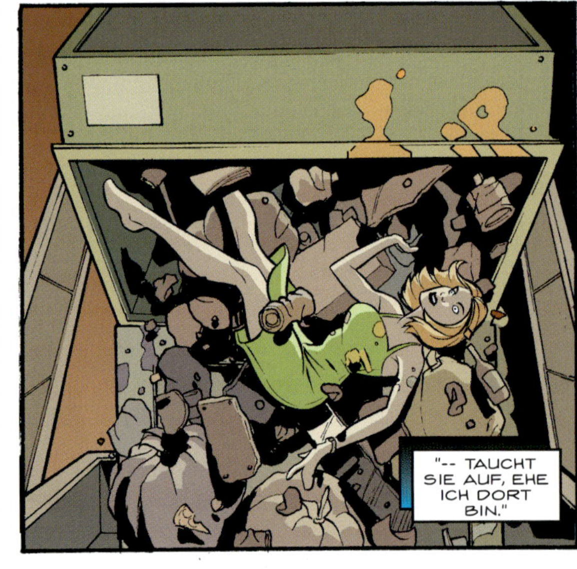
"-- TAUCHT SIE AUF, EHE ICH DORT BIN."

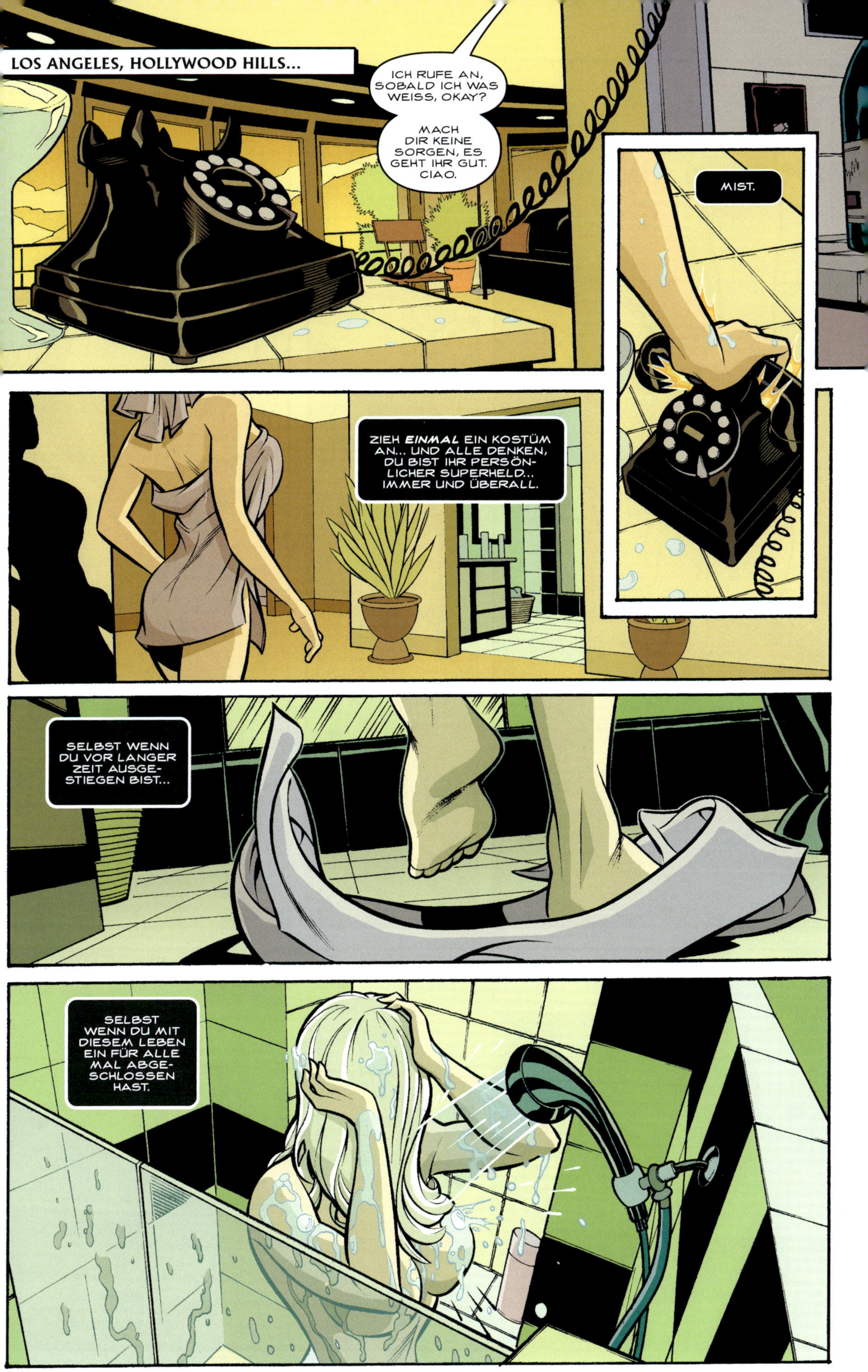

LOS ANGELES, HOLLYWOOD HILLS...

ICH RUFE AN, SOBALD ICH WAS WEISS, OKAY?

MACH DIR KEINE SORGEN, ES GEHT IHR GUT. CIAO.

MIST.

ZIEH *EINMAL* EIN KOSTÜM AN... UND ALLE DENKEN, DU BIST IHR PERSÖNLICHER SUPERHELD... IMMER UND ÜBERALL.

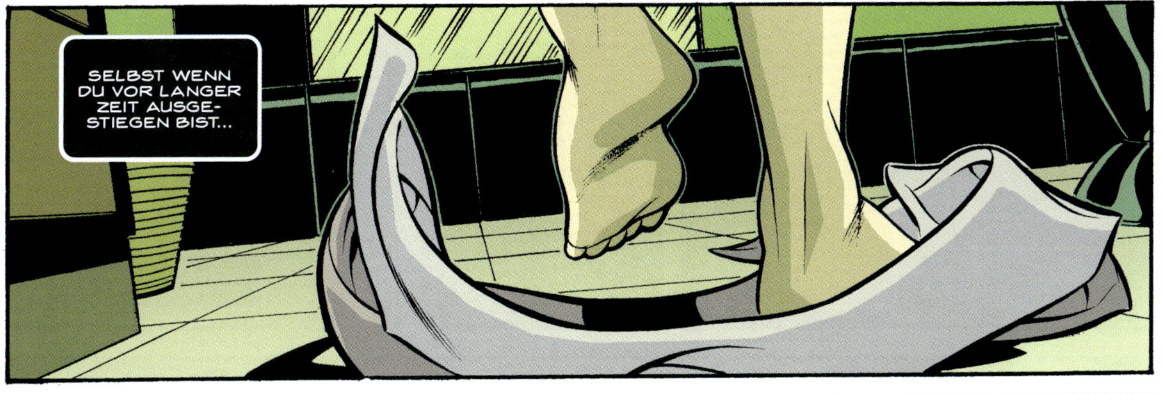

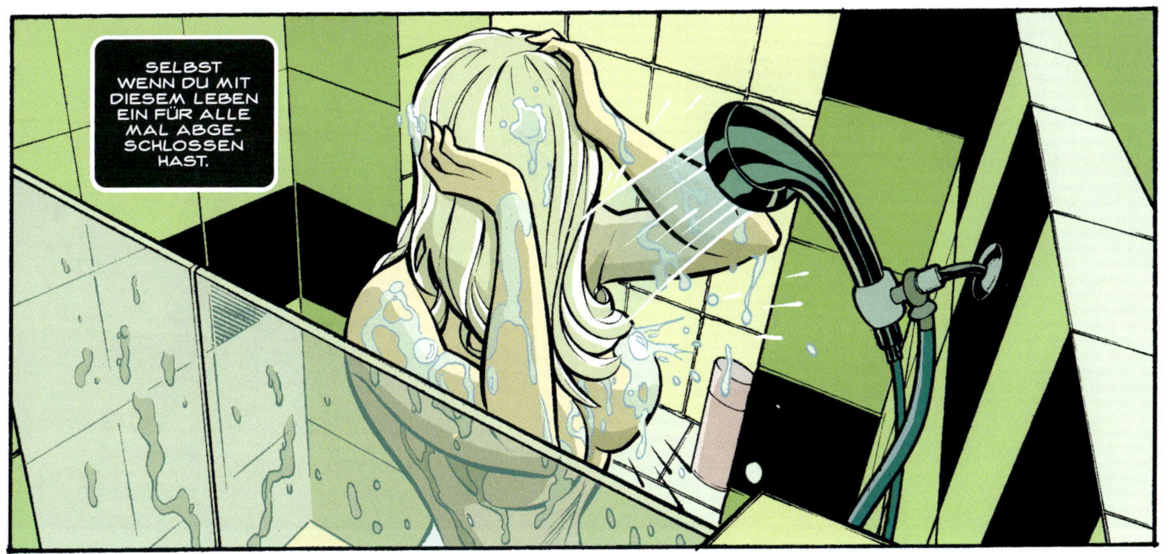

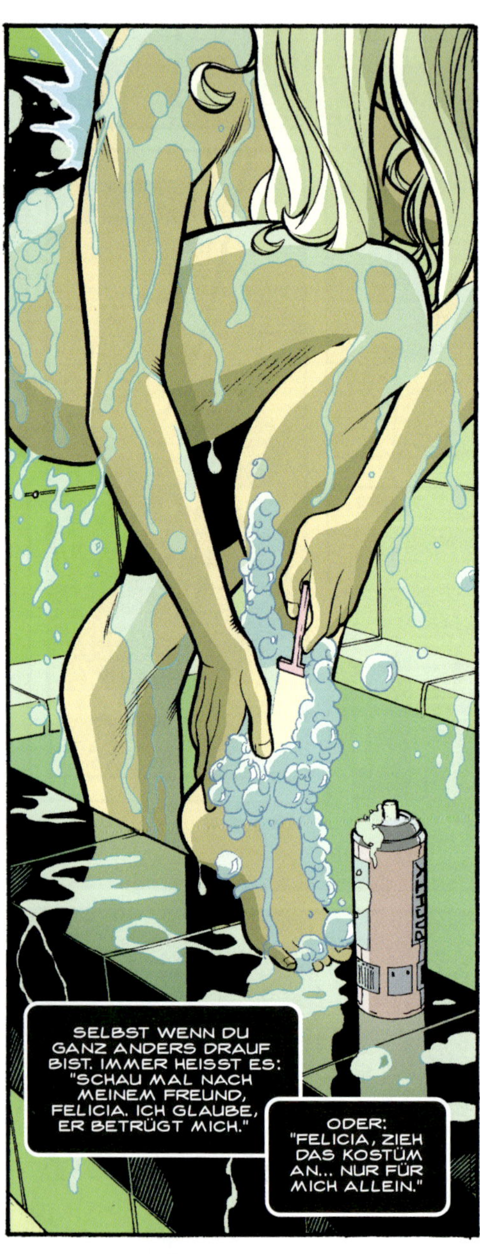
SELBST WENN DU GANZ ANDERS DRAUF BIST. IMMER HEISST ES: "SCHAU MAL NACH MEINEM FREUND, FELICIA. ICH GLAUBE, ER BETRÜGT MICH."
ODER: "FELICIA, ZIEH DAS KOSTÜM AN... NUR FÜR MICH ALLEIN."

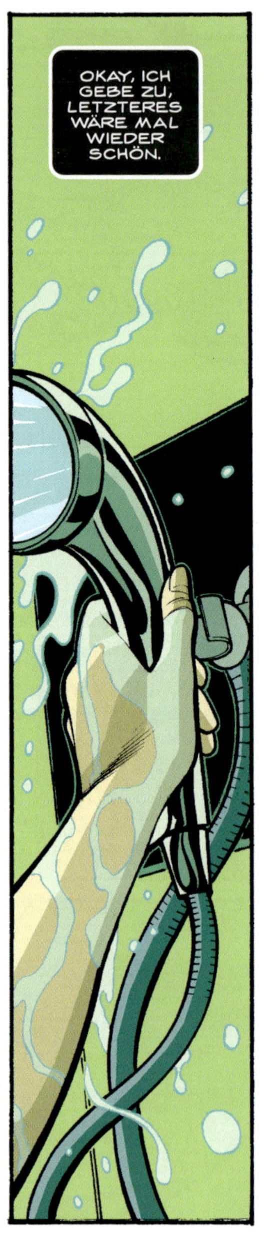
OKAY, ICH GEBE ZU, LETZTERES WÄRE MAL WIEDER SCHÖN.

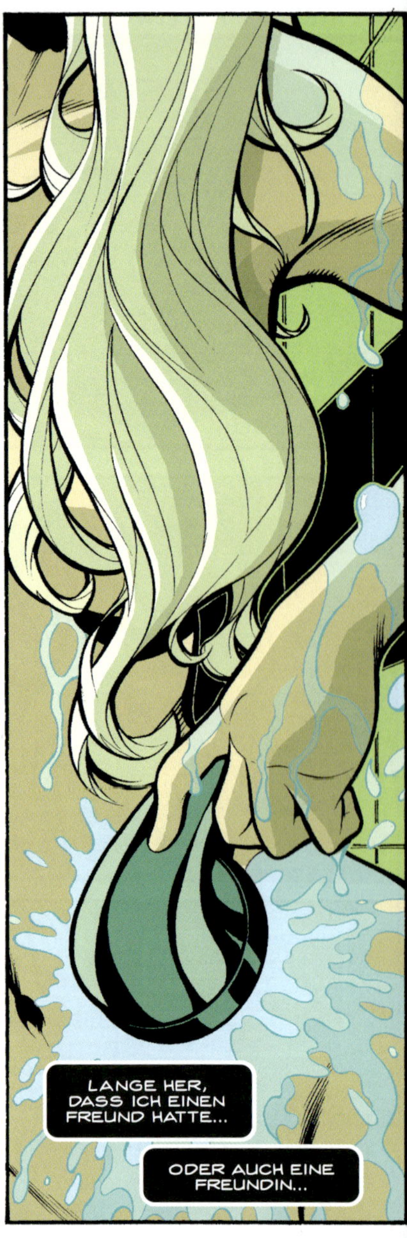
LANGE HER, DASS ICH EINEN FREUND HATTE...
ODER AUCH EINE FREUNDIN...

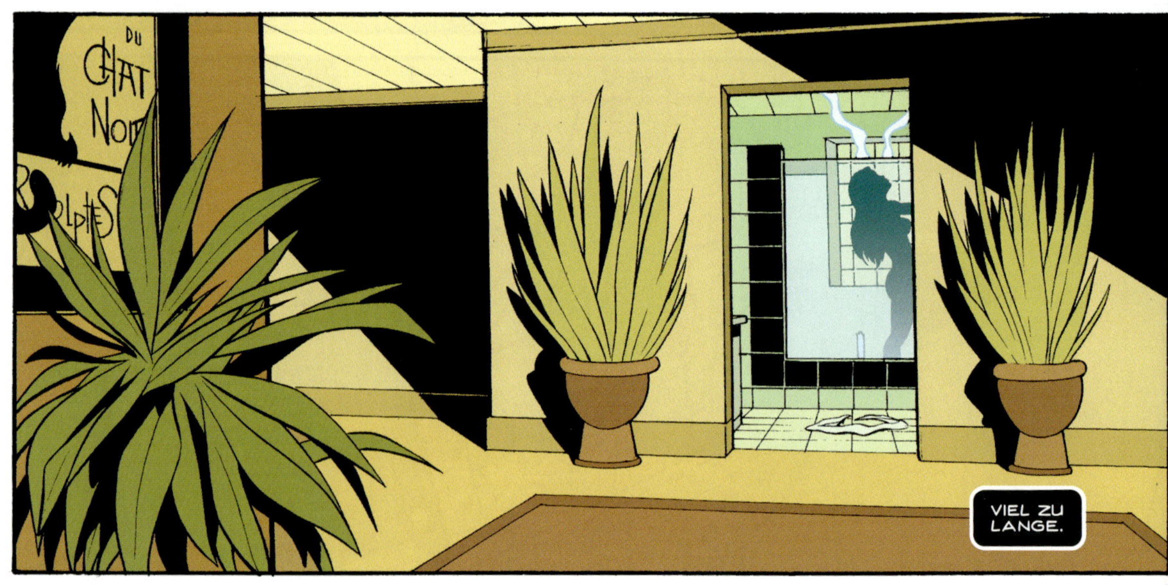
DU CHAT NOI
VIEL ZU LANGE.

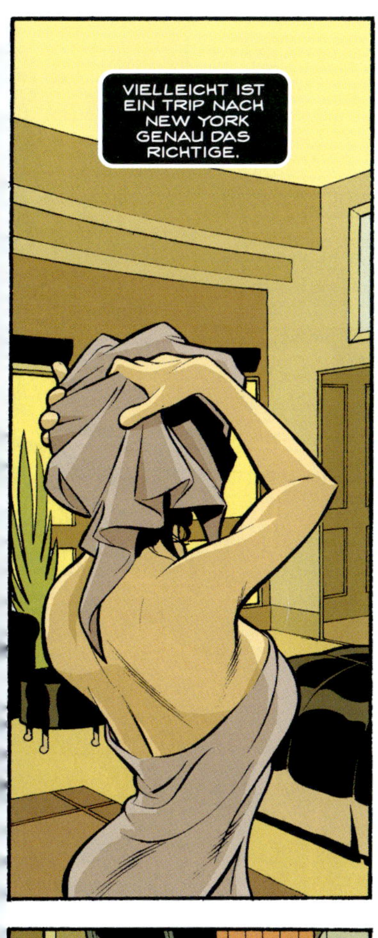
VIELLEICHT IST EIN TRIP NACH NEW YORK GENAU DAS RICHTIGE.

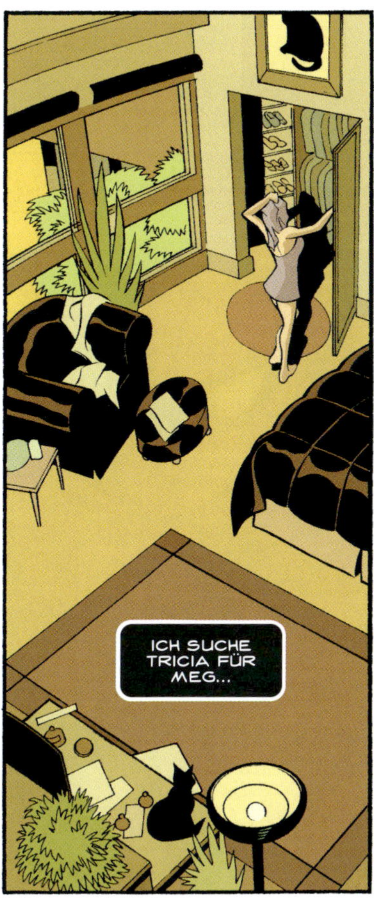
ICH SUCHE TRICIA FÜR MEG...

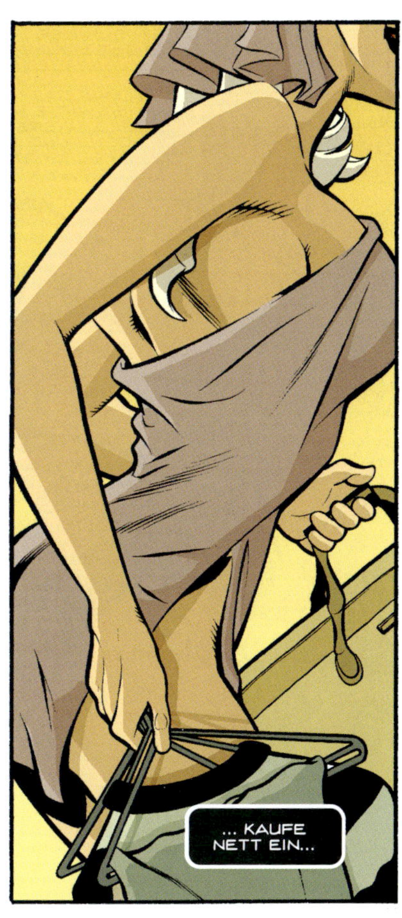
... KAUFE NETT EIN...

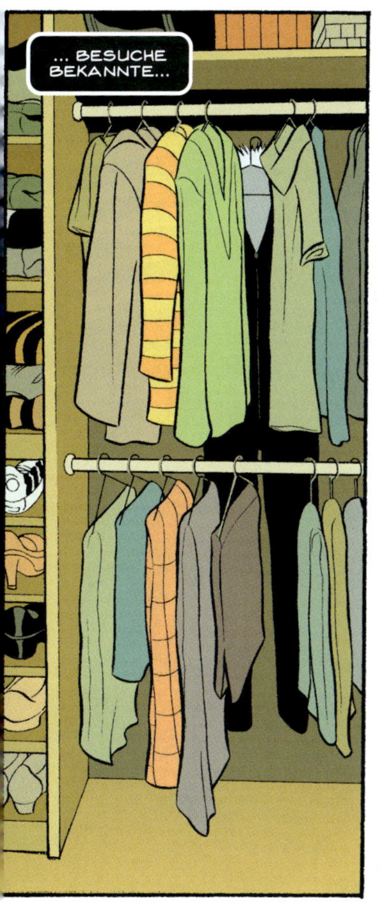
... BESUCHE BEKANNTE...

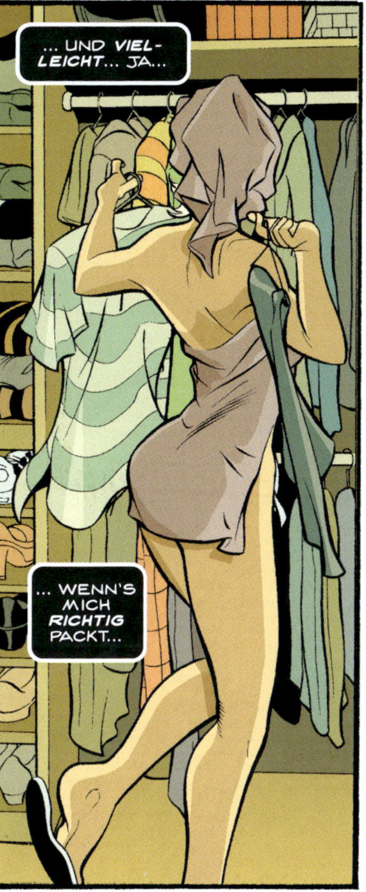
... UND *VIEL-LEICHT*... JA...
... WENN'S MICH *RICHTIG* PACKT...

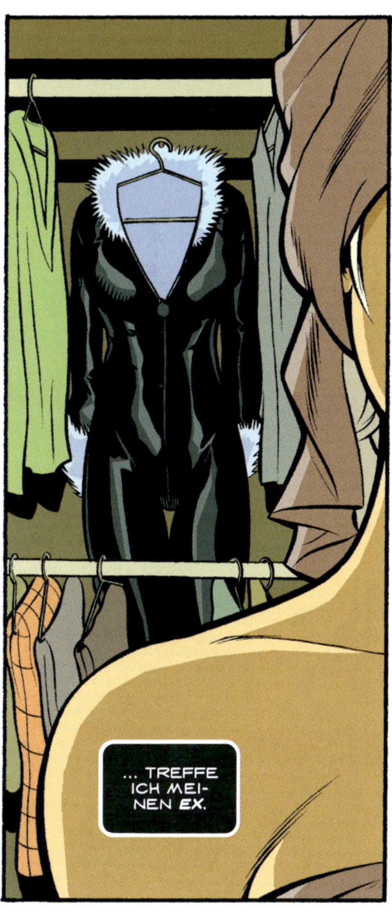
... TREFFE ICH MEI-NEN *EX*.

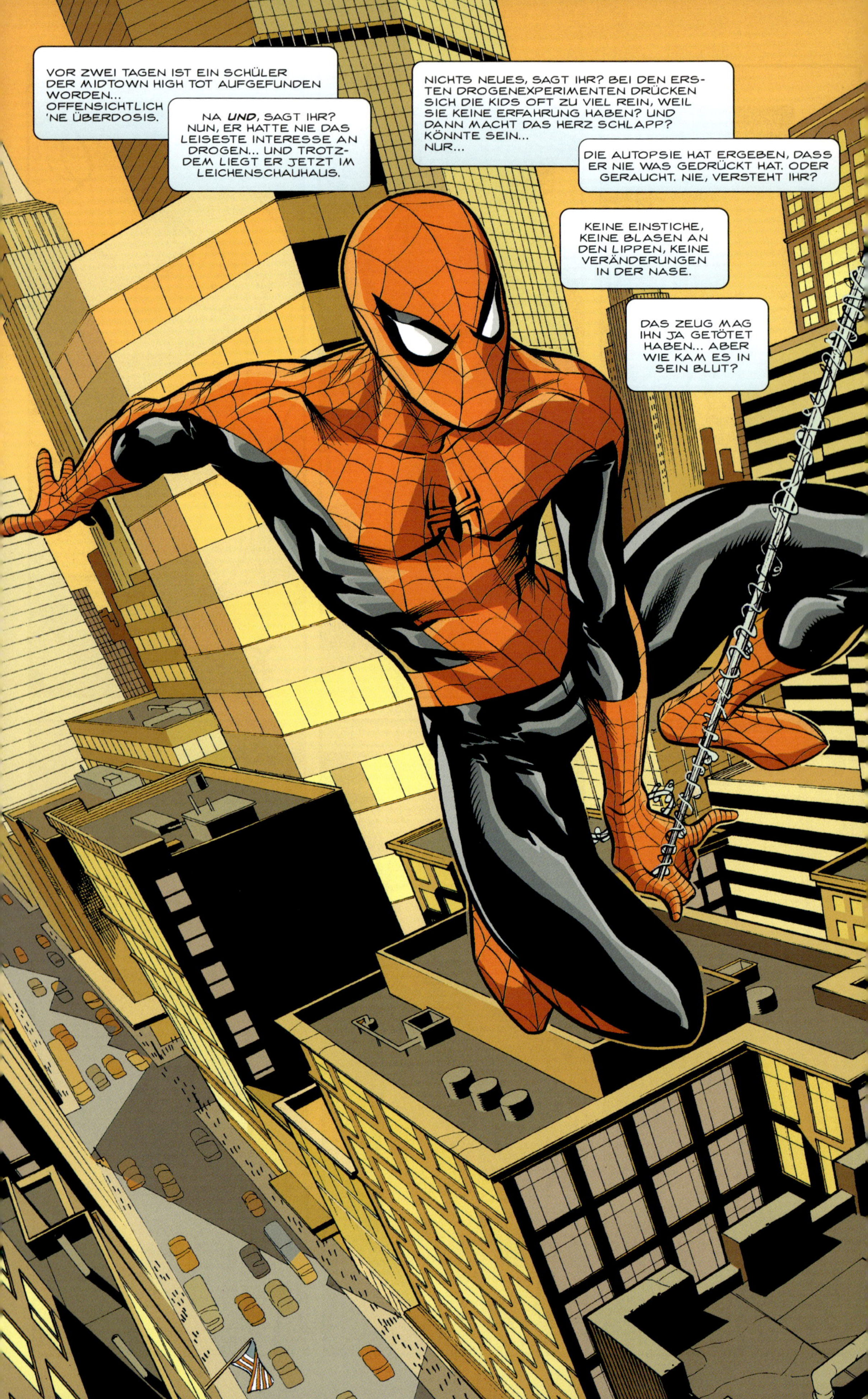
VOR ZWEI TAGEN IST EIN SCHÜLER DER MIDTOWN HIGH TOT AUFGEFUNDEN WORDEN... OFFENSICHTLICH 'NE ÜBERDOSIS.
NA *UND*, SAGT IHR? NUN, ER HATTE NIE DAS LEISESTE INTERESSE AN DROGEN... UND TROTZDEM LIEGT ER JETZT IM LEICHENSCHAUHAUS.
NICHTS NEUES, SAGT IHR? BEI DEN ERSTEN DROGENEXPERIMENTEN DRÜCKEN SICH DIE KIDS OFT ZU VIEL REIN, WEIL SIE KEINE ERFAHRUNG HABEN? UND DANN MACHT DAS HERZ SCHLAPP? KÖNNTE SEIN... NUR...
DIE AUTOPSIE HAT ERGEBEN, DASS ER NIE WAS GEDRÜCKT HAT. ODER GERAUCHT. NIE, VERSTEHT IHR?
KEINE EINSTICHE, KEINE BLASEN AN DEN LIPPEN, KEINE VERÄNDERUNGEN IN DER NASE.
DAS ZEUG MAG IHN JA GETÖTET HABEN... ABER WIE KAM ES IN SEIN BLUT?

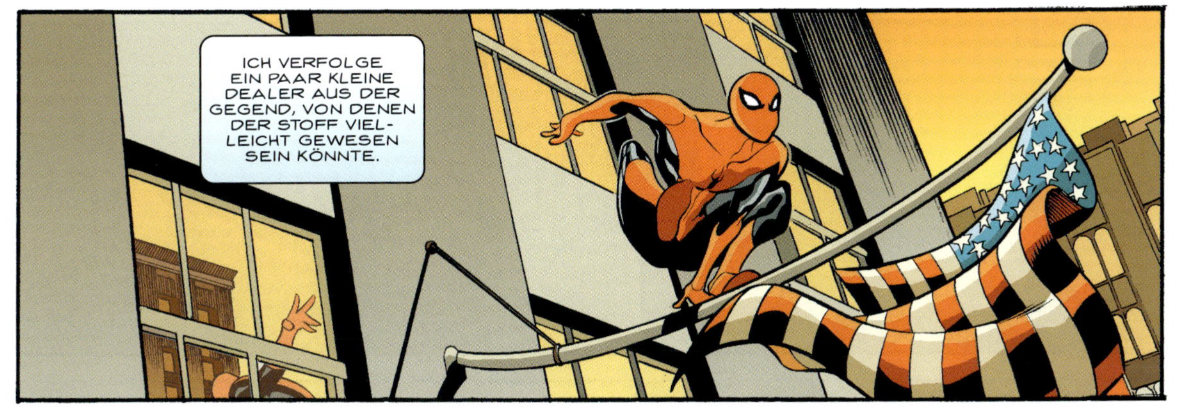
ICH VERFOLGE EIN PAAR KLEINE DEALER AUS DER GEGEND, VON DENEN DER STOFF VIEL-LEICHT GEWESEN SEIN KÖNNTE.

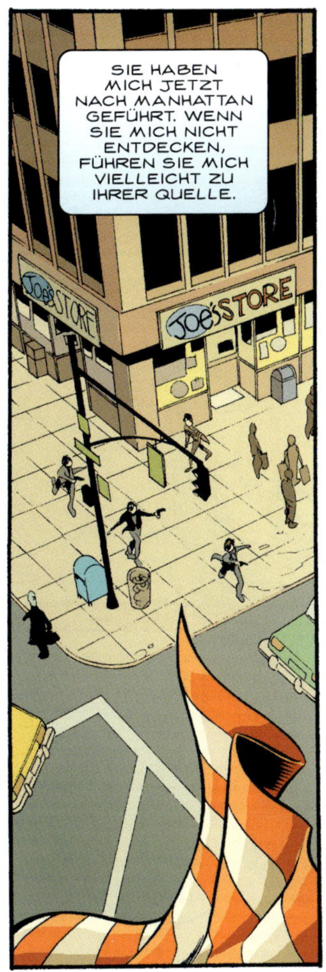
SIE HABEN MICH JETZT NACH MANHATTAN GEFÜHRT. WENN SIE MICH NICHT ENTDECKEN, FÜHREN SIE MICH VIELLEICHT ZU IHRER QUELLE.
JOE'S STORE
JOE'S STORE

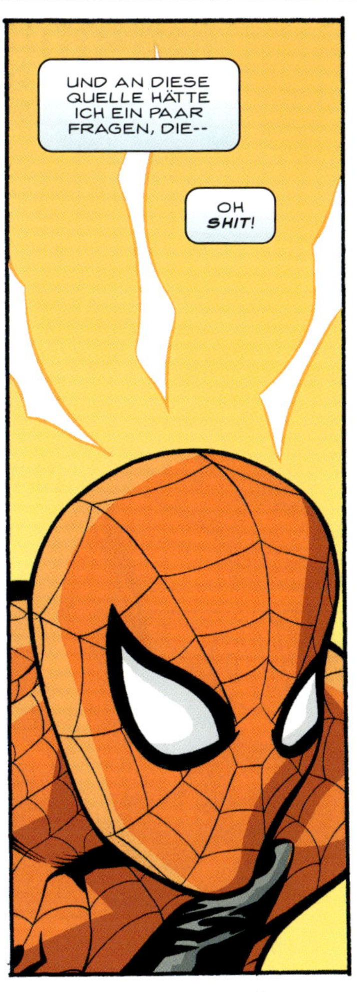
UND AN DIESE QUELLE HÄTTE ICH EIN PAAR FRAGEN, DIE--
OH *SHIT!*

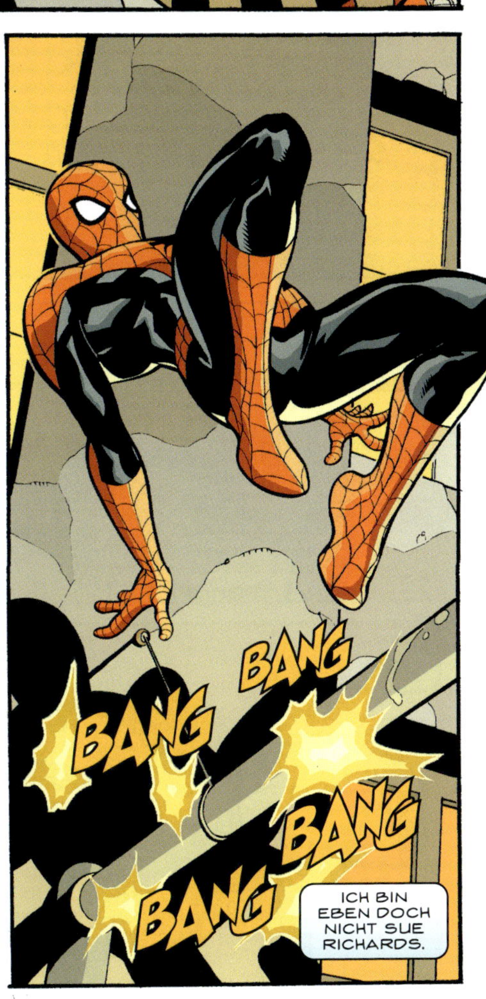
BANG
BANG
BANG
BANG
ICH BIN EBEN DOCH NICHT SUE RICHARDS.

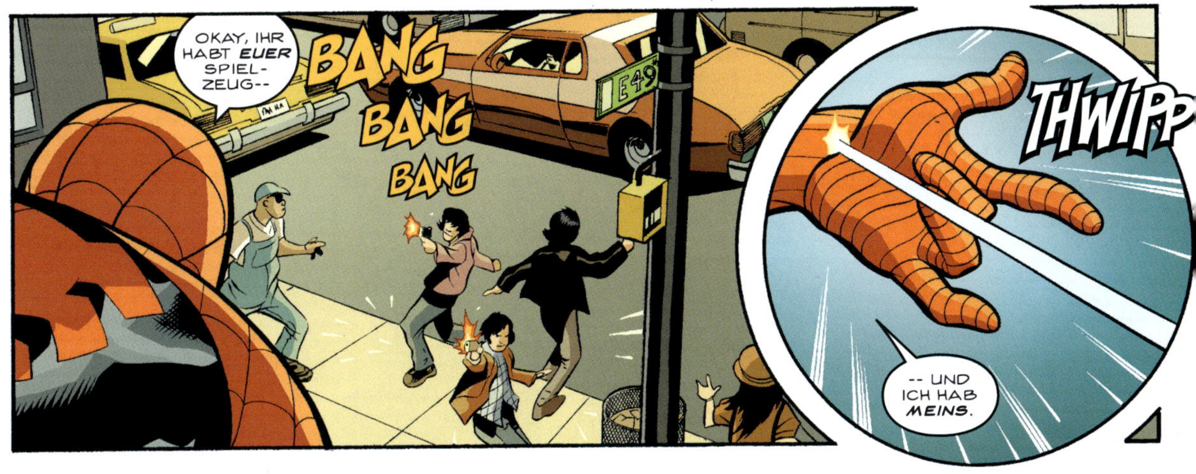
OKAY, IHR HABT *EUER* SPIEL-ZEUG--
BANG
BANG
BANG
E 49
THWIPP
-- UND ICH HAB *MEINS*.

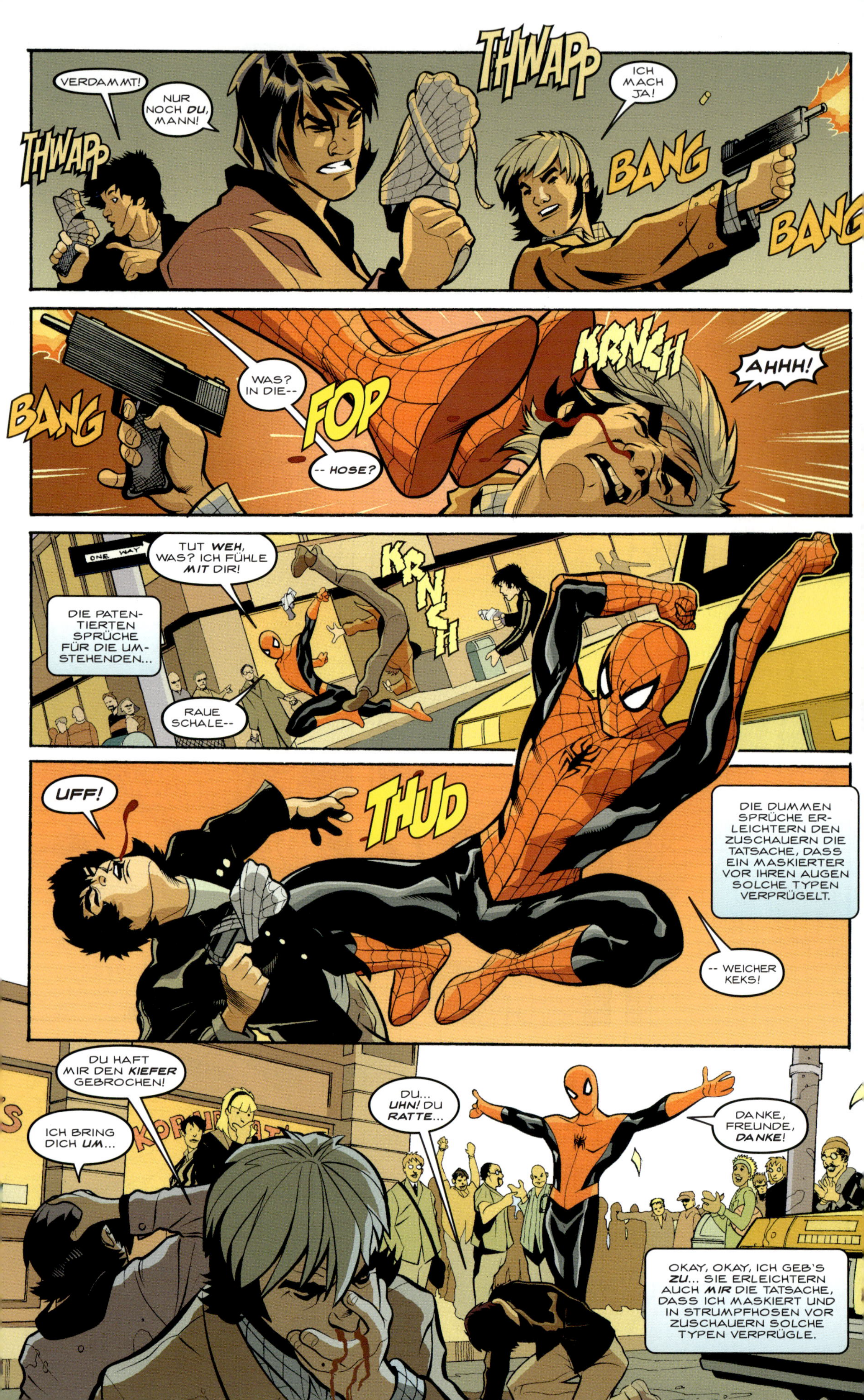
VERDAMMT!
THWAPP
NUR NOCH DU, MANN!
THWAPP
ICH MACH JA!
BANG
BANG
BANG
WAS? IN DIE--
FOP
-- HOSE?
KRNCH
AHHH!
TUT WEH, WAS? ICH FÜHLE MIT DIR!
ONE WAY
KRNCH
DIE PATENTIERTEN SPRÜCHE FÜR DIE UMSTEHENDEN...
RAUE SCHALE--
UFF!
THUD
DIE DUMMEN SPRÜCHE ERLEICHTERN DEN ZUSCHAUERN DIE TATSACHE, DASS EIN MASKIERTER VOR IHREN AUGEN SOLCHE TYPEN VERPRÜGELT.
-- WEICHER KEKS!
DU HAFT MIR DEN KIEFER GEBROCHEN!
ICH BRING DICH UM...
DU... UHN! DU RATTE...
DANKE, FREUNDE, DANKE!
OKAY, OKAY, ICH GEB'S ZU... SIE ERLEICHTERN AUCH MIR DIE TATSACHE, DASS ICH MASKIERT UND IN STRUMPFHOSEN VOR ZUSCHAUERN SOLCHE TYPEN VERPRÜGLE.

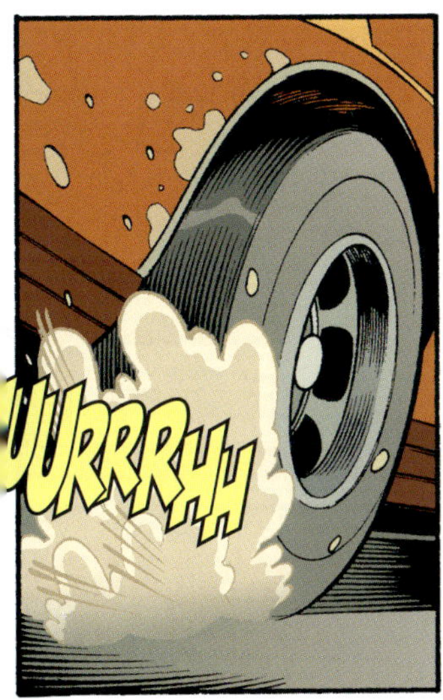
UURRRHH
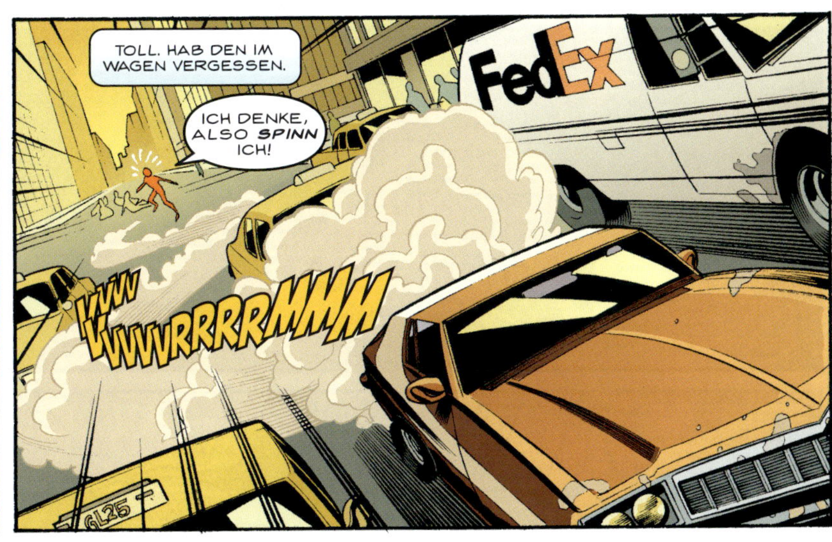
TOLL. HAB DEN IM WAGEN VERGESSEN.
ICH DENKE, ALSO SPINN ICH!
FedEx
VVVVVVRRRRMMM
GL25
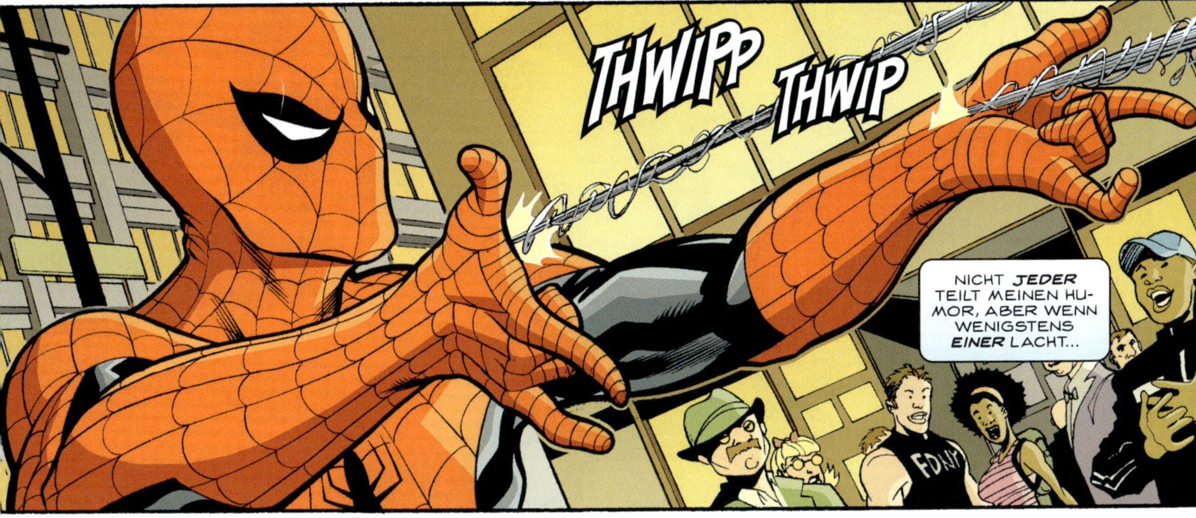
THWIPP
THWIP
NICHT JEDER TEILT MEINEN HUMOR, ABER WENN WENIGSTENS EINER LACHT...
FDNY
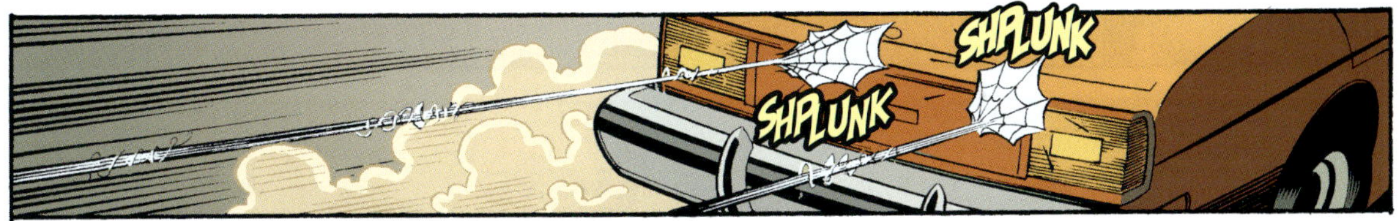
SHPLUNK
SHPLUNK
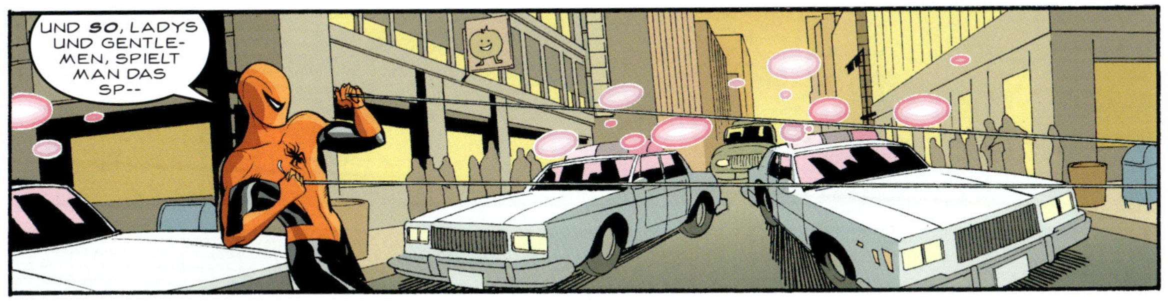
UND SO, LADYS UND GENTLEMEN, SPIELT MAN DAS SP--
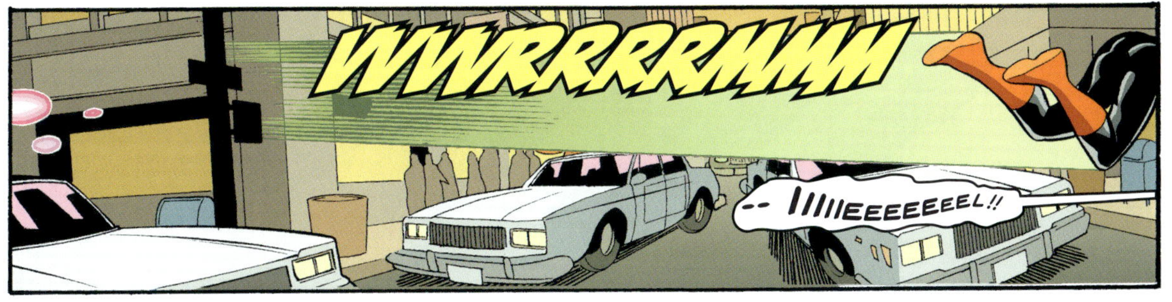
VVVRRRRMMM
-- IIIIIEEEEEEEL!!

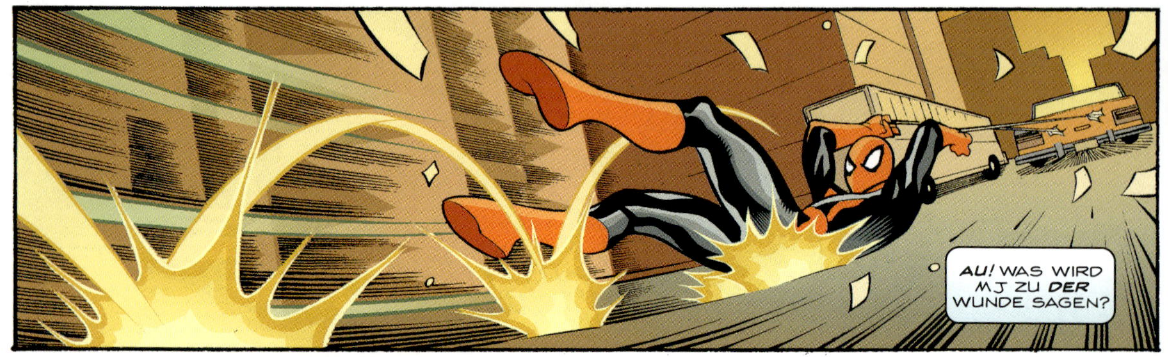

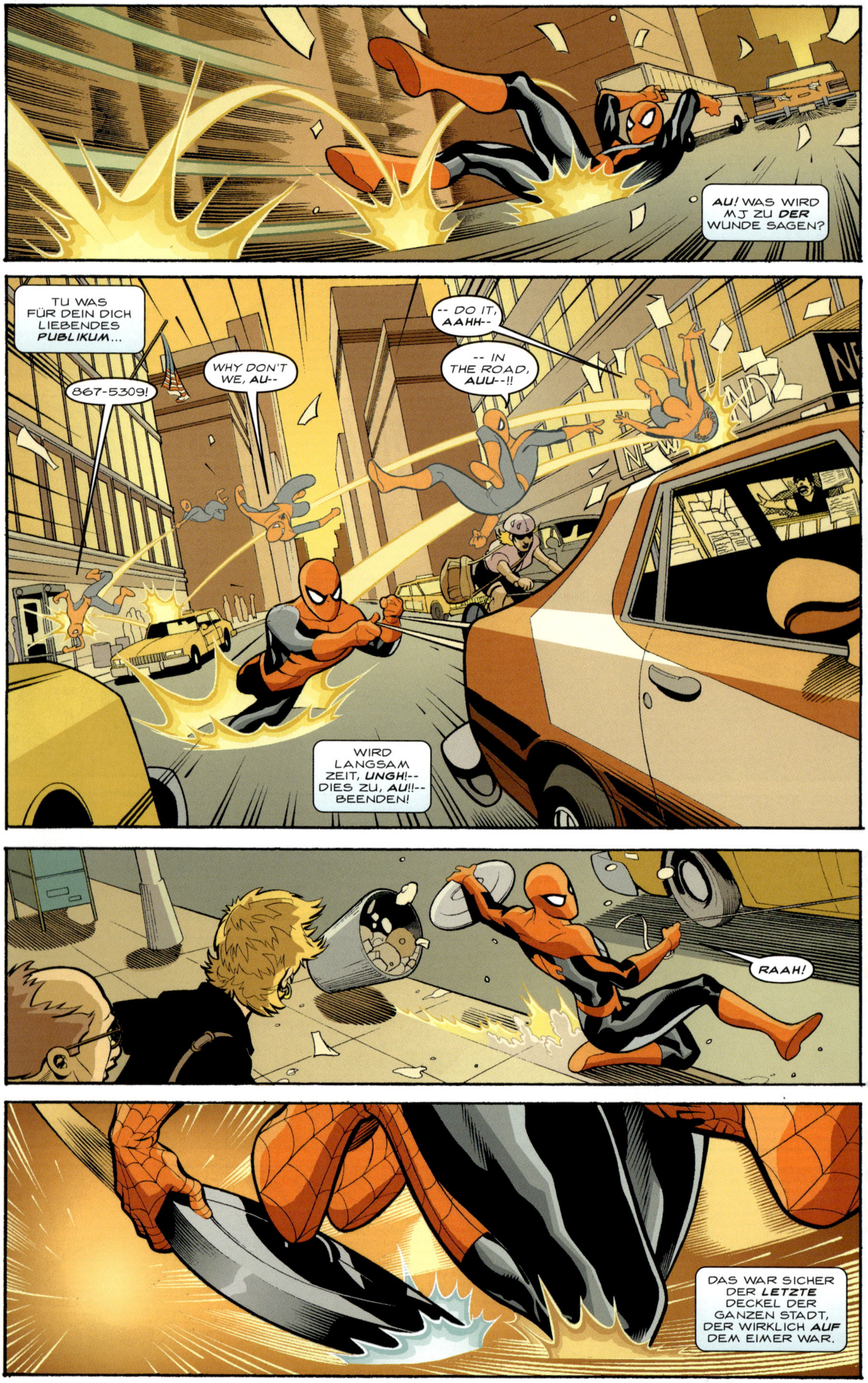

TU WAS FÜR DEIN DICH LIEBENDES PUBLIKUM...
867-5309!
WHY DON'T WE, AU--
-- DO IT, AAHH--
-- IN THE ROAD, AUU--!!
WIRD LANGSAM ZEIT, UNGH!-- DIES ZU, AU!!-- BEENDEN!

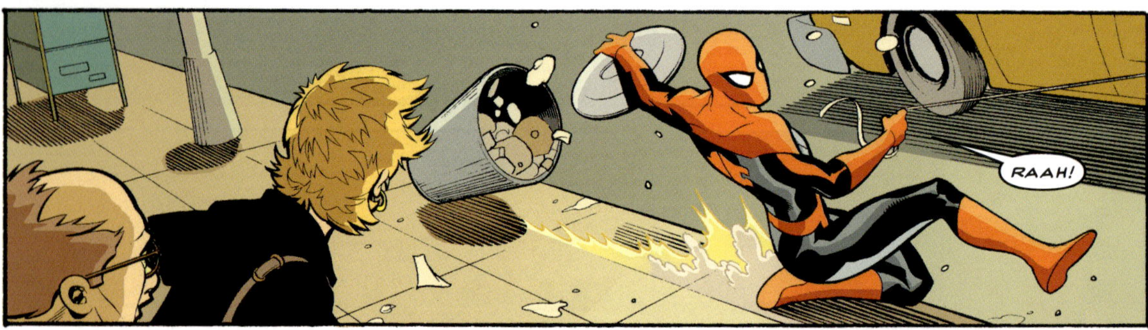

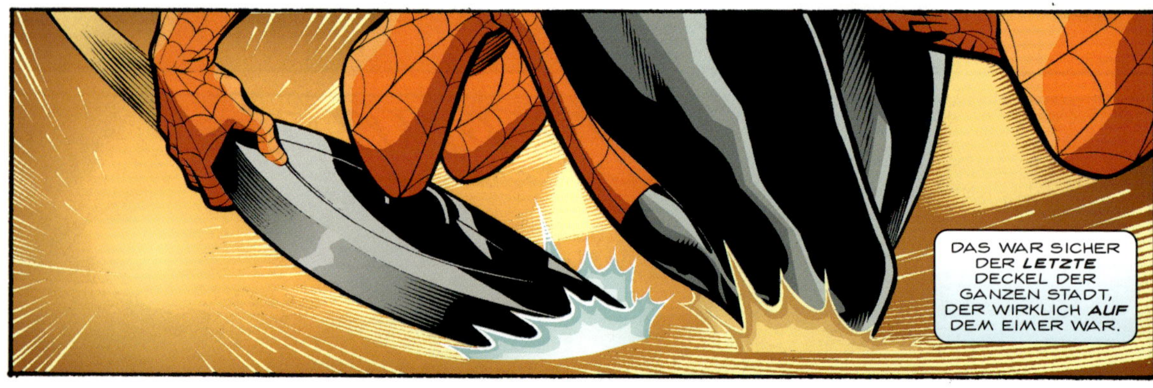

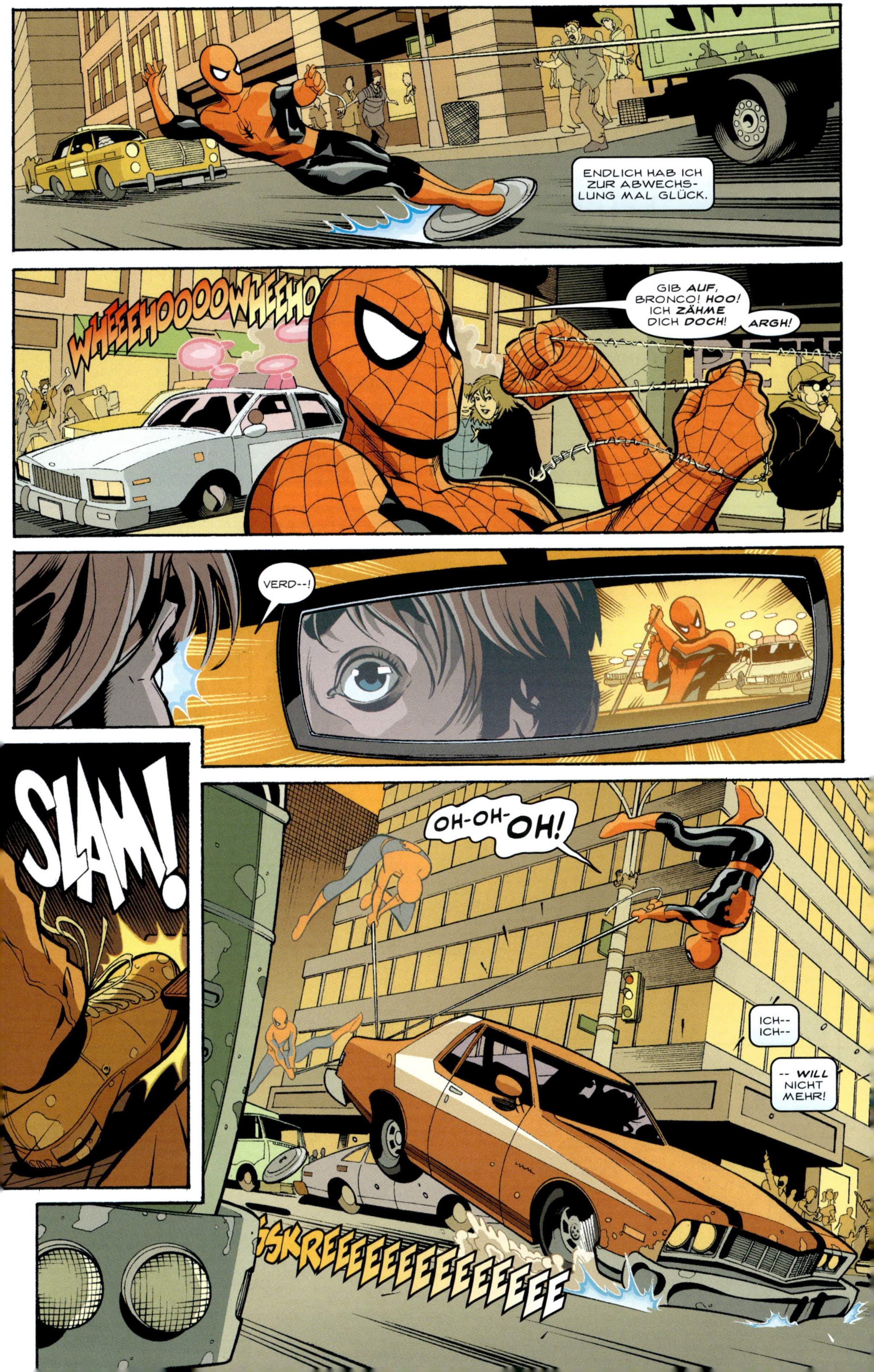

ENDLICH HAB ICH ZUR ABWECHS-LUNG MAL GLÜCK.
WHEEEHOOOOWHEEHO
GIB **AUF**, BRONCO! **HOO!** ICH **ZÄHME** DICH **DOCH**!
ARGH!
VERD--!
SLAM!
OH-OH-OH!
ICH-- ICH--
-- **WILL** NICHT MEHR!
SKREEEEEEEEEEEEEE

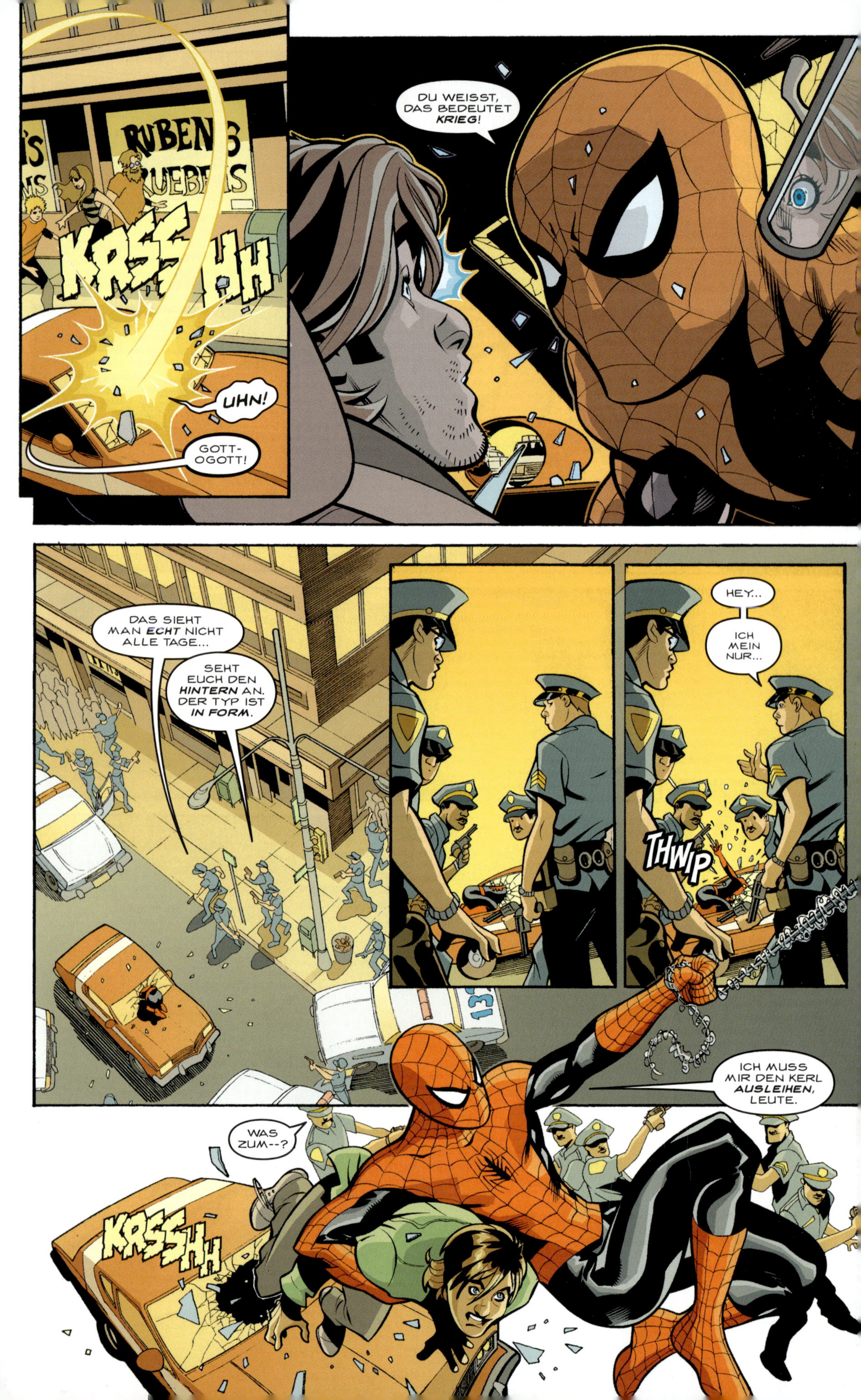

KRSSHH

UHN!

GOTT-
OGOTT!

DU WEISST,
DAS BEDEUTET
KRIEG!

DAS SIEHT
MAN *ECHT* NICHT
ALLE TAGE...

SEHT
EUCH DEN
HINTERN AN.
DER TYP IST
IN FORM.

HEY...

ICH
MEIN
NUR...

THWIP

ICH MUSS
MIR DEN KERL
AUSLEIHEN,
LEUTE.

WAS
ZUM--?

KRSSHH

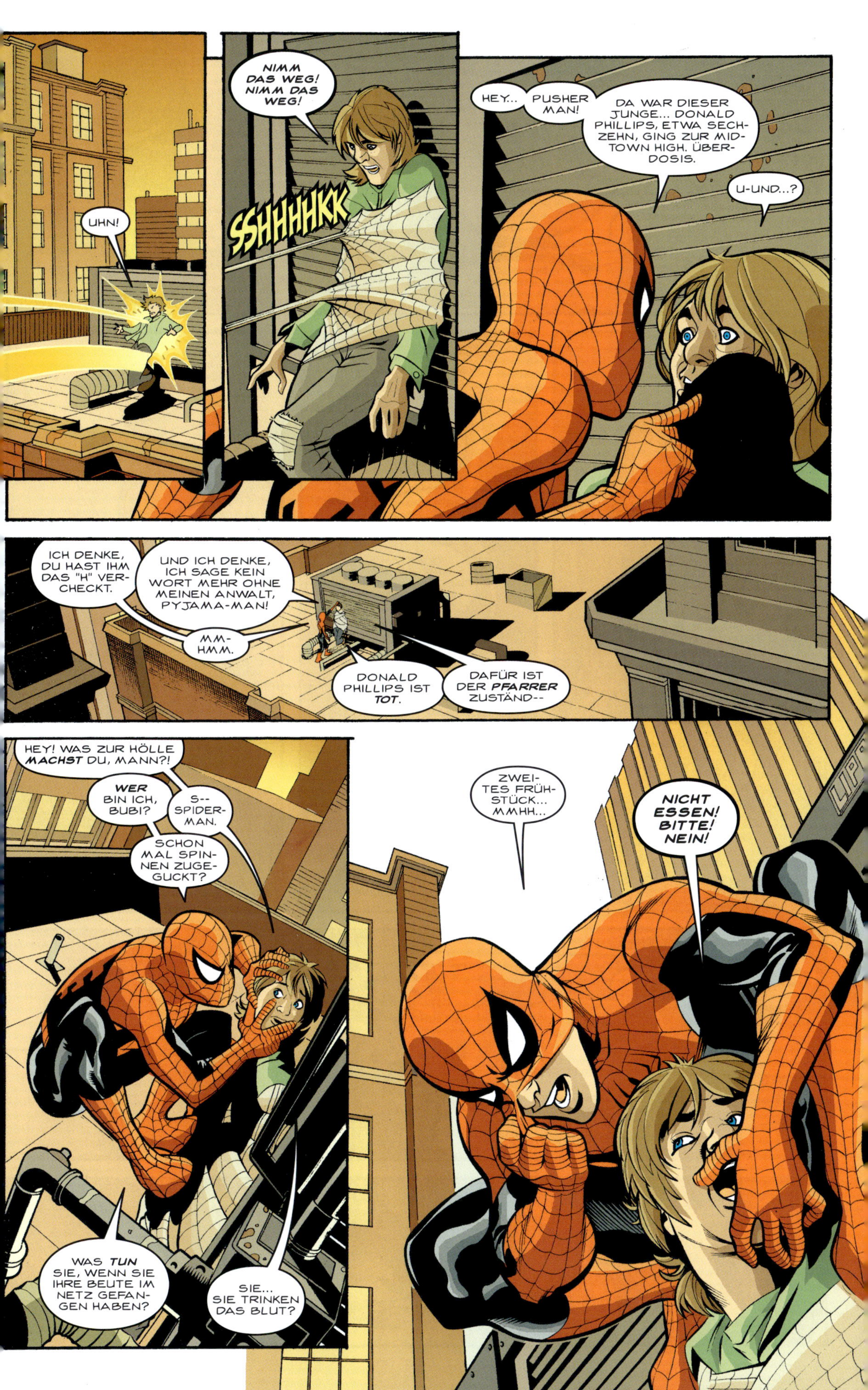
UHN!
NIMM DAS WEG! NIMM DAS WEG!
SSHHHHKK
HEY...
PUSHER MAN!
DA WAR DIESER JUNGE... DONALD PHILLIPS, ETWA SECHZEHN, GING ZUR MIDTOWN HIGH. ÜBERDOSIS.
U-UND...?
ICH DENKE, DU HAST IHM DAS "H" VERCHECKT.
UND ICH DENKE, ICH SAGE KEIN WORT MEHR OHNE MEINEN ANWALT, PYJAMA-MAN!
MM-HMM.
DONALD PHILLIPS IST TOT.
DAFÜR IST DER PFARRER ZUSTÄND--
HEY! WAS ZUR HÖLLE MACHST DU, MANN?!
WER BIN ICH, BUBI?
S--SPIDERMAN.
SCHON MAL SPINNEN ZUGEGUCKT?
WAS TUN SIE, WENN SIE IHRE BEUTE IM NETZ GEFANGEN HABEN?
SIE... SIE TRINKEN DAS BLUT?
ZWEITES FRÜHSTÜCK... MMHH...
NICHT ESSEN! BITTE! NEIN!

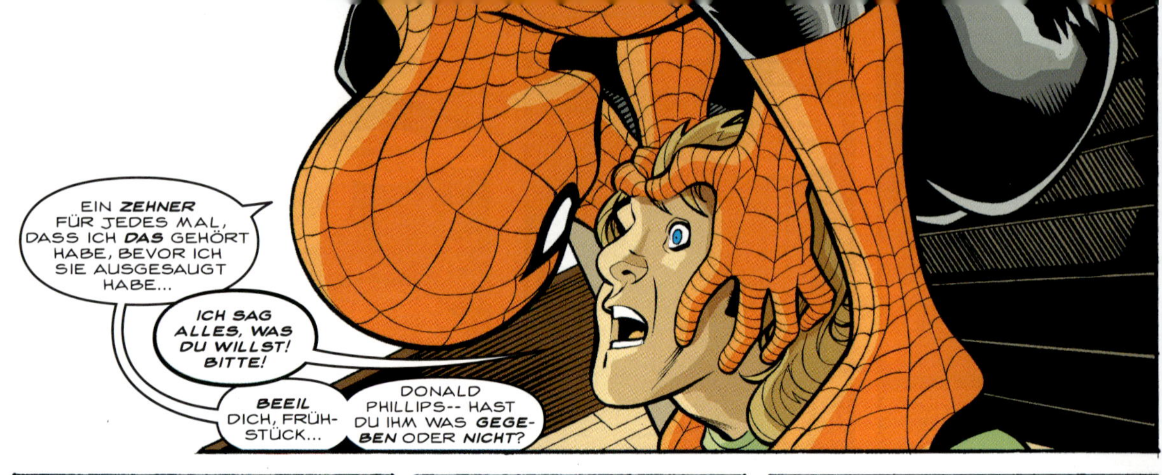
EIN ZEHNER FÜR JEDES MAL, DASS ICH DAS GEHÖRT HABE, BEVOR ICH SIE AUSGESAUGT HABE...
ICH SAG ALLES, WAS DU WILLST! BITTE!
BEEIL DICH, FRÜH-STÜCK...
DONALD PHILLIPS-- HAST DU IHM WAS GEGE-BEN ODER NICHT?

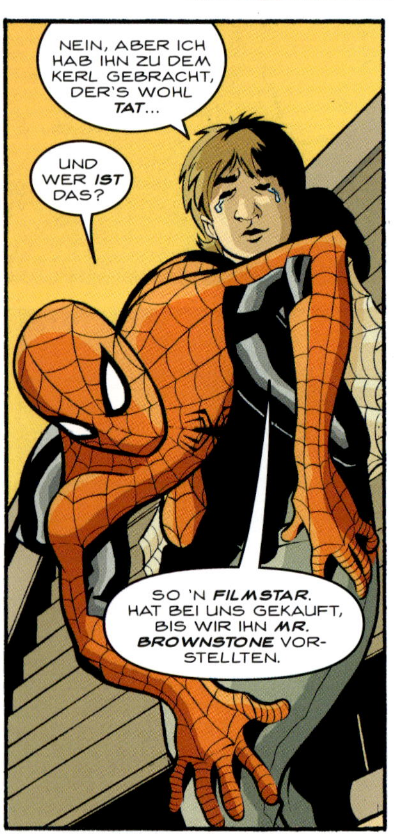
NEIN, ABER ICH HAB IHN ZU DEM KERL GEBRACHT, DER'S WOHL TAT...
UND WER IST DAS?
SO 'N FILMSTAR. HAT BEI UNS GEKAUFT, BIS WIR IHN MR. BROWNSTONE VOR-STELLTEN.

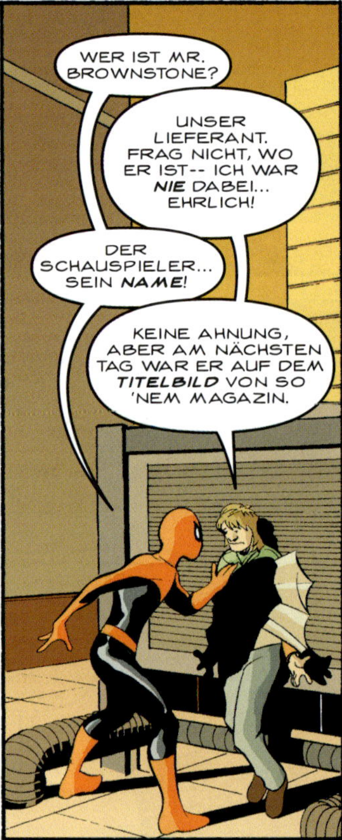
WER IST MR. BROWNSTONE?
UNSER LIEFERANT. FRAG NICHT, WO ER IST-- ICH WAR NIE DABEI... EHRLICH!
DER SCHAUSPIELER... SEIN NAME!
KEINE AHNUNG, ABER AM NÄCHSTEN TAG WAR ER AUF DEM TITELBILD VON SO 'NEM MAGAZIN.

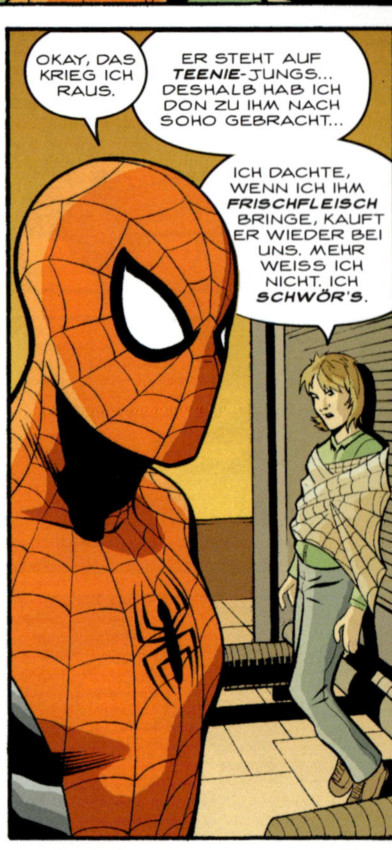
OKAY, DAS KRIEG ICH RAUS.
ER STEHT AUF TEENIE-JUNGS... DESHALB HAB ICH DON ZU IHM NACH SOHO GEBRACHT...
ICH DACHTE, WENN ICH IHM FRISCHFLEISCH BRINGE, KAUFT ER WIEDER BEI UNS. MEHR WEISS ICH NICHT. ICH SCHWÖR'S.

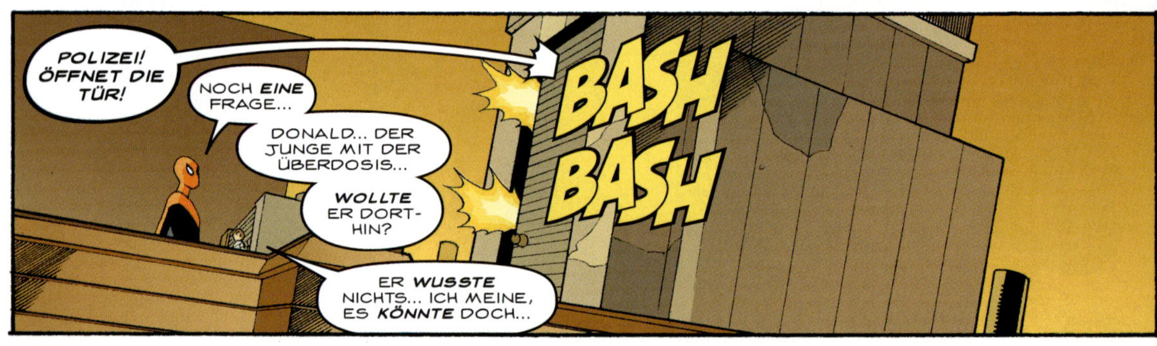
POLIZEI! ÖFFNET DIE TÜR!
BASH
BASH
NOCH EINE FRAGE...
DONALD... DER JUNGE MIT DER ÜBERDOSIS...
WOLLTE ER DORT-HIN?
ER WUSSTE NICHTS... ICH MEINE, ES KÖNNTE DOCH...

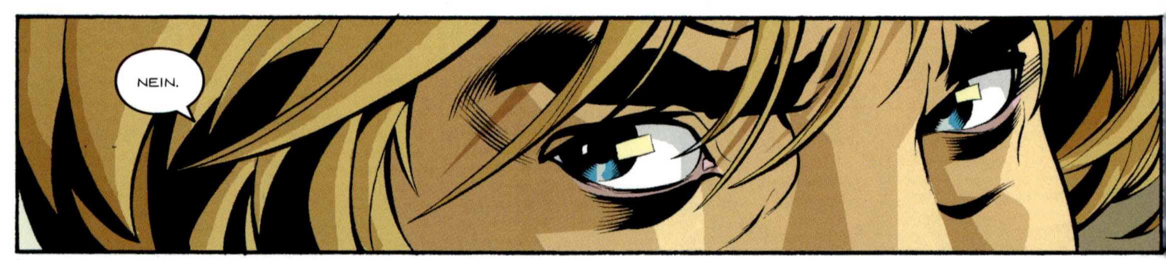
NEIN.

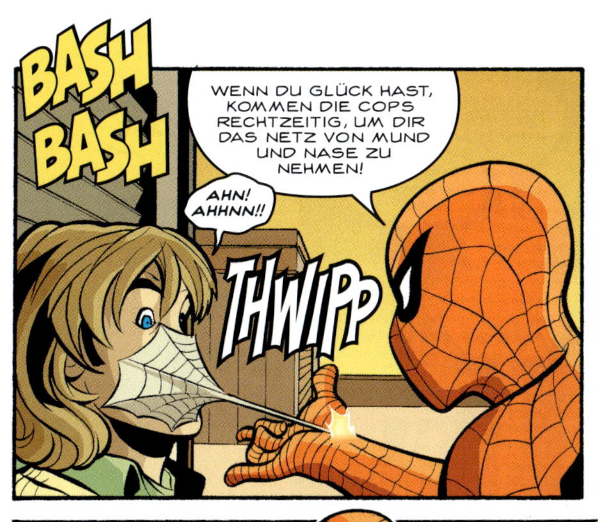

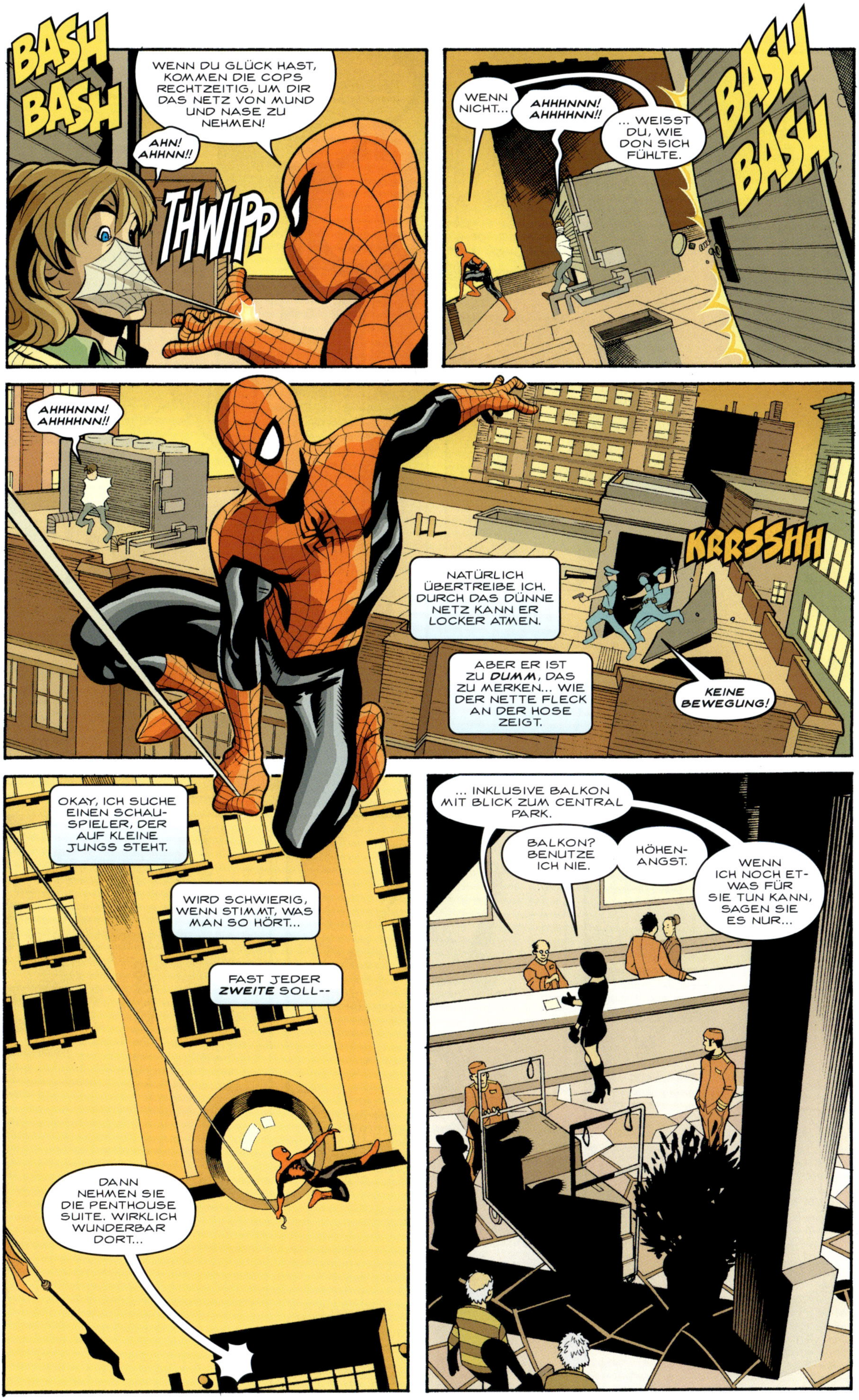

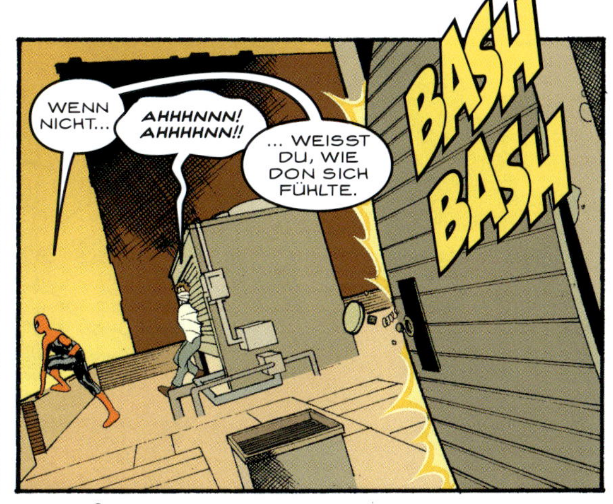

AHHHNNN! AHHHHNN!!

NATÜRLICH ÜBERTREIBE ICH. DURCH DAS DÜNNE NETZ KANN ER LOCKER ATMEN.

KRRSSHH

ABER ER IST ZU **DUMM**, DAS ZU MERKEN... WIE DER NETTE FLECK AN DER HOSE ZEIGT.

KEINE BEWEGUNG!

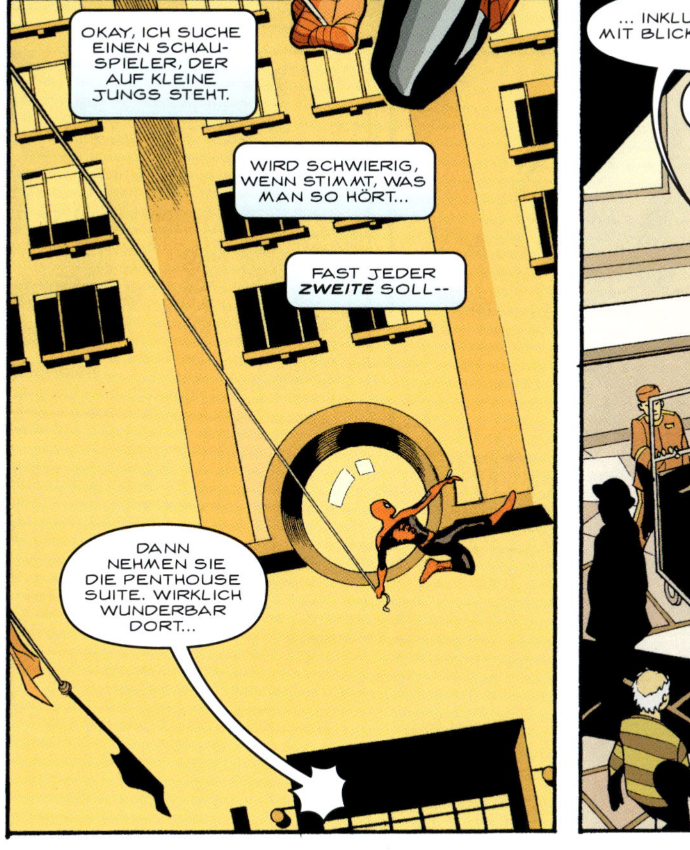

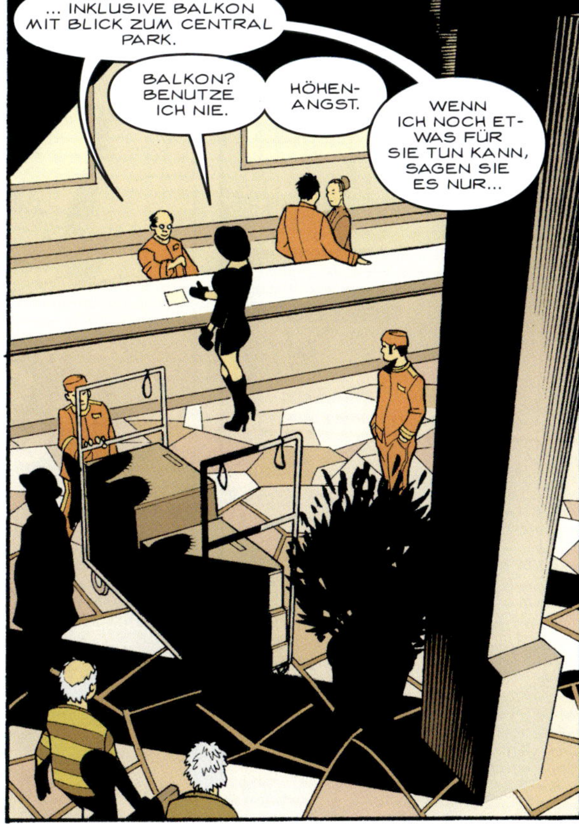

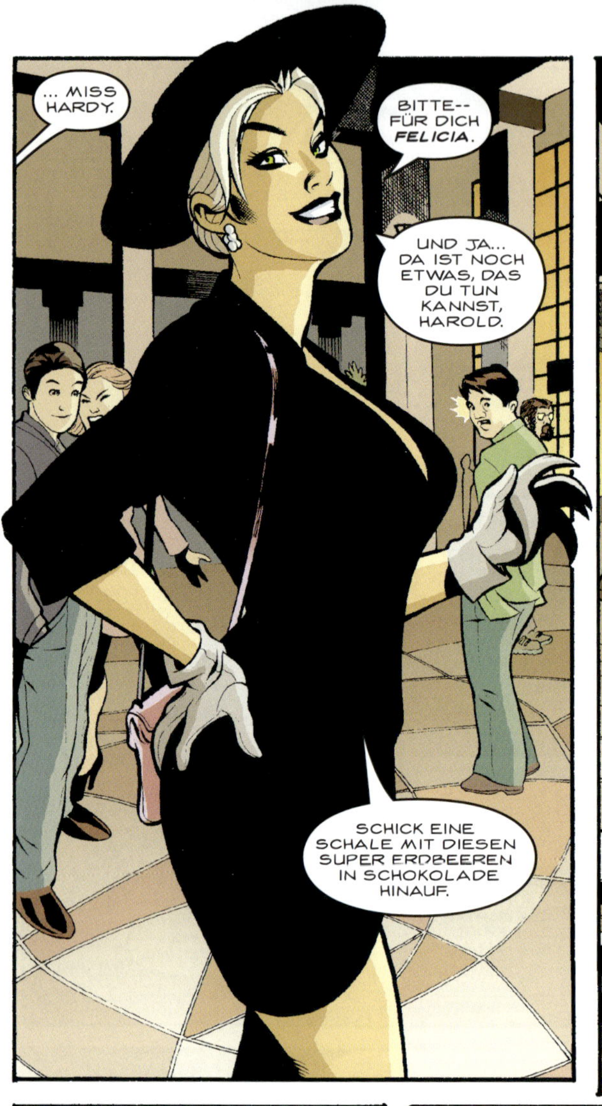
... MISS HARDY.
BITTE-- FÜR DICH *FELICIA*.
UND JA... DA IST NOCH ETWAS, DAS DU TUN KANNST, HAROLD.
SCHICK EINE SCHALE MIT DIESEN SUPER ERDBEEREN IN SCHOKOLADE HINAUF.

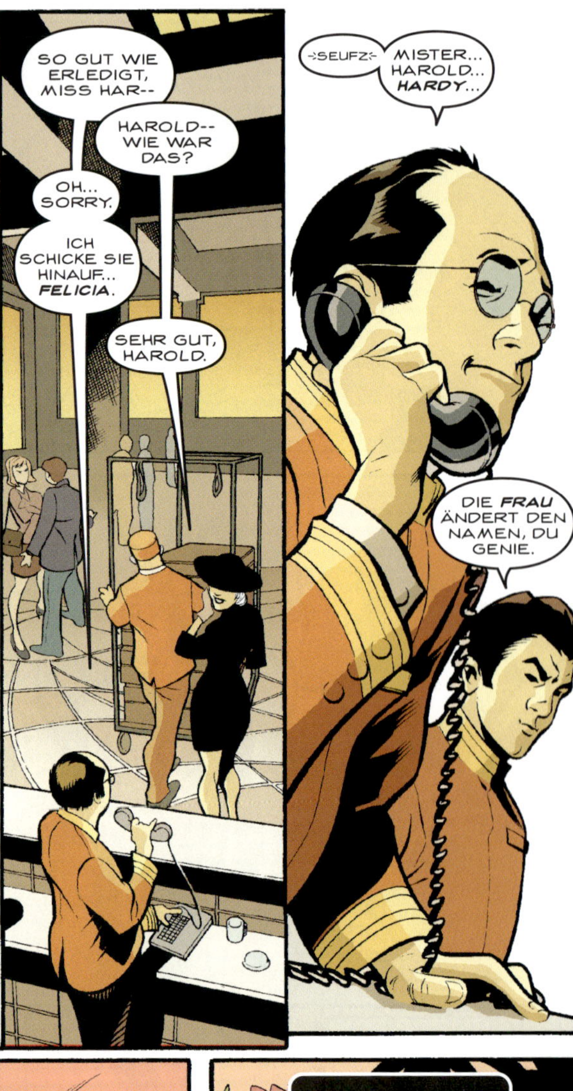
SO GUT WIE ERLEDIGT, MISS HAR--
HAROLD-- WIE WAR DAS?
OH... SORRY.
ICH SCHICKE SIE HINAUF... *FELICIA*.
SEHR GUT, HAROLD.
-SEUFZ-
MISTER... HAROLD... *HARDY*...
DIE *FRAU* ÄNDERT DEN NAMEN, DU GENIE.

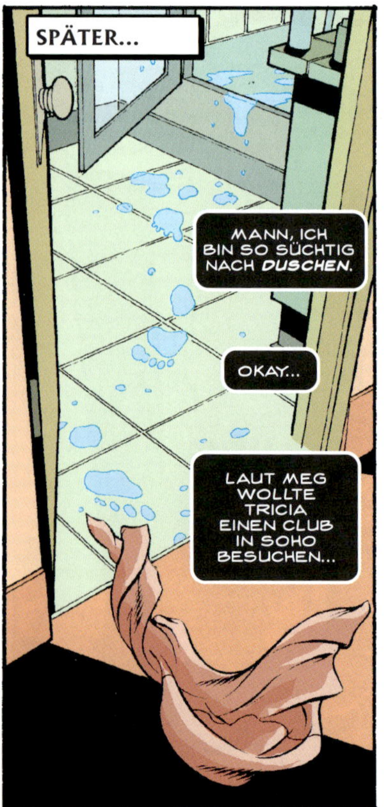
SPÄTER...
MANN, ICH BIN SO SÜCHTIG NACH *DUSCHEN*.
OKAY...
LAUT MEG WOLLTE TRICIA EINEN CLUB IN SOHO BESUCHEN...

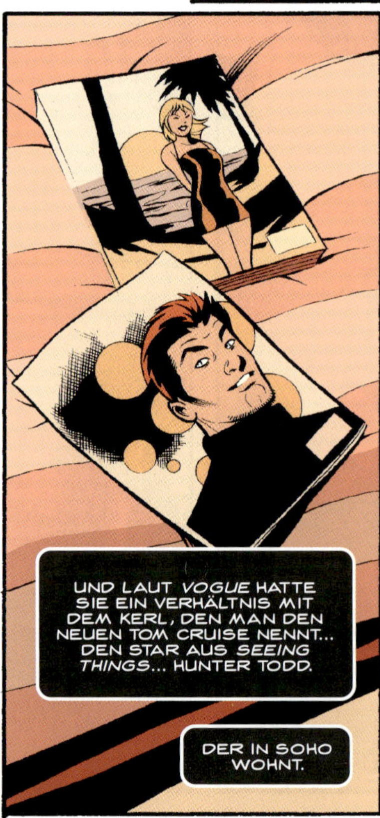
UND LAUT *VOGUE* HATTE SIE EIN VERHÄLTNIS MIT DEM KERL, DEN MAN DEN NEUEN TOM CRUISE NENNT... DEN STAR AUS *SEEING THINGS*... HUNTER TODD.
DER IN SOHO WOHNT.

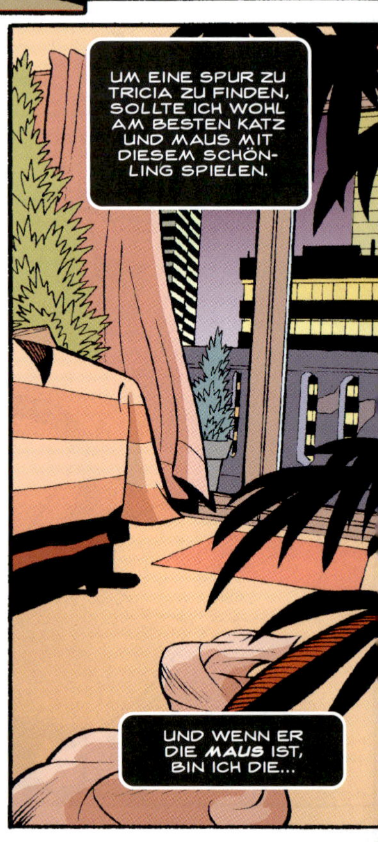
UM EINE SPUR ZU TRICIA ZU FINDEN, SOLLTE ICH WOHL AM BESTEN KATZ UND MAUS MIT DIESEM SCHÖN-LING SPIELEN.
UND WENN ER DIE *MAUS* IST, BIN ICH DIE...

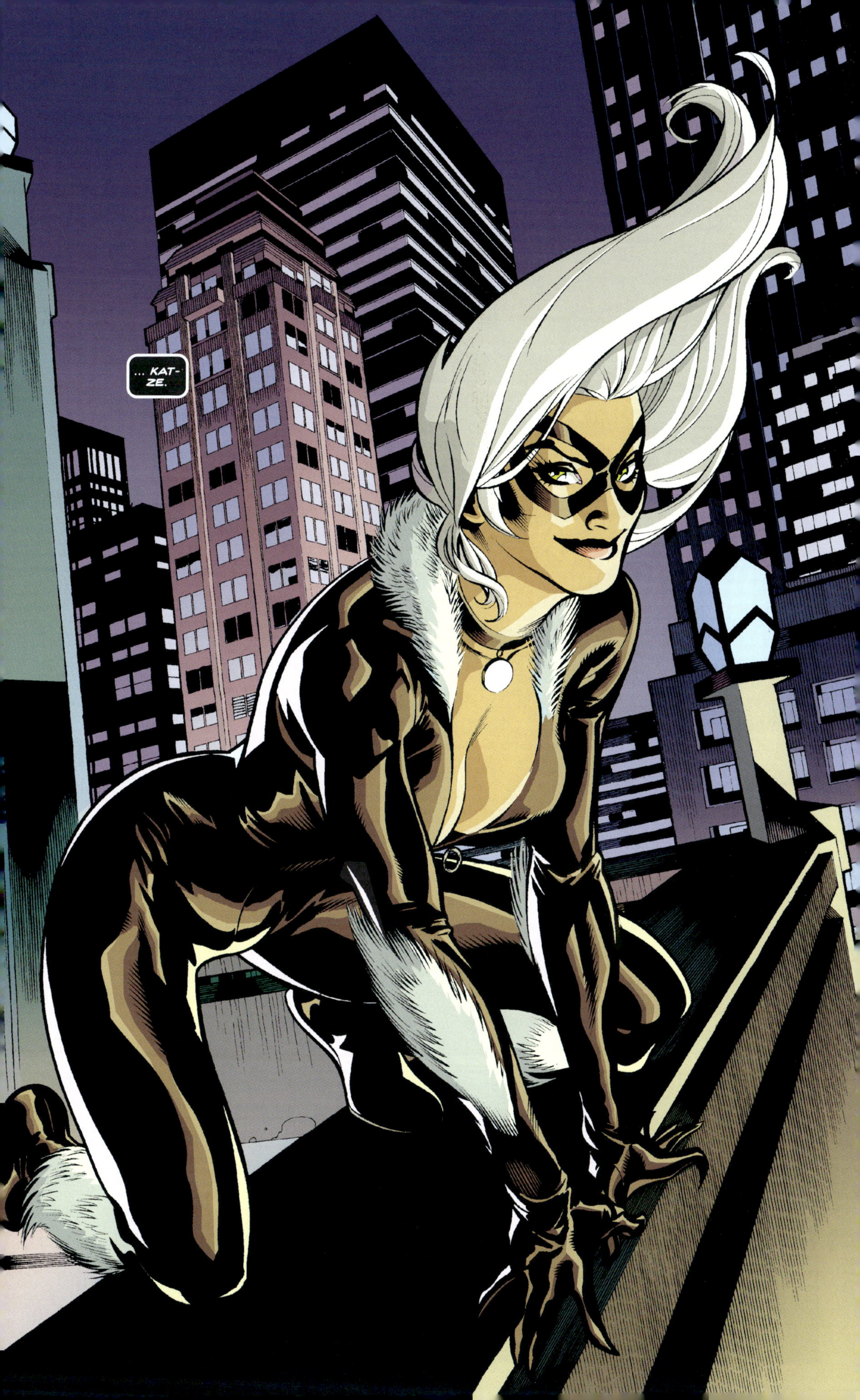
... KAT-
ZE.

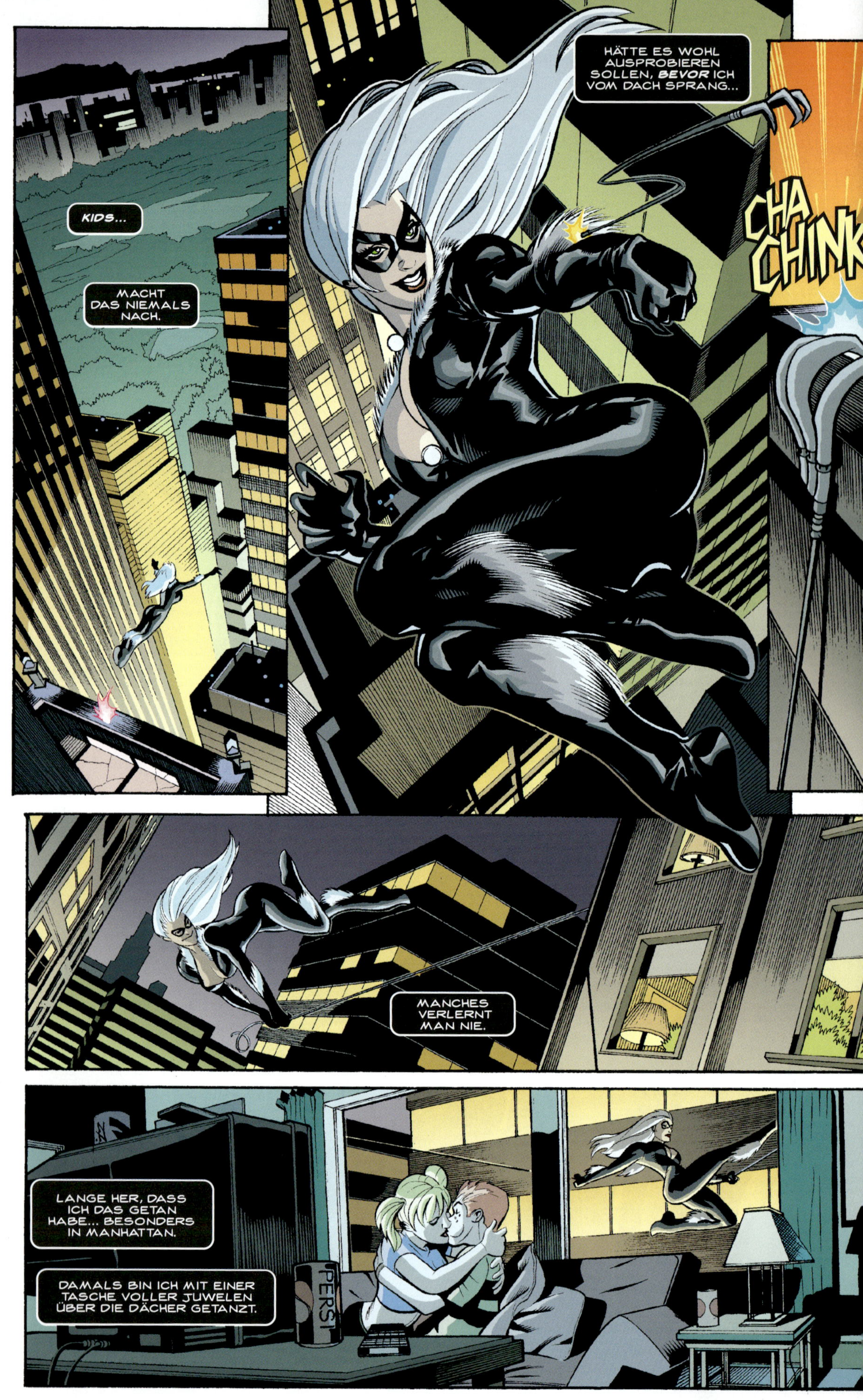
KIDS...
MACHT DAS NIEMALS NACH.
HÄTTE ES WOHL AUSPROBIEREN SOLLEN, BEVOR ICH VOM DACH SPRANG...
CHA CHINK
MANCHES VERLERNT MAN NIE.
LANGE HER, DASS ICH DAS GETAN HABE... BESONDERS IN MANHATTAN.
DAMALS BIN ICH MIT EINER TASCHE VOLLER JUWELEN ÜBER DIE DÄCHER GETANZT.

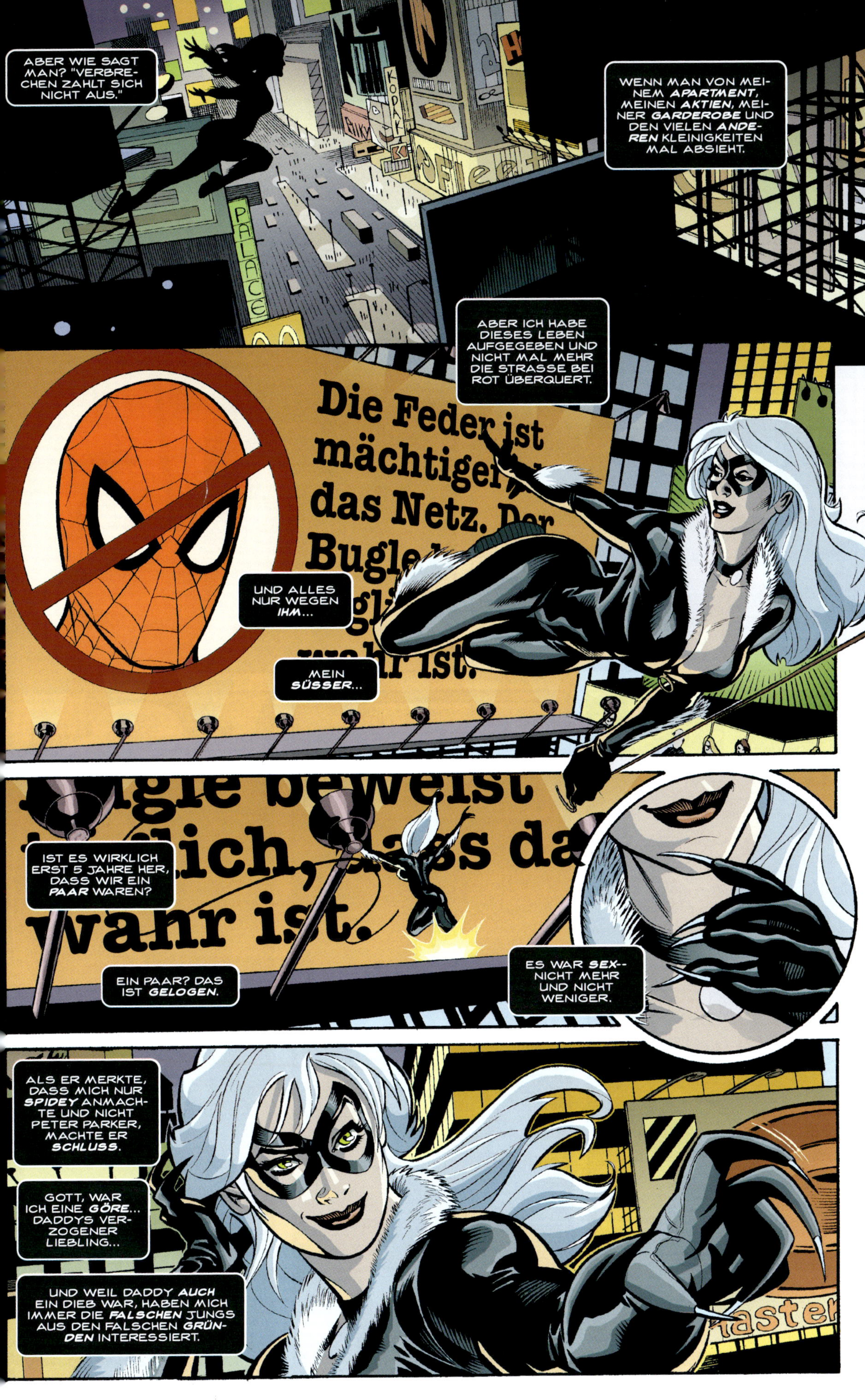

ABER WIE SAGT MAN? "VERBRECHEN ZAHLT SICH NICHT AUS."
WENN MAN VON MEINEM APARTMENT, MEINEN AKTIEN, MEINER GARDEROBE UND DEN VIELEN ANDEREN KLEINIGKEITEN MAL ABSIEHT.
ABER ICH HABE DIESES LEBEN AUFGEGEBEN UND NICHT MAL MEHR DIE STRASSE BEI ROT ÜBERQUERT.
Die Feder ist mächtiger das Netz. Der Bugle
UND ALLES NUR WEGEN IHM...
MEIN SÜSSER...
ISt ES WIRKLICH ERST 5 JAHRE HER, DASS WIR EIN PAAR WAREN?
wahr ist.
EIN PAAR? DAS IST GELOGEN.
ES WAR SEX-- NICHT MEHR UND NICHT WENIGER.
ALS ER MERKTE, DASS MICH NUR SPIDEY ANMACHTE UND NICHT PETER PARKER, MACHTE ER SCHLUSS.
GOTT, WAR ICH EINE GÖRE... DADDYS VERZOGENER LIEBLING...
UND WEIL DADDY AUCH EIN DIEB WAR, HABEN MICH IMMER DIE FALSCHEN JUNGS AUS DEN FALSCHEN GRÜNDEN INTERESSIERT.

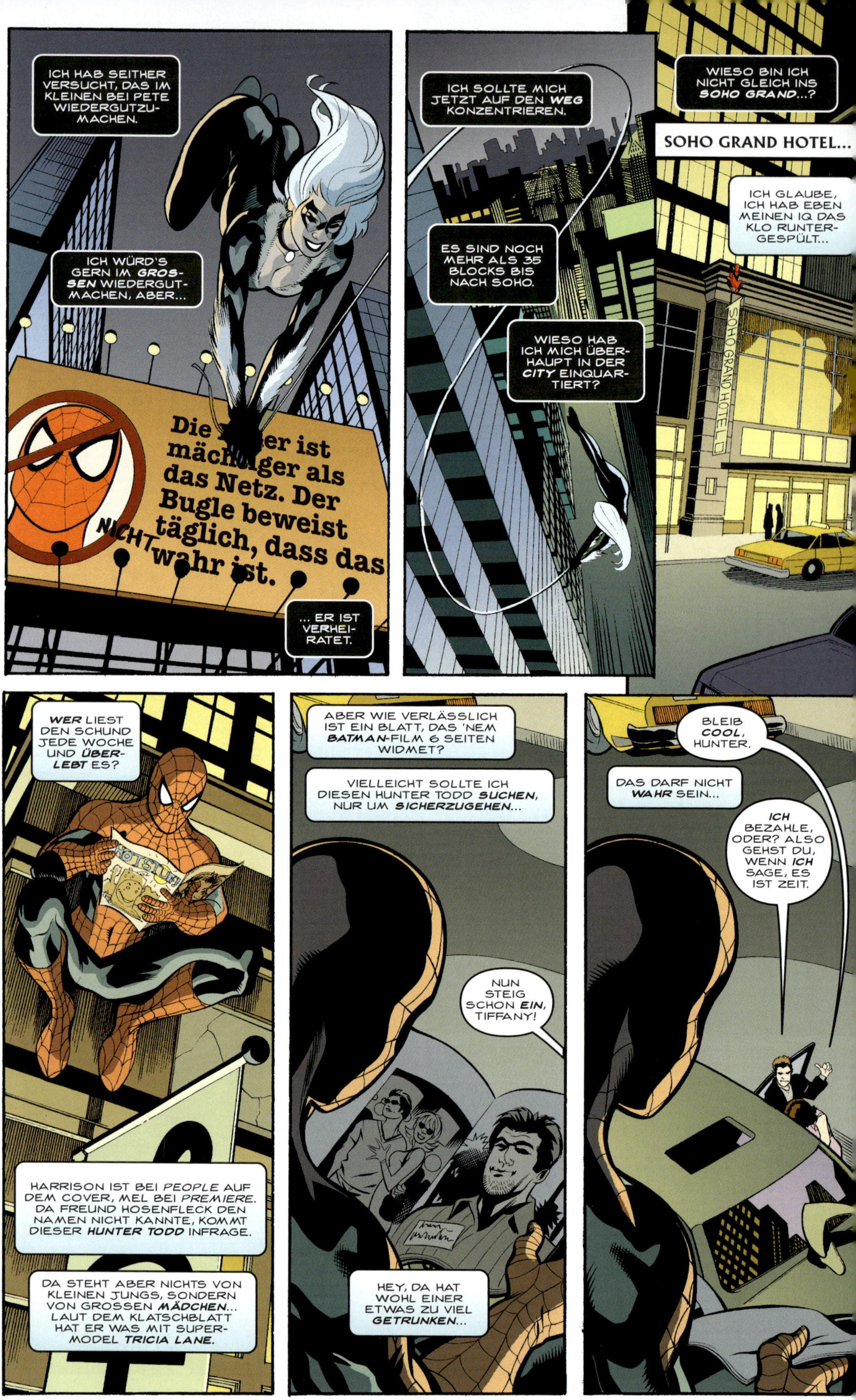

ICH HAB SEITHER VERSUCHT, DAS IM KLEINEN BEI PETE WIEDERGUTZU-MACHEN.

ICH WÜRD'S GERN IM **GROSSEN** WIEDERGUT-MACHEN, ABER...

Die er ist
mächigger als
das Netz. Der
Bugle beweist
täglich, dass das
NICHT wahr ist.

... ER IST VERHEI-RATET.

ICH SOLLTE MICH JETZT AUF DEN **WEG** KONZENTRIEREN.

ES SIND NOCH MEHR ALS 35 BLOCKS BIS NACH SOHO.

WIESO HAB ICH MICH ÜBER-HAUPT IN DER ***CITY*** EINQUAR-TIERT?

WIESO BIN ICH NICHT GLEICH INS ***SOHO GRAND***...?

SOHO GRAND HOTEL...

ICH GLAUBE, ICH HAB EBEN MEINEN IQ DAS KLO RUNTER-GESPÜLT...

SOHO GRAND HOTEL

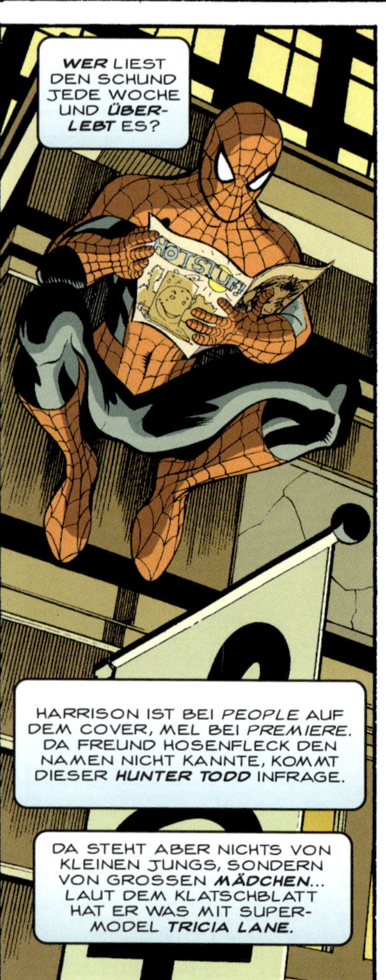

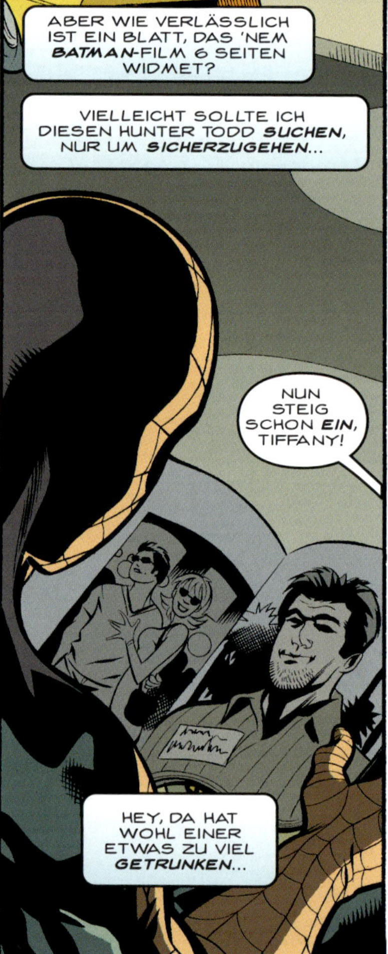

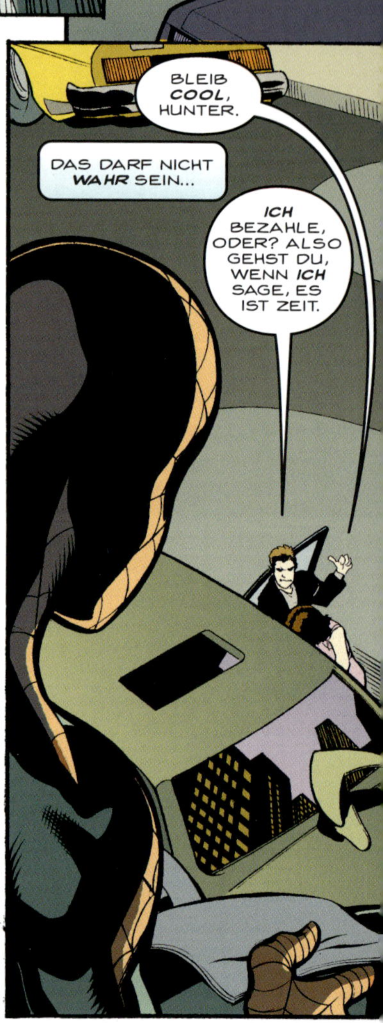

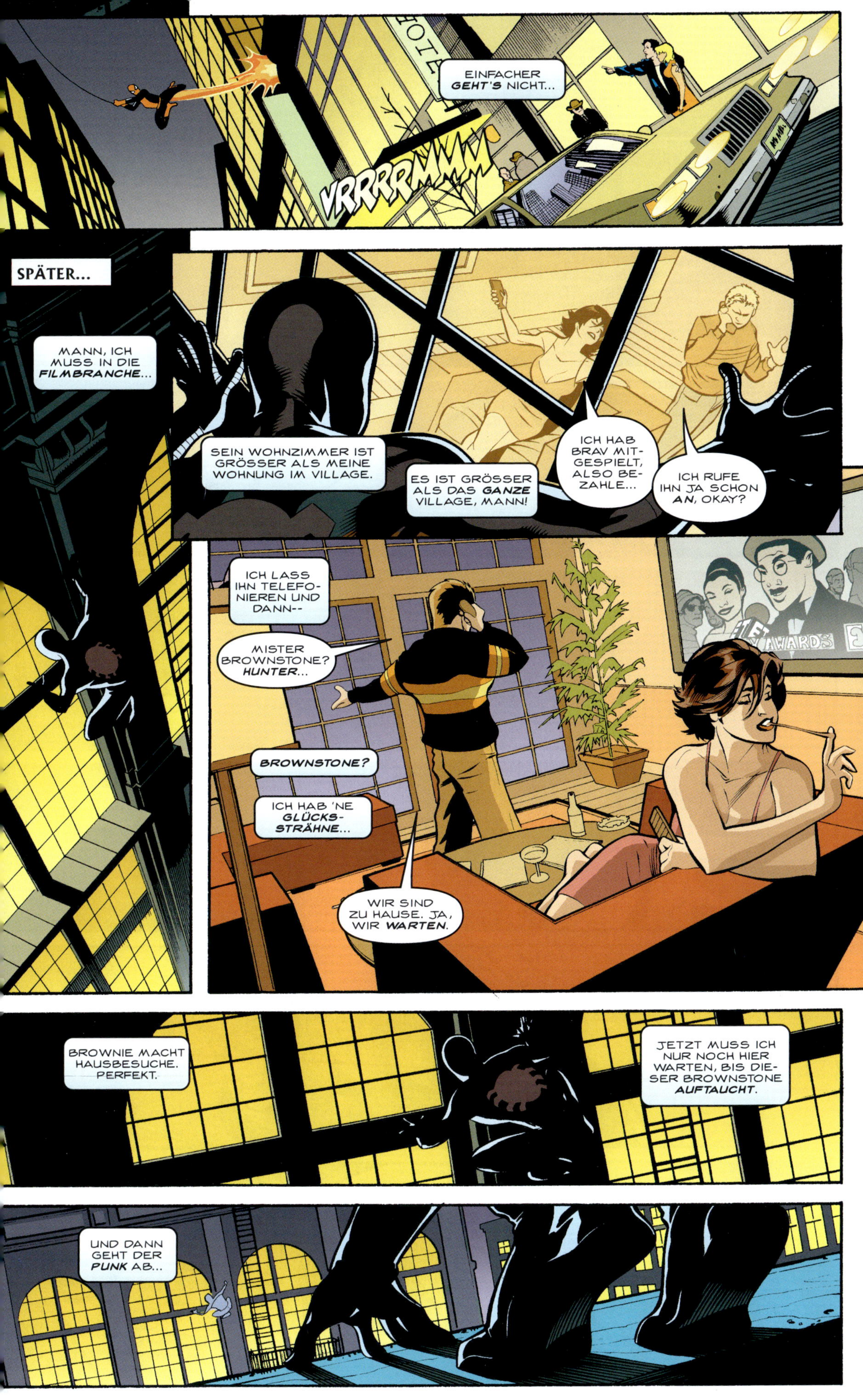
EINFACHER GEHT'S NICHT...
VRRRRMMM
SPÄTER...
MANN, ICH MUSS IN DIE FILMBRANCHE...
SEIN WOHNZIMMER IST GRÖSSER ALS MEINE WOHNUNG IM VILLAGE.
ES IST GRÖSSER ALS DAS GANZE VILLAGE, MANN!
ICH HAB BRAV MIT-GESPIELT, ALSO BE-ZAHLE...
ICH RUFE IHN JA SCHON AN, OKAY?
ICH LASS IHN TELEFO-NIEREN UND DANN--
MISTER BROWNSTONE? HUNTER...
BROWNSTONE?
ICH HAB 'NE GLÜCKS-STRÄHNE...
WIR SIND ZU HAUSE. JA, WIR WARTEN.
BROWNIE MACHT HAUSBESUCHE. PERFEKT.
JETZT MUSS ICH NUR NOCH HIER WARTEN, BIS DIE-SER BROWNSTONE AUFTAUCHT.
UND DANN GEHT DER PUNK AB...

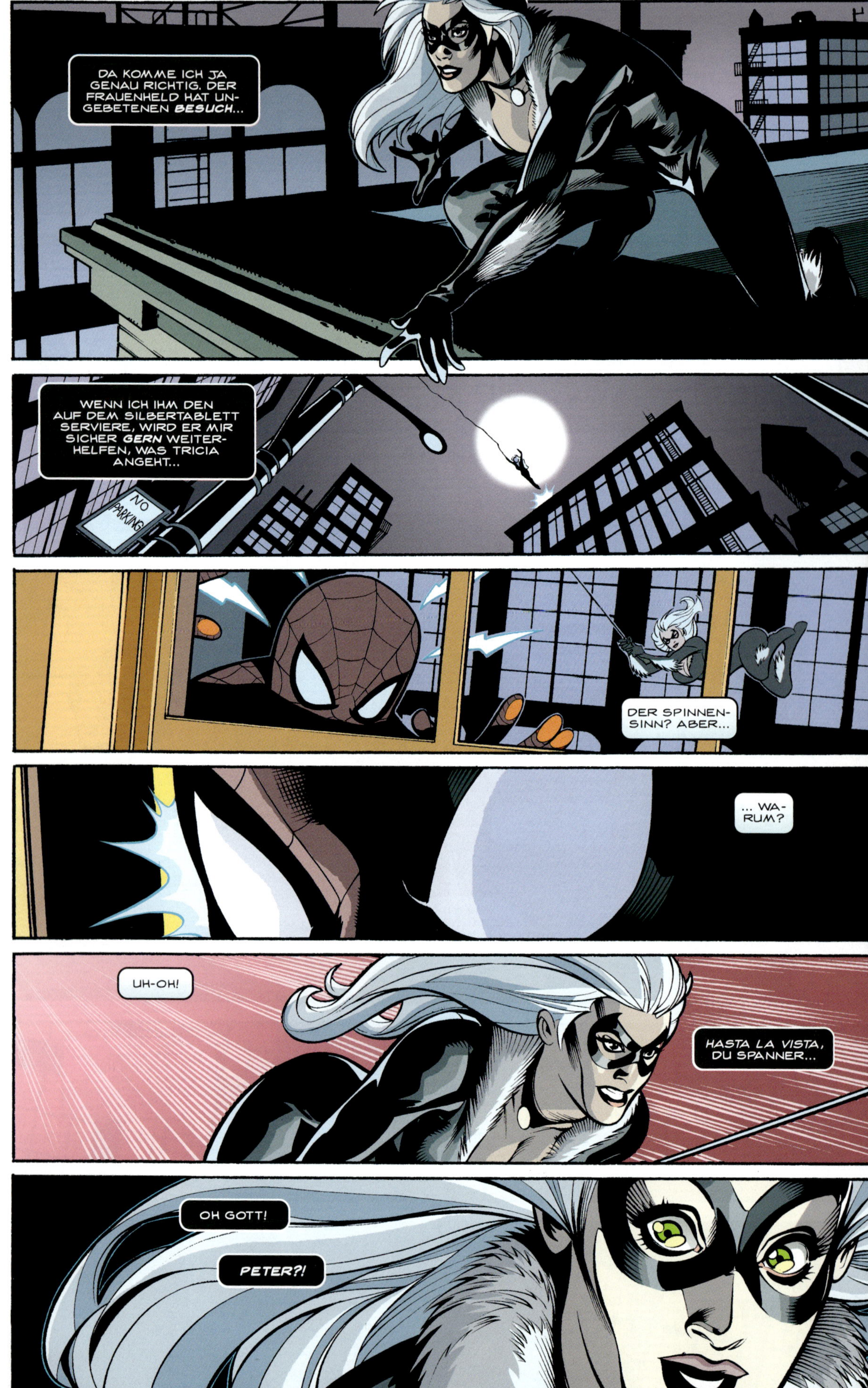
DA KOMME ICH JA GENAU RICHTIG. DER FRAUENHELD HAT UNGEBETENEN BESUCH...
WENN ICH IHM DEN AUF DEM SILBERTABLETT SERVIERE, WIRD ER MIR SICHER GERN WEITERHELFEN, WAS TRICIA ANGEHT...
NO PARKING
DER SPINNENSINN? ABER...
... WARUM?
UH-OH!
HASTA LA VISTA, DU SPANNER...
OH GOTT!
PETER?!

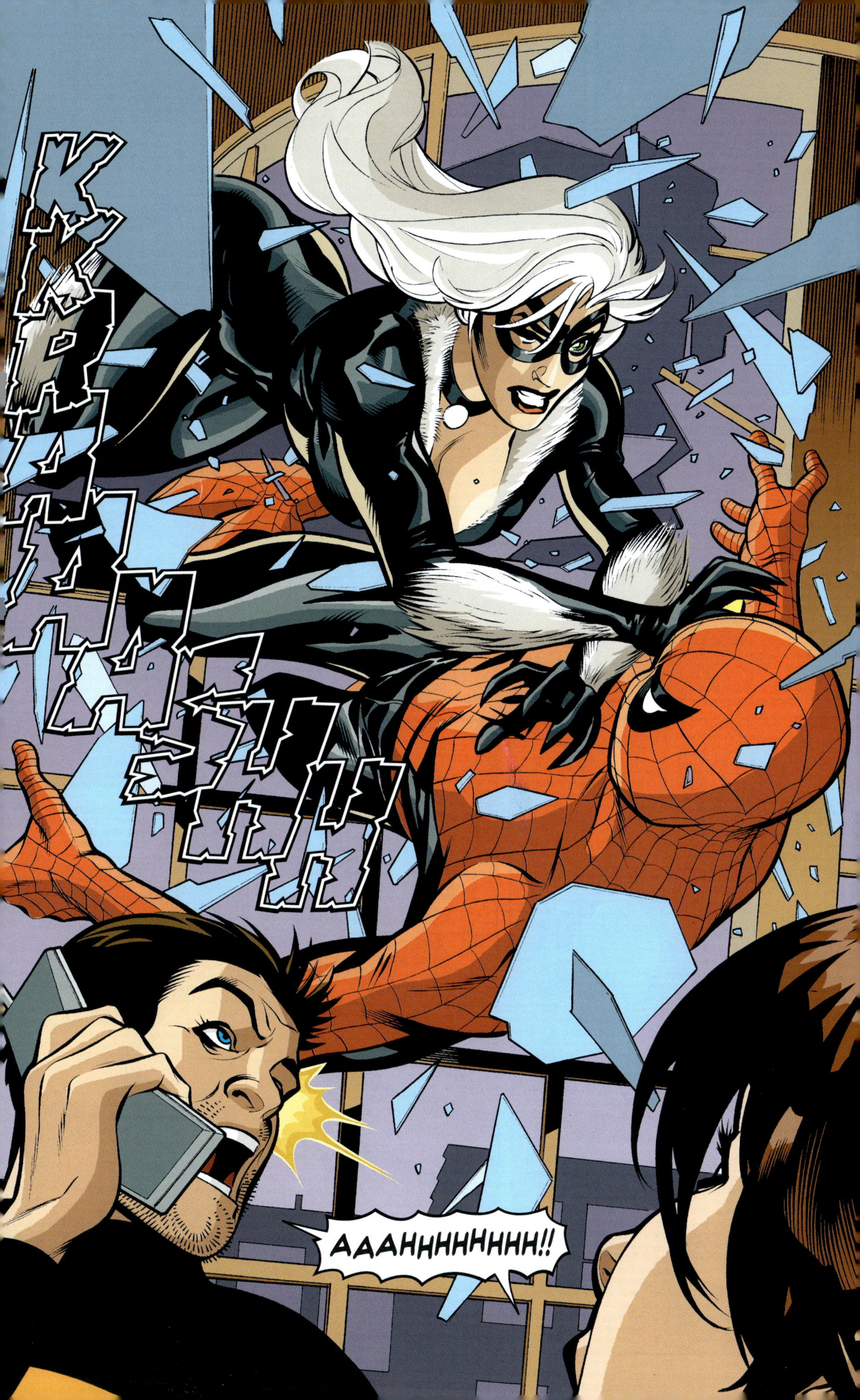
AAAHHHHHHHH!!

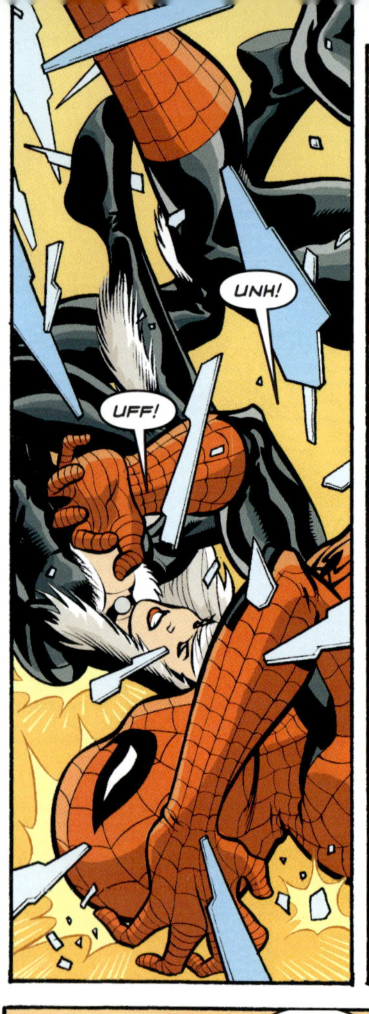
UNH!
UFF!

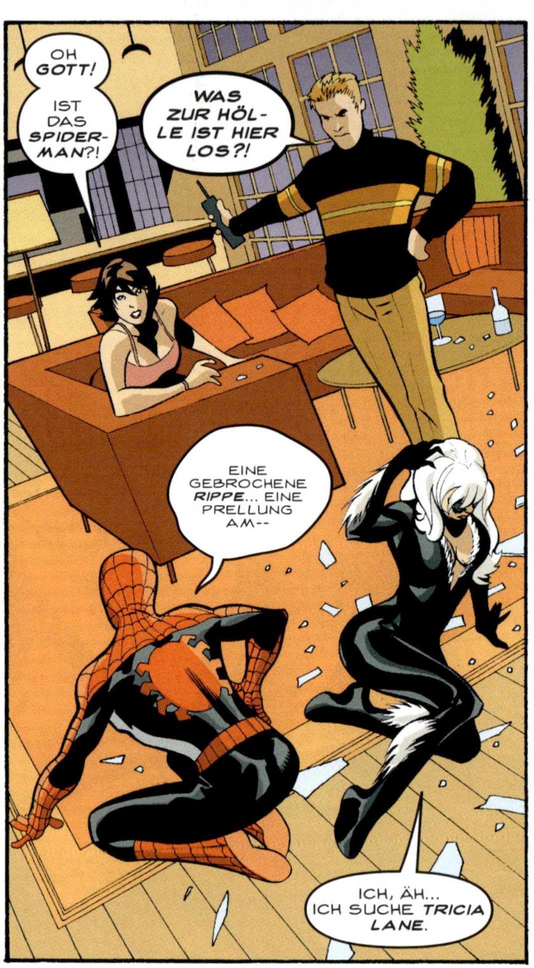
OH GOTT!
IST DAS SPIDER-MAN?!
WAS ZUR HÖL-LE IST HIER LOS?!
EINE GEBROCHENE RIPPE... EINE PRELLUNG AM--
ICH, ÄH... ICH SUCHE TRICIA LANE.

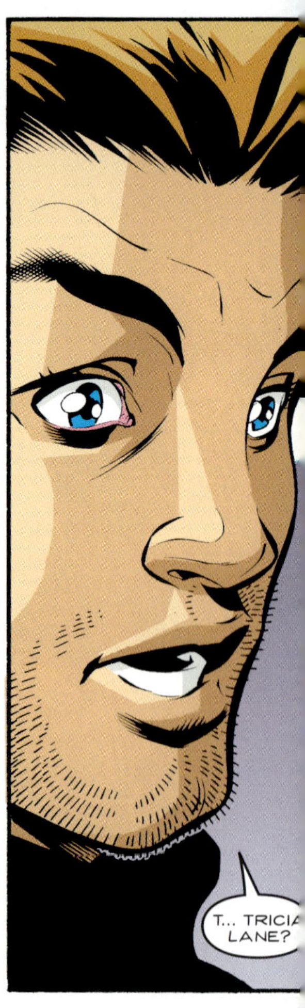
T... TRICIA LANE?

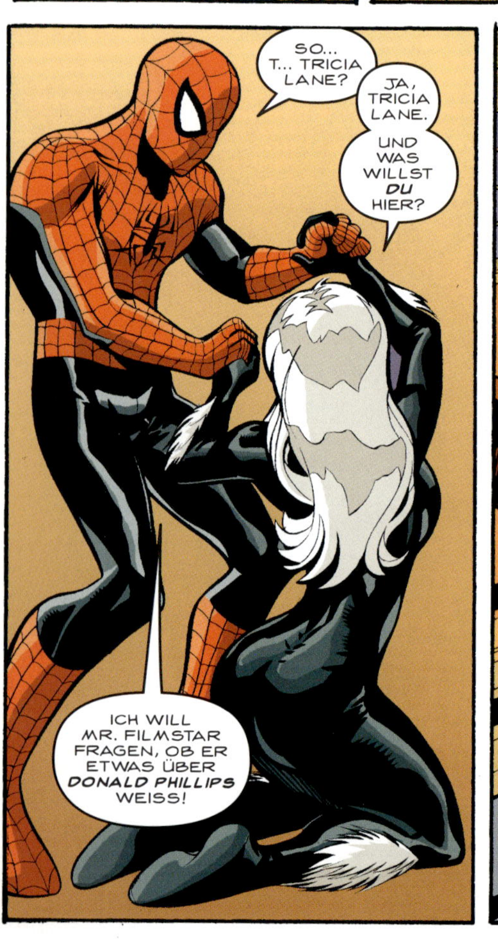
SO... T... TRICIA LANE?
JA, TRICIA LANE.
UND WAS WILLST DU HIER?
ICH WILL MR. FILMSTAR FRAGEN, OB ER ETWAS ÜBER DONALD PHILLIPS WEISS!

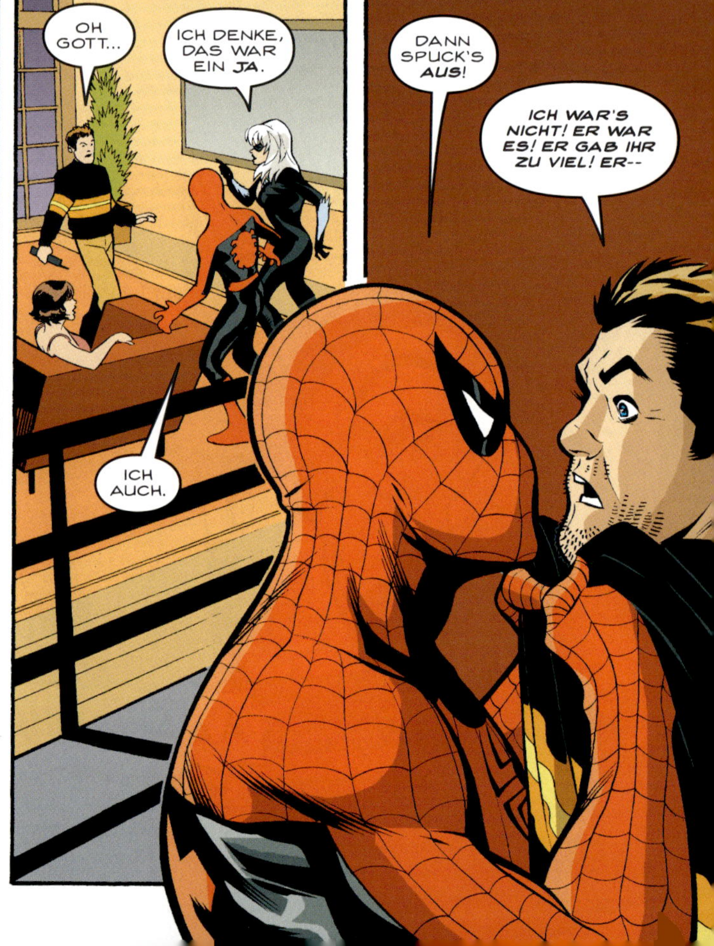
OH GOTT...
ICH DENKE, DAS WAR EIN JA.
ICH AUCH.
DANN SPUCK'S AUS!
ICH WAR'S NICHT! ER WAR ES! ER GAB IHR ZU VIEL! ER--

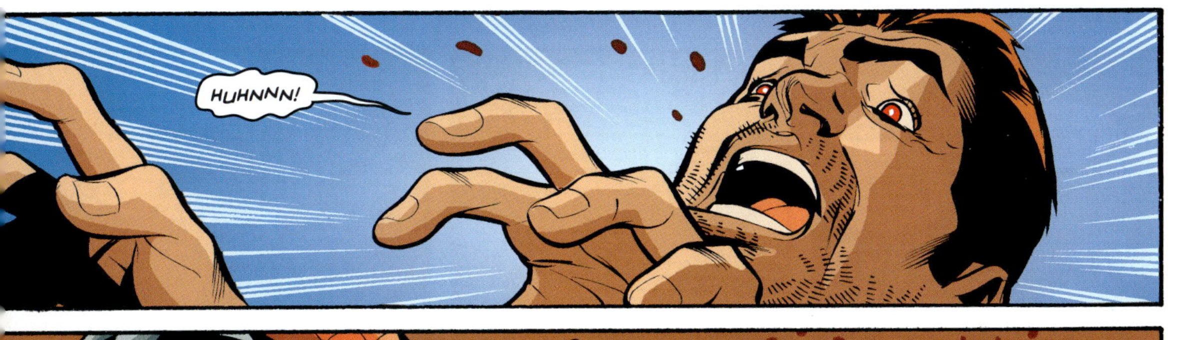
HUHNNN!

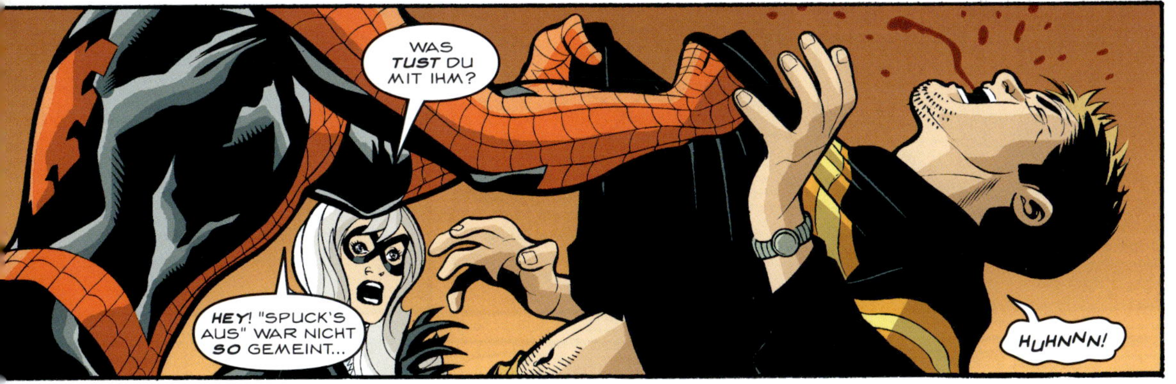
WAS *TUST* DU MIT IHM?
HEY! "SPUCK'S AUS" WAR NICHT *SO* GEMEINT...
HUHNNN!

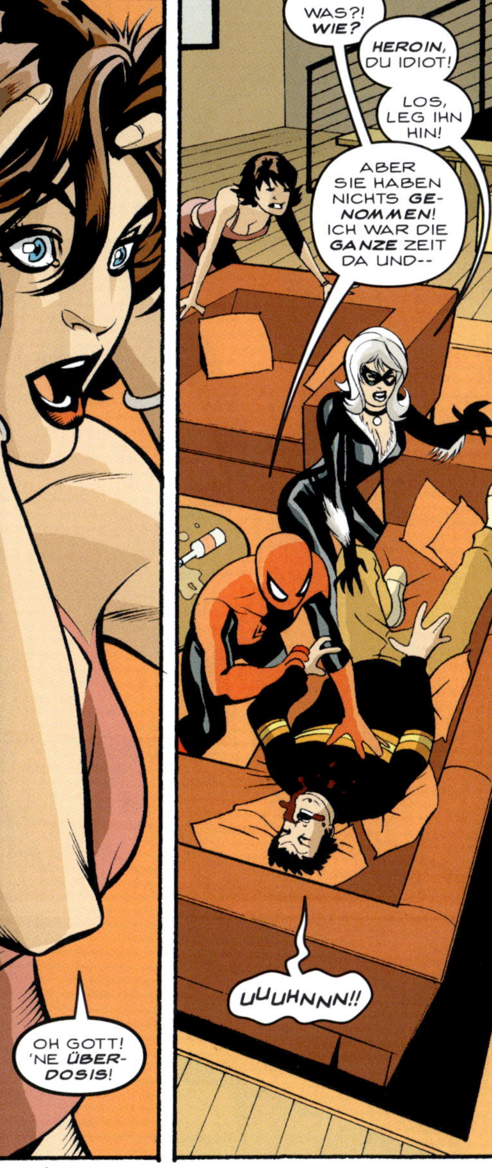
OH GOTT! 'NE *ÜBERDOSIS*!
WAS?! *WIE?*
HEROIN, DU IDIOT!
LOS, LEG IHN HIN!
ABER SIE HABEN NICHTS *GENOMMEN*! ICH WAR DIE *GANZE* ZEIT DA UND--
UUUHNNN!!

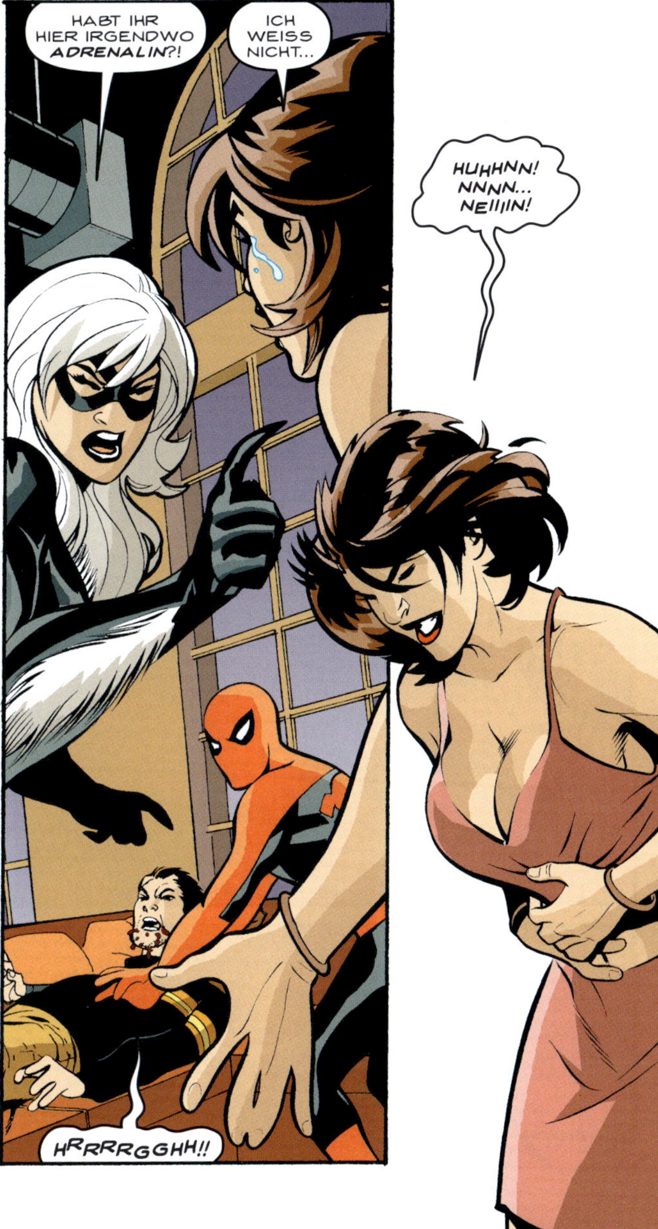
HABT IHR HIER IRGENDWO *ADRENALIN*?!
ICH WEISS NICHT...
HUHHNN! NNNN... NEIIIIN!
HRRRRGGHH!!

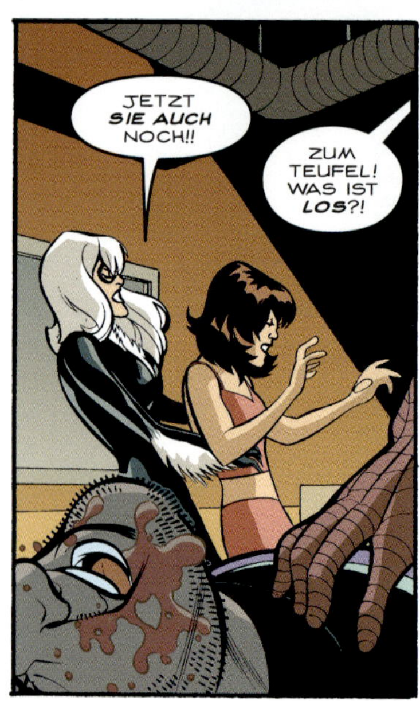
JETZT SIE AUCH NOCH!!
ZUM TEUFEL! WAS IST LOS?!
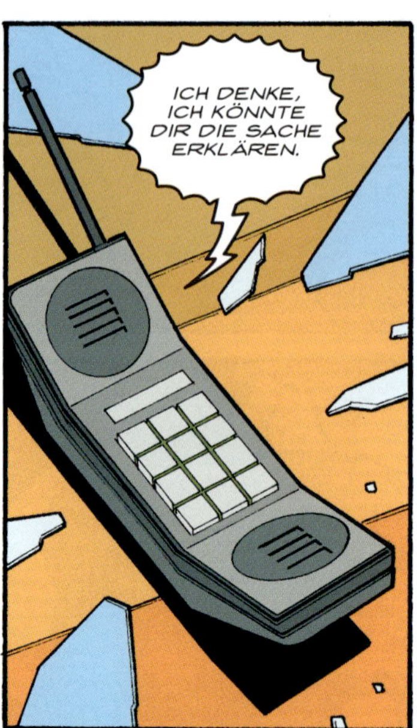
ICH DENKE, ICH KÖNNTE DIR DIE SACHE ERKLÄREN.
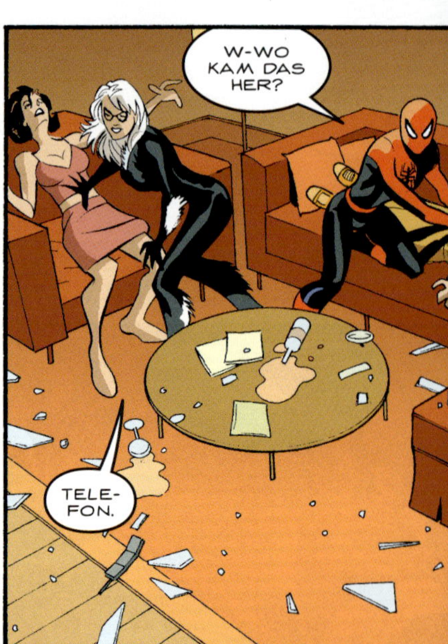
W-WO KAM DAS HER?
TELE-FON.
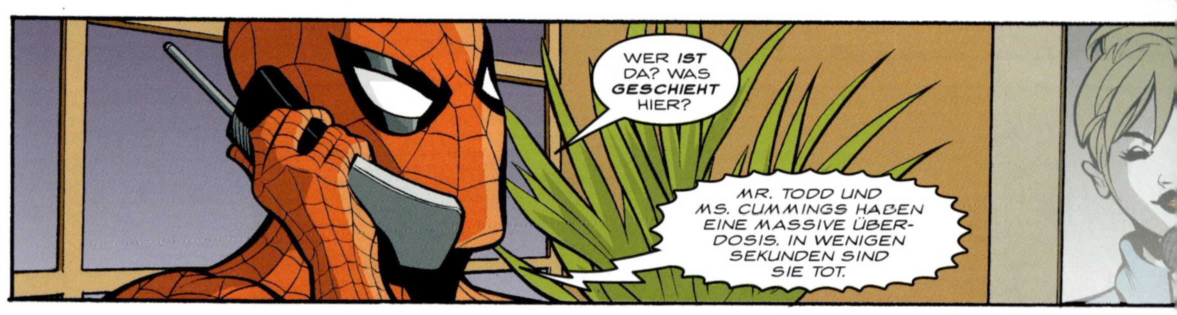
WER IST DA? WAS GESCHIEHT HIER?
MR. TODD UND MS. CUMMINGS HABEN EINE MASSIVE ÜBER-DOSIS. IN WENIGEN SEKUNDEN SIND SIE TOT.
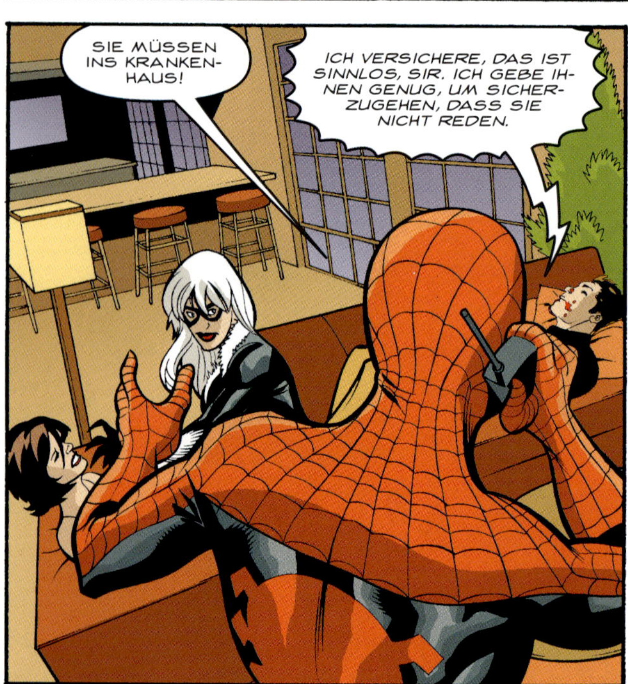
SIE MÜSSEN INS KRANKEN-HAUS!
ICH VERSICHERE, DAS IST SINNLOS, SIR. ICH GEBE IH-NEN GENUG, UM SICHER-ZUGEHEN, DASS SIE NICHT REDEN.
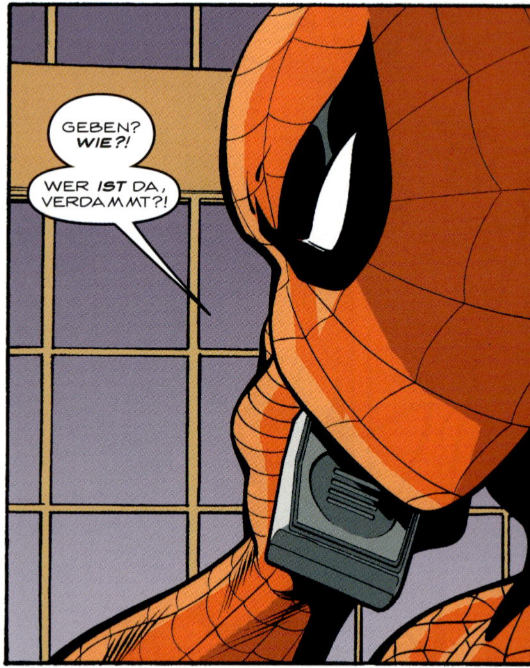
GEBEN? WIE?!
WER IST DA, VERDAMMT?!
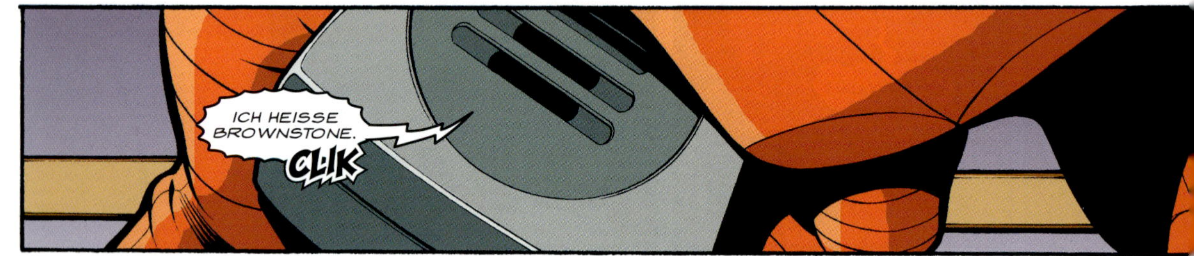
ICH HEISSE BROWNSTONE.
CLIK

DAS BÖSE IN DIR, TEIL 2: FÄLLT DOCH KEINEM AUF …

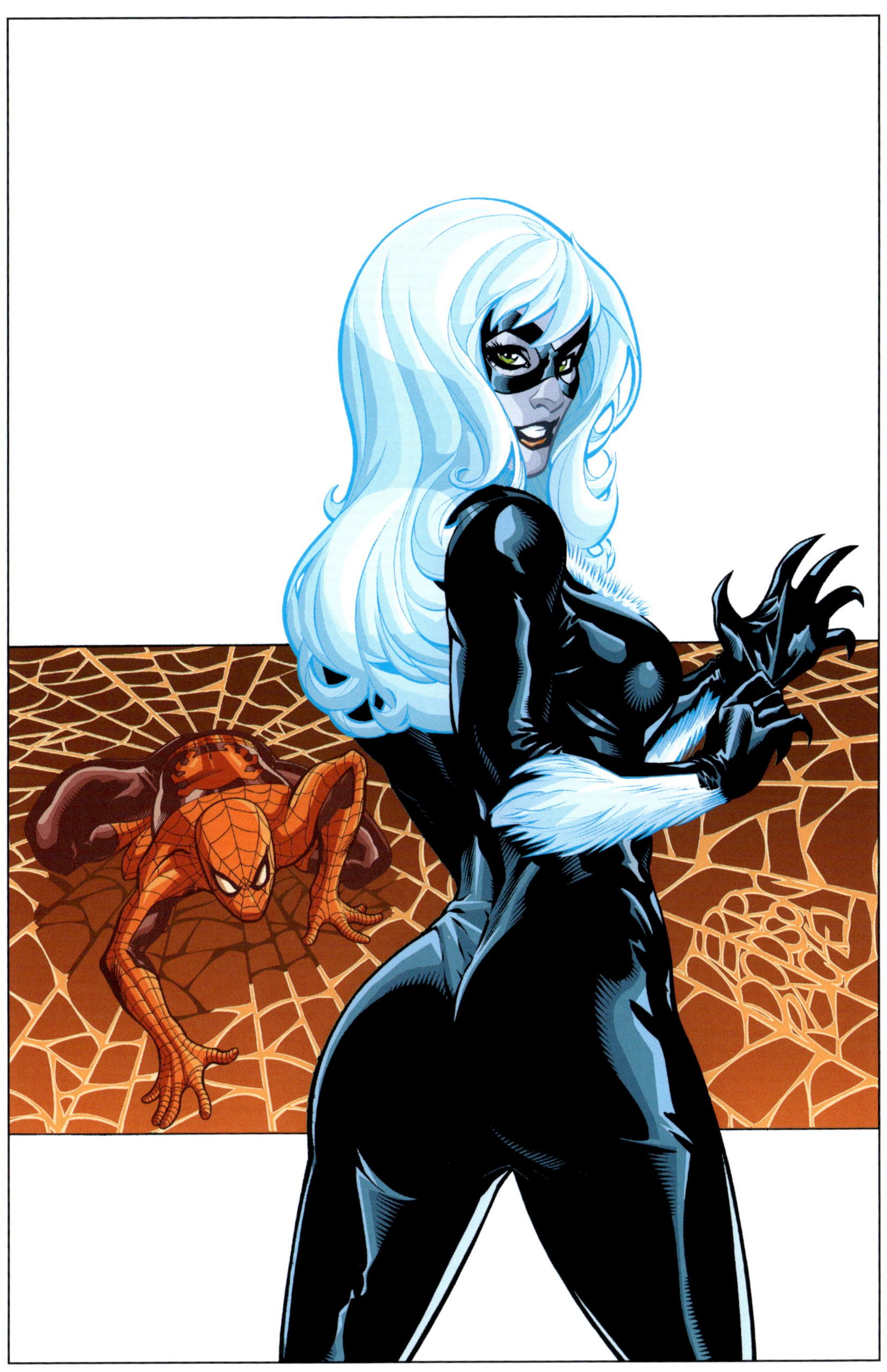

Spider-Man/Black Cat: The Evil That Men Do (2002) 2
Cover von **TERRY DODSON**

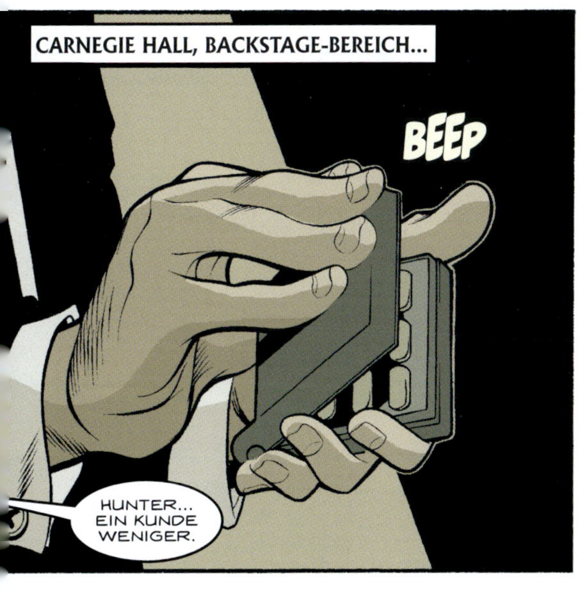
CARNEGIE HALL, BACKSTAGE-BEREICH...
BEEP
HUNTER... EIN KUNDE WENIGER.

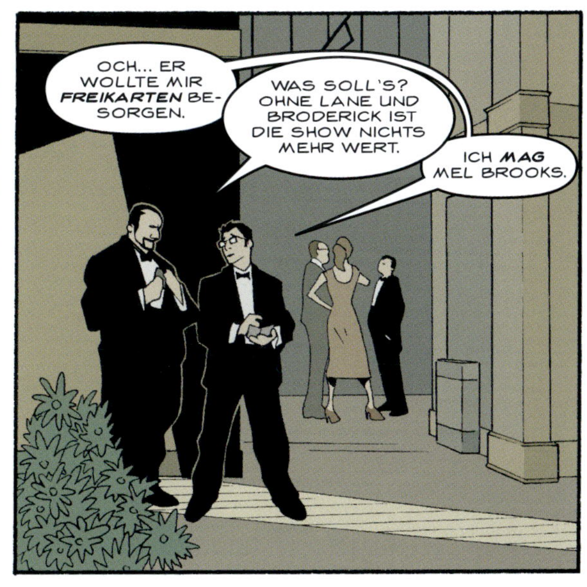
OCH... ER WOLLTE MIR FREIKARTEN BESORGEN.
WAS SOLL'S? OHNE LANE UND BRODERICK IST DIE SHOW NICHTS MEHR WERT.
ICH MAG MEL BROOKS.

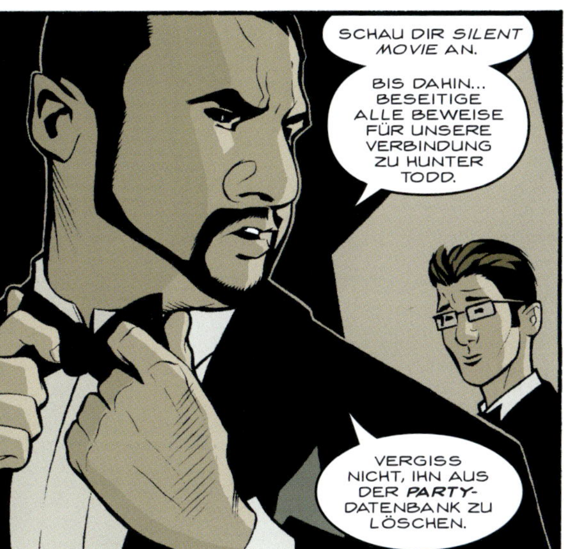
SCHAU DIR SILENT MOVIE AN.
BIS DAHIN... BESEITIGE ALLE BEWEISE FÜR UNSERE VERBINDUNG ZU HUNTER TODD.
VERGISS NICHT, IHN AUS DER PARTY-DATENBANK ZU LÖSCHEN.

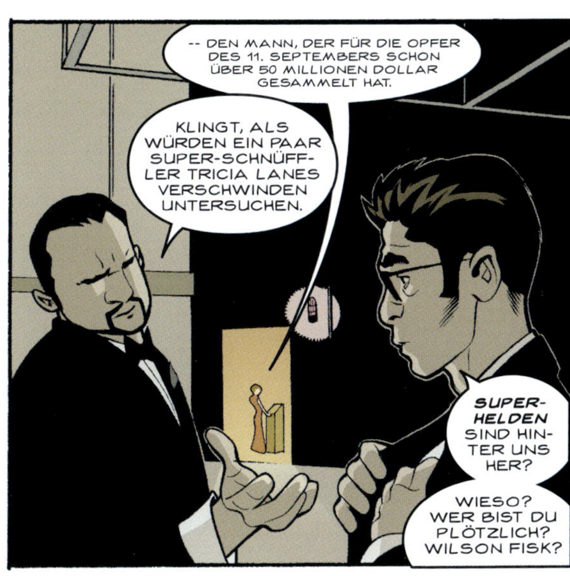
-- DEN MANN, DER FÜR DIE OPFER DES 11. SEPTEMBERS SCHON ÜBER 50 MILLIONEN DOLLAR GESAMMELT HAT.
KLINGT, ALS WÜRDEN EIN PAAR SUPER-SCHNÜFFLER TRICIA LANES VERSCHWINDEN UNTERSUCHEN.
SUPERHELDEN SIND HINTER UNS HER?
WIESO? WER BIST DU PLÖTZLICH? WILSON FISK?

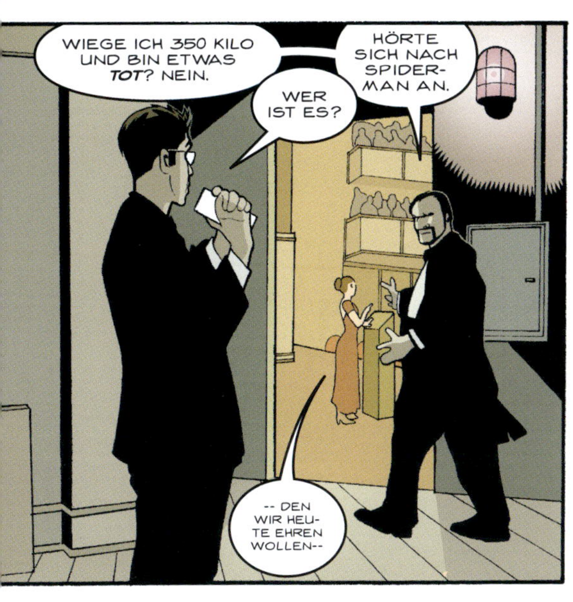
WIEGE ICH 350 KILO UND BIN ETWAS TOT? NEIN.
HÖRTE SICH NACH SPIDER-MAN AN.
WER IST ES?
-- DEN WIR HEUTE EHREN WOLLEN--

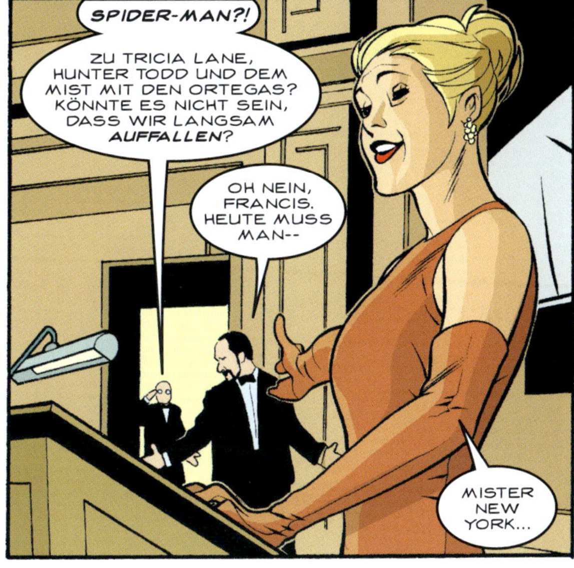
SPIDER-MAN?!
ZU TRICIA LANE, HUNTER TODD UND DEM MIST MIT DEN ORTEGAS? KÖNNTE ES NICHT SEIN, DASS WIR LANGSAM AUFFALLEN?
OH NEIN, FRANCIS. HEUTE MUSS MAN--
MISTER NEW YORK...

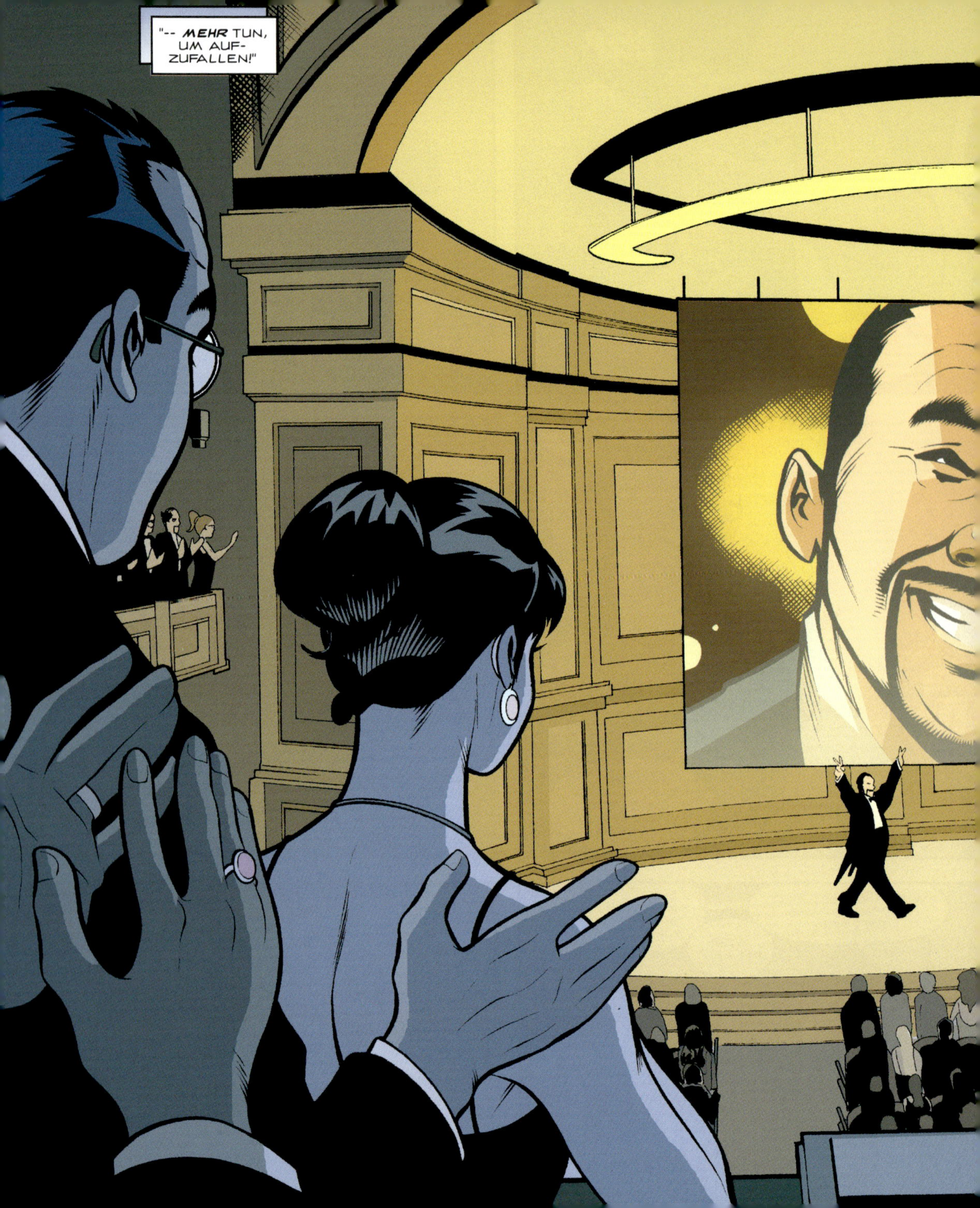
"-- MEHR TUN, UM AUF-ZUFALLEN!"

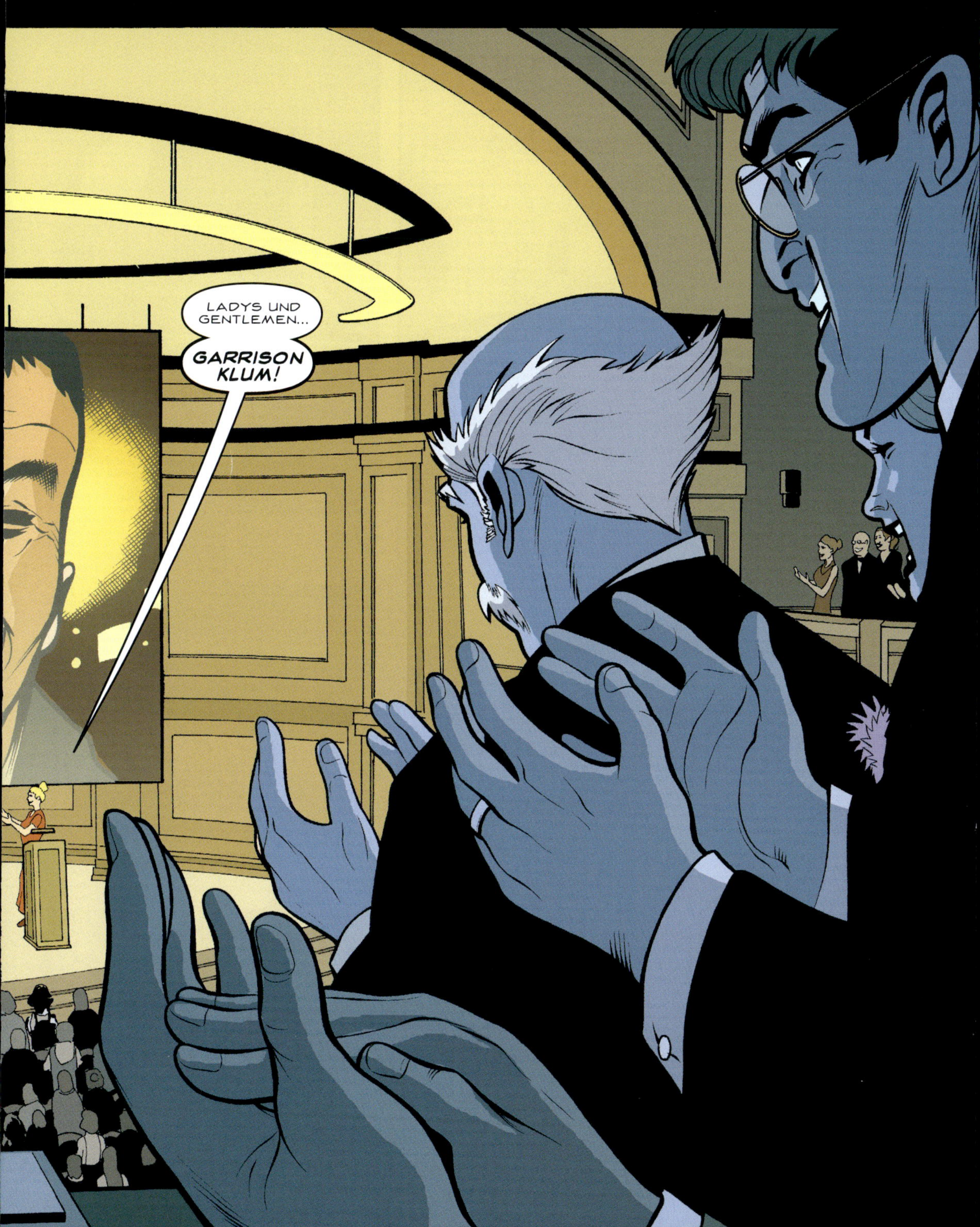
LADYS UND GENTLEMEN...
GARRISON KLUM!

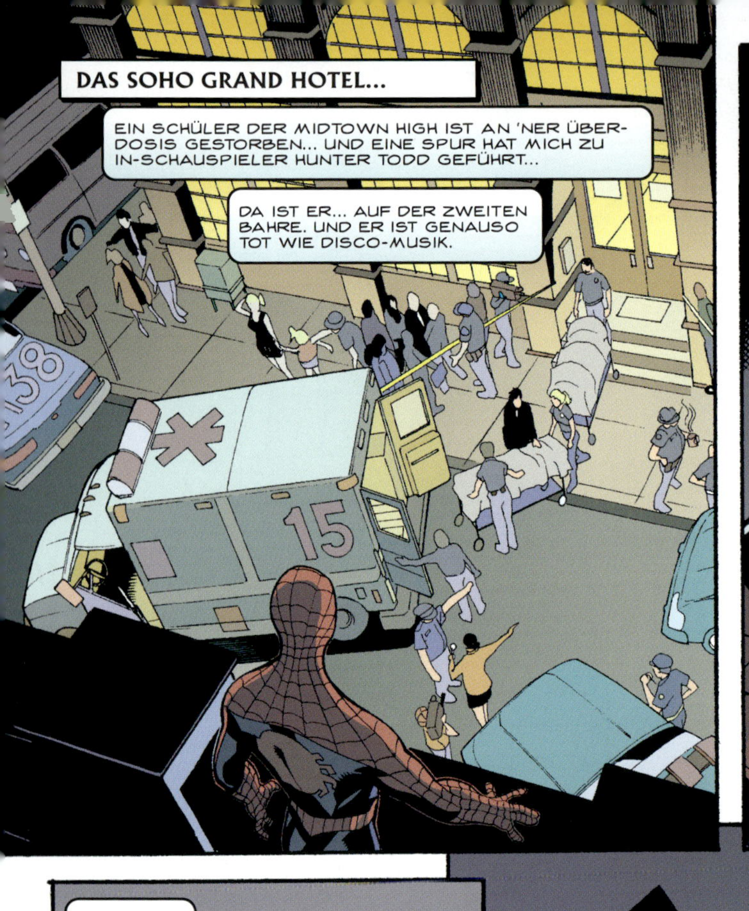

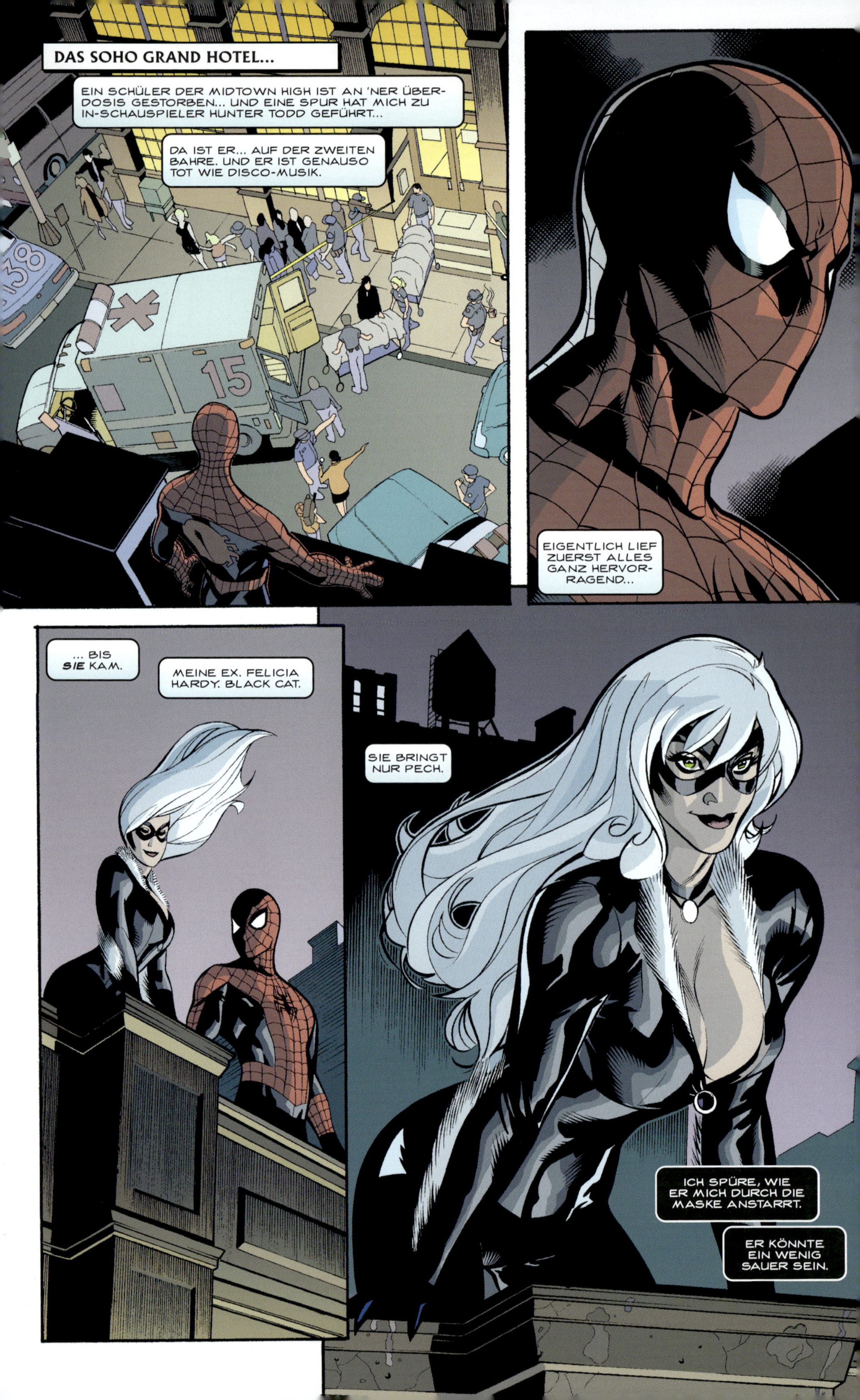

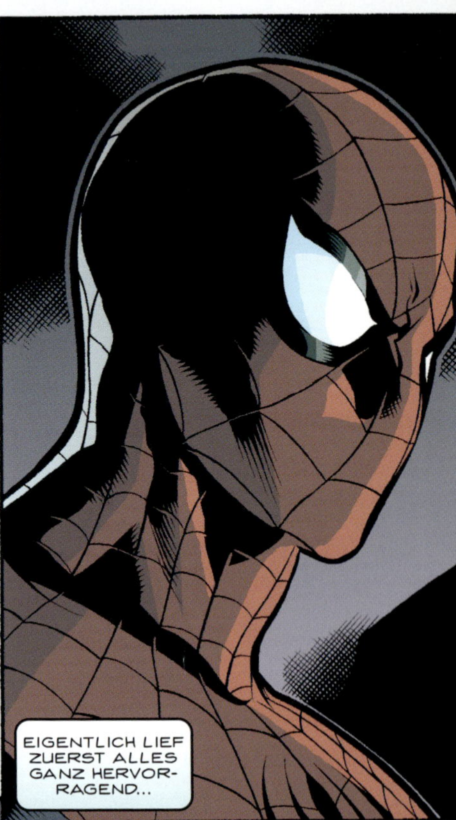

... BIS *SIE* KAM.

MEINE EX. FELICIA HARDY. BLACK CAT.

SIE BRINGT NUR PECH.

ICH SPÜRE, WIE ER MICH DURCH DIE MASKE ANSTARRT.

ER KÖNNTE EIN WENIG SAUER SEIN.

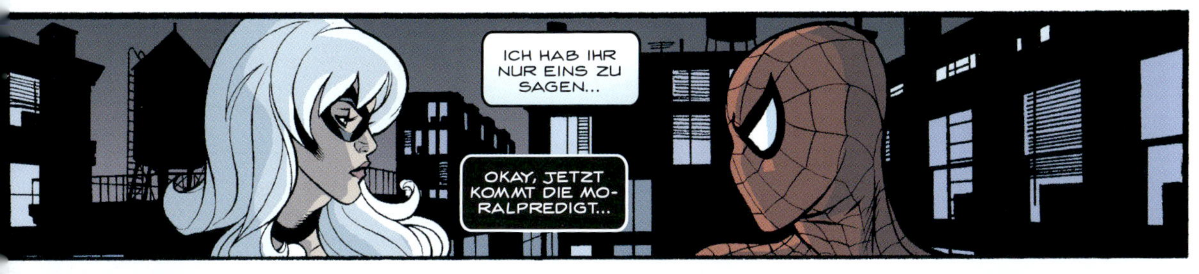
ICH HAB IHR NUR EINS ZU SAGEN...
OKAY, JETZT KOMMT DIE MORALPREDIGT...

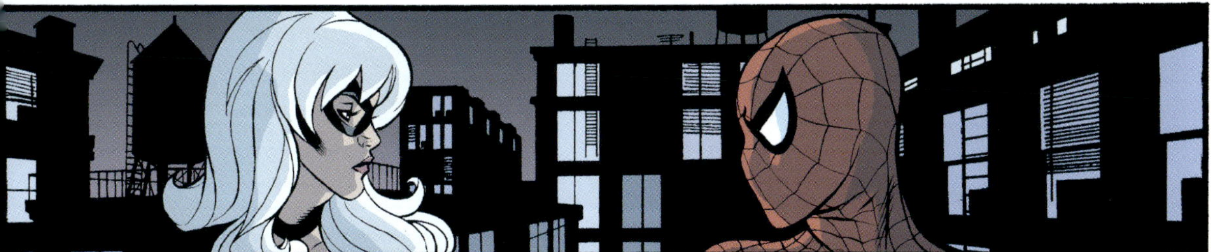

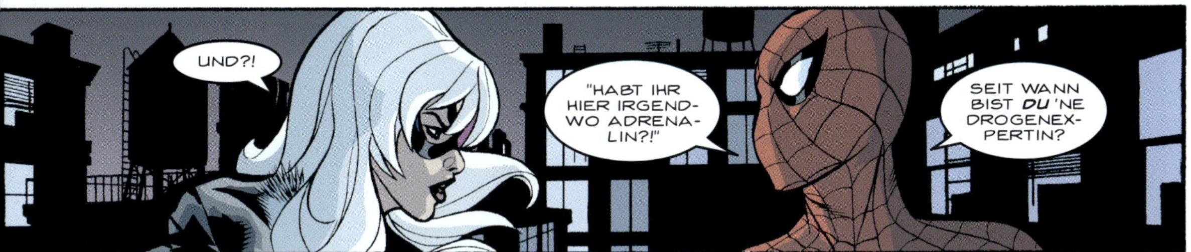
UND?!
"HABT IHR HIER IRGENDWO ADRENALIN?!"
SEIT WANN BIST *DU* 'NE DROGENEXPERTIN?

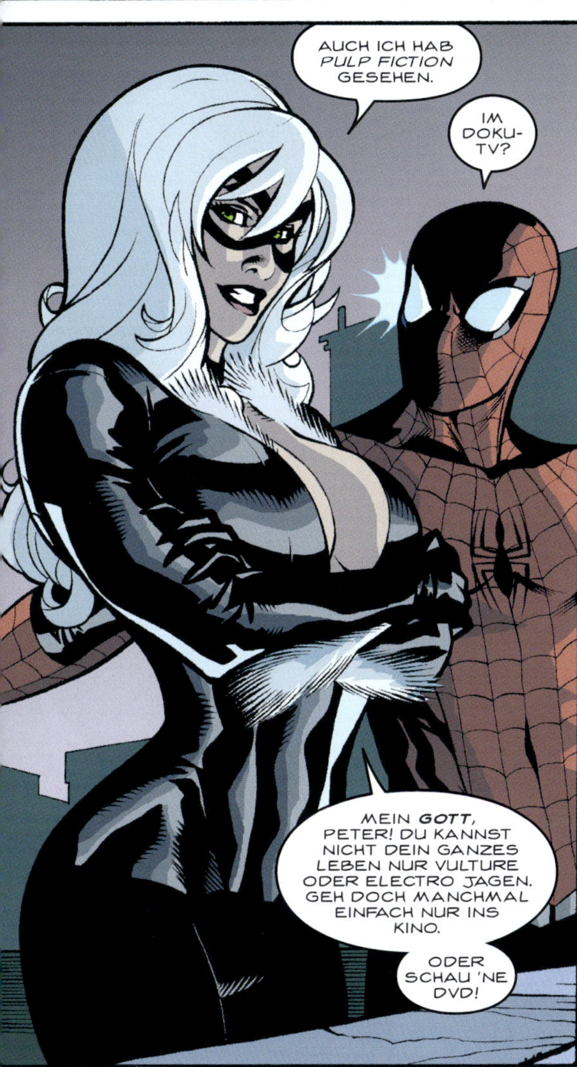
AUCH ICH HAB *PULP FICTION* GESEHEN.
IM DOKU-TV?
MEIN *GOTT*, PETER! DU KANNST NICHT DEIN GANZES LEBEN NUR VULTURE ODER ELECTRO JAGEN. GEH DOCH MANCHMAL EINFACH NUR INS KINO.
ODER SCHAU 'NE DVD!

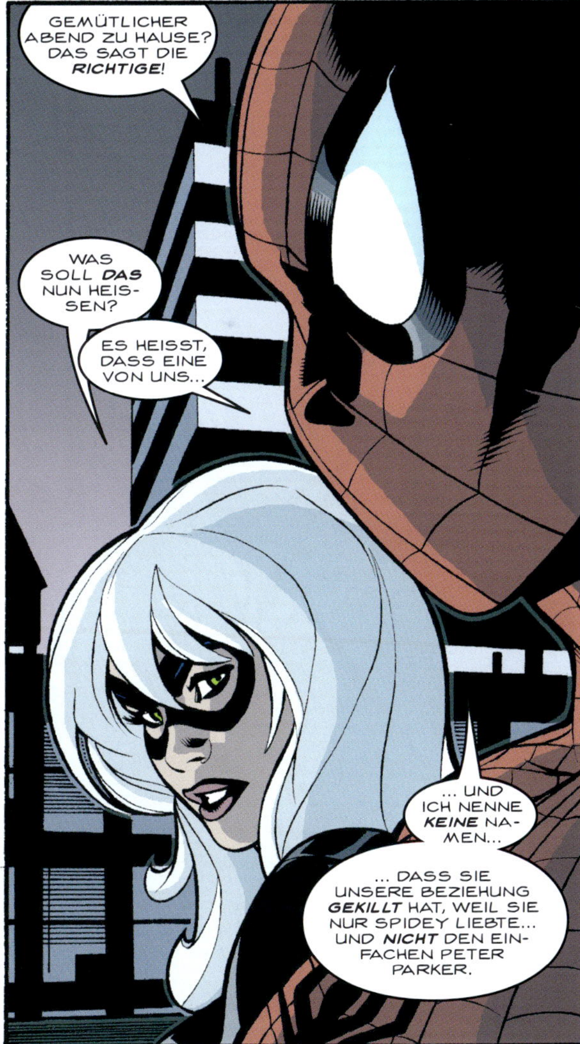
GEMÜTLICHER ABEND ZU HAUSE? DAS SAGT DIE *RICHTIGE*!
WAS SOLL *DAS* NUN HEISSEN?
ES HEISST, DASS EINE VON UNS...
... UND ICH NENNE *KEINE* NAMEN...
... DASS SIE UNSERE BEZIEHUNG *GEKILLT* HAT, WEIL SIE NUR SPIDEY LIEBTE... UND *NICHT* DEN EINFACHEN PETER PARKER.

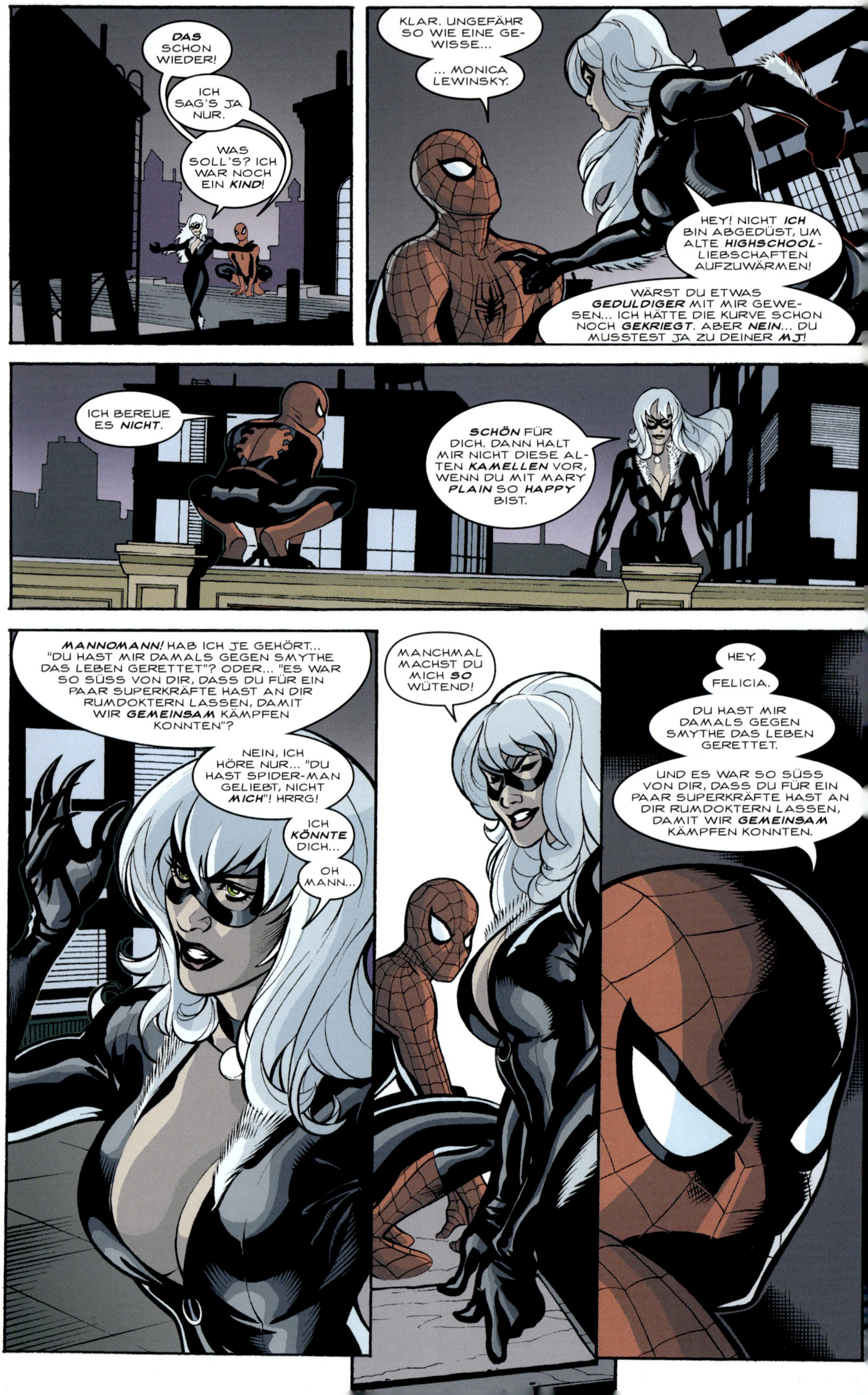

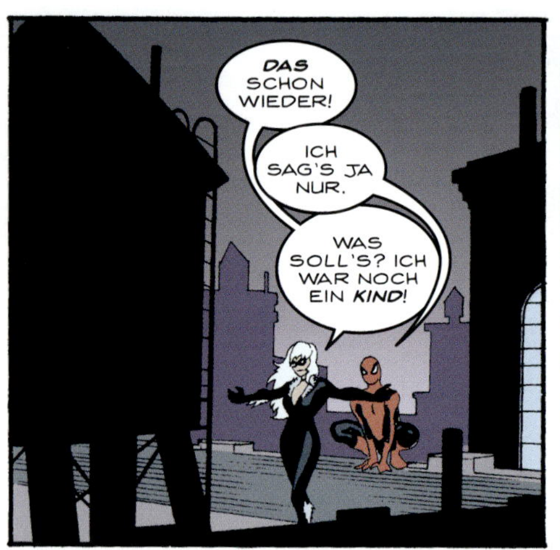

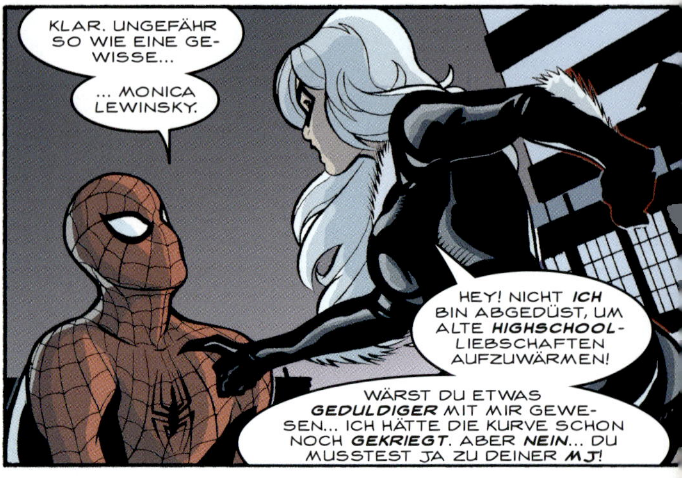

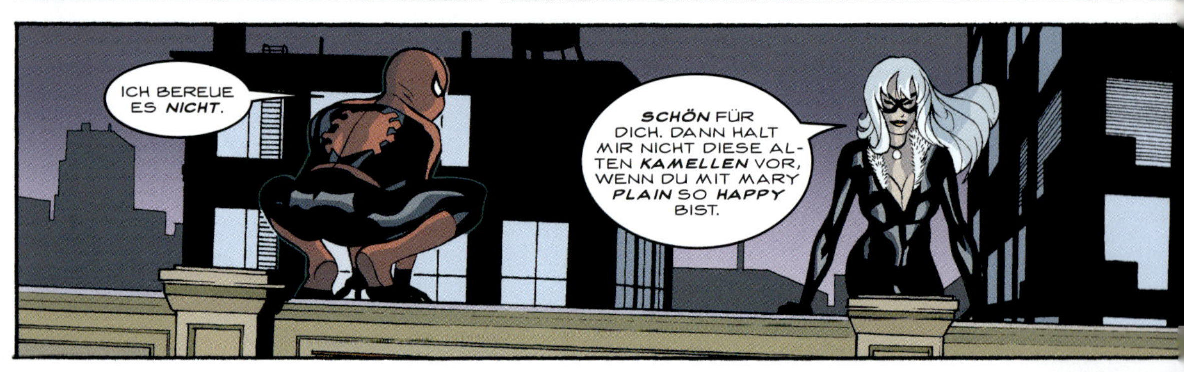

MANNOMANN! HAB ICH JE GEHÖRT... "DU HAST MIR DAMALS GEGEN SMYTHE DAS LEBEN GERETTET"? ODER... "ES WAR SO SÜSS VON DIR, DASS DU FÜR EIN PAAR SUPERKRÄFTE HAST AN DIR RUMDOKTERN LASSEN, DAMIT WIR **GEMEINSAM** KÄMPFEN KONNTEN"?

NEIN, ICH HÖRE NUR... "DU HAST SPIDER-MAN GELIEBT, NICHT **MICH**"! HRRG!

ICH **KÖNNTE** DICH...

OH MANN...

MANCHMAL MACHST DU MICH **SO** WÜTEND!

HEY.

FELICIA.

DU HAST MIR DAMALS GEGEN SMYTHE DAS LEBEN GERETTET.

UND ES WAR SO SÜSS VON DIR, DASS DU FÜR EIN PAAR SUPERKRÄFTE HAST AN DIR RUMDOKTERN LASSEN, DAMIT WIR **GEMEINSAM** KÄMPFEN KONNTEN.

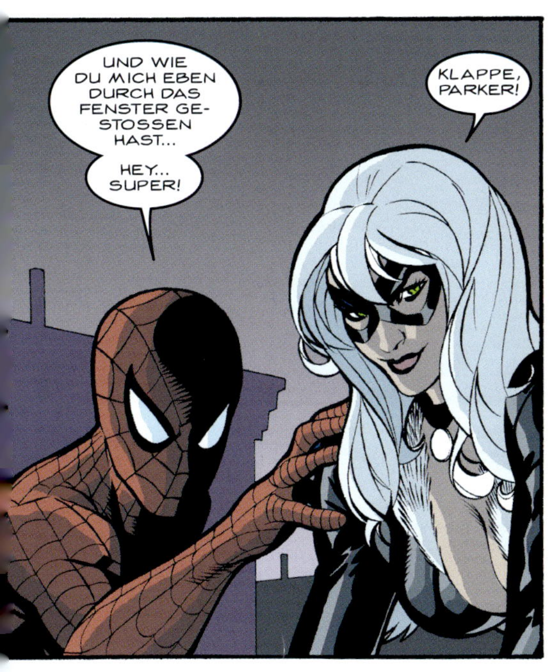
UND WIE DU MICH EBEN DURCH DAS FENSTER GE-STOSSEN HAST...
HEY... SUPER!
KLAPPE, PARKER!

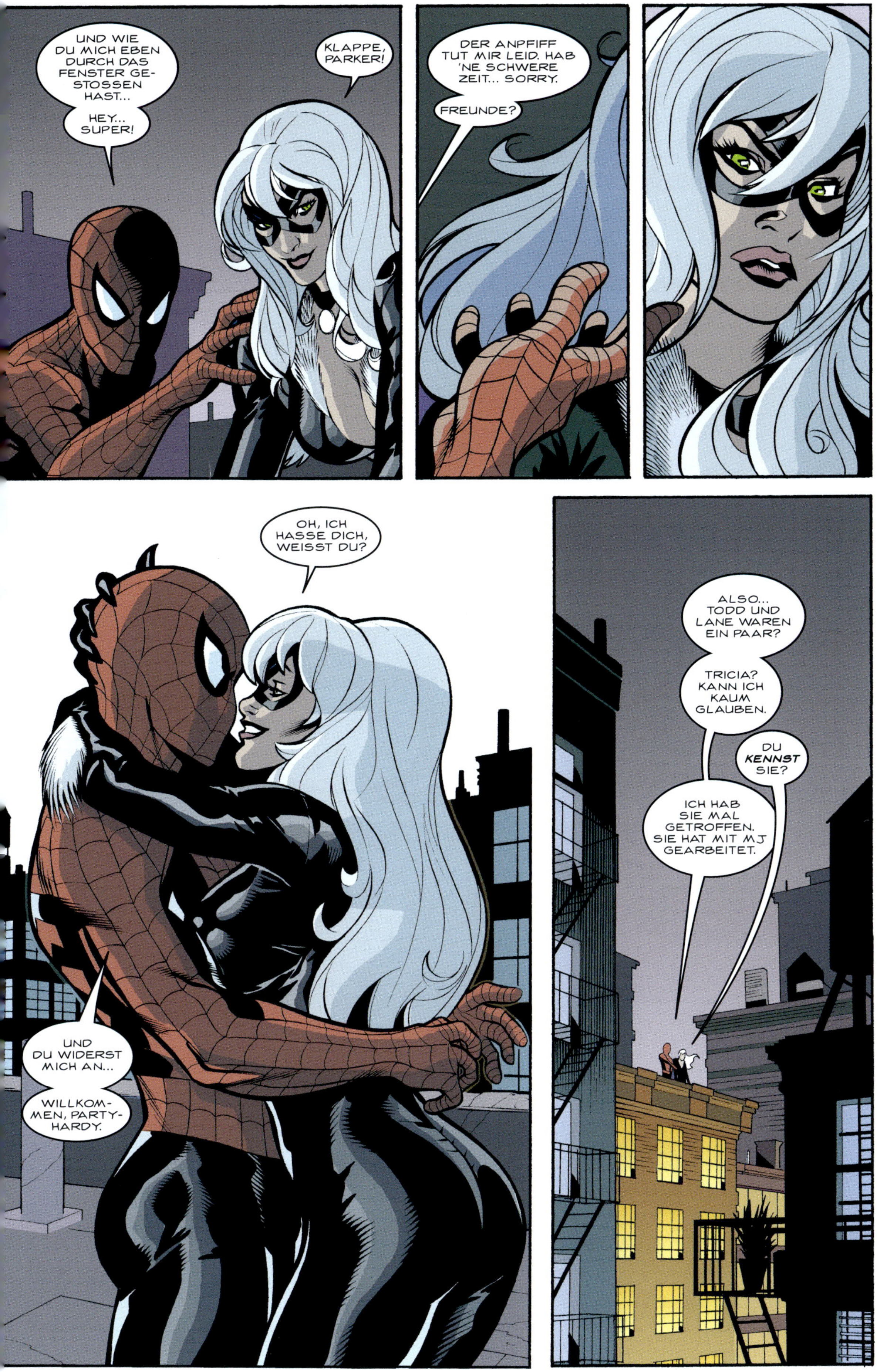

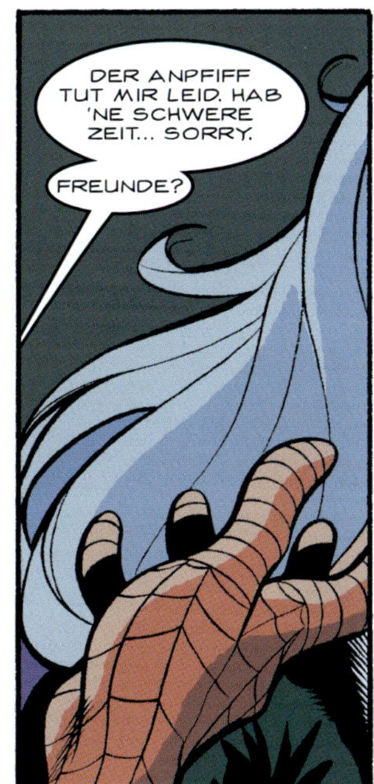
DER ANPFIFF TUT MIR LEID. HAB 'NE SCHWERE ZEIT... SORRY.
FREUNDE?

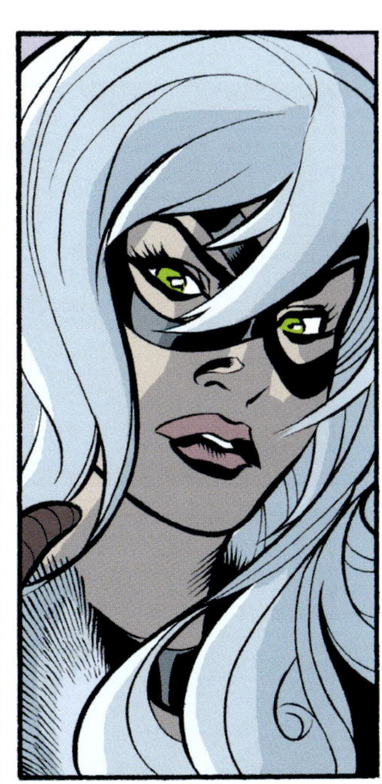

OH, ICH HASSE DICH, WEISST DU?
UND DU WIDERST MICH AN...
WILLKOM-MEN, PARTY-HARDY.

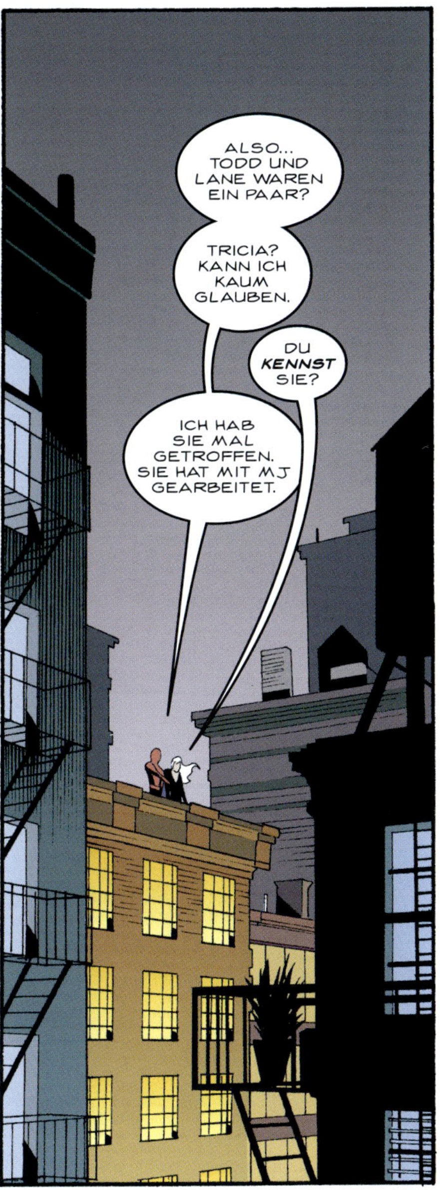
ALSO... TODD UND LANE WAREN EIN PAAR?
TRICIA? KANN ICH KAUM GLAUBEN.
DU **KENNST** SIE?
ICH HAB SIE MAL GETROFFEN. SIE HAT MIT MJ GEARBEITET.

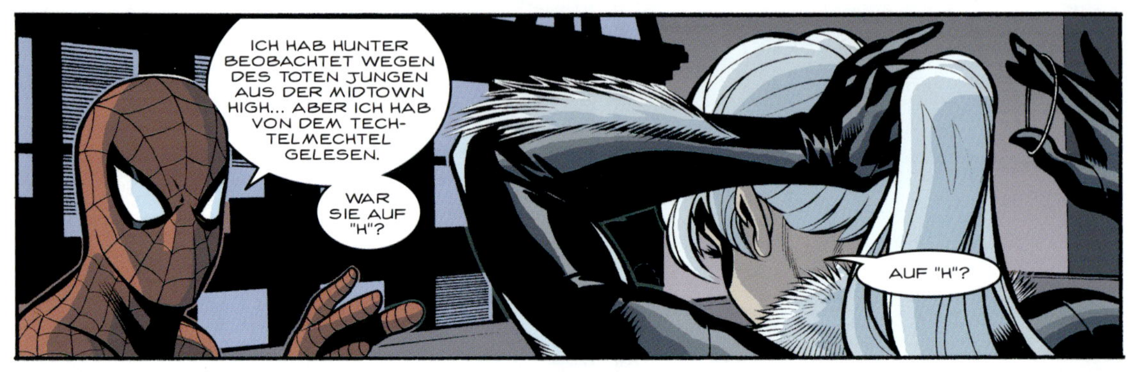
ICH HAB HUNTER BEOBACHTET WEGEN DES TOTEN JUNGEN AUS DER MIDTOWN HIGH... ABER ICH HAB VON DEM TECH-TELMECHTEL GELESEN.
WAR SIE AUF "H"?
AUF "H"?

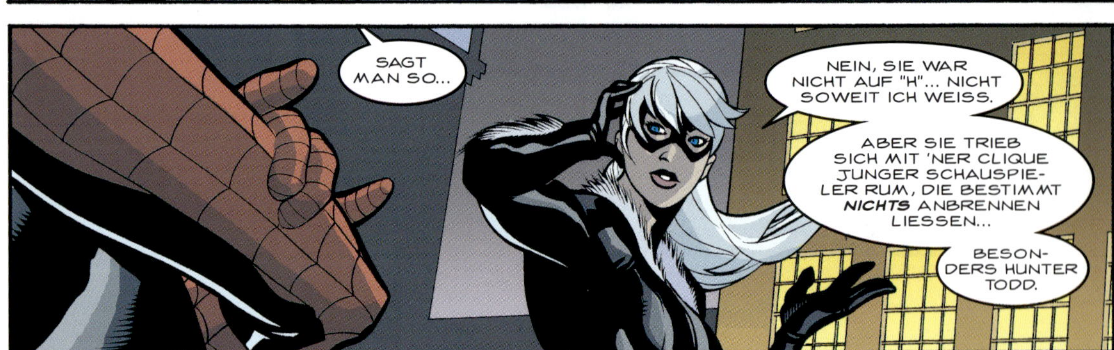
SAGT MAN SO...
NEIN, SIE WAR NICHT AUF "H"... NICHT SOWEIT ICH WEISS.
ABER SIE TRIEB SICH MIT 'NER CLIQUE JUNGER SCHAUSPIE-LER RUM, DIE BESTIMMT **NICHTS** ANBRENNEN LIESSEN...
BESON-DERS HUNTER TODD.

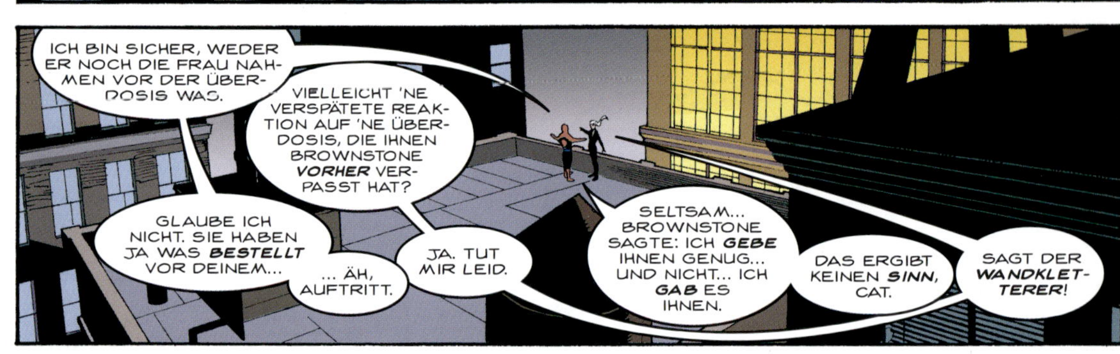
ICH BIN SICHER, WEDER ER NOCH DIE FRAU NAH-MEN VOR DER ÜBER-DOSIS WAS.
VIELLEICHT 'NE VERSPÄTETE REAK-TION AUF 'NE ÜBER-DOSIS, DIE IHNEN BROWNSTONE **VORHER** VER-PASST HAT?
GLAUBE ICH NICHT. SIE HABEN JA WAS **BESTELLT** VOR DEINEM...
... ÄH, AUFTRITT.
JA. TUT MIR LEID.
SELTSAM... BROWNSTONE SAGTE: ICH **GEBE** IHNEN GENUG... UND NICHT... ICH **GAB** ES IHNEN.
DAS ERGIBT KEINEN **SINN**, CAT.
SAGT DER **WANDKLET-TERER**!

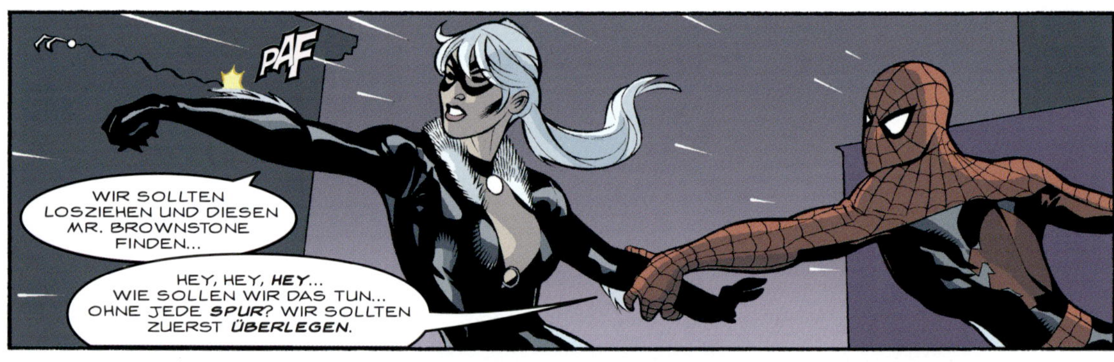
PAF
WIR SOLLTEN LOSZIEHEN UND DIESEN MR. BROWNSTONE FINDEN...
HEY, HEY, **HEY**... WIE SOLLEN WIR DAS TUN... OHNE JEDE **SPUR**? WIR SOLLTEN ZUERST **ÜBERLEGEN**.

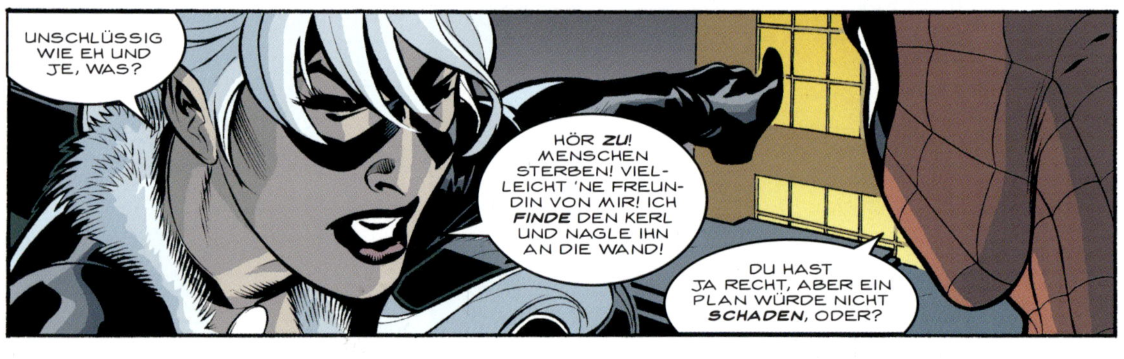
UNSCHLÜSSIG WIE EH UND JE, WAS?
HÖR **ZU**! MENSCHEN STERBEN! VIEL-LEICHT 'NE FREUN-DIN VON MIR! ICH **FINDE** DEN KERL UND NAGLE IHN AN DIE WAND!
DU HAST JA RECHT, ABER EIN PLAN WÜRDE NICHT **SCHADEN**, ODER?

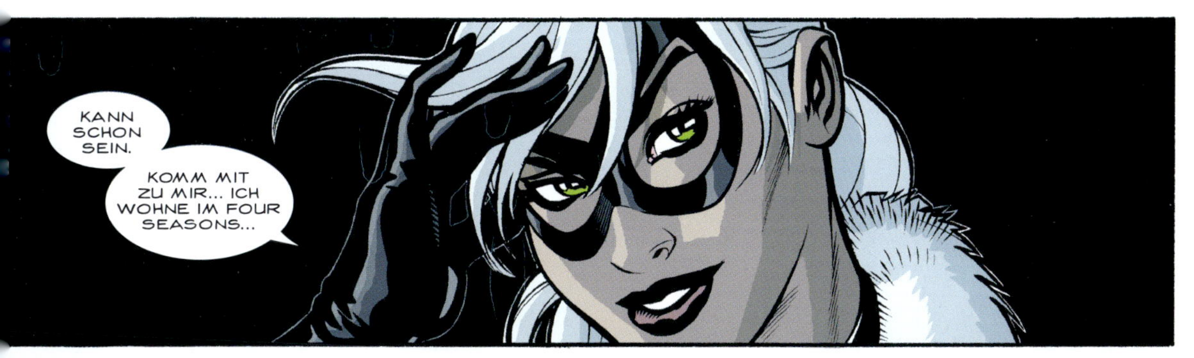
KANN SCHON SEIN.
KOMM MIT ZU MIR... ICH WOHNE IM FOUR SEASONS...

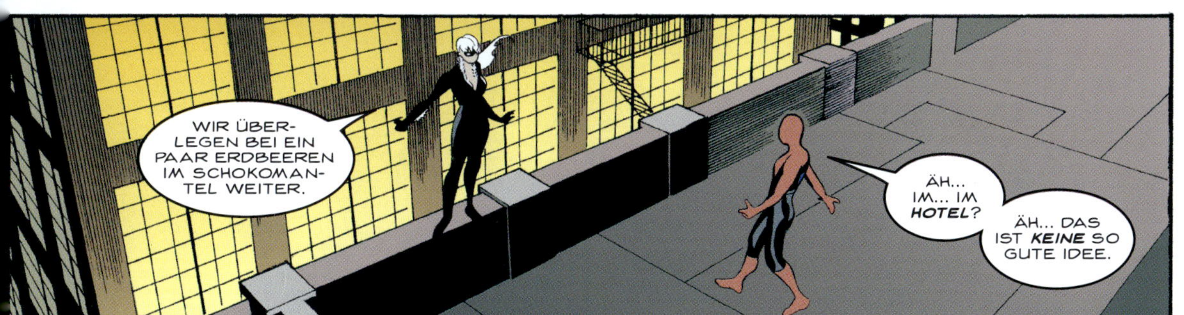
WIR ÜBERLEGEN BEI EIN PAAR ERDBEEREN IM SCHOKOMANTEL WEITER.
ÄH... IM... IM ***HOTEL***?
ÄH... DAS IST ***KEINE*** SO GUTE IDEE.

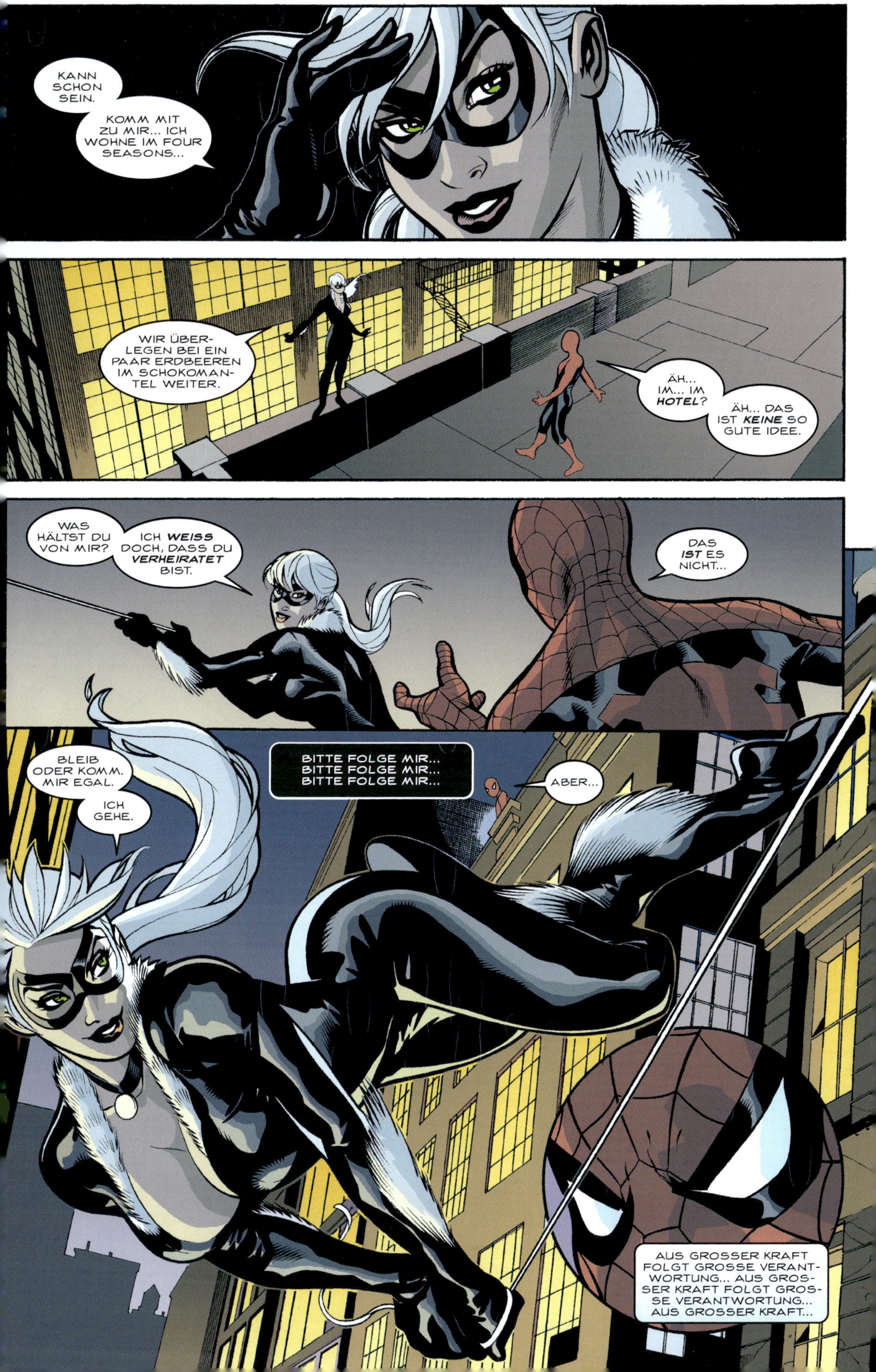

WAS HÄLTST DU VON MIR?
ICH ***WEISS*** DOCH, DASS DU ***VERHEIRATET*** BIST.
DAS ***IST*** ES NICHT...
BLEIB ODER KOMM. MIR EGAL.
ICH GEHE.
BITTE FOLGE MIR... BITTE FOLGE MIR... BITTE FOLGE MIR...
ABER...
AUS GROSSER KRAFT FOLGT GROSSE VERANTWORTUNG... AUS GROSSER KRAFT FOLGT GROSSE VERANTWORTUNG... AUS GROSSER KRAFT...

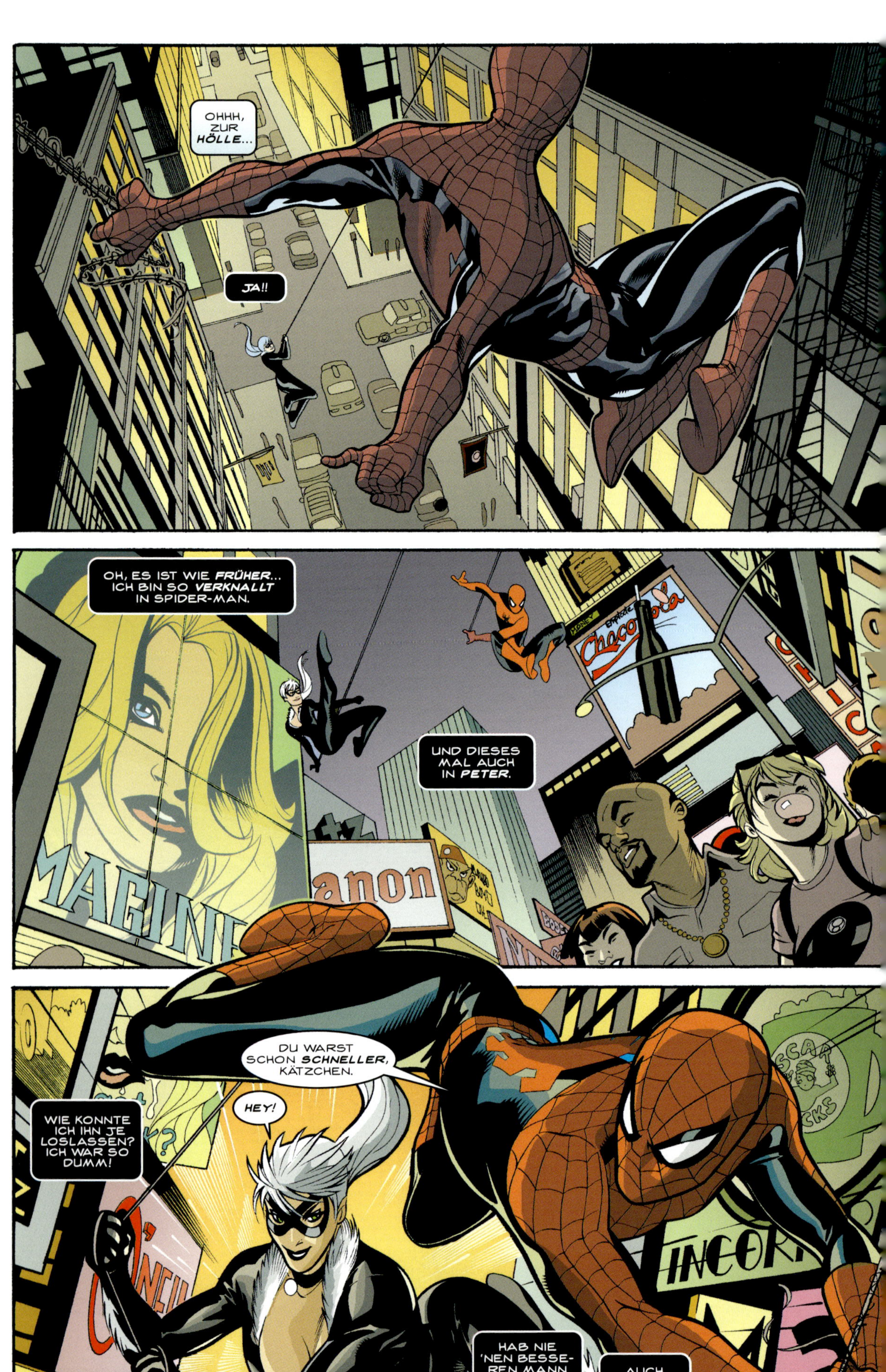
OHHH, ZUR HÖLLE...
JA!!
OH, ES IST WIE FRÜHER... ICH BIN SO VERKNALLT IN SPIDER-MAN.
UND DIESES MAL AUCH IN PETER.
DU WARST SCHON SCHNELLER, KÄTZCHEN.
HEY!
WIE KONNTE ICH IHN JE LOSLASSEN? ICH WAR SO DUMM!
HAB NIE 'NEN BESSEREN MANN GETROFFEN.
AUCH IM BIBLISCHEN SINN.

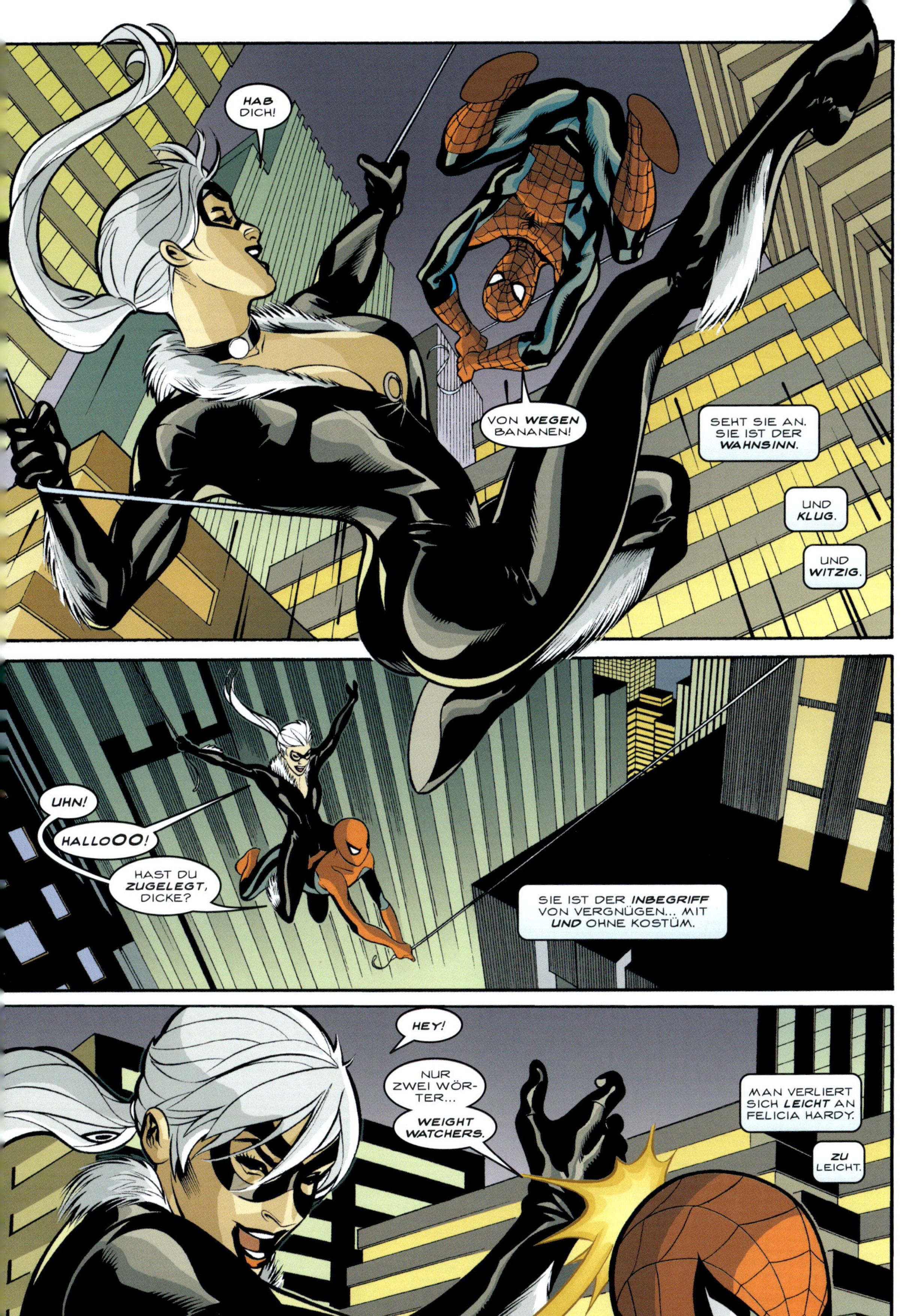
HAB DICH!
VON WEGEN BANANEN!
SEHT SIE AN. SIE IST DER WAHNSINN.
UND KLUG.
UND WITZIG.
UHN!
HALLOOO!
HAST DU ZUGELEGT, DICKE?
SIE IST DER INBEGRIFF VON VERGNÜGEN... MIT UND OHNE KOSTÜM.
HEY!
NUR ZWEI WÖR-TER...
WEIGHT WATCHERS.
MAN VERLIERT SICH LEICHT AN FELICIA HARDY.
ZU LEICHT.

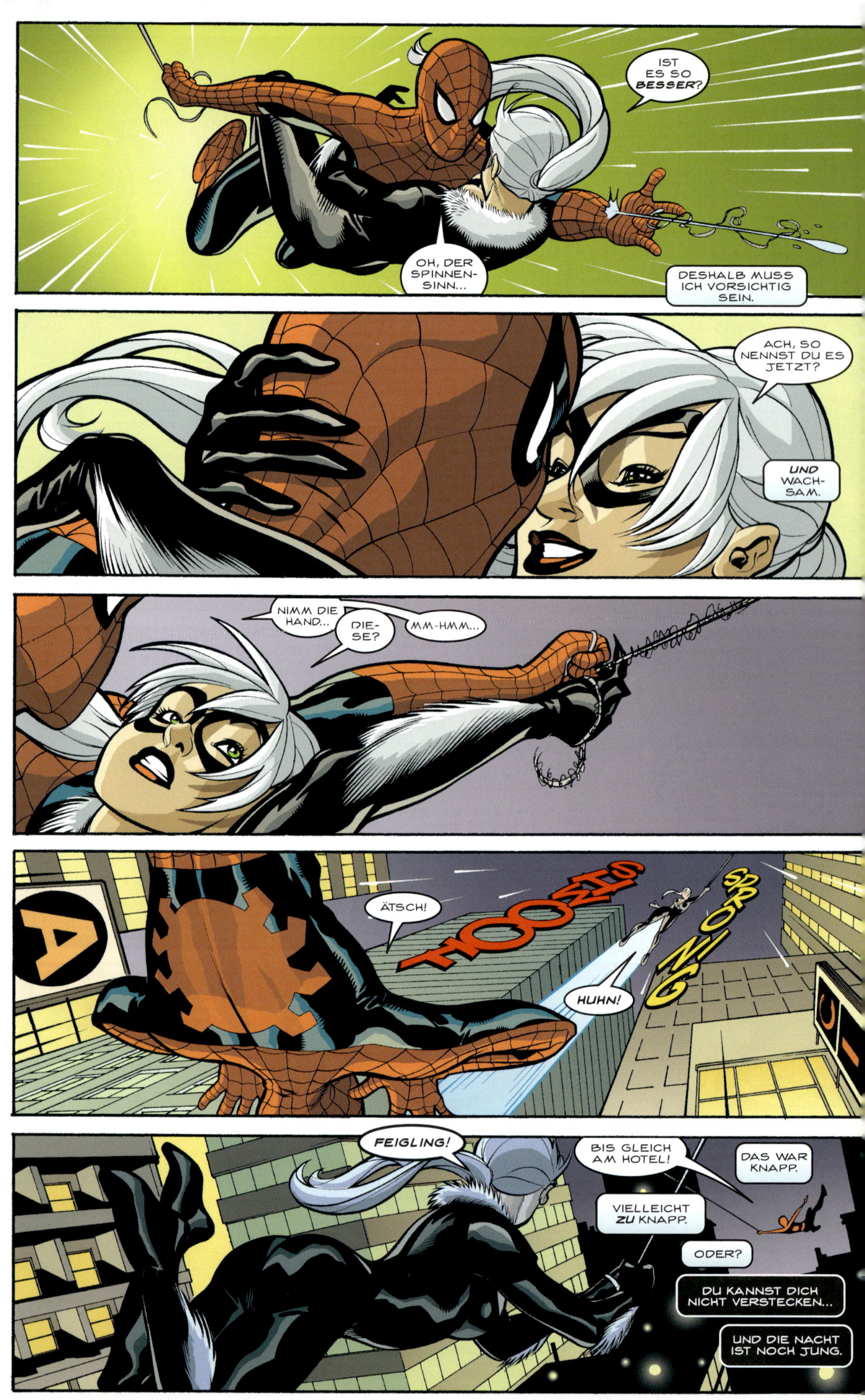
IST ES SO BESSER?
OH, DER SPINNEN-SINN...
DESHALB MUSS ICH VORSICHTIG SEIN.
ACH, SO NENNST DU ES JETZT?
UND WACH-SAM.
NIMM DIE HAND...
DIE-SE?
MM-HMM...
ÄTSCH!
THOOP
HUHN!
SPROING
FEIGLING!
BIS GLEICH AM HOTEL!
DAS WAR KNAPP.
VIELLEICHT ZU KNAPP.
ODER?
DU KANNST DICH NICHT VERSTECKEN...
UND DIE NACHT IST NOCH JUNG.

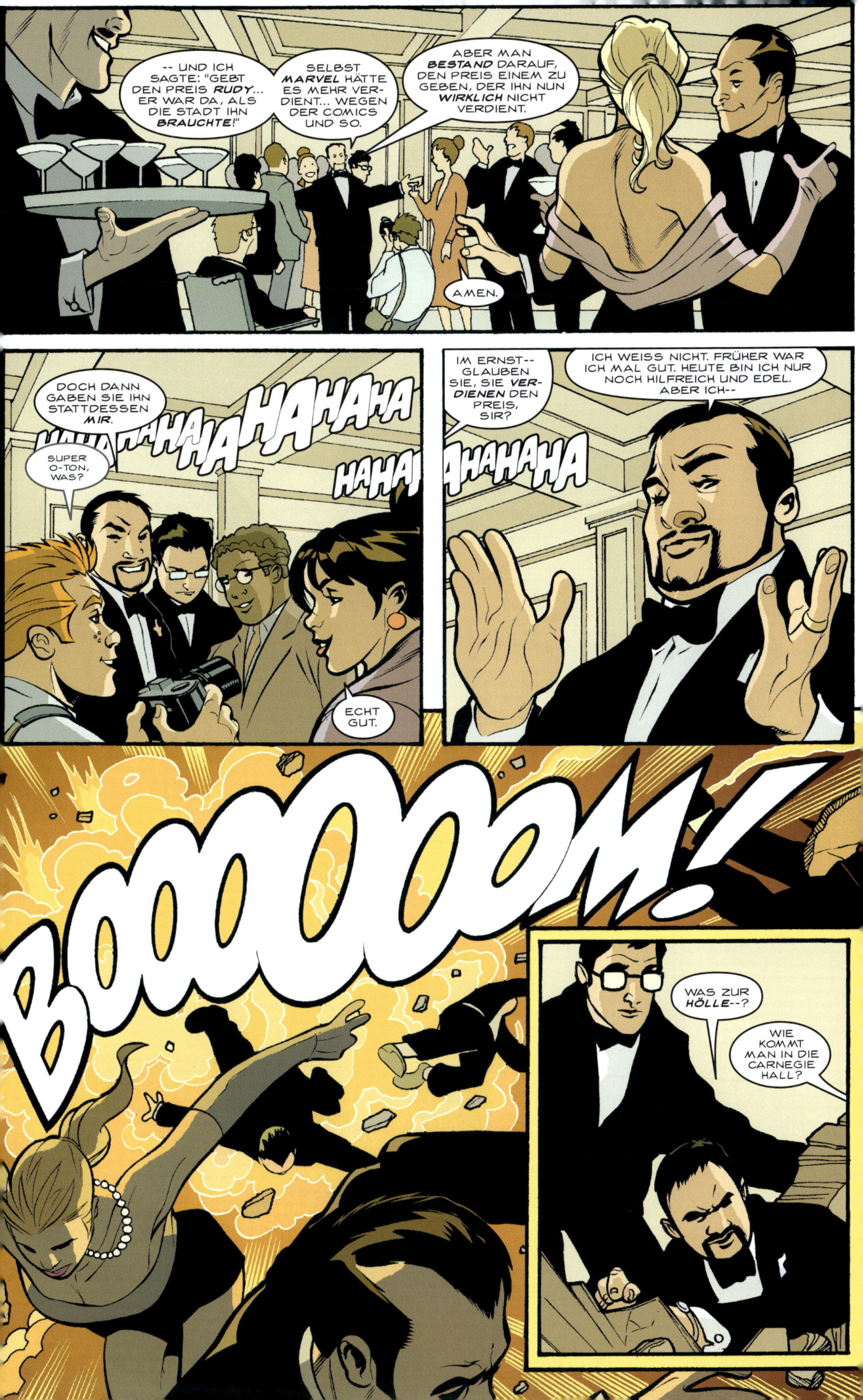
-- UND ICH SAGTE: "GEBT DEN PREIS RUDY... ER WAR DA, ALS DIE STADT IHN BRAUCHTE!"
SELBST MARVEL HÄTTE ES MEHR VERDIENT... WEGEN DER COMICS UND SO.
ABER MAN BESTAND DARAUF, DEN PREIS EINEM ZU GEBEN, DER IHN NUN WIRKLICH NICHT VERDIENT.
AMEN.
DOCH DANN GABEN SIE IHN STATTDESSEN MIR.
HAHAHAHAHAHAHA
SUPER O-TON, WAS?
ECHT GUT.
IM ERNST-- GLAUBEN SIE, SIE VERDIENEN DEN PREIS, SIR?
ICH WEISS NICHT. FRÜHER WAR ICH MAL GUT. HEUTE BIN ICH NUR NOCH HILFREICH UND EDEL. ABER ICH--
HAHAHAHAHAHA
BOOOOOOM!
WAS ZUR HÖLLE--?
WIE KOMMT MAN IN DIE CARNEGIE HALL?

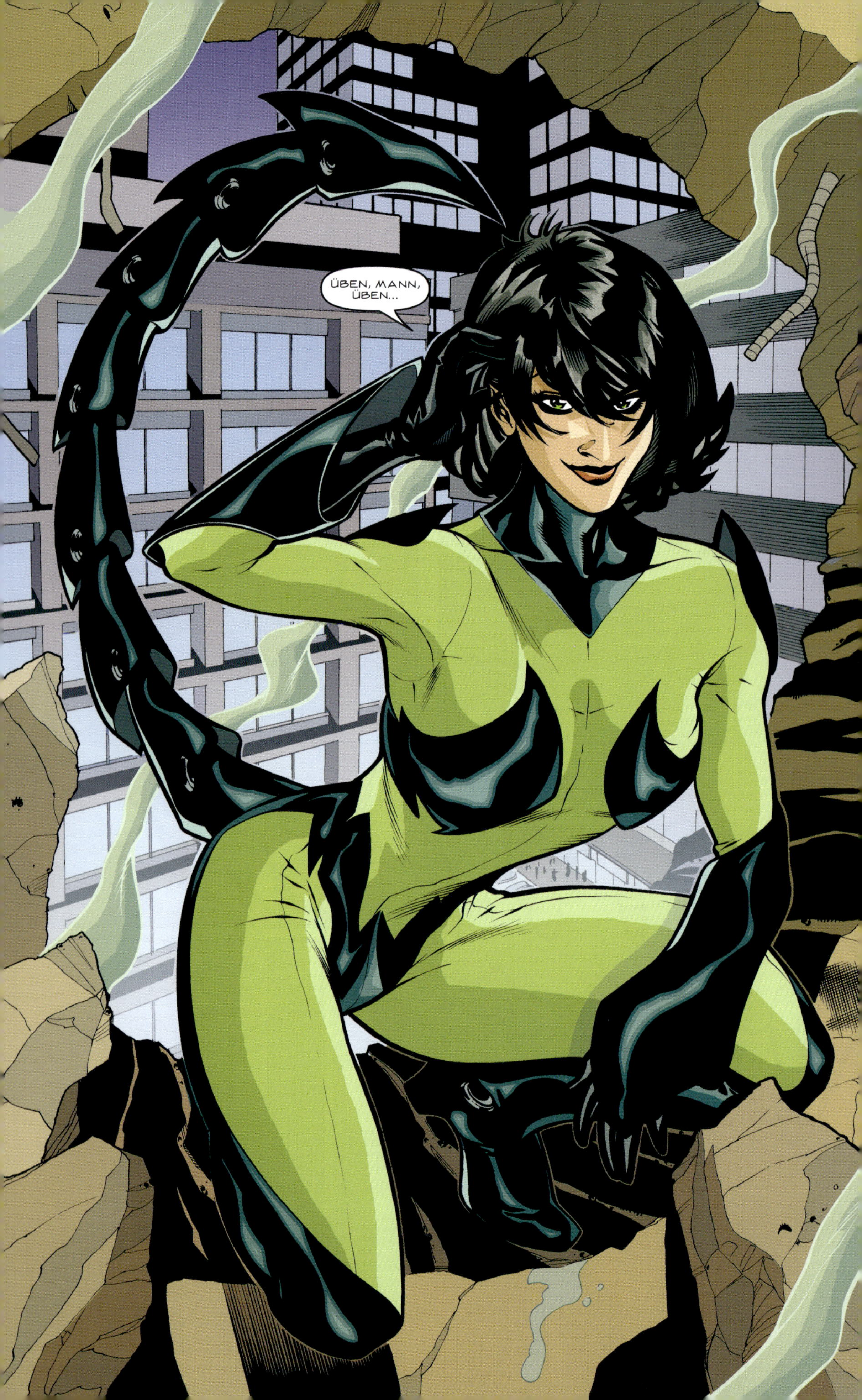
ÜBEN, MANN, ÜBEN...

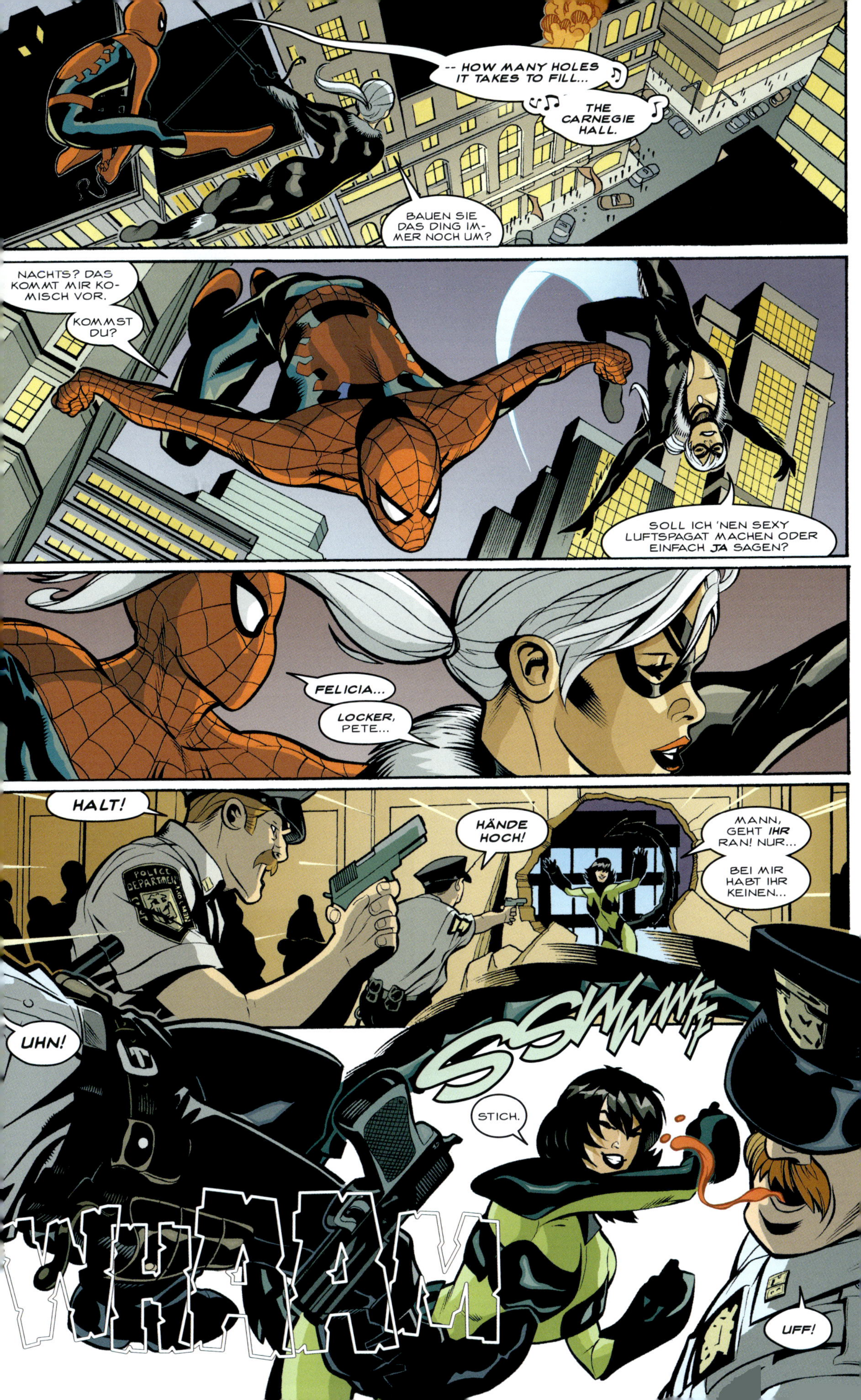
-- HOW MANY HOLES IT TAKES TO FILL...
THE CARNEGIE HALL.
BAUEN SIE DAS DING IMMER NOCH UM?
NACHTS? DAS KOMMT MIR KOMISCH VOR.
KOMMST DU?
SOLL ICH 'NEN SEXY LUFTSPAGAT MACHEN ODER EINFACH JA SAGEN?
FELICIA...
LOCKER, PETE...
HALT!
HÄNDE HOCH!
MANN, GEHT IHR RAN! NUR...
BEI MIR HABT IHR KEINEN...
UHN!
SSWWWF
STICH.
WHAM
UFF!

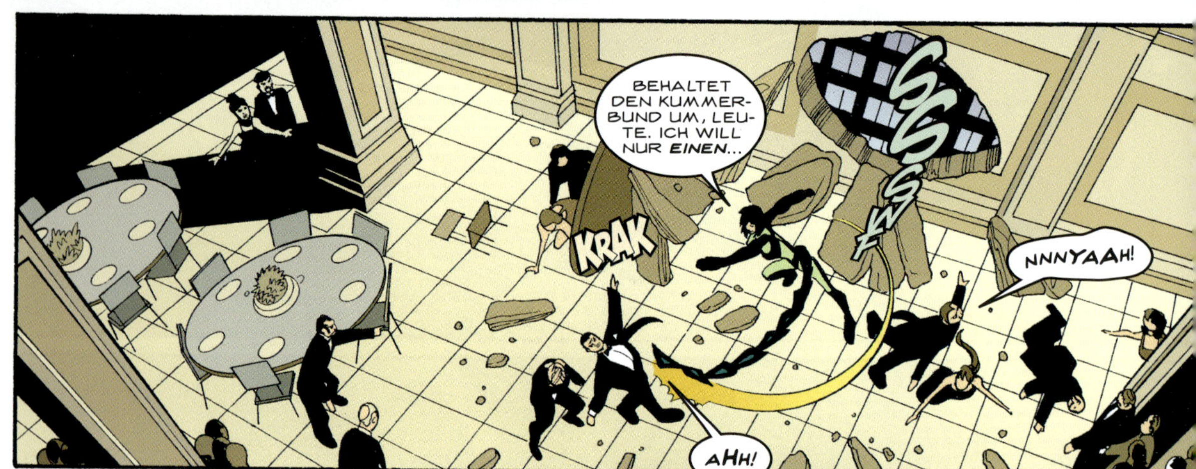
BEHALTET DEN KUMMER-BUND UM, LEUTE. ICH WILL NUR *EINEN*...
KRAK
SSSWSH
NNNYAAH!
AHH!

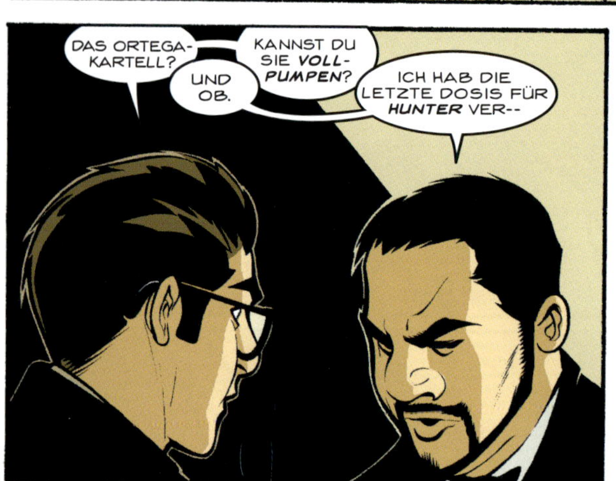
DAS ORTEGA-KARTELL?
KANNST DU SIE *VOLL-PUMPEN*?
UND OB.
ICH HAB DIE LETZTE DOSIS FÜR *HUNTER* VER--

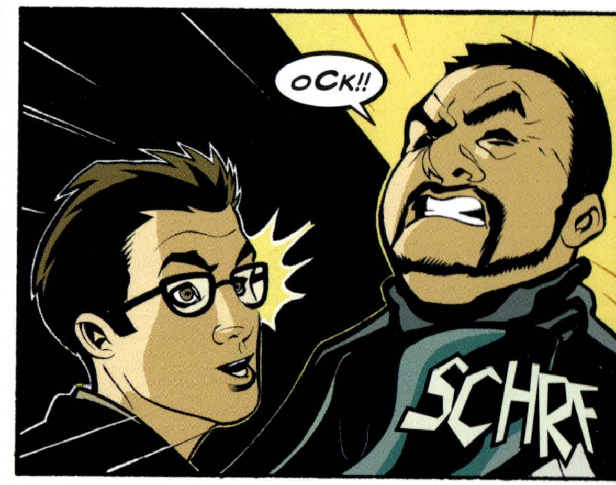
OCK!!
SCHRF

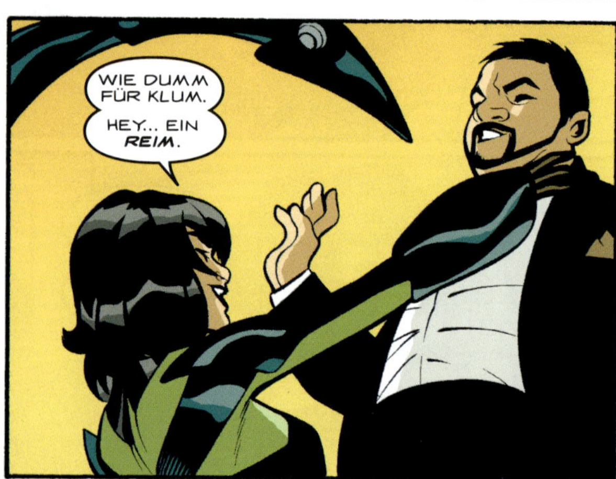
WIE DUMM FÜR KLUM.
HEY... EIN *REIM*.

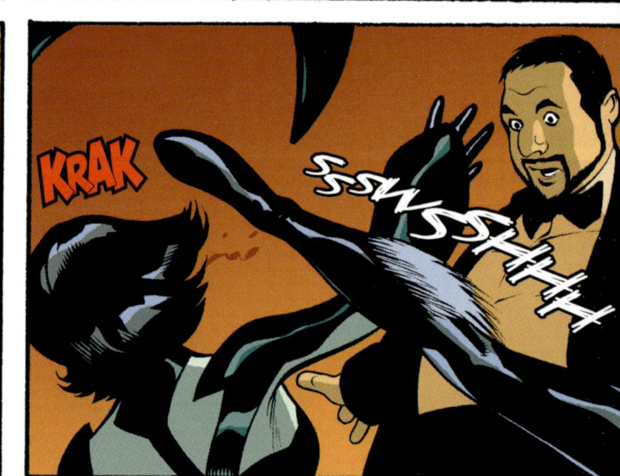
KRAK
SSSWSHHHH

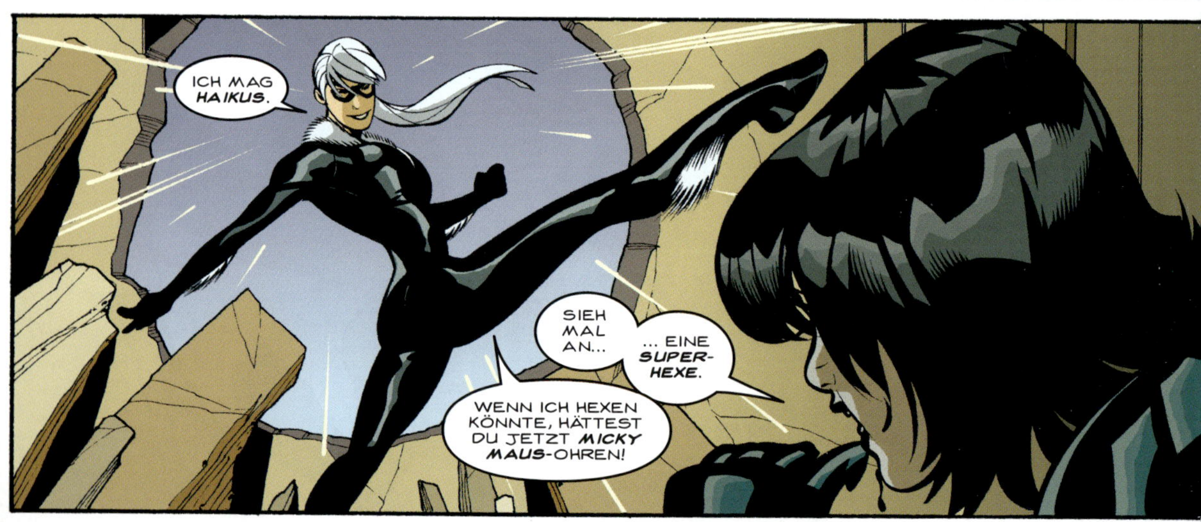
ICH MAG *HAIKUS*.
SIEH MAL AN...
... EINE *SUPER-HEXE*.
WENN ICH HEXEN KÖNNTE, HÄTTEST DU JETZT *MICKY MAUS*-OHREN!

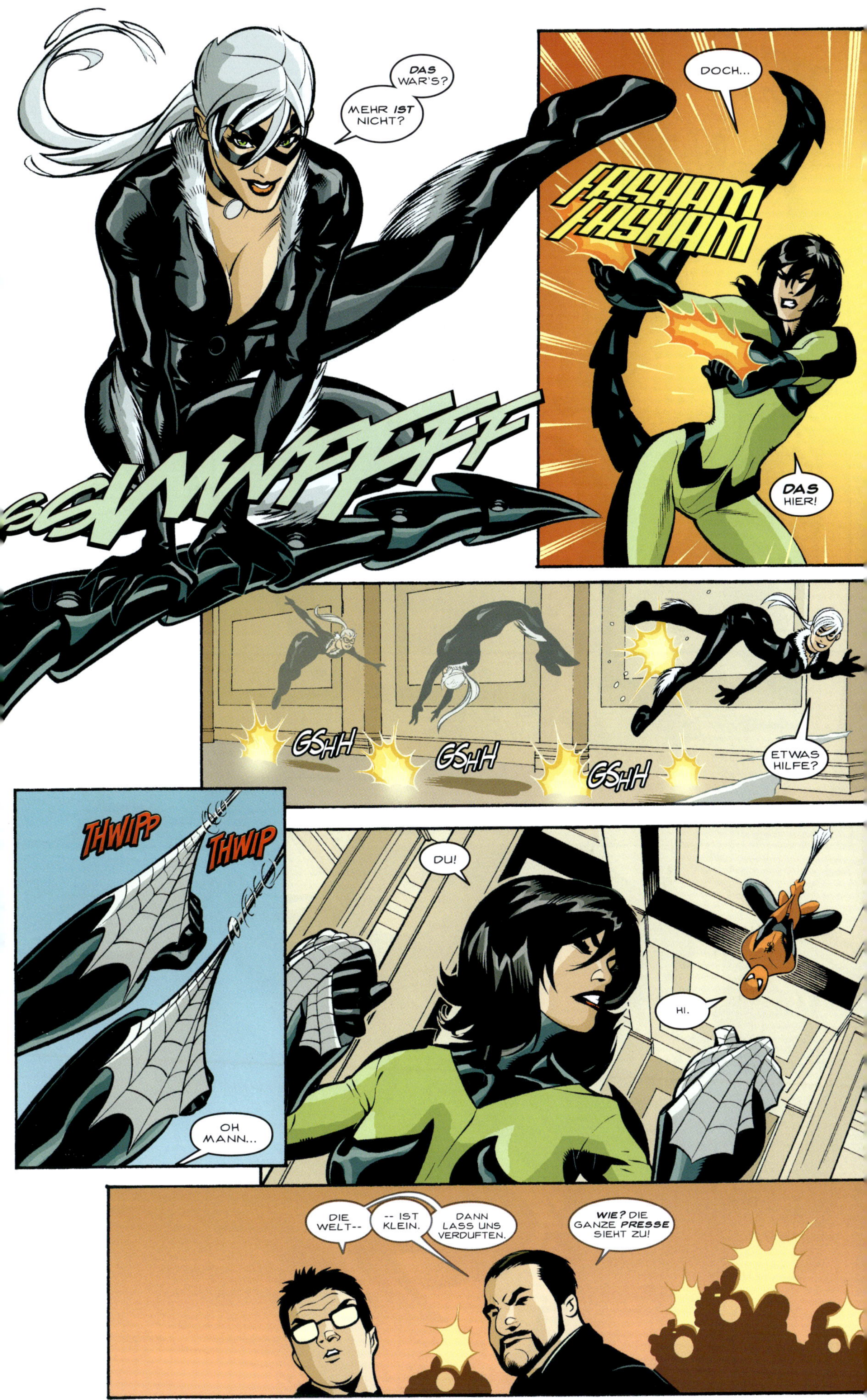
DAS WAR'S?
MEHR IST NICHT?
SSWWFFFF
DOCH...
FASHAM FASHAM
DAS HIER!
GSHH
GSHH
GSHH
ETWAS HILFE?
THWIPP
THWIP
OH MANN...
DU!
HI.
DIE WELT--
-- IST KLEIN.
DANN LASS UNS VERDUFTEN.
WIE? DIE GANZE PRESSE SIEHT ZU!

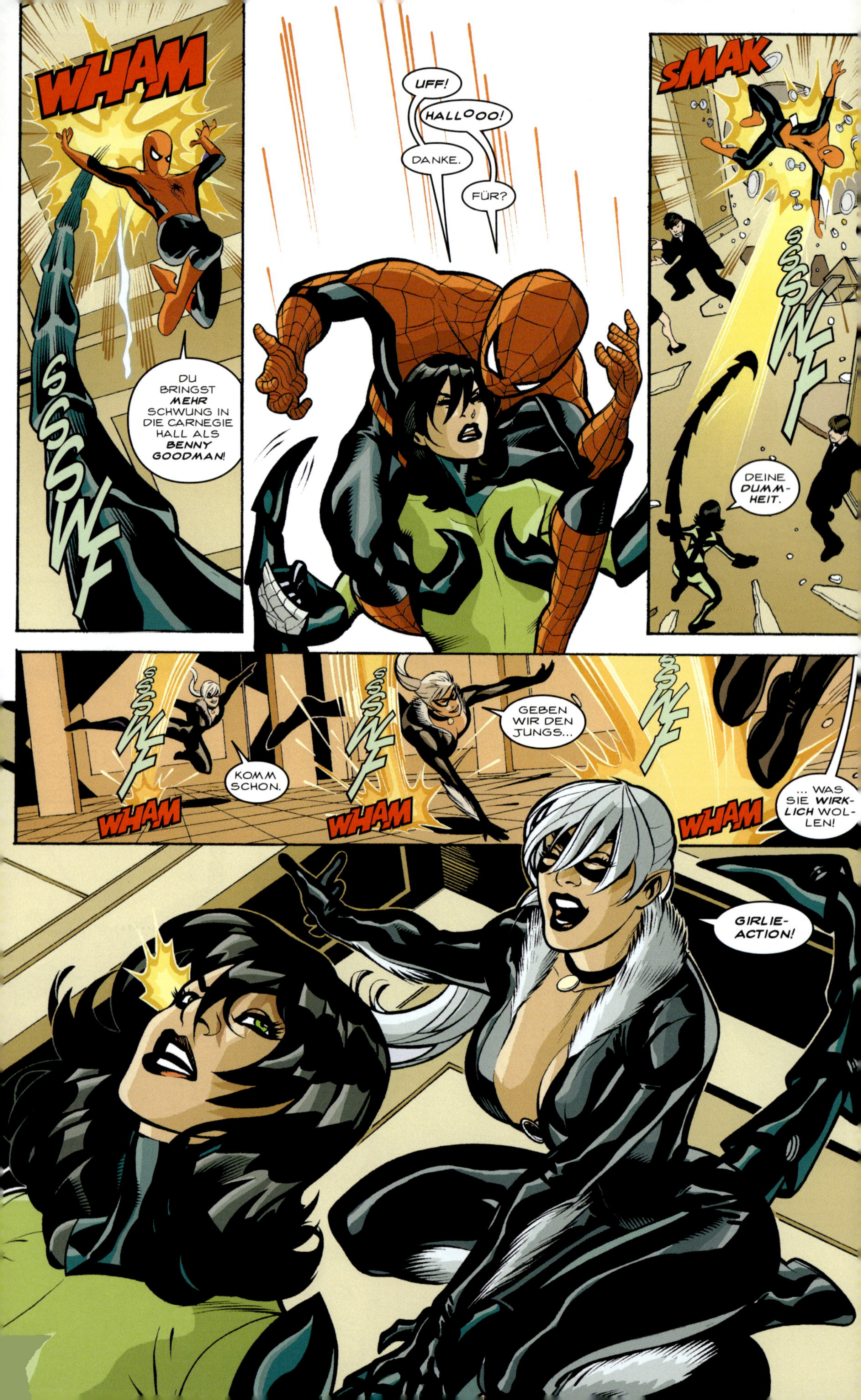
WHAM
SSSWF
DU BRINGST MEHR SCHWUNG IN DIE CARNEGIE HALL ALS BENNY GOODMAN!
UFF!
HALLOOO!
DANKE.
FÜR?
SMAK
SSSWF
DEINE DUMMHEIT.
SSSWF
WHAM
KOMM SCHON.
SSSWF
WHAM
GEBEN WIR DEN JUNGS...
SSSWF
WHAM
... WAS SIE WIRKLICH WOLLEN!
GIRLIE-ACTION!

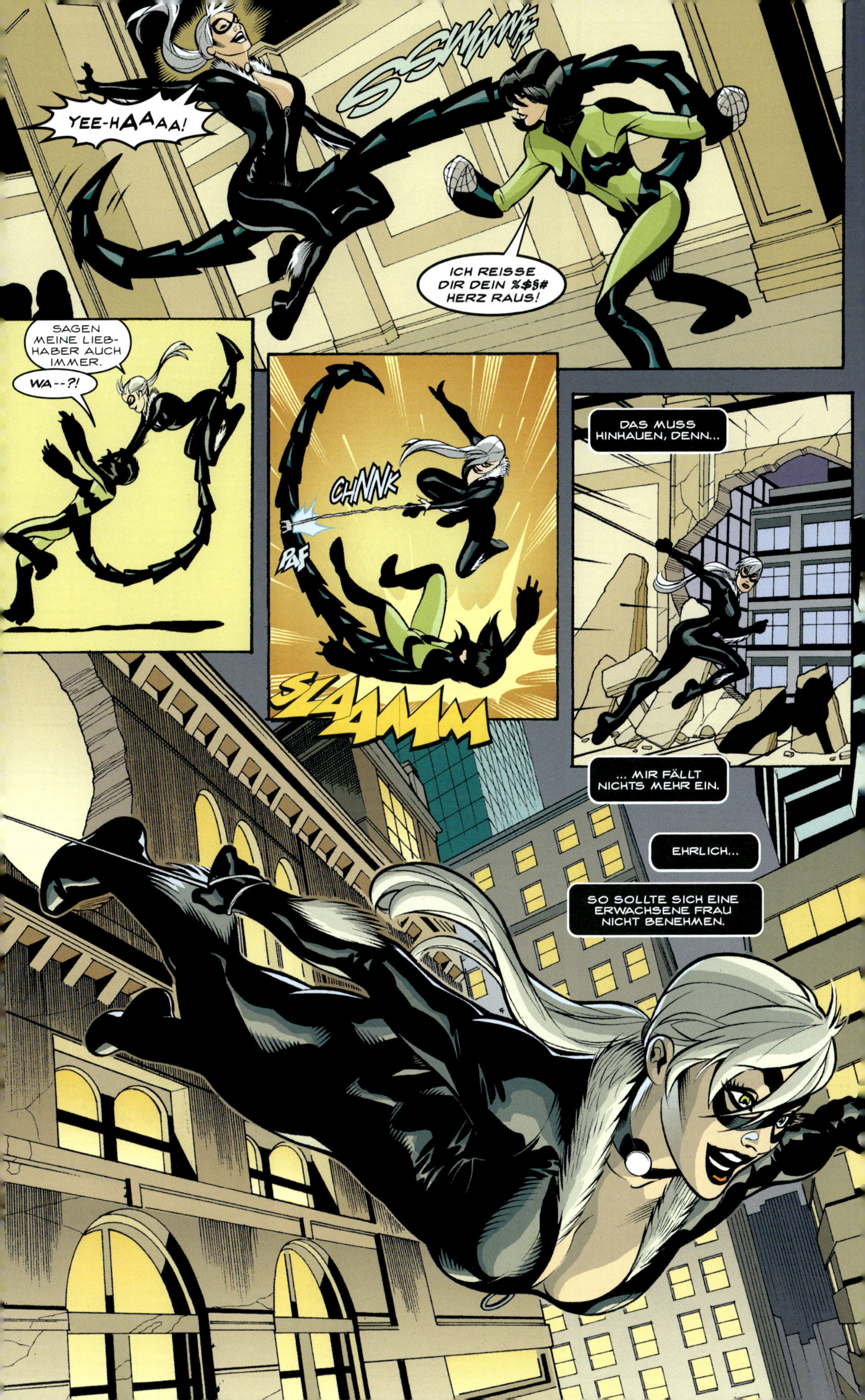
YEE-HAAAA!
SSWNNNG
ICH REISSE DIR DEIN %$§# HERZ RAUS!
SAGEN MEINE LIEBHABER AUCH IMMER.
WA--?!
CHNNK
PAF
SLAAMM
DAS MUSS HINHAUEN, DENN...
... MIR FÄLLT NICHTS MEHR EIN.
EHRLICH...
SO SOLLTE SICH EINE ERWACHSENE FRAU NICHT BENEHMEN.

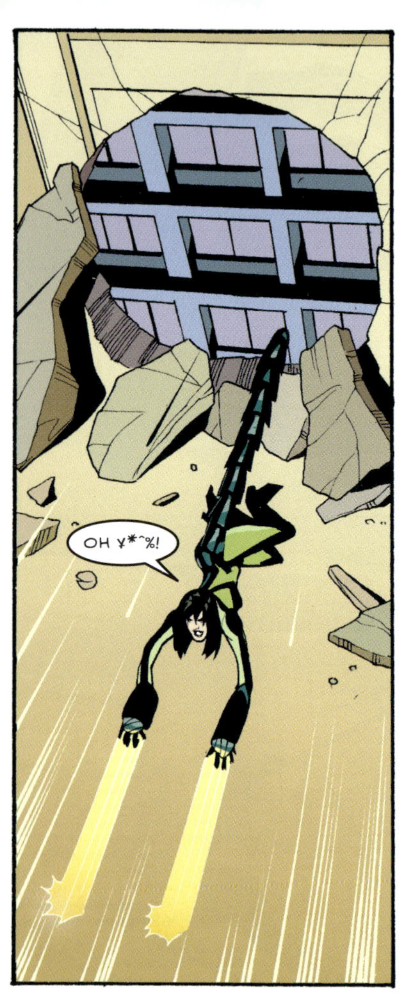
OH ¥*^%!
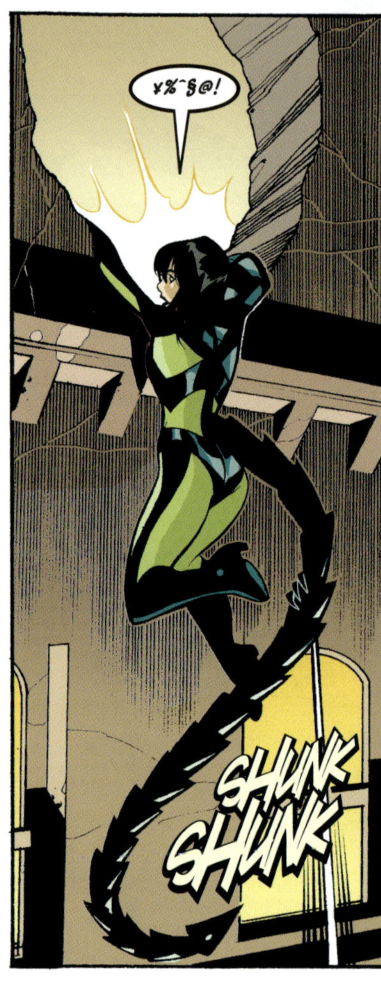
¥%^§@!
SHUNK
SHUNK
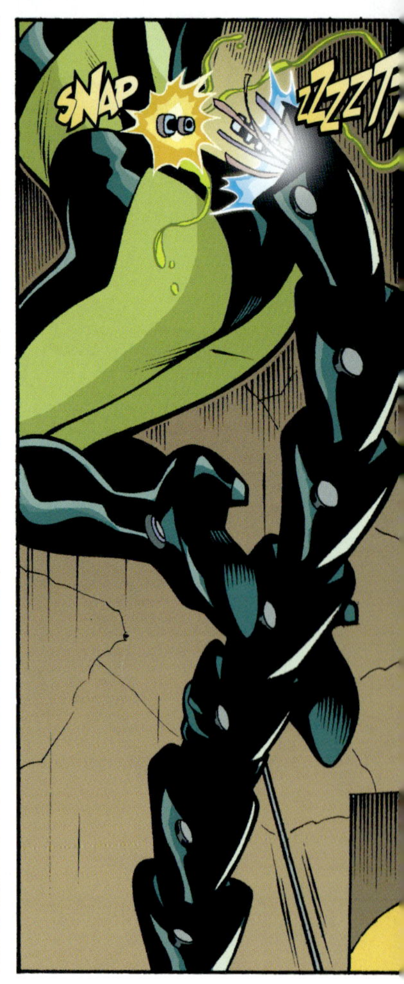
SNAP
ZZZT
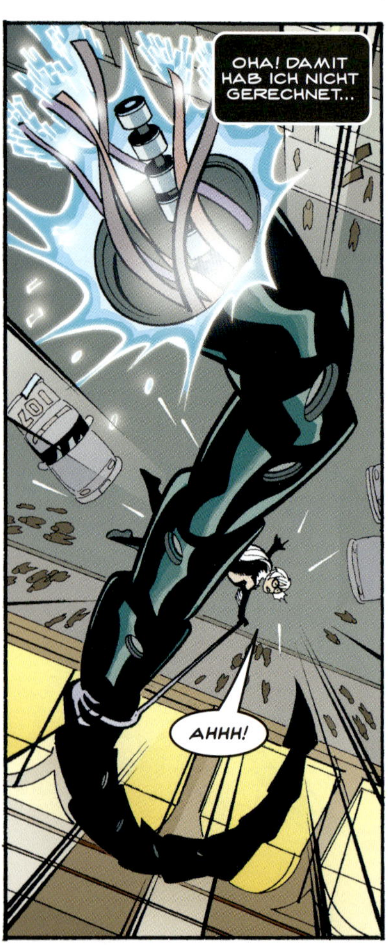
OHA! DAMIT HAB ICH NICHT GERECHNET...
AHHH!
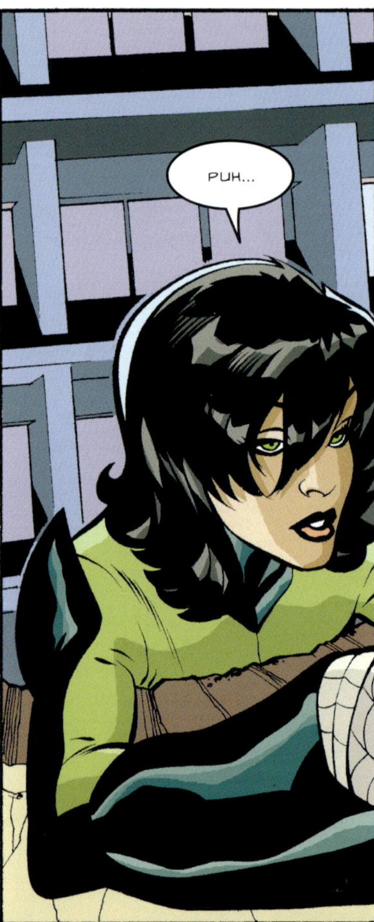
PUH...
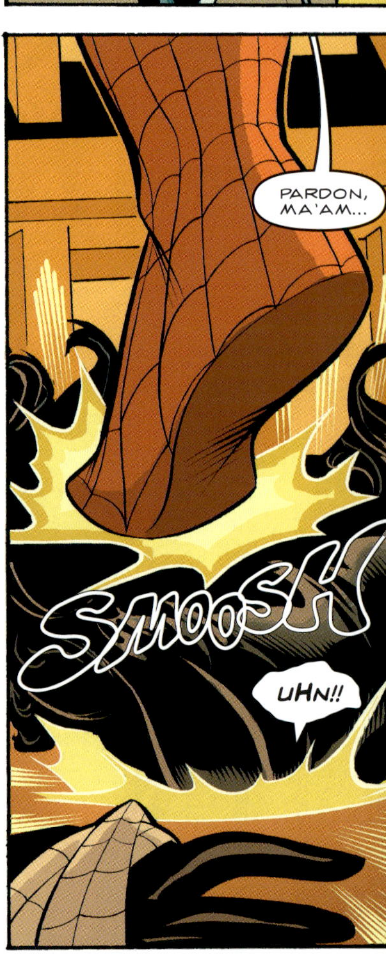
PARDON, MA'AM...
SMOOSH
UHN!!

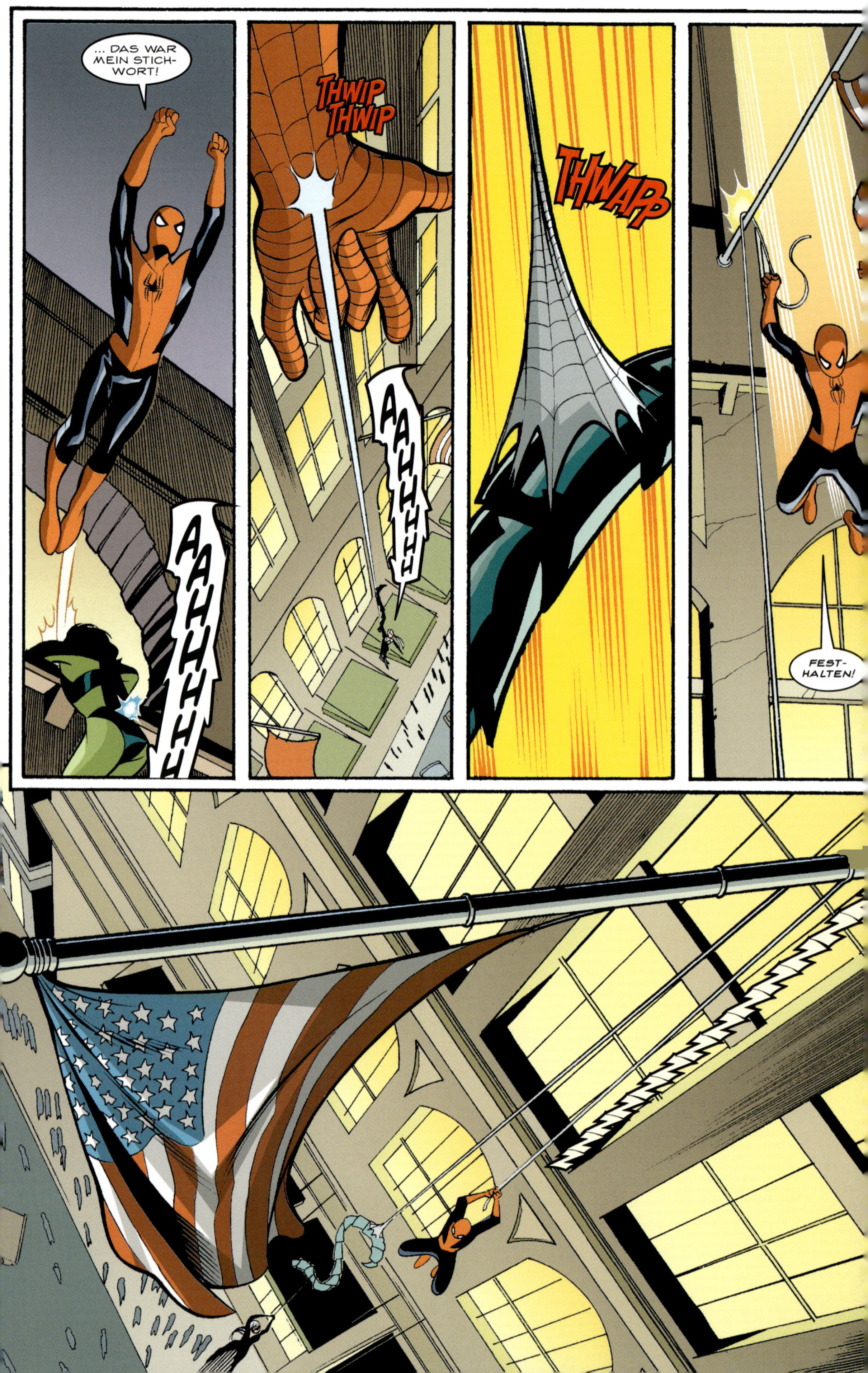
... DAS WAR MEIN STICH-WORT!
AAHHHHHH
THWIP THWIP
AAHHHHHH
THWAPP
FEST-HALTEN!

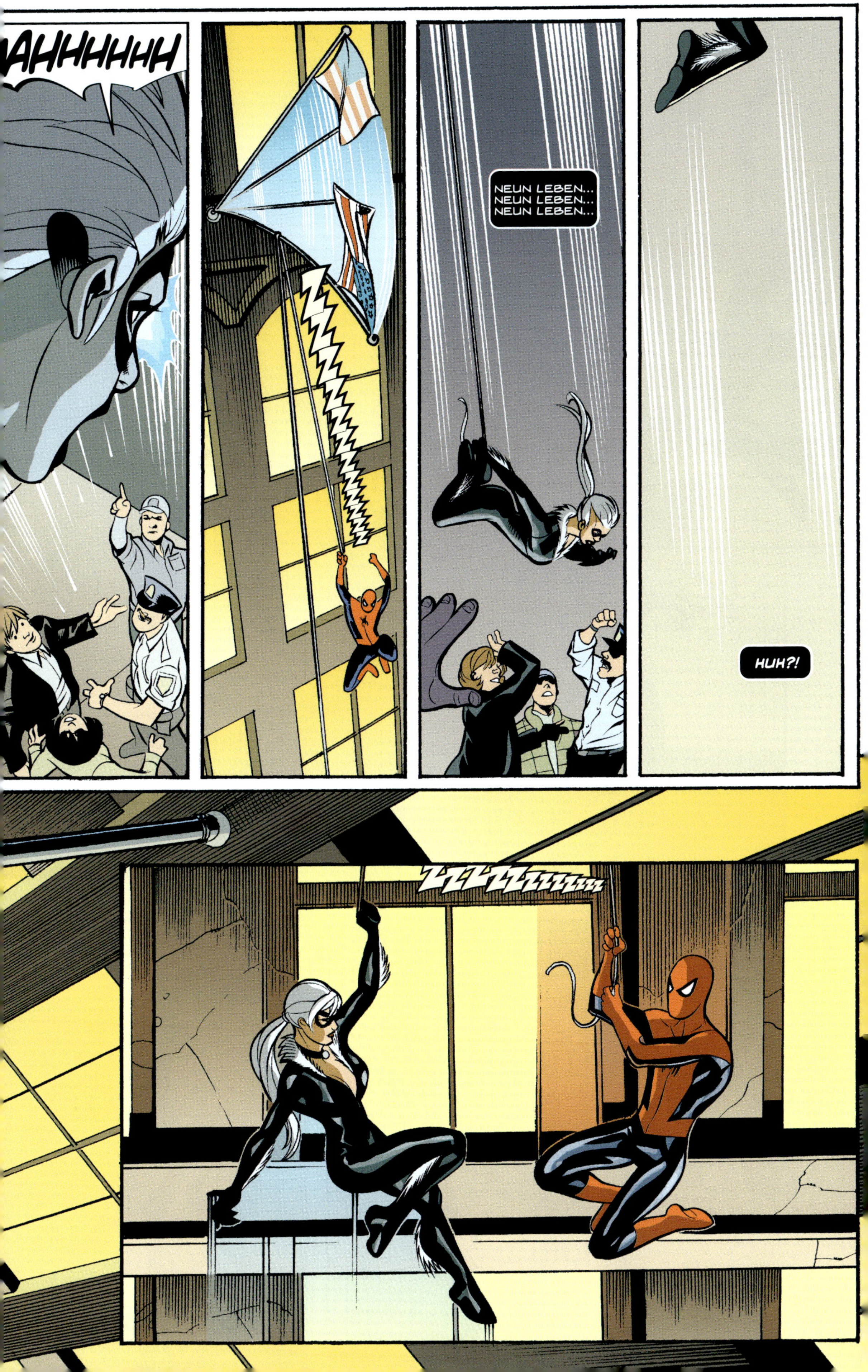

AHHHHHHH
NEUN LEBEN... NEUN LEBEN... NEUN LEBEN...
HUH?!
ZZZZZZZZZZZZZZ

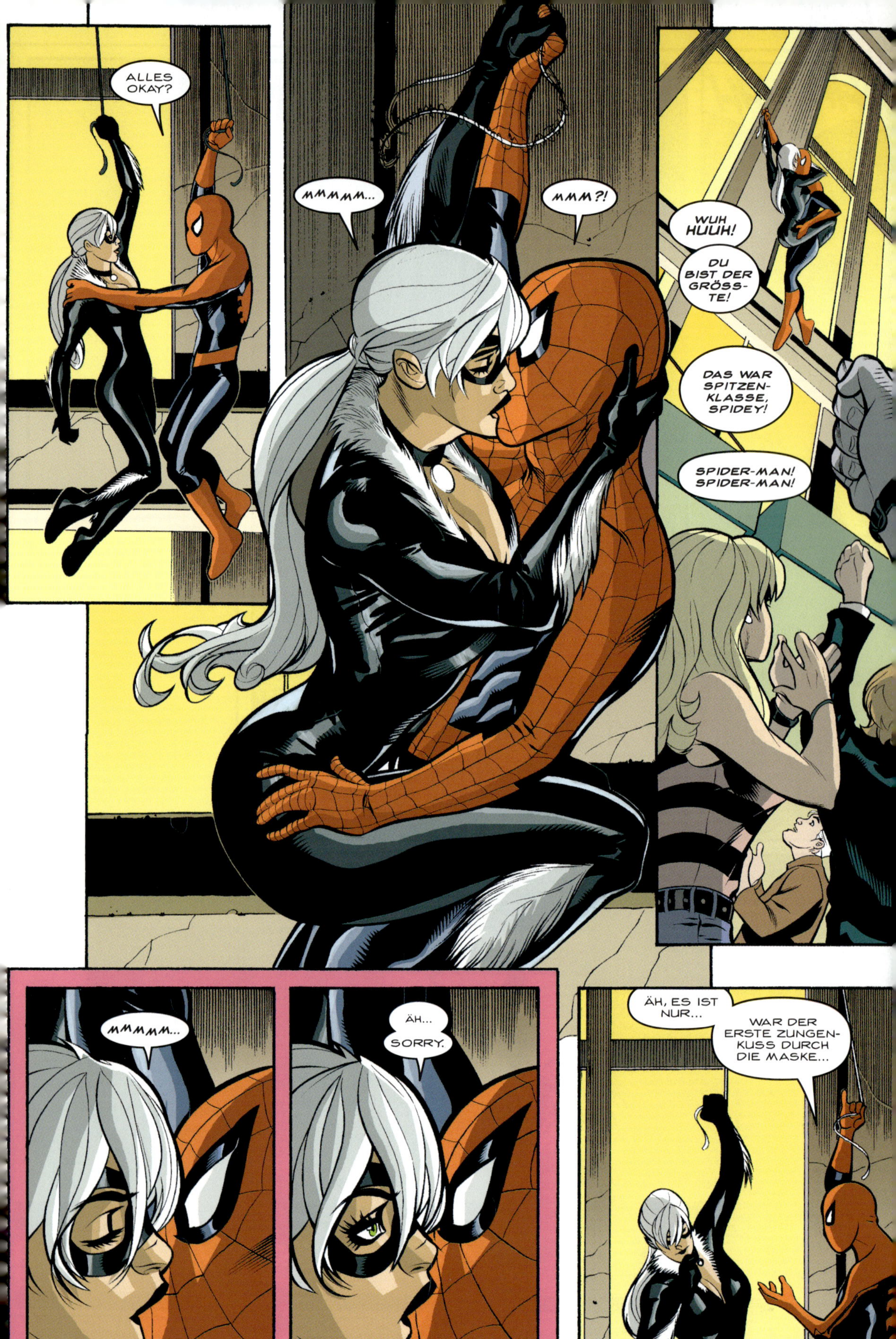
ALLES OKAY?
MMMMM...
MMM?!
WUH HUUH!
DU BIST DER GRÖSS-TE!
DAS WAR SPITZEN-KLASSE, SPIDEY!
SPIDER-MAN! SPIDER-MAN!
MMMMM...
ÄH... SORRY.
ÄH, ES IST NUR...
WAR DER ERSTE ZUNGEN-KUSS DURCH DIE MASKE...

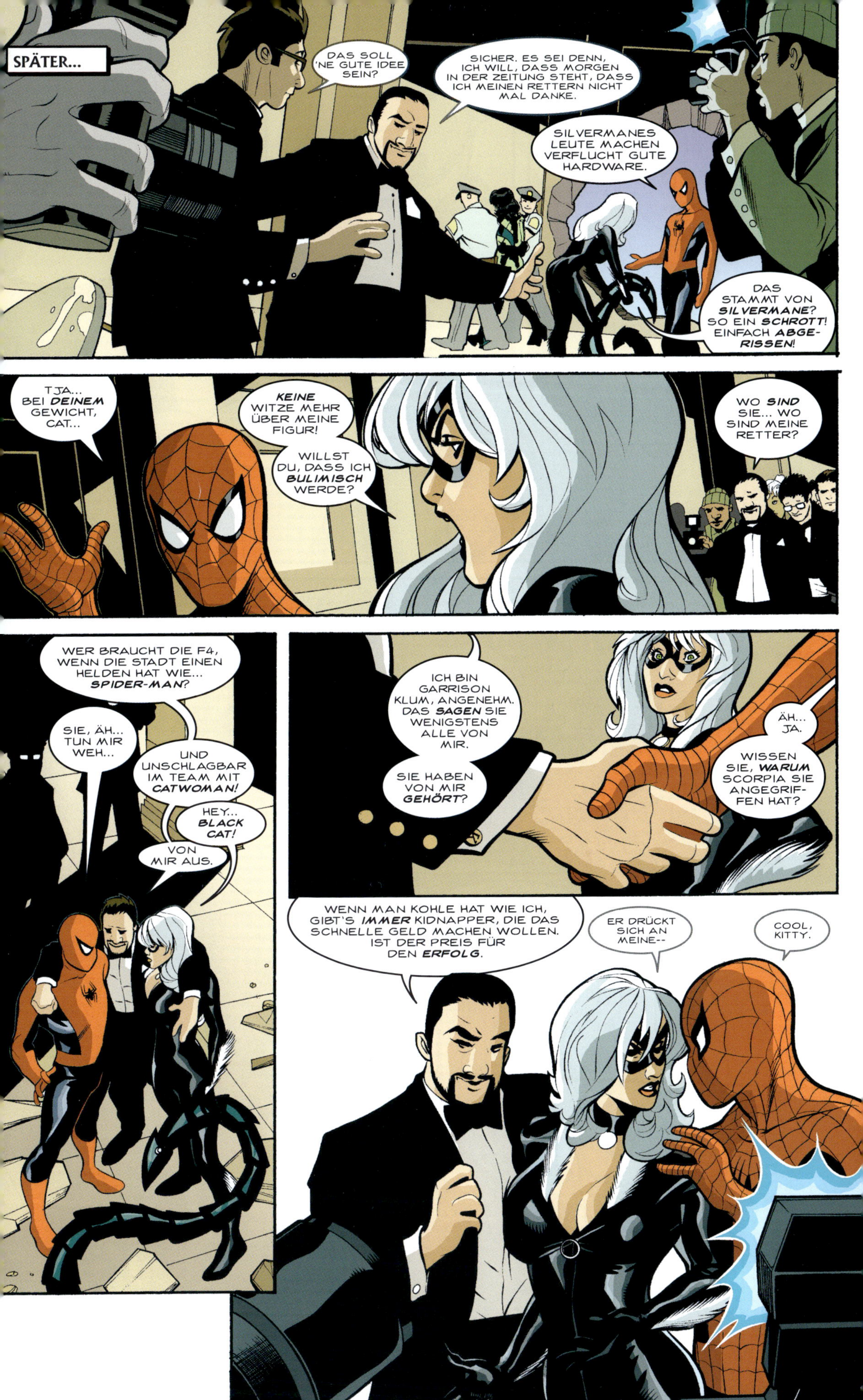
SPÄTER...
DAS SOLL 'NE GUTE IDEE SEIN?
SICHER. ES SEI DENN, ICH WILL, DASS MORGEN IN DER ZEITUNG STEHT, DASS ICH MEINEN RETTERN NICHT MAL DANKE.
SILVERMANES LEUTE MACHEN VERFLUCHT GUTE HARDWARE.
DAS STAMMT VON SILVERMANE? SO EIN SCHROTT! EINFACH ABGERISSEN!
TJA... BEI DEINEM GEWICHT, CAT...
KEINE WITZE MEHR ÜBER MEINE FIGUR!
WILLST DU, DASS ICH BULIMISCH WERDE?
WO SIND SIE... WO SIND MEINE RETTER?
WER BRAUCHT DIE F4, WENN DIE STADT EINEN HELDEN HAT WIE... SPIDER-MAN?
SIE, ÄH... TUN MIR WEH...
UND UNSCHLAGBAR IM TEAM MIT CATWOMAN!
HEY... BLACK CAT!
VON MIR AUS.
ICH BIN GARRISON KLUM, ANGENEHM. DAS SAGEN SIE WENIGSTENS ALLE VON MIR.
SIE HABEN VON MIR GEHÖRT?
ÄH... JA.
WISSEN SIE, WARUM SCORPIA SIE ANGEGRIFFEN HAT?
WENN MAN KOHLE HAT WIE ICH, GIBT'S IMMER KIDNAPPER, DIE DAS SCHNELLE GELD MACHEN WOLLEN. IST DER PREIS FÜR DEN ERFOLG.
ER DRÜCKT SICH AN MEINE--
COOL, KITTY.

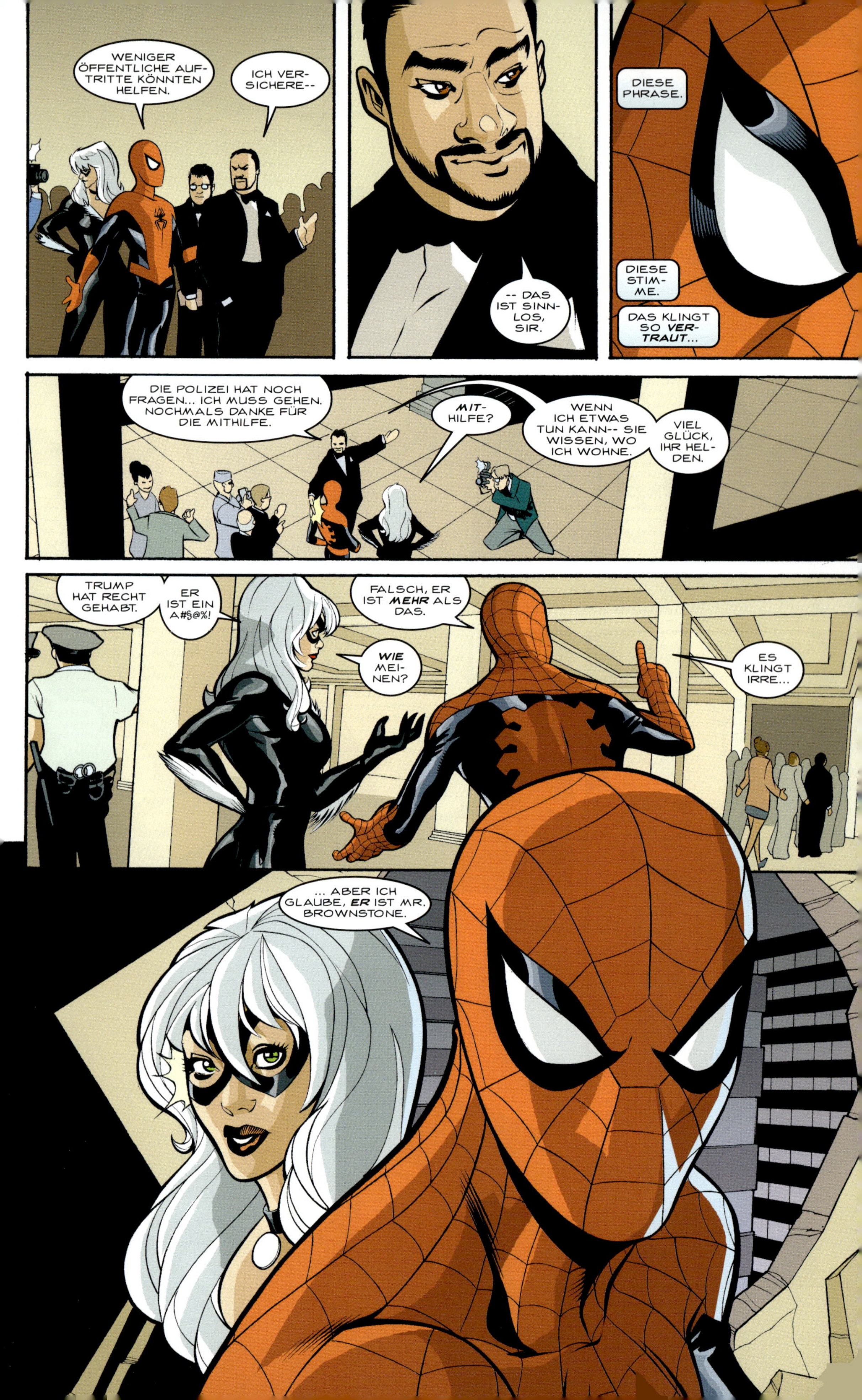

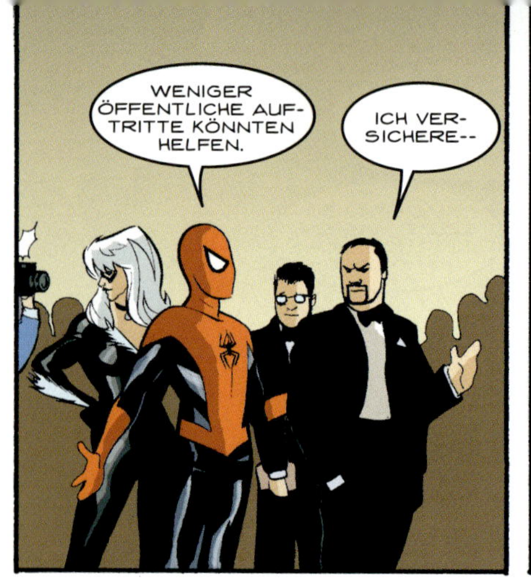

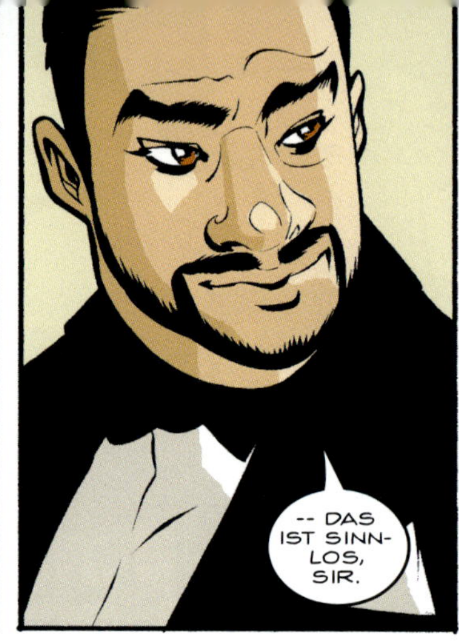

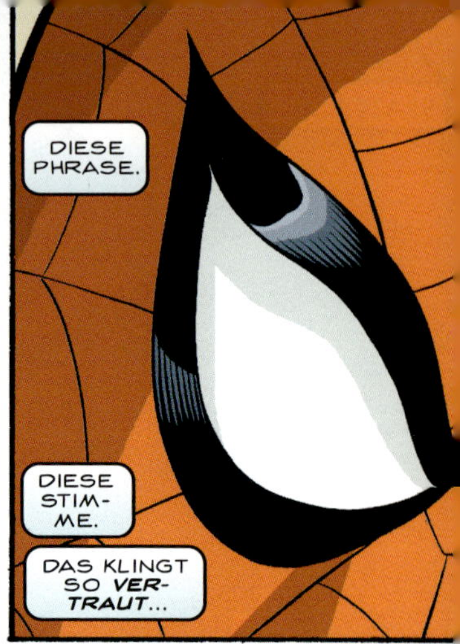

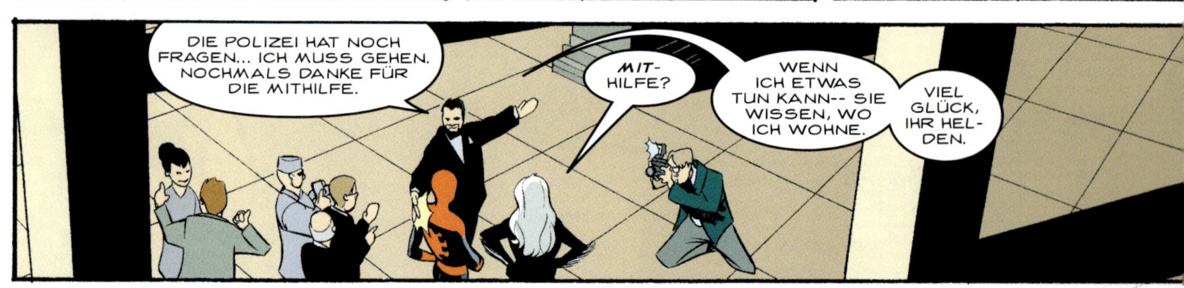

TRUMP HAT RECHT GEHABT.

ER IST EIN A#§@%!

FALSCH, ER IST ***MEHR*** ALS DAS.

WIE MEINEN?

ES KLINGT IRRE...

... ABER ICH GLAUBE, ***ER*** IST MR. BROWNSTONE.

DAS BÖSE IN DIR, TEIL 3: HASSGEFÜHLE

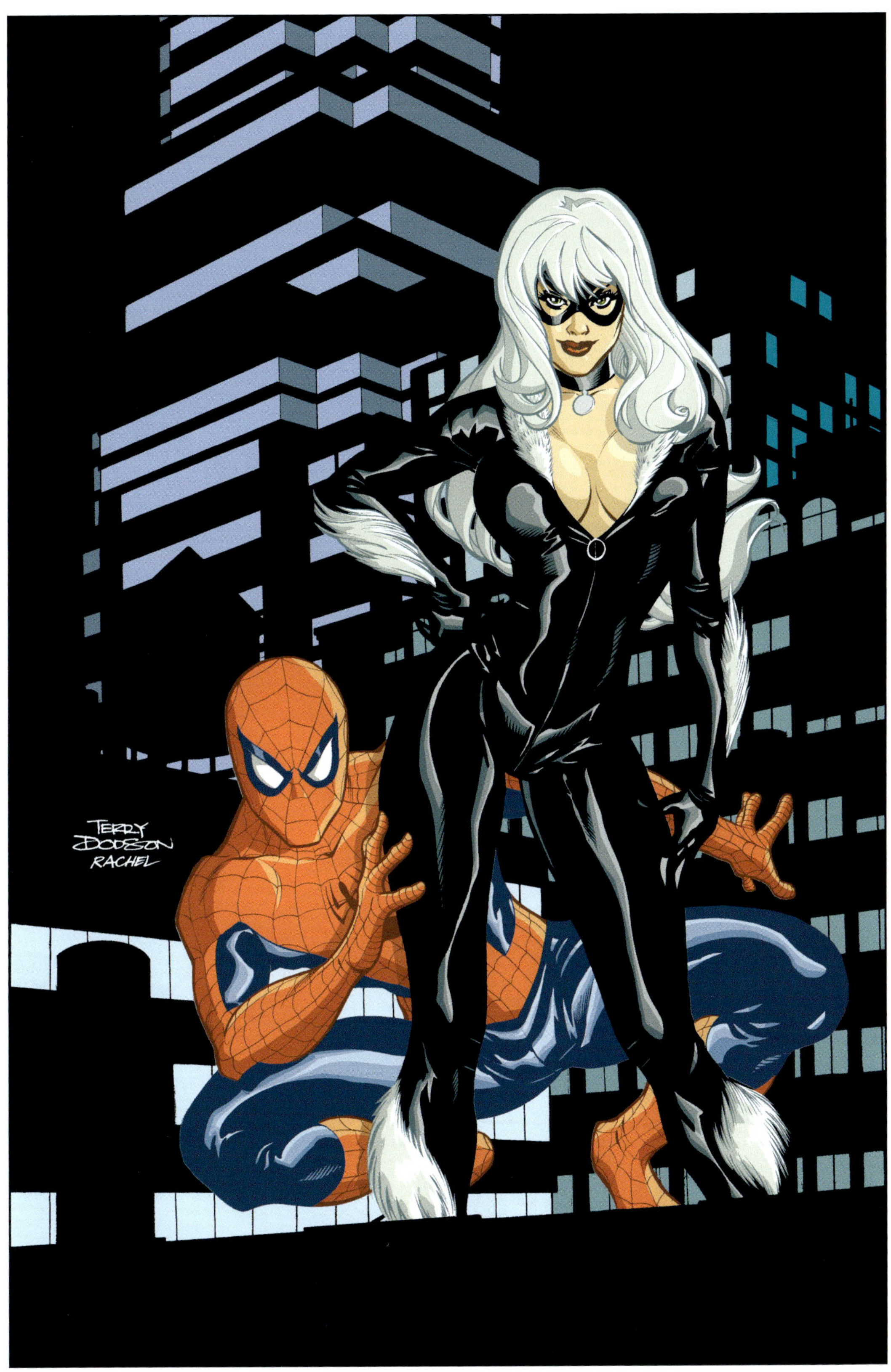

Spider-Man/Black Cat: The Evil That Men Do (2002) 3
Cover von **TERRY DODSON**

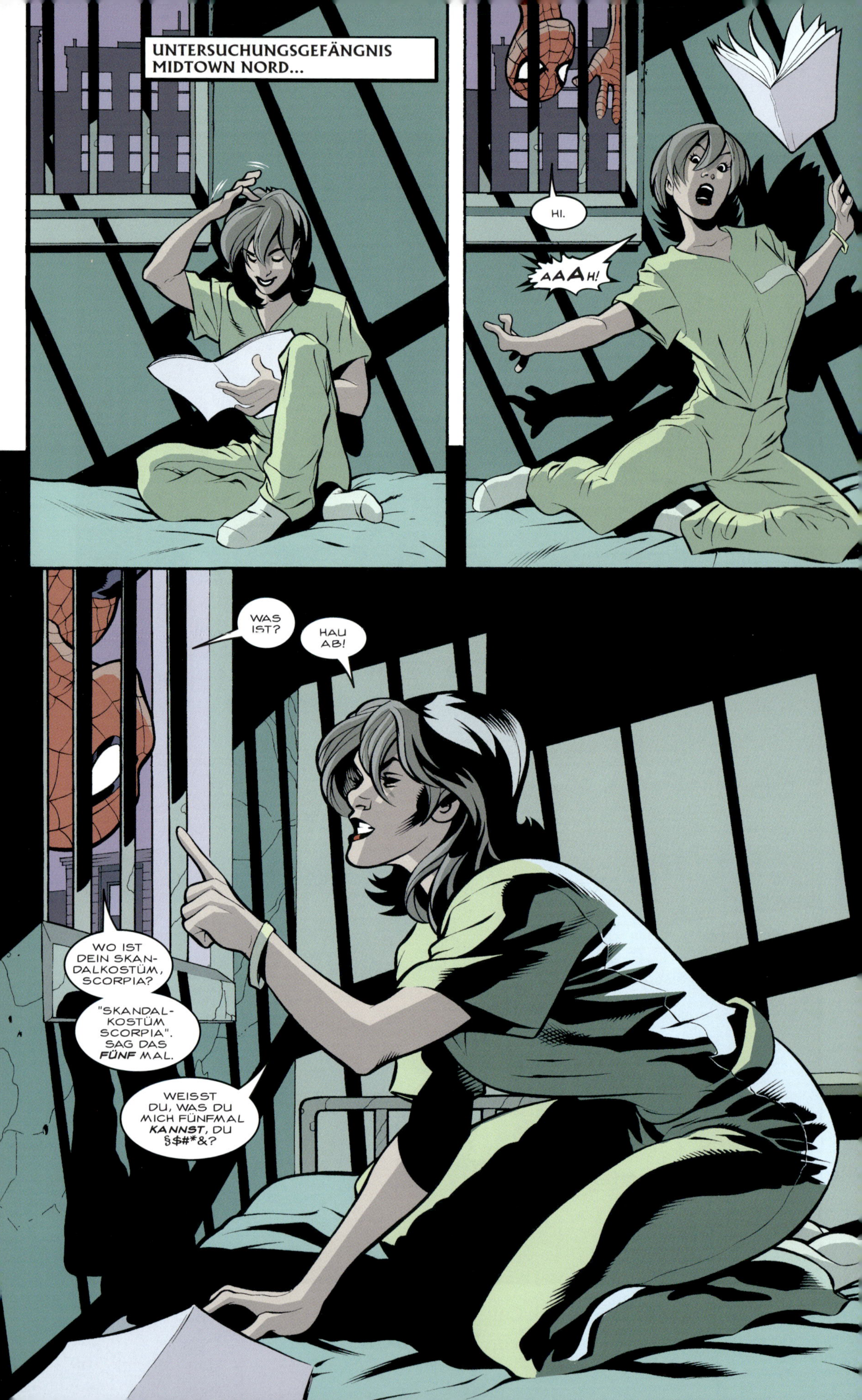
UNTERSUCHUNGSGEFÄNGNIS MIDTOWN NORD...
HI.
AAAAH!
WAS IST?
HAU AB!
WO IST DEIN SKAN-DALKOSTÜM, SCORPIA?
"SKANDAL-KOSTÜM SCORPIA". SAG DAS FÜNF MAL.
WEISST DU, WAS DU MICH FÜNFMAL KANNST, DU §$#*&?

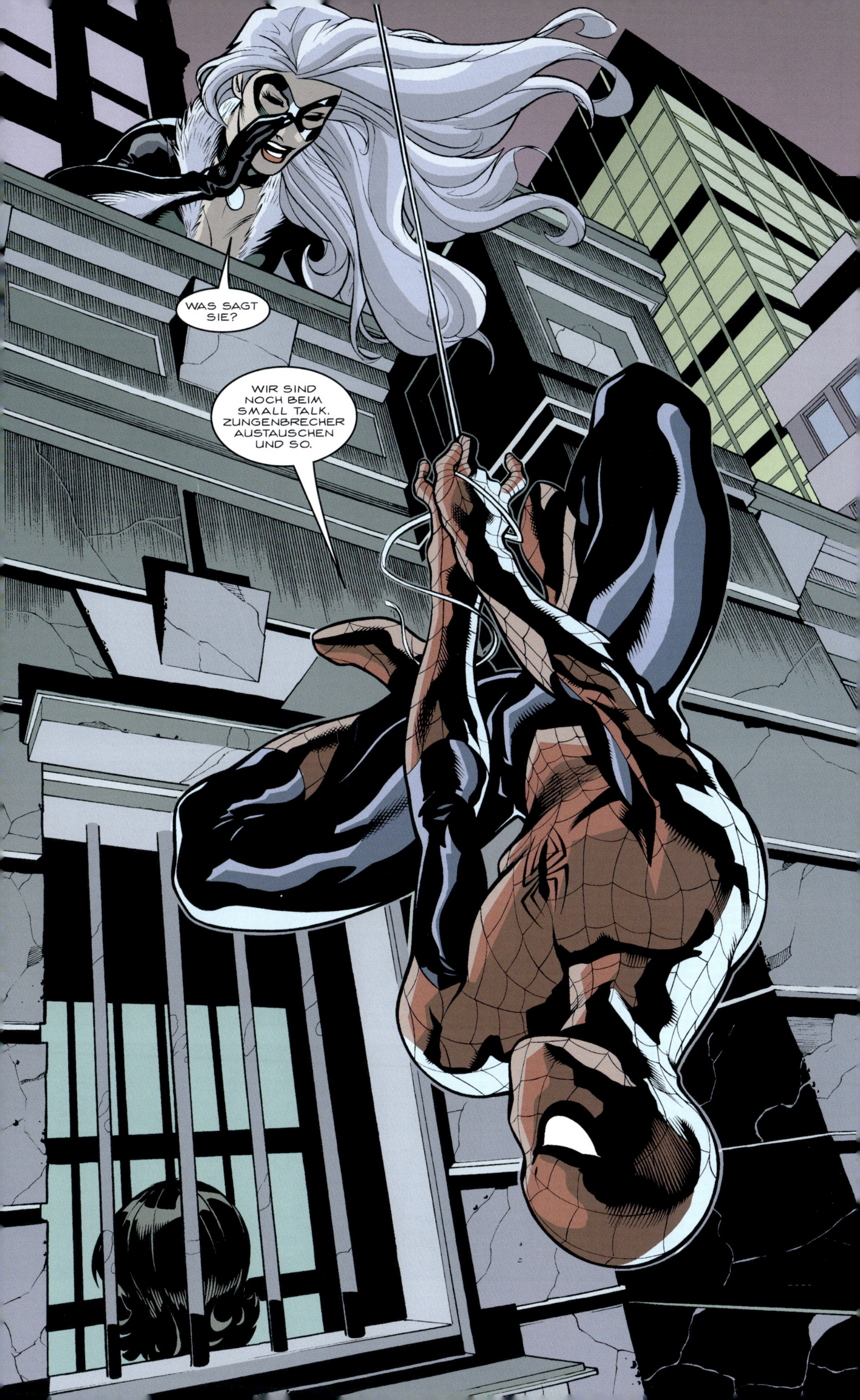
WAS SAGT SIE?
WIR SIND NOCH BEIM SMALL TALK. ZUNGENBRECHER AUSTAUSCHEN UND SO.

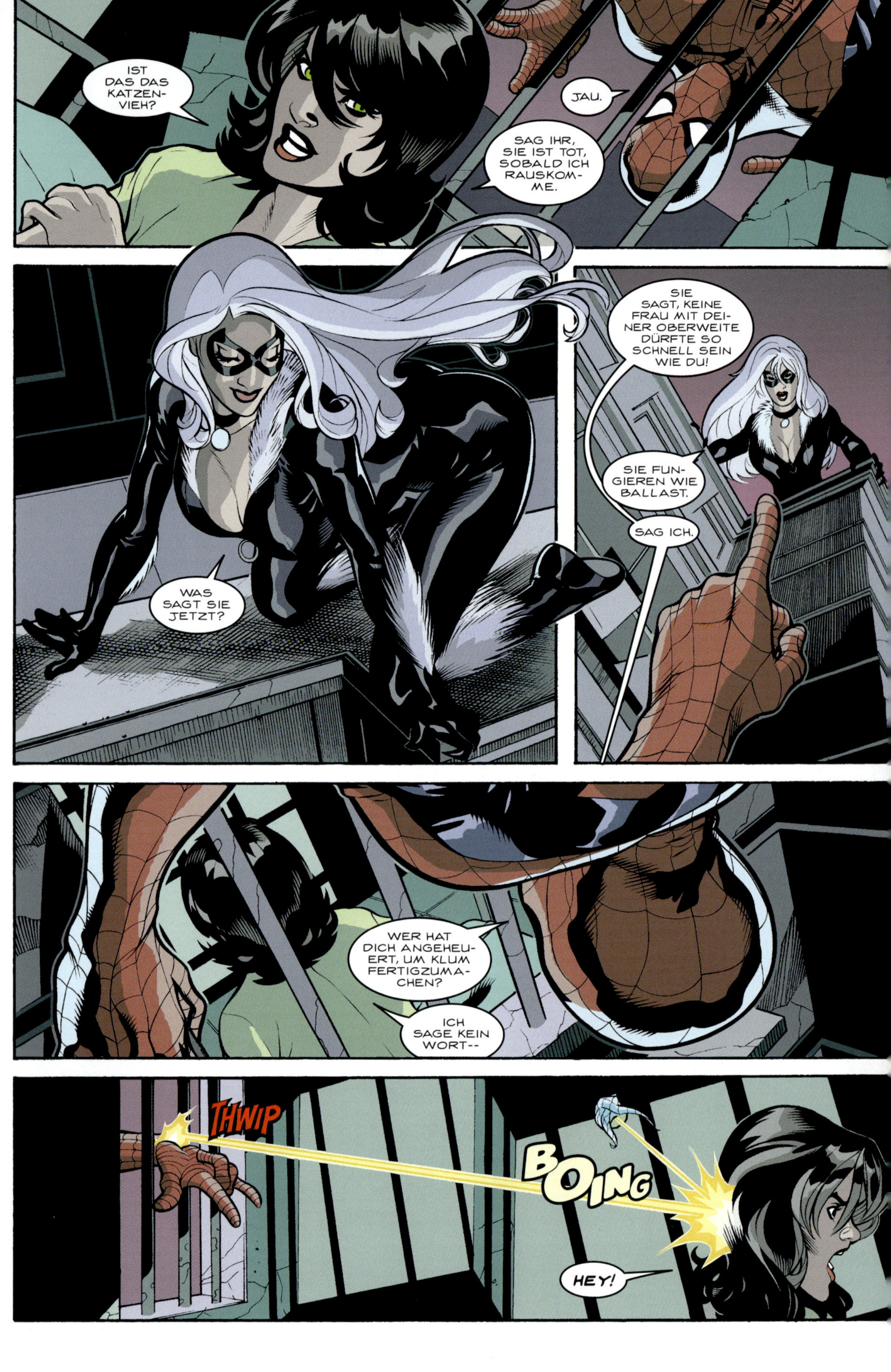
IST DAS DAS KATZEN-VIEH?
JAU.
SAG IHR, SIE IST TOT, SOBALD ICH RAUSKOM-ME.
WAS SAGT SIE JETZT?
SIE SAGT, KEINE FRAU MIT DEI-NER OBERWEITE DÜRFTE SO SCHNELL SEIN WIE DU!
SIE FUN-GIEREN WIE BALLAST.
SAG ICH.
WER HAT DICH ANGEHEU-ERT, UM KLUM FERTIGZUMA-CHEN?
ICH SAGE KEIN WORT--
THWIP
BOING
HEY!

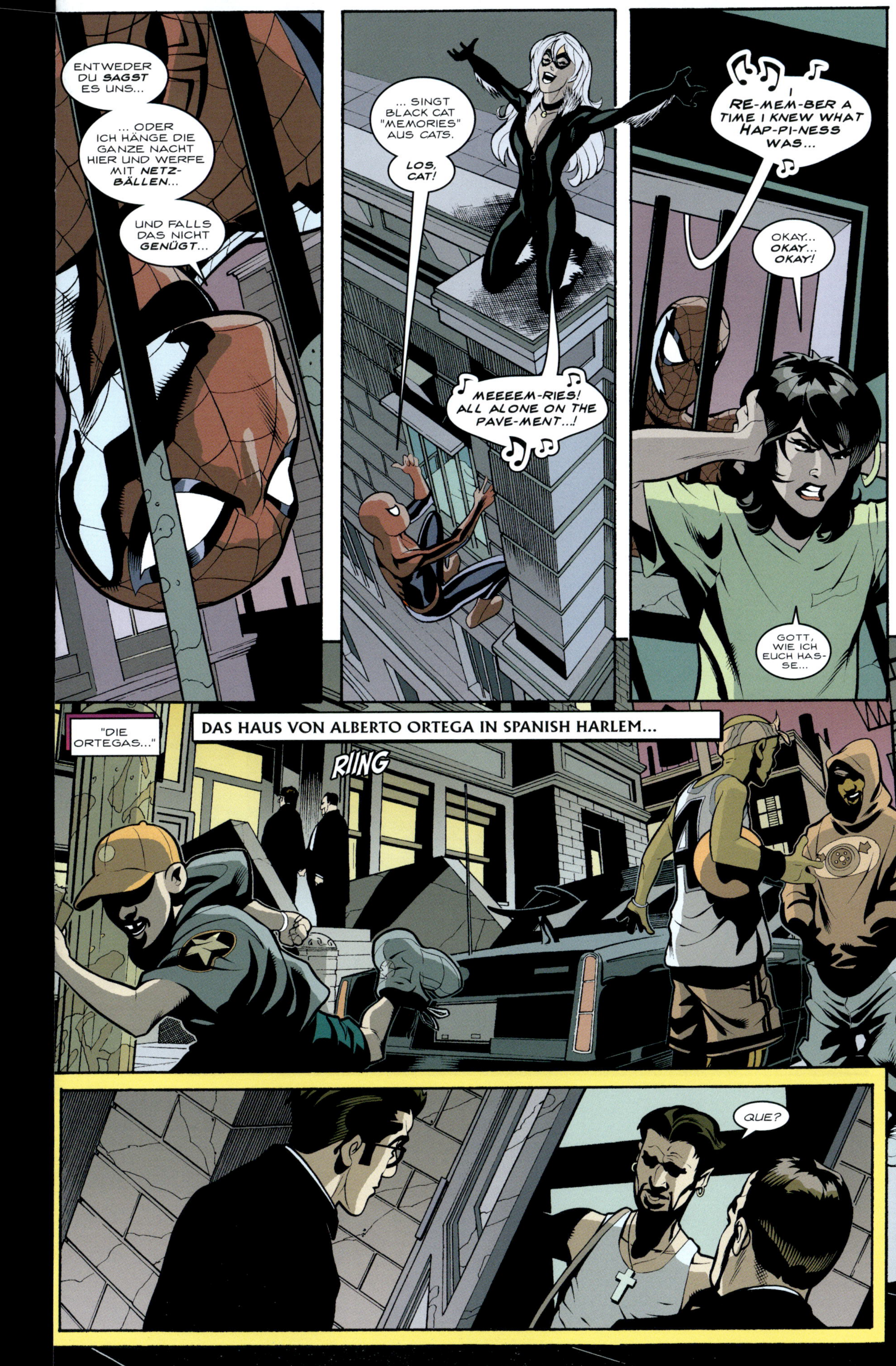
ENTWEDER DU SAGST ES UNS...
... ODER ICH HÄNGE DIE GANZE NACHT HIER UND WERFE MIT NETZ-BÄLLEN...
UND FALLS DAS NICHT GENÜGT...
... SINGT BLACK CAT "MEMORIES" AUS CATS.
LOS, CAT!
MEEEEM-RIES! ALL ALONE ON THE PAVE-MENT...!
I RE-MEM-BER A TIME I KNEW WHAT HAP-PI-NESS WAS...
OKAY... OKAY... OKAY!
GOTT, WIE ICH EUCH HAS-SE...
"DIE ORTEGAS..."
DAS HAUS VON ALBERTO ORTEGA IN SPANISH HARLEM...
RIING
QUE?

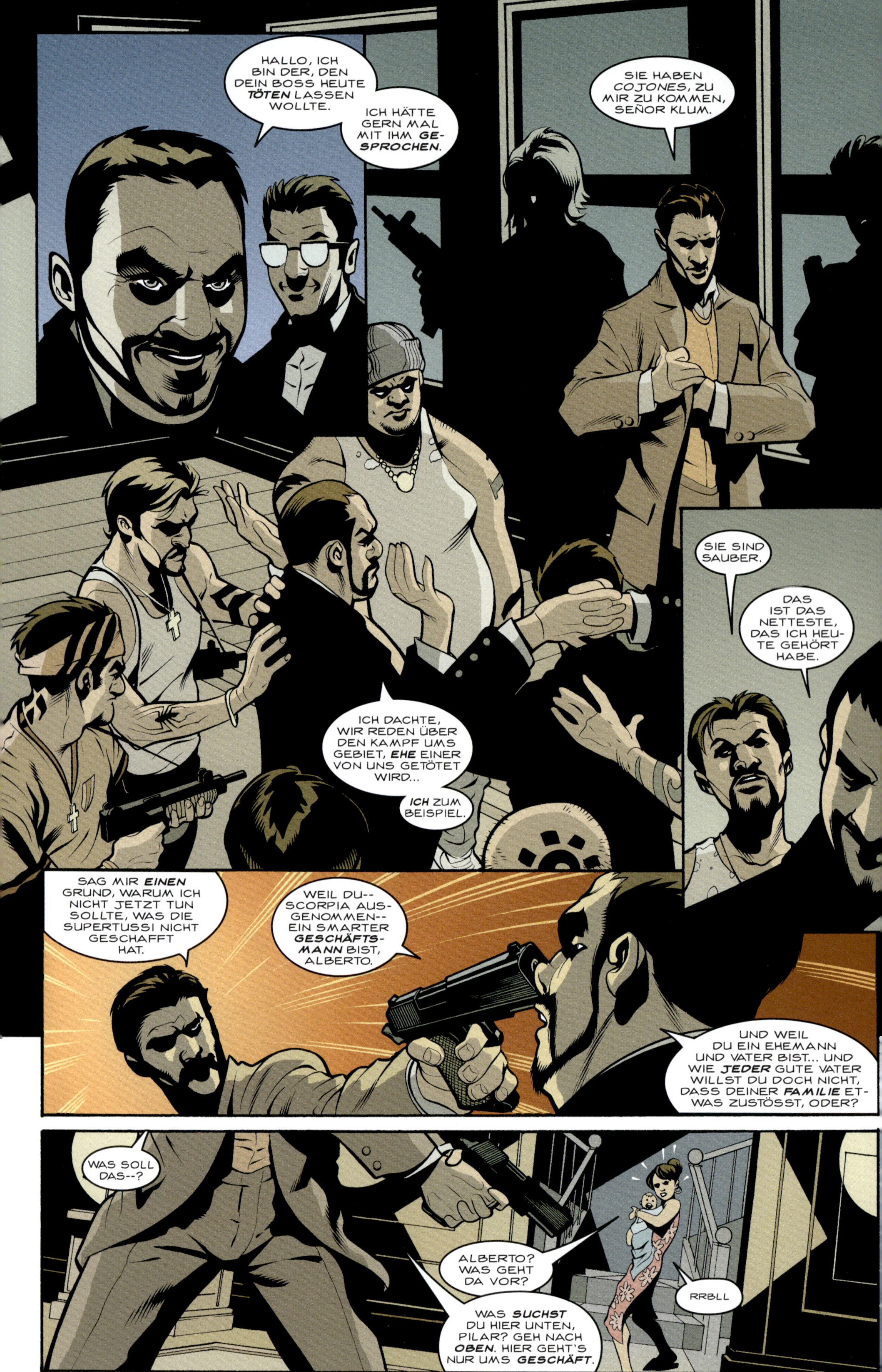
HALLO, ICH BIN DER, DEN DEIN BOSS HEUTE TÖTEN LASSEN WOLLTE.
ICH HÄTTE GERN MAL MIT IHM GESPROCHEN.
SIE HABEN COJONES, ZU MIR ZU KOMMEN, SEÑOR KLUM.
SIE SIND SAUBER.
DAS IST DAS NETTESTE, DAS ICH HEUTE GEHÖRT HABE.
ICH DACHTE, WIR REDEN ÜBER DEN KAMPF UMS GEBIET, EHE EINER VON UNS GETÖTET WIRD...
ICH ZUM BEISPIEL.
SAG MIR EINEN GRUND, WARUM ICH NICHT JETZT TUN SOLLTE, WAS DIE SUPERTUSSI NICHT GESCHAFFT HAT.
WEIL DU-- SCORPIA AUSGENOMMEN-- EIN SMARTER GESCHÄFTSMANN BIST, ALBERTO.
UND WEIL DU EIN EHEMANN UND VATER BIST... UND WIE JEDER GUTE VATER WILLST DU DOCH NICHT, DASS DEINER FAMILIE ETWAS ZUSTÖSST, ODER?
WAS SOLL DAS--?
ALBERTO? WAS GEHT DA VOR?
RRBLL
WAS SUCHST DU HIER UNTEN, PILAR? GEH NACH OBEN. HIER GEHT'S NUR UMS GESCHÄFT.

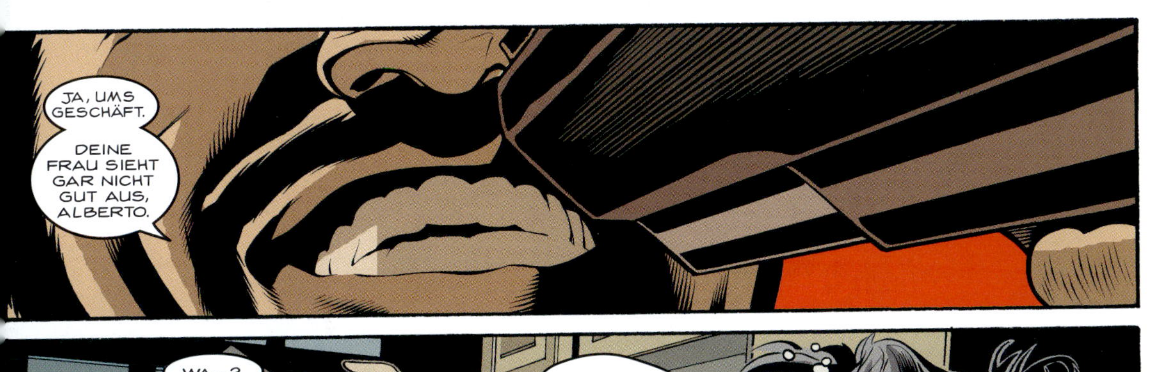
JA, UMS GESCHÄFT.
DEINE FRAU SIEHT GAR NICHT GUT AUS, ALBERTO.

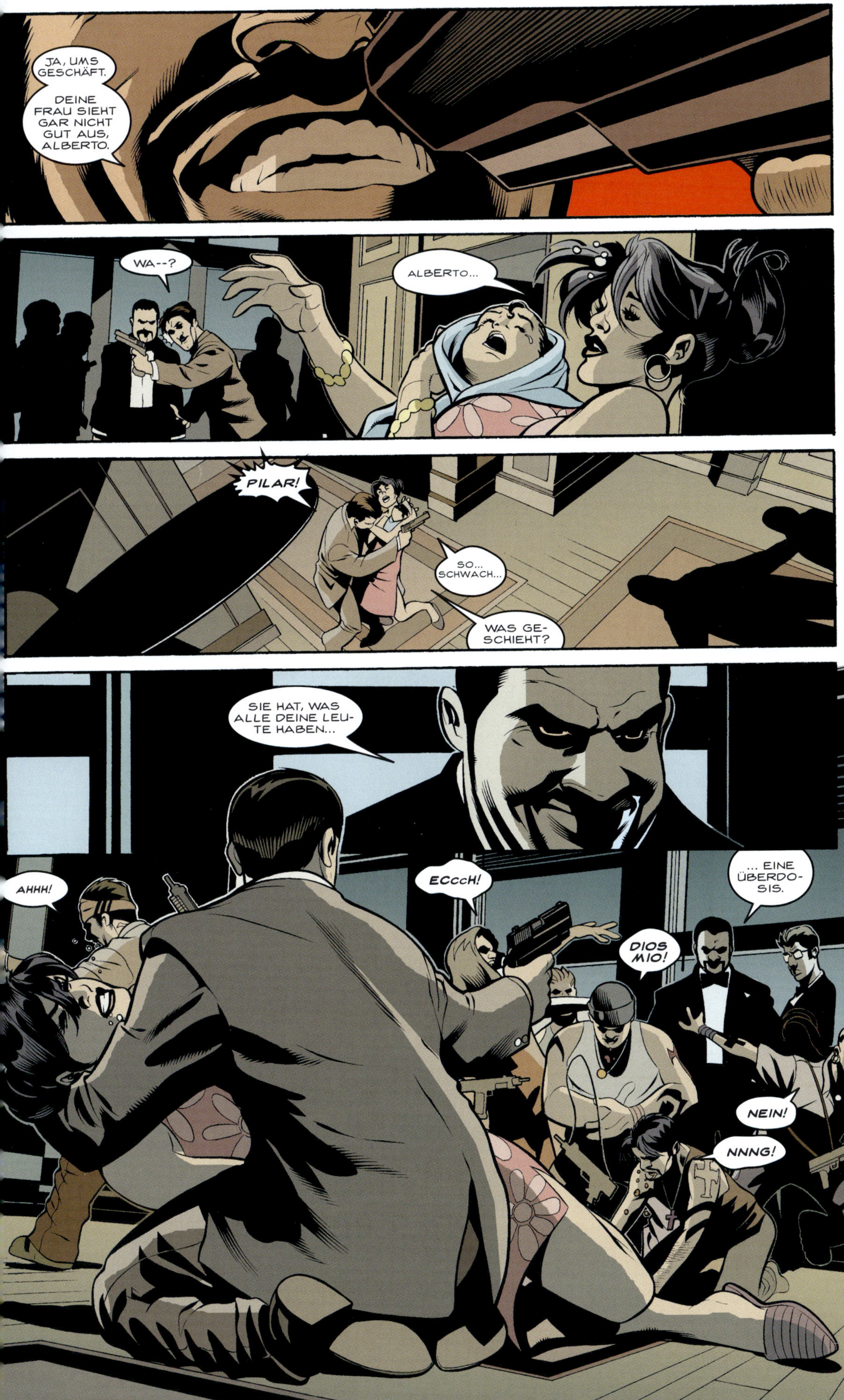

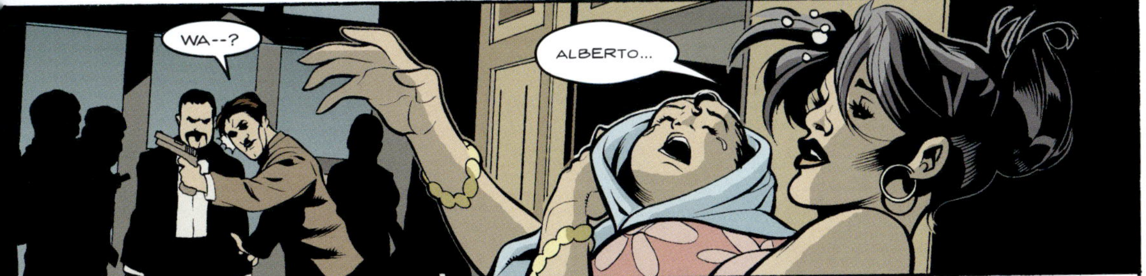
WA--?
ALBERTO...

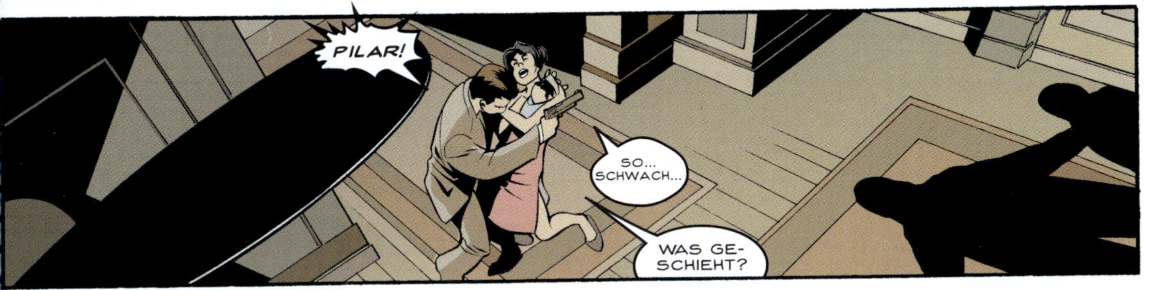
PILAR!
SO... SCHWACH...
WAS GESCHIEHT?

SIE HAT, WAS ALLE DEINE LEUTE HABEN...
AHHH!
ECccH!
... EINE ÜBERDOSIS.
DIOS MIO!
NEIN!
NNNG!

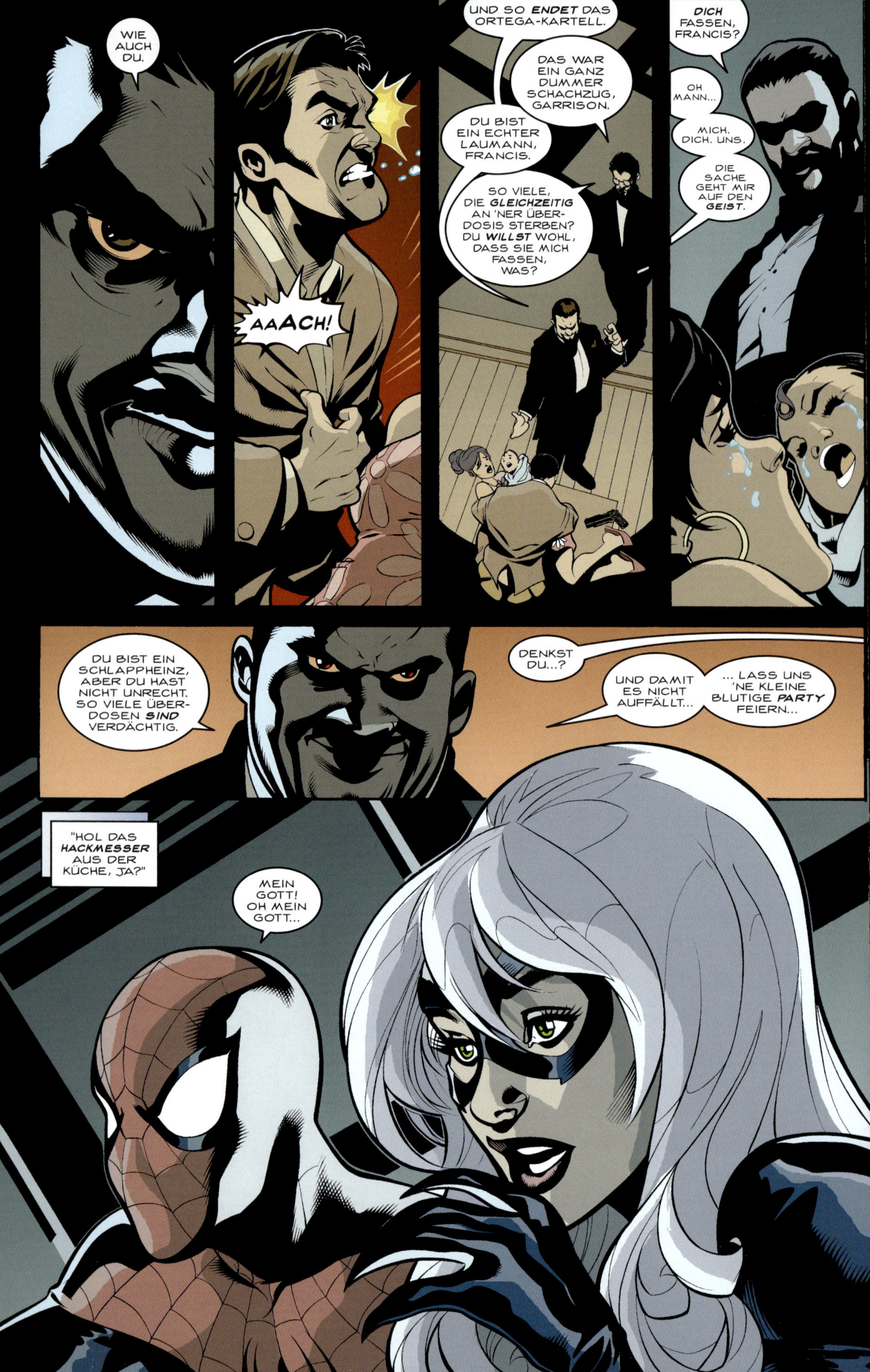
WIE AUCH DU.
AAACH!
UND SO ENDET DAS ORTEGA-KARTELL.
DAS WAR EIN GANZ DUMMER SCHACHZUG, GARRISON.
DU BIST EIN ECHTER LAUMANN, FRANCIS.
SO VIELE, DIE GLEICHZEITIG AN 'NER ÜBER-DOSIS STERBEN? DU WILLST WOHL, DASS SIE MICH FASSEN, WAS?
DICH FASSEN, FRANCIS?
OH MANN...
MICH. DICH. UNS.
DIE SACHE GEHT MIR AUF DEN GEIST.
DU BIST EIN SCHLAPPHEINZ, ABER DU HAST NICHT UNRECHT. SO VIELE ÜBER-DOSEN SIND VERDÄCHTIG.
DENKST DU...?
UND DAMIT ES NICHT AUFFÄLLT...
... LASS UNS 'NE KLEINE BLUTIGE PARTY FEIERN...
"HOL DAS HACKMESSER AUS DER KÜCHE, JA?"
MEIN GOTT! OH MEIN GOTT...

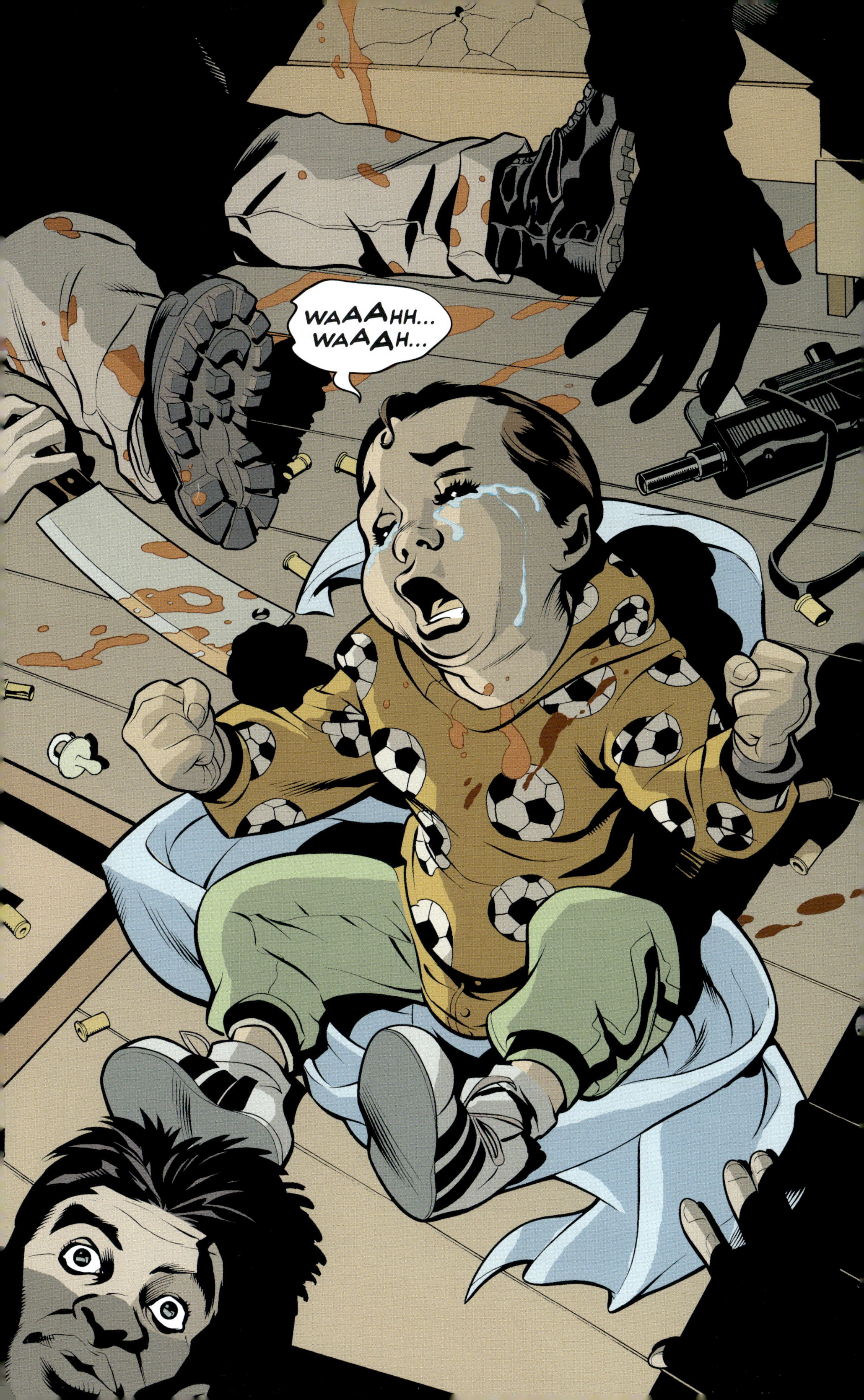
WAAAHH...
WAAAH...

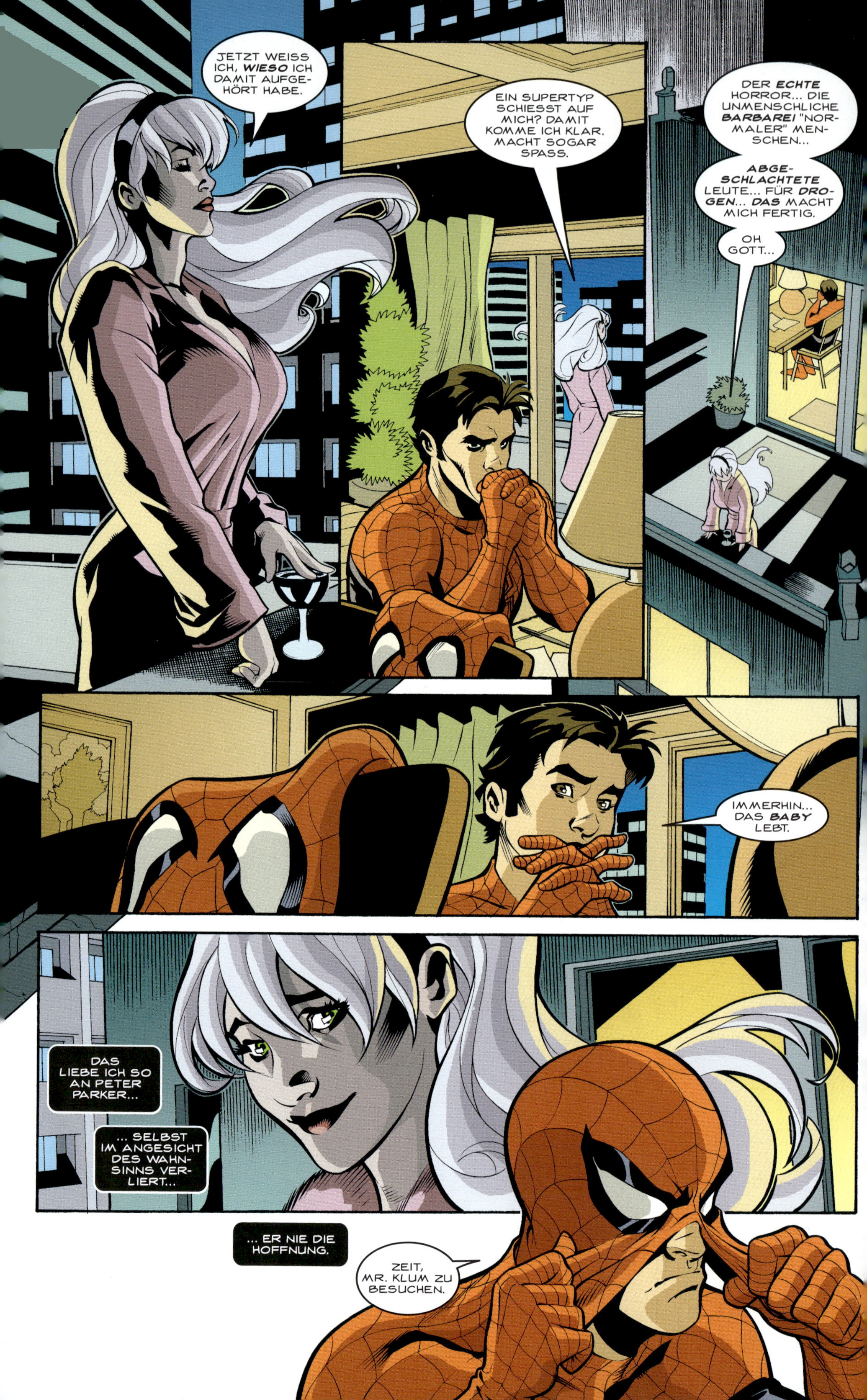
JETZT WEISS ICH, WIESO ICH DAMIT AUFGEHÖRT HABE.
EIN SUPERTYP SCHIESST AUF MICH? DAMIT KOMME ICH KLAR. MACHT SOGAR SPASS.
DER ECHTE HORROR... DIE UNMENSCHLICHE BARBAREI "NORMALER" MENSCHEN...
ABGESCHLACHTETE LEUTE... FÜR DROGEN... DAS MACHT MICH FERTIG.
OH GOTT...
IMMERHIN... DAS BABY LEBT.
DAS LIEBE ICH SO AN PETER PARKER...
... SELBST IM ANGESICHT DES WAHNSINNS VERLIERT...
... ER NIE DIE HOFFNUNG.
ZEIT, MR. KLUM ZU BESUCHEN.

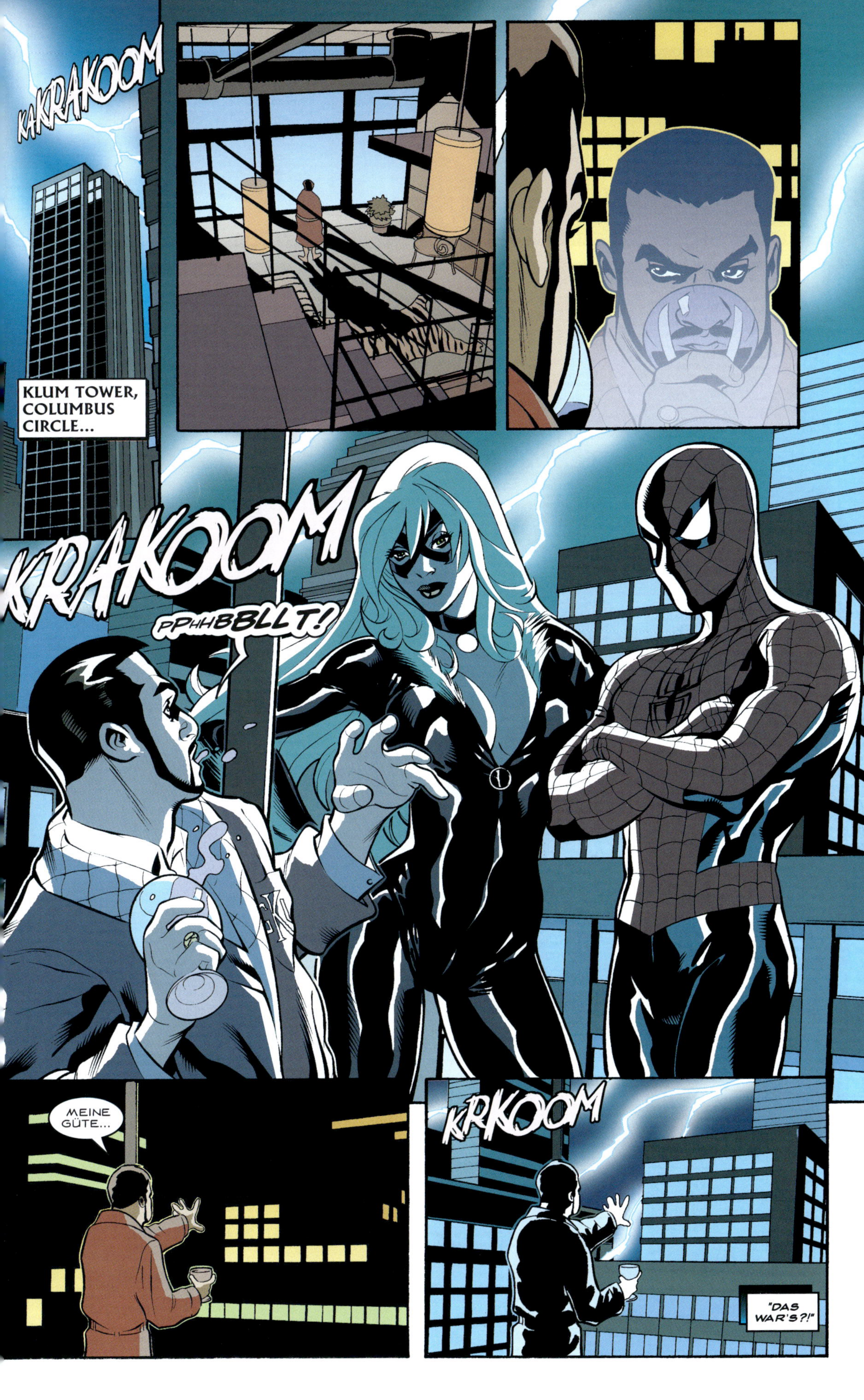
KAKRAKOOM
KLUM TOWER, COLUMBUS CIRCLE...
KRAKOOM
PPHHBBLLT!
MEINE GÜTE...
KRKOOM
"DAS WAR'S?!"

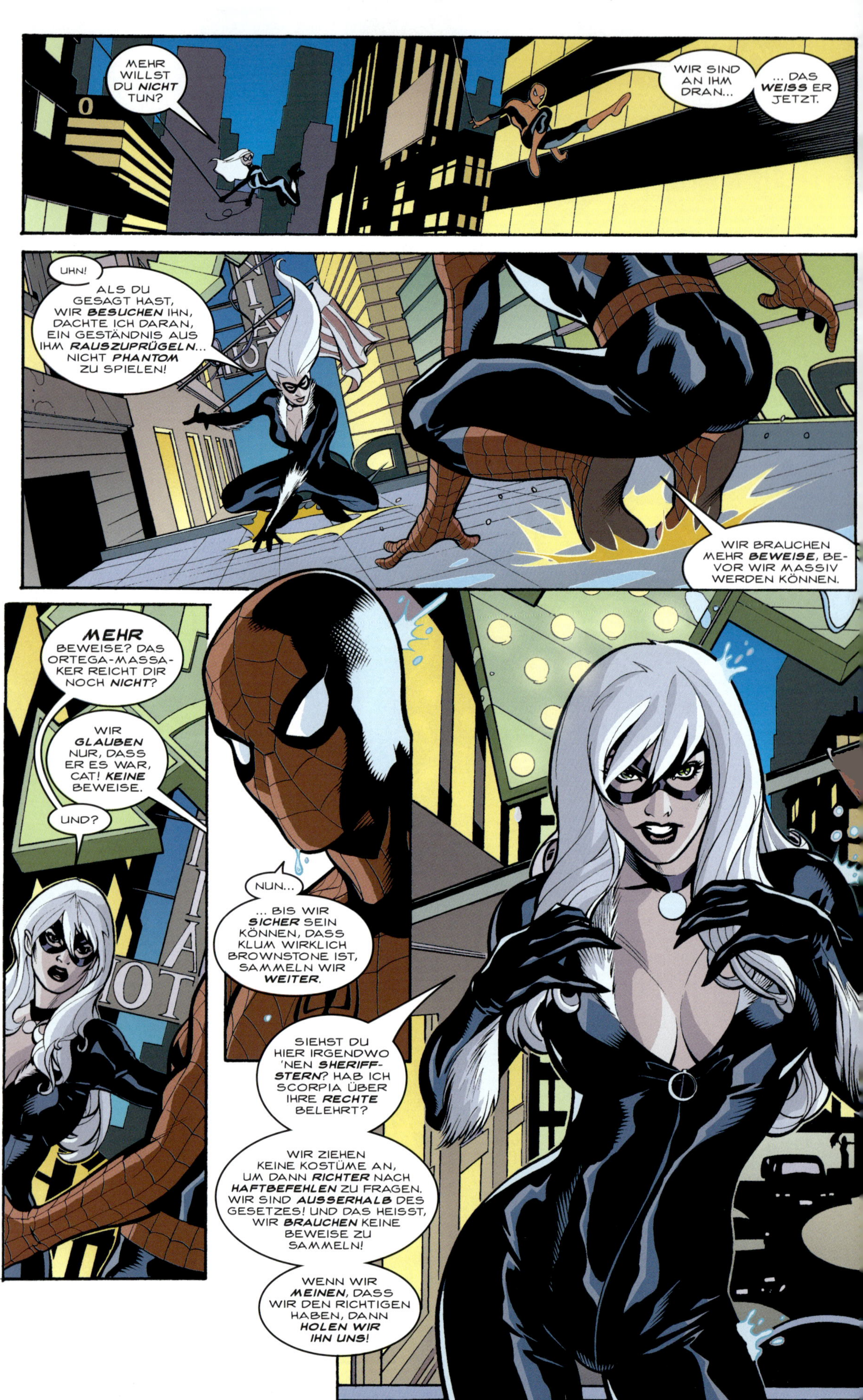
MEHR WILLST DU NICHT TUN?
WIR SIND AN IHM DRAN...
... DAS WEISS ER JETZT.
UHN!
ALS DU GESAGT HAST, WIR BESUCHEN IHN, DACHTE ICH DARAN, EIN GESTÄNDNIS AUS IHM RAUSZUPRÜGELN... NICHT PHANTOM ZU SPIELEN!
WIR BRAUCHEN MEHR BEWEISE, BEVOR WIR MASSIV WERDEN KÖNNEN.
MEHR BEWEISE? DAS ORTEGA-MASSAKER REICHT DIR NOCH NICHT?
WIR GLAUBEN NUR, DASS ER ES WAR, CAT! KEINE BEWEISE.
UND?
NUN...
... BIS WIR SICHER SEIN KÖNNEN, DASS KLUM WIRKLICH BROWNSTONE IST, SAMMELN WIR WEITER.
SIEHST DU HIER IRGENDWO 'NEN SHERIFF-STERN? HAB ICH SCORPIA ÜBER IHRE RECHTE BELEHRT?
WIR ZIEHEN KEINE KOSTÜME AN, UM DANN RICHTER NACH HAFTBEFEHLEN ZU FRAGEN. WIR SIND AUSSERHALB DES GESETZES! UND DAS HEISST, WIR BRAUCHEN KEINE BEWEISE ZU SAMMELN!
WENN WIR MEINEN, DASS WIR DEN RICHTIGEN HABEN, DANN HOLEN WIR IHN UNS!

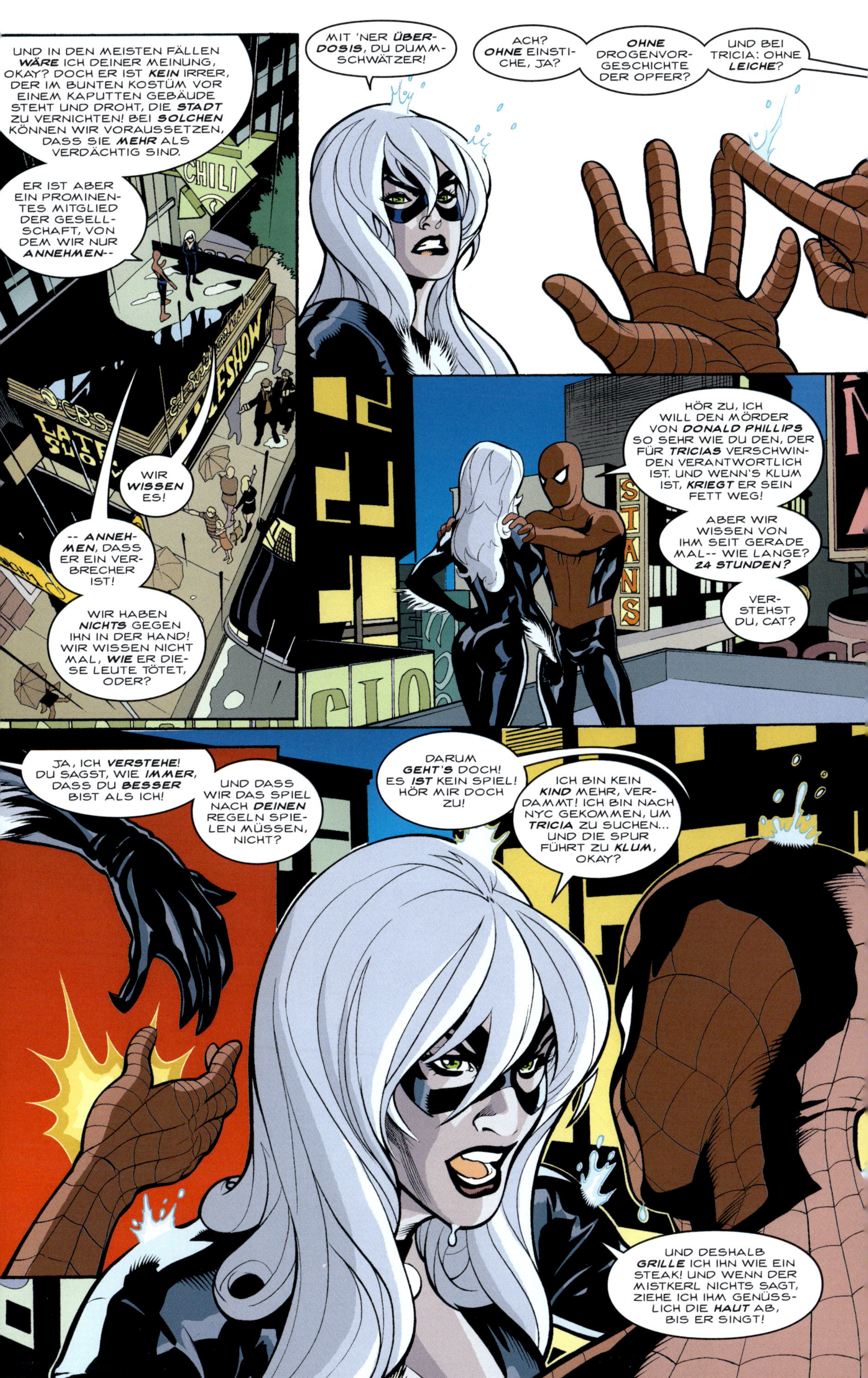
UND IN DEN MEISTEN FÄLLEN WÄRE ICH DEINER MEINUNG, OKAY? DOCH ER IST KEIN IRRER, DER IM BUNTEN KOSTÜM VOR EINEM KAPUTTEN GEBÄUDE STEHT UND DROHT, DIE STADT ZU VERNICHTEN! BEI SOLCHEN KÖNNEN WIR VORAUSSETZEN, DASS SIE MEHR ALS VERDÄCHTIG SIND.
MIT 'NER ÜBERDOSIS, DU DUMMSCHWÄTZER!
ACH? OHNE EINSTICHE, JA?
OHNE DROGENVORGESCHICHTE DER OPFER?
UND BEI TRICIA: OHNE LEICHE?
ER IST ABER EIN PROMINENTES MITGLIED DER GESELLSCHAFT, VON DEM WIR NUR ANNEHMEN--
CHILI
LATE SHOW
WIR WISSEN ES!
-- ANNEHMEN, DASS ER EIN VERBRECHER IST!
WIR HABEN NICHTS GEGEN IHN IN DER HAND! WIR WISSEN NICHT MAL, WIE ER DIESE LEUTE TÖTET, ODER?
HÖR ZU, ICH WILL DEN MÖRDER VON DONALD PHILLIPS SO SEHR WIE DU DEN, DER FÜR TRICIAS VERSCHWINDEN VERANTWORTLICH IST. UND WENN'S KLUM IST, KRIEGT ER SEIN FETT WEG!
ABER WIR WISSEN VON IHM SEIT GERADE MAL-- WIE LANGE? 24 STUNDEN?
VERSTEHST DU, CAT?
STANS
JA, ICH VERSTEHE! DU SAGST, WIE IMMER, DASS DU BESSER BIST ALS ICH!
UND DASS WIR DAS SPIEL NACH DEINEN REGELN SPIELEN MÜSSEN, NICHT?
DARUM GEHT'S DOCH! ES IST KEIN SPIEL! HÖR MIR DOCH ZU!
ICH BIN KEIN KIND MEHR, VERDAMMT! ICH BIN NACH NYC GEKOMMEN, UM TRICIA ZU SUCHEN... UND DIE SPUR FÜHRT ZU KLUM, OKAY?
UND DESHALB GRILLE ICH IHN WIE EIN STEAK! UND WENN DER MISTKERL NICHTS SAGT, ZIEHE ICH IHM GENÜSSLICH DIE HAUT AB, BIS ER SINGT!

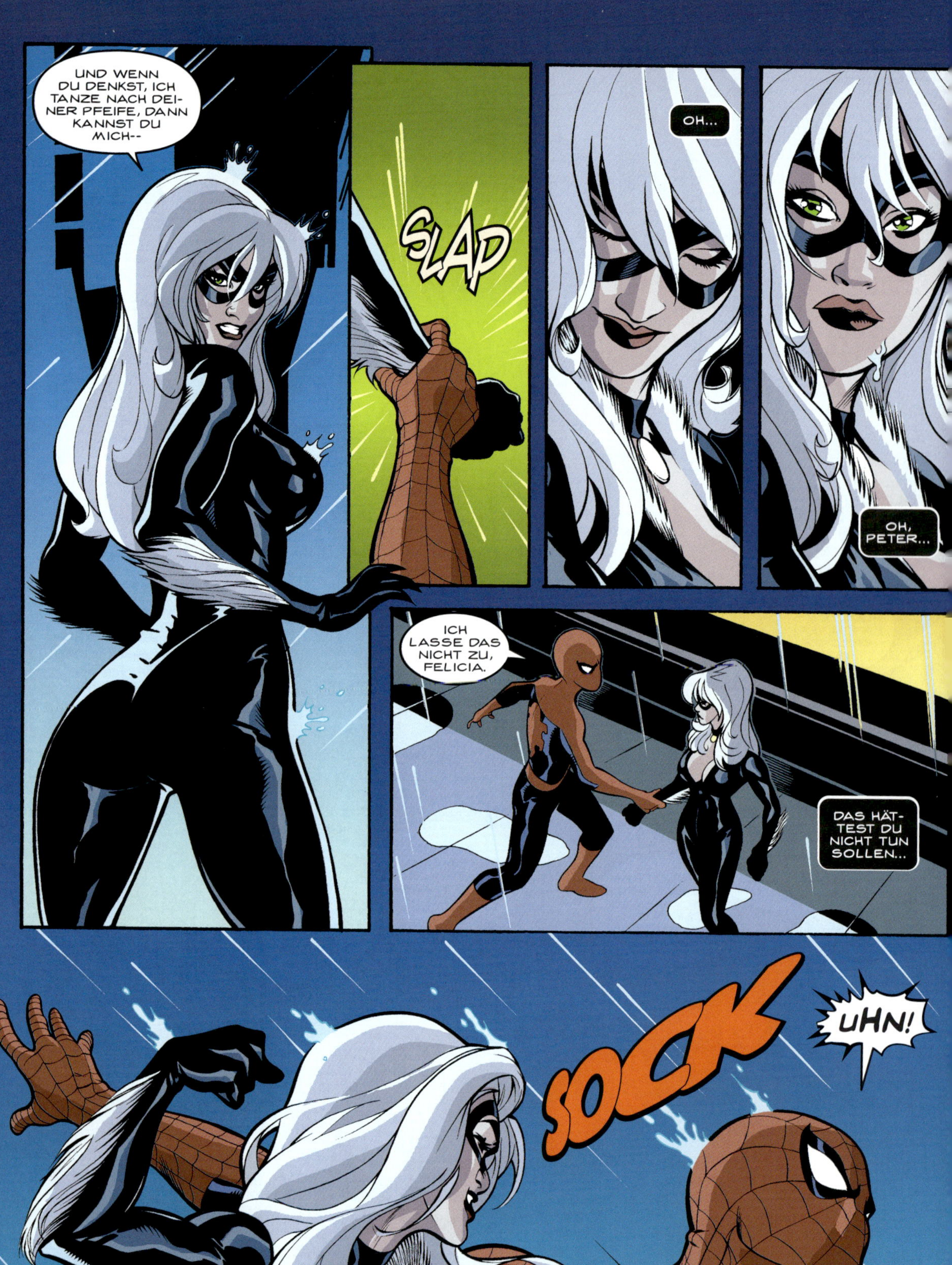
UND WENN DU DENKST, ICH TANZE NACH DEINER PFEIFE, DANN KANNST DU MICH--
SLAP
OH...
OH, PETER...
ICH LASSE DAS NICHT ZU, FELICIA.
DAS HÄTTEST DU NICHT TUN SOLLEN...
SOCK
UHN!

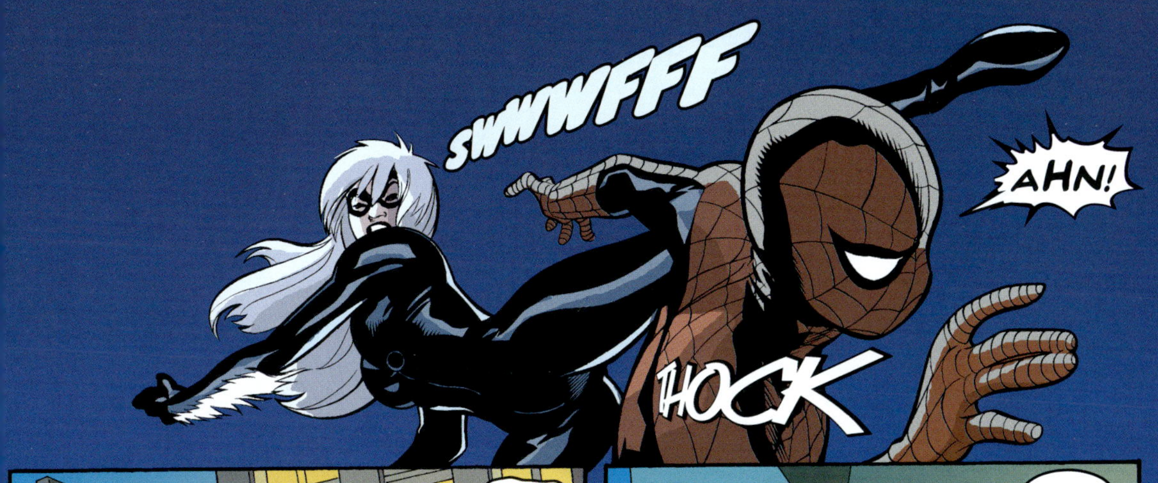
SWWWFFF
AHN!
THOCK

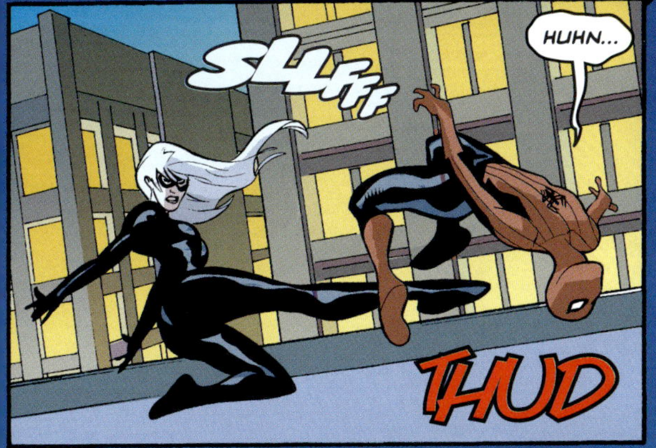
SLLFFF
HUHN...
THUD

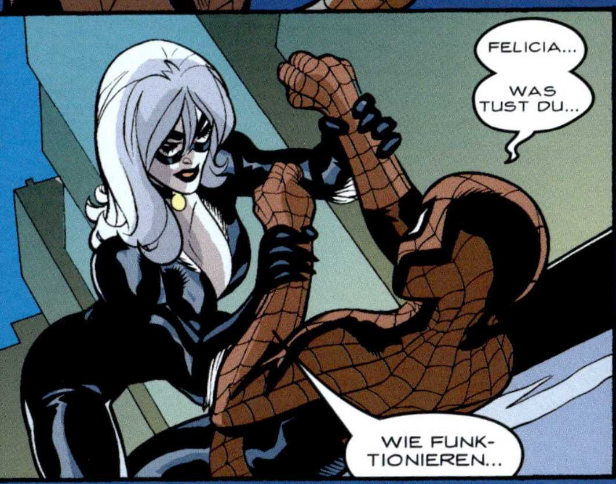
FELICIA... WAS TUST DU...
WIE FUNK-TIONIEREN...

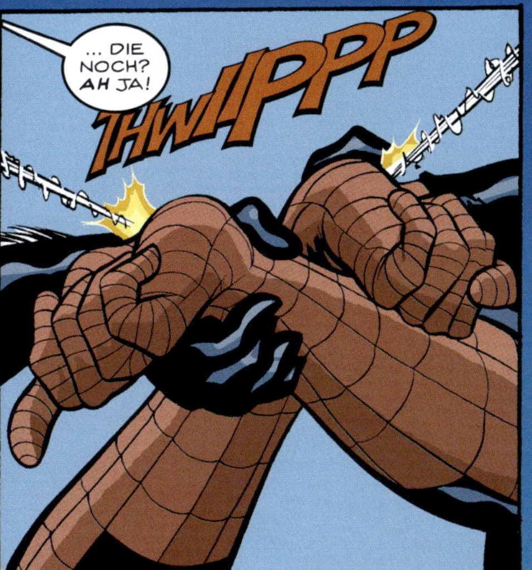
... DIE NOCH? AH JA!
THWIPPP

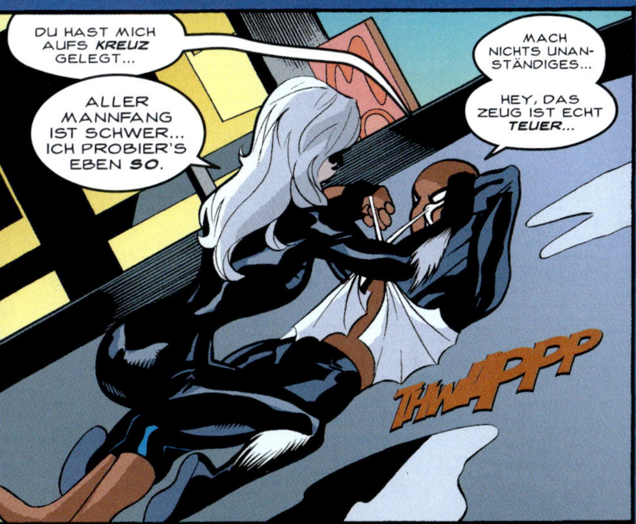
DU HAST MICH AUFS KREUZ GELEGT...
MACH NICHTS UNANSTÄNDIGES...
ALLER MANNFANG IST SCHWER... ICH PROBIER'S EBEN SO.
HEY, DAS ZEUG IST ECHT TEUER...
THWIPPP

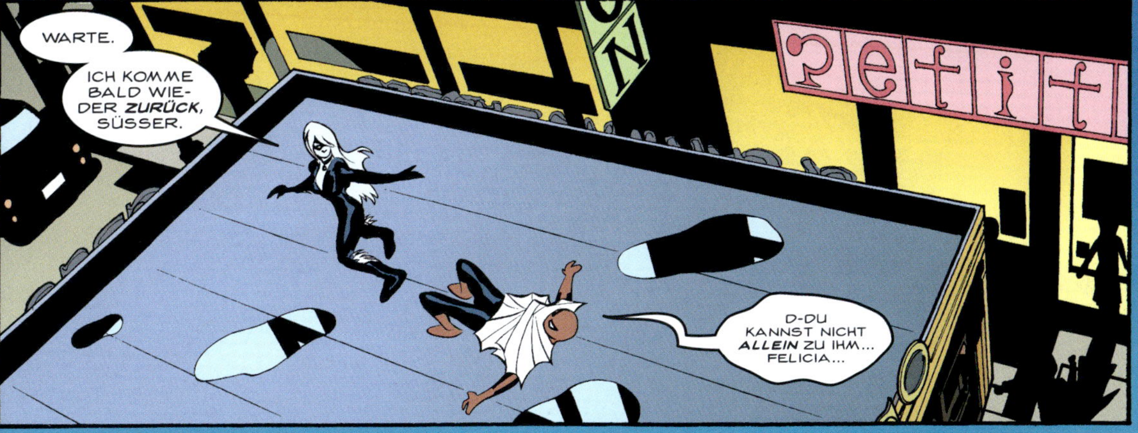
WARTE.
ICH KOMME BALD WIEDER ZURÜCK, SÜSSER.
D-DU KANNST NICHT ALLEIN ZU IHM... FELICIA...

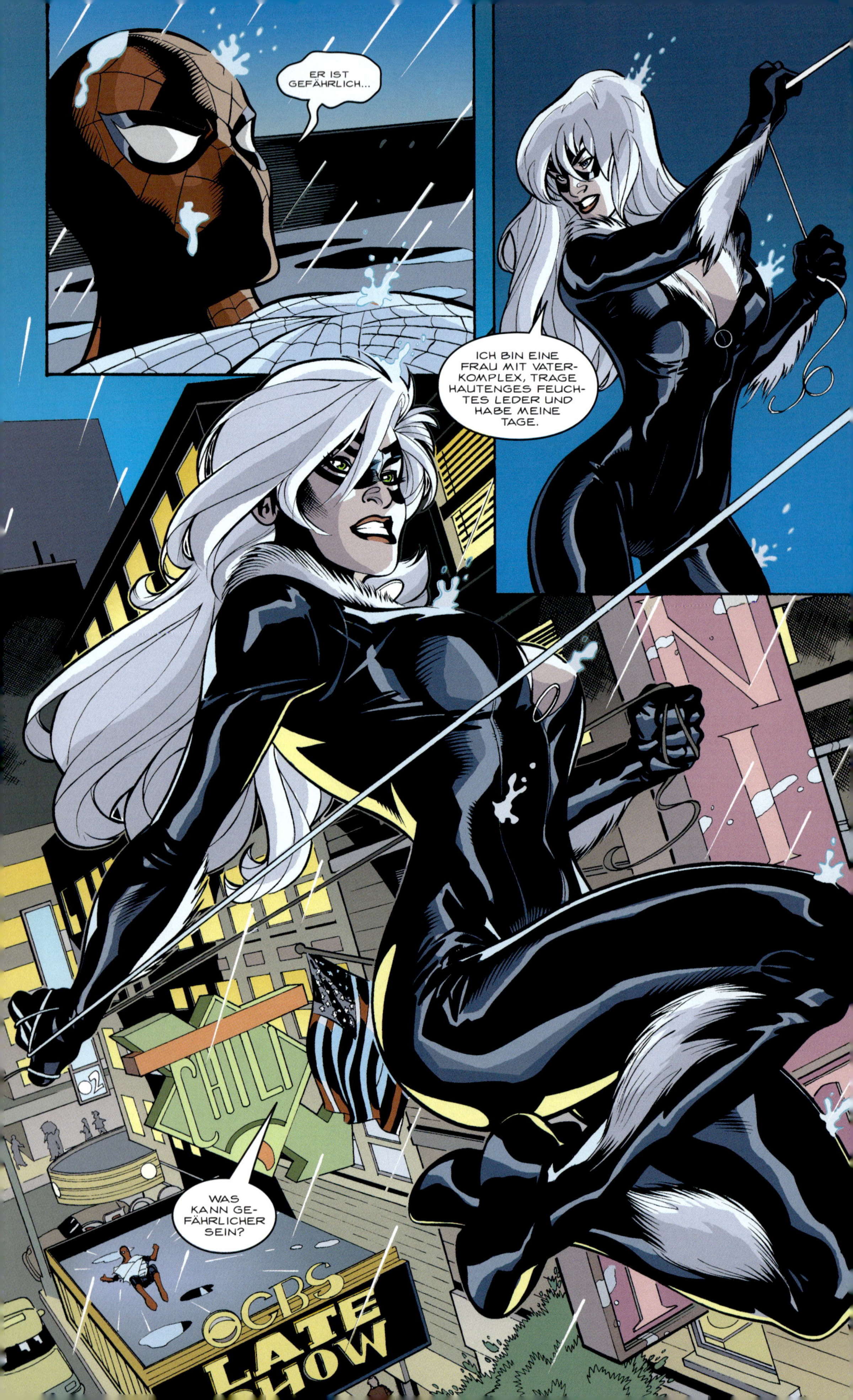
ER IST GEFÄHRLICH...
ICH BIN EINE FRAU MIT VATER-KOMPLEX, TRAGE HAUTENGES FEUCHTES LEDER UND HABE MEINE TAGE.
WAS KANN GEFÄHRLICHER SEIN?
CHILI
CBS
LATE SHOW

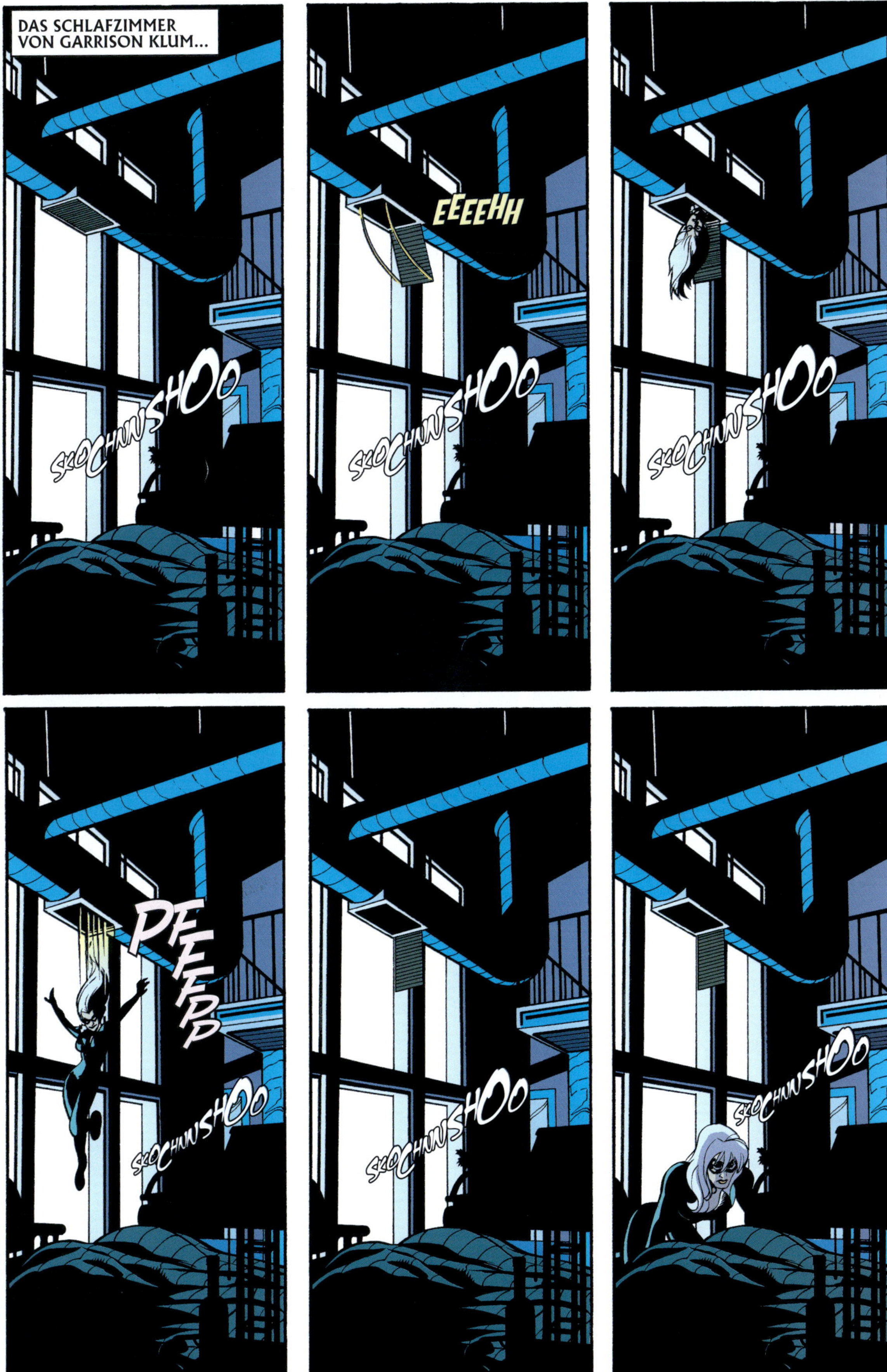
DAS SCHLAFZIMMER VON GARRISON KLUM...
SKOCHNNSHOO
EEEEHH
SKOCHNNSHOO
SKOCHNNSHOO
PFFFPP
SKOCHNNSHOO
SKOCHNNSHOO
SKOCHNNSHOO

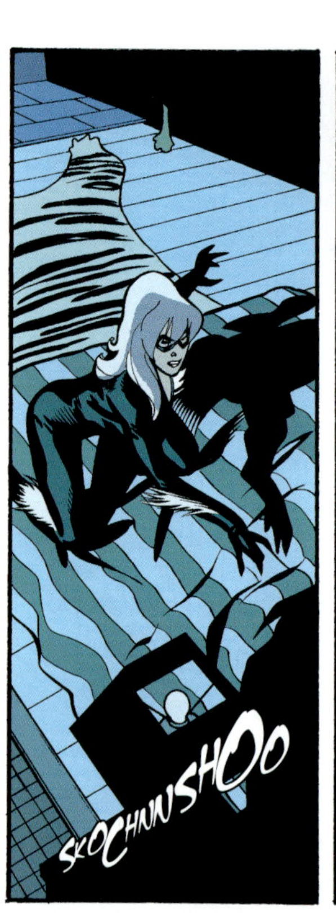
SKOCHNNSHOO

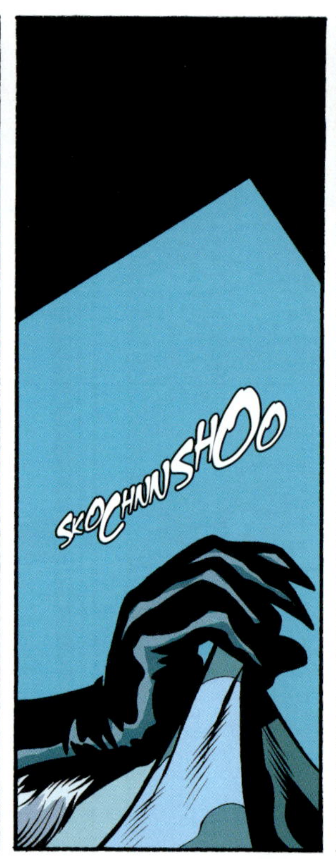
SKOCHNNSHOO

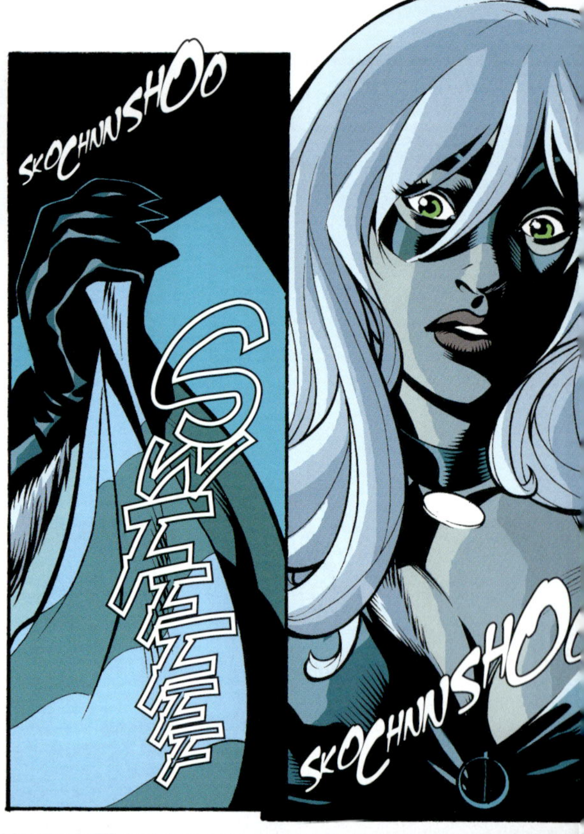
SKOCHNNSHOO
SWFFFFFF
SKOCHNNSHO

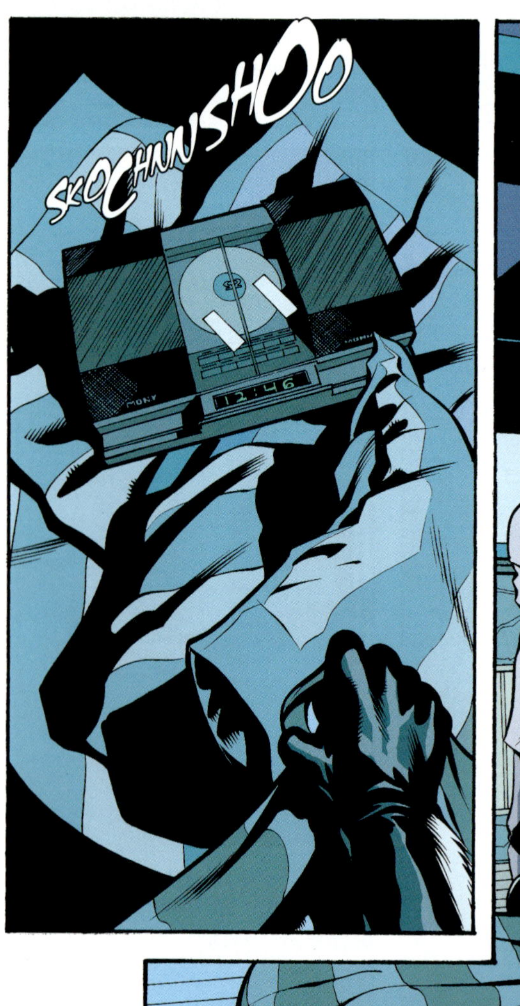
SKOCHNNSHOO

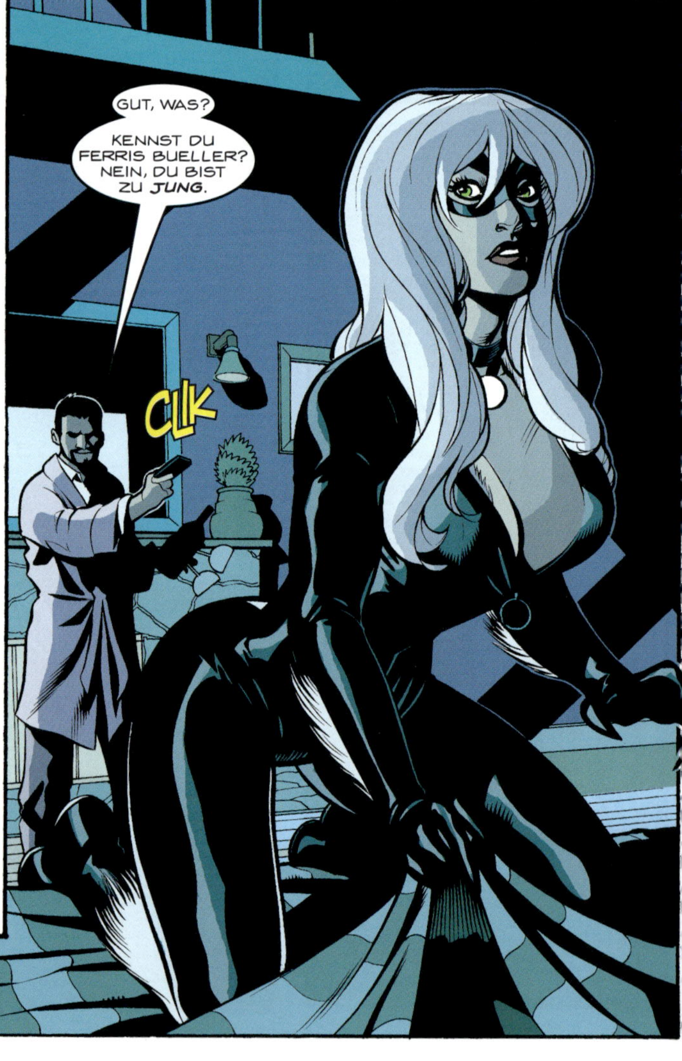
GUT, WAS?
KENNST DU FERRIS BUELLER? NEIN, DU BIST ZU **JUNG**.
CLIK

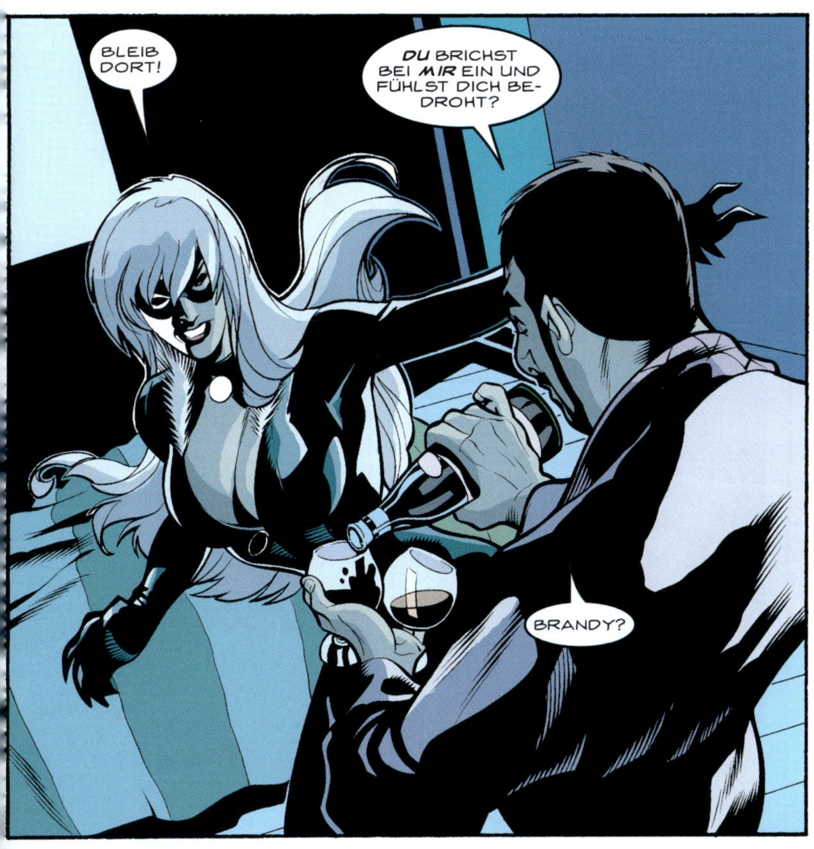
BLEIB DORT!
DU BRICHST BEI MIR EIN UND FÜHLST DICH BEDROHT?
BRANDY?

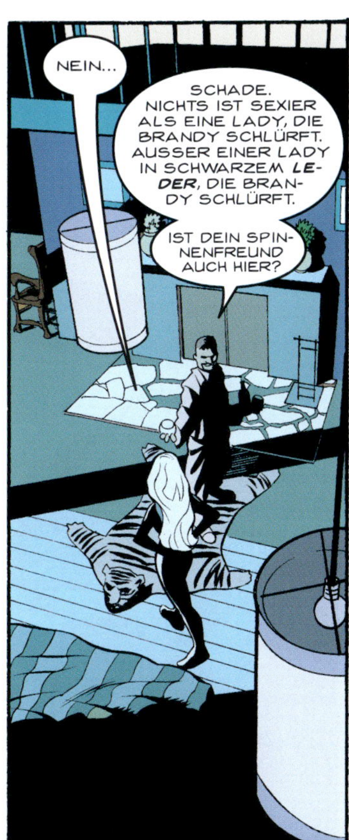
NEIN...
SCHADE. NICHTS IST SEXIER ALS EINE LADY, DIE BRANDY SCHLÜRFT. AUSSER EINER LADY IN SCHWARZEM LEDER, DIE BRANDY SCHLÜRFT.
IST DEIN SPINNENFREUND AUCH HIER?

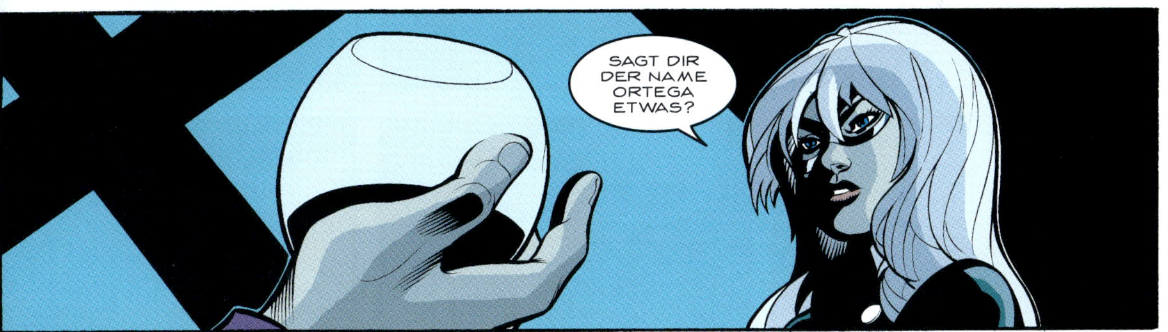
SAGT DIR DER NAME ORTEGA ETWAS?

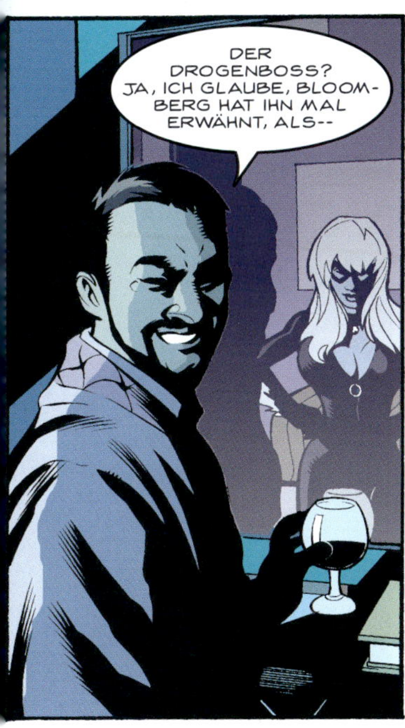
DER DROGENBOSS? JA, ICH GLAUBE, BLOOMBERG HAT IHN MAL ERWÄHNT, ALS--

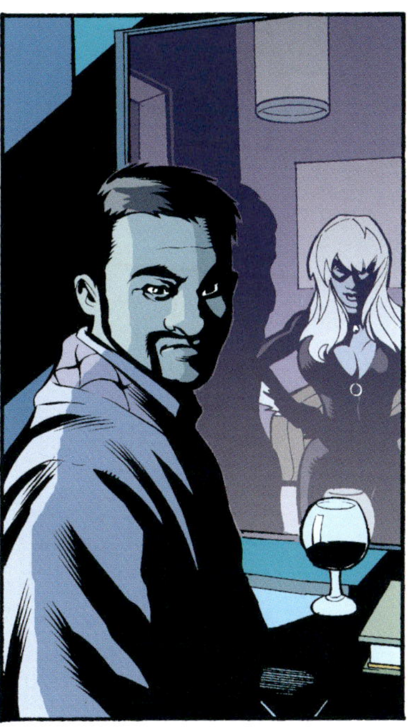

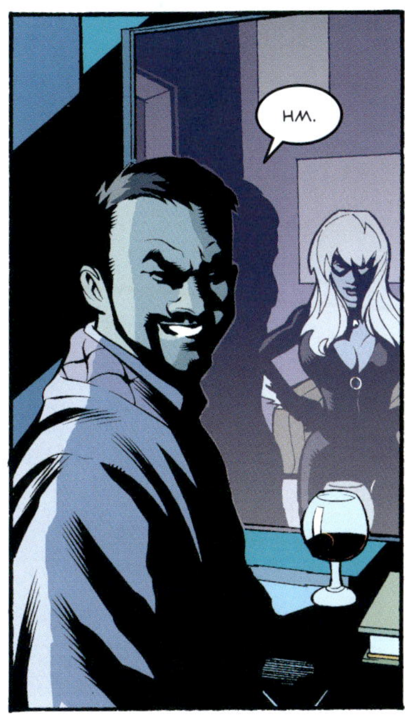
HM.

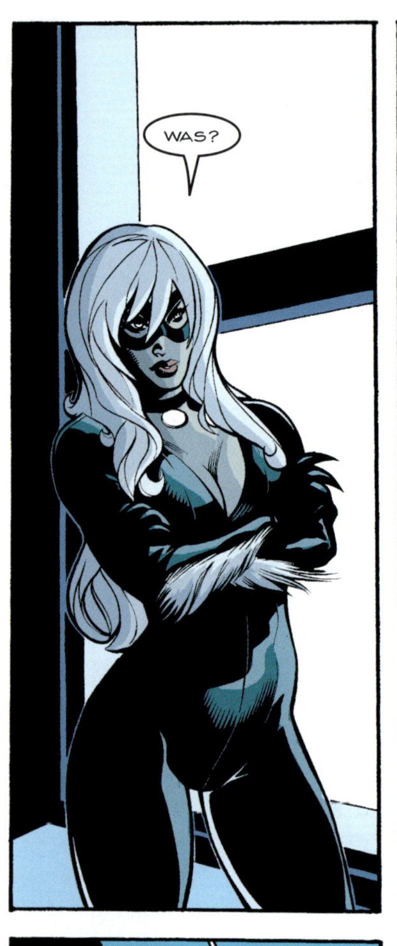
WAS?
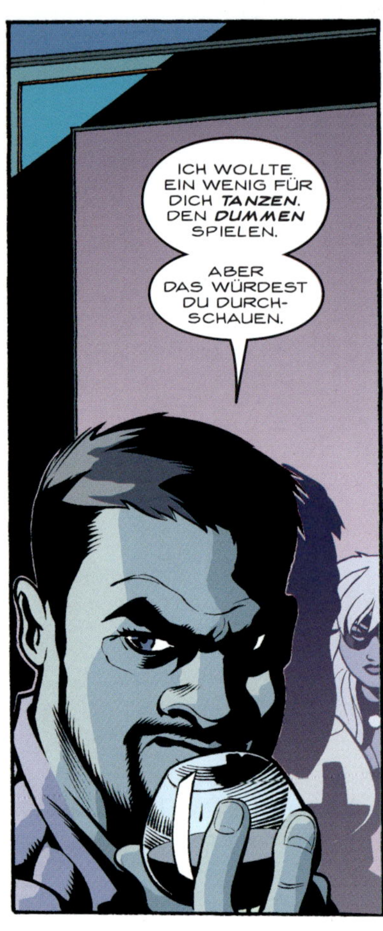
ICH WOLLTE EIN WENIG FÜR DICH **TANZEN**. DEN **DUMMEN** SPIELEN.
ABER DAS WÜRDEST DU DURCH-SCHAUEN.
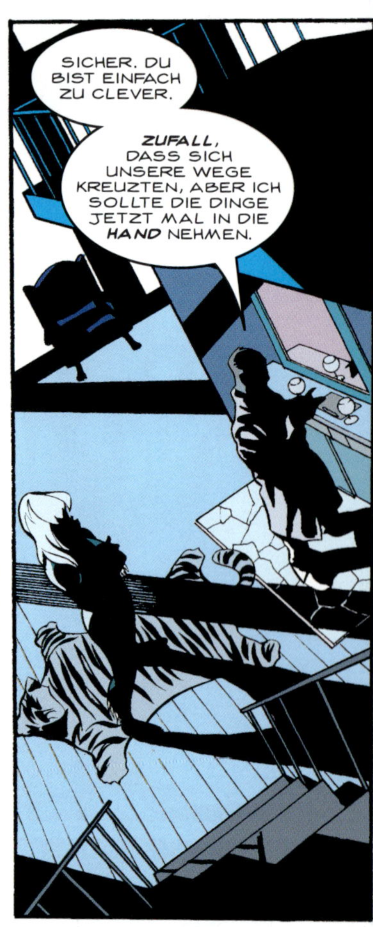
SICHER. DU BIST EINFACH ZU CLEVER.
ZUFALL, DASS SICH UNSERE WEGE KREUZTEN, ABER ICH SOLLTE DIE DINGE JETZT MAL IN DIE **HAND** NEHMEN.
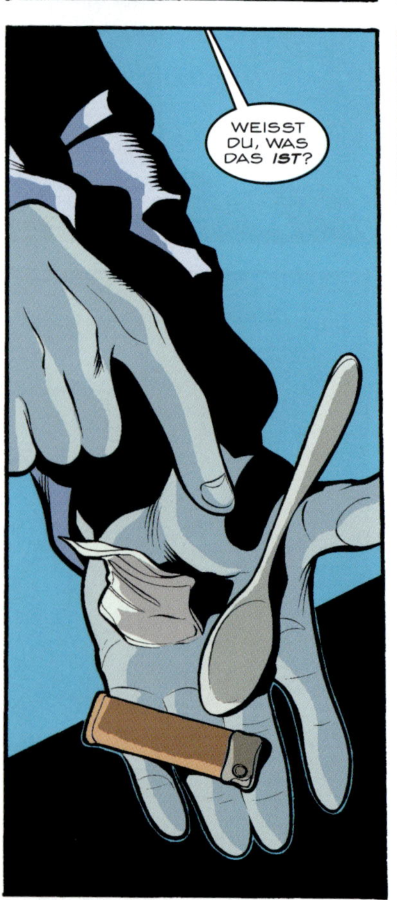
WEISST DU, WAS DAS **IST**?
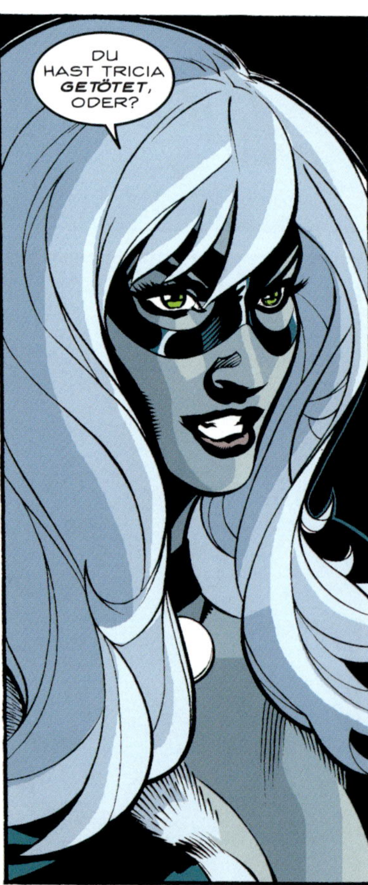
DU HAST TRICIA **GETÖTET**, ODER?
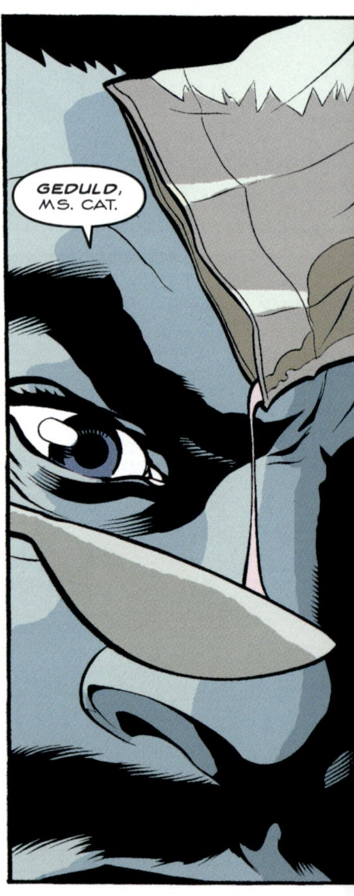
GEDULD, MS. CAT.

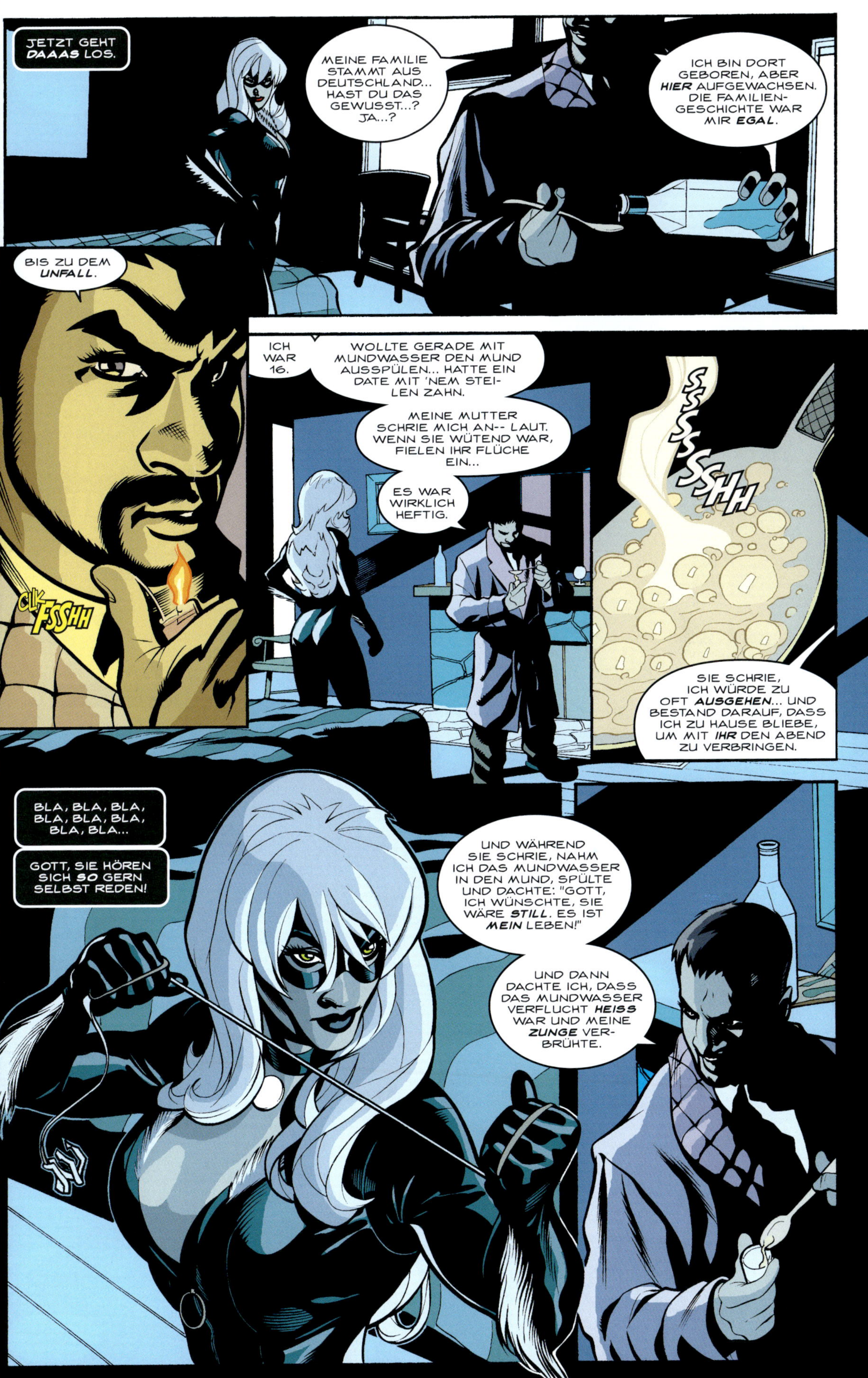

JETZT GEHT DAAAS LOS.
MEINE FAMILIE STAMMT AUS DEUTSCHLAND... HAST DU DAS GEWUSST...? JA...?
ICH BIN DORT GEBOREN, ABER HIER AUFGEWACHSEN. DIE FAMILIEN-GESCHICHTE WAR MIR EGAL.
BIS ZU DEM UNFALL.
CLIK FSSHH
ICH WAR 16.
WOLLTE GERADE MIT MUNDWASSER DEN MUND AUSSPÜLEN... HATTE EIN DATE MIT 'NEM STEI-LEN ZAHN.
MEINE MUTTER SCHRIE MICH AN-- LAUT. WENN SIE WÜTEND WAR, FIELEN IHR FLÜCHE EIN...
ES WAR WIRKLICH HEFTIG.
SSSSSHH
SIE SCHRIE, ICH WÜRDE ZU OFT AUSGEHEN... UND BESTAND DARAUF, DASS ICH ZU HAUSE BLIEBE, UM MIT IHR DEN ABEND ZU VERBRINGEN.
BLA, BLA, BLA, BLA, BLA, BLA, BLA, BLA...
GOTT, SIE HÖREN SICH SO GERN SELBST REDEN!
UND WÄHREND SIE SCHRIE, NAHM ICH DAS MUNDWASSER IN DEN MUND, SPÜLTE UND DACHTE: "GOTT, ICH WÜNSCHTE, SIE WÄRE STILL. ES IST MEIN LEBEN!"
UND DANN DACHTE ICH, DASS DAS MUNDWASSER VERFLUCHT HEISS WAR UND MEINE ZUNGE VER-BRÜHTE.

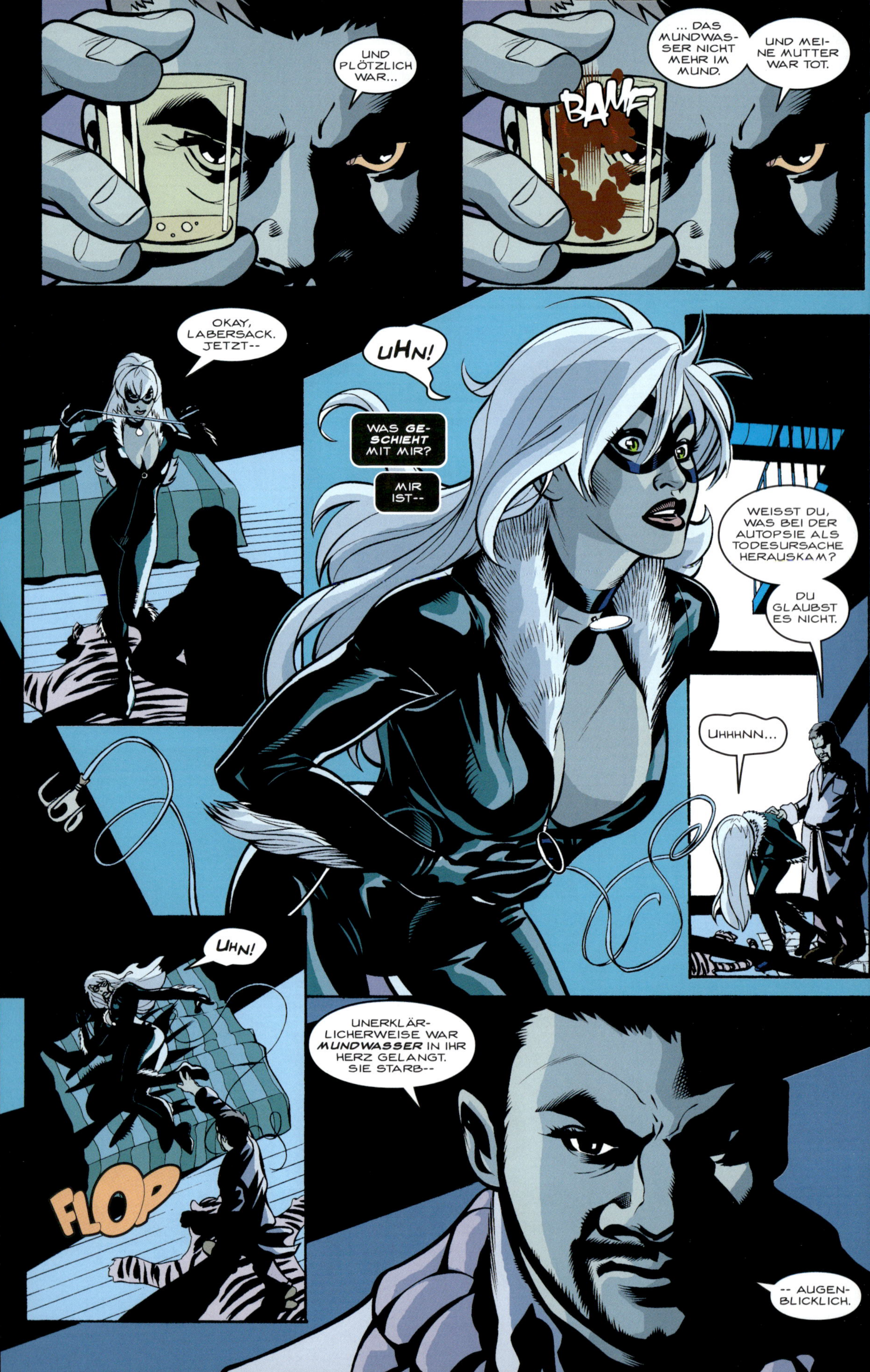
UND PLÖTZLICH WAR...
BAMF
... DAS MUNDWASSER NICHT MEHR IM MUND.
UND MEINE MUTTER WAR TOT.
OKAY, LABERSACK. JETZT--
UHN!
WAS GESCHIEHT MIT MIR?
MIR IST--
WEISST DU, WAS BEI DER AUTOPSIE ALS TODESURSACHE HERAUSKAM?
DU GLAUBST ES NICHT.
UHHHNN...
UHN!
FLOP
UNERKLÄRLICHERWEISE WAR MUNDWASSER IN IHR HERZ GELANGT. SIE STARB--
-- AUGENBLICKLICH.

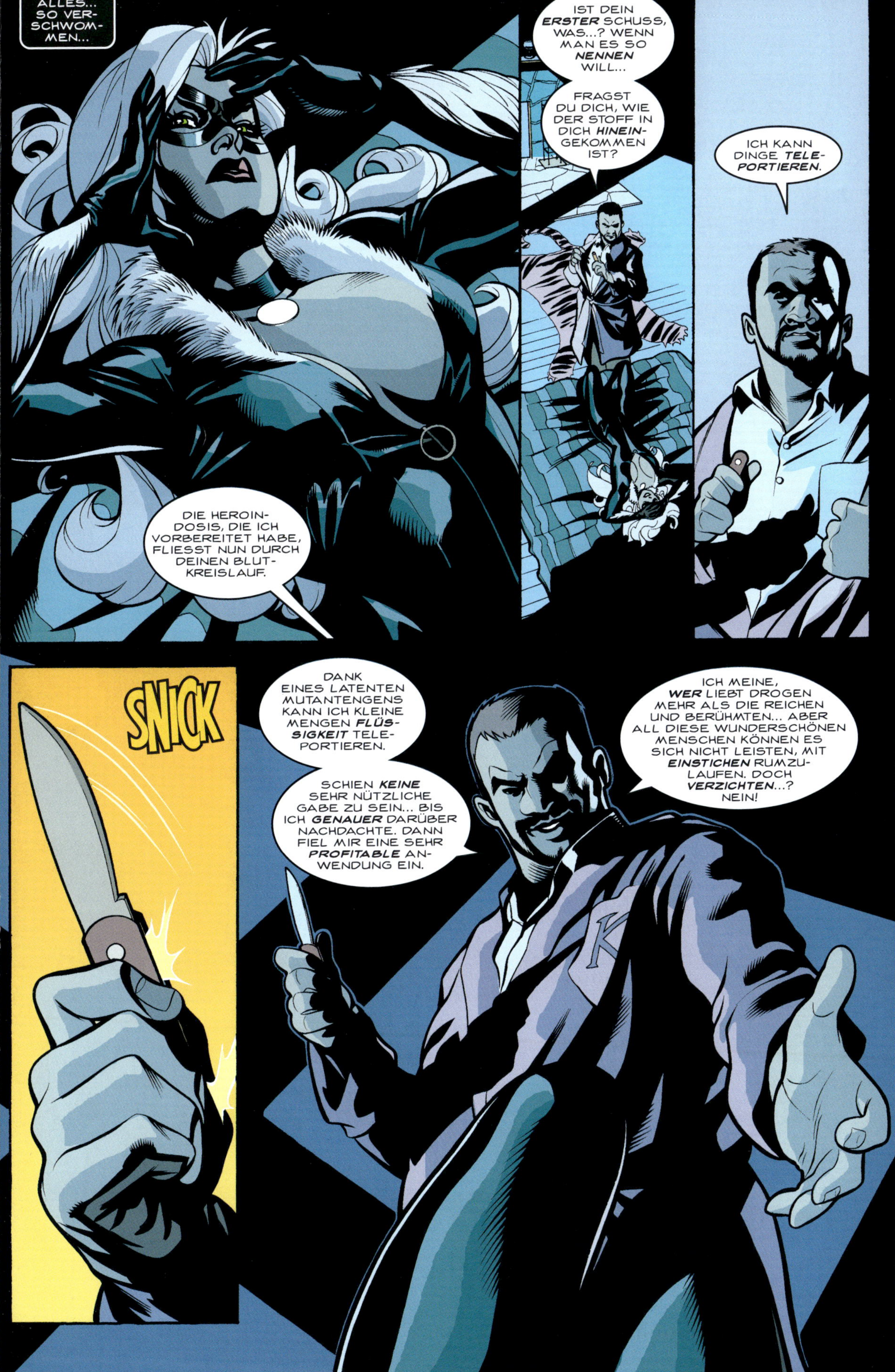
ALLES... SO VERSCHWOMMEN...
DIE HEROINDOSIS, DIE ICH VORBEREITET HABE, FLIESST NUN DURCH DEINEN BLUTKREISLAUF.
IST DEIN ERSTER SCHUSS, WAS...? WENN MAN ES SO NENNEN WILL...
FRAGST DU DICH, WIE DER STOFF IN DICH HINEINGEKOMMEN IST?
ICH KANN DINGE TELEPORTIEREN.
SNICK
DANK EINES LATENTEN MUTANTENGENS KANN ICH KLEINE MENGEN FLÜSSIGKEIT TELEPORTIEREN.
SCHIEN KEINE SEHR NÜTZLICHE GABE ZU SEIN... BIS ICH GENAUER DARÜBER NACHDACHTE. DANN FIEL MIR EINE SEHR PROFITABLE ANWENDUNG EIN.
ICH MEINE, WER LIEBT DROGEN MEHR ALS DIE REICHEN UND BERÜHMTEN... ABER ALL DIESE WUNDERSCHÖNEN MENSCHEN KÖNNEN ES SICH NICHT LEISTEN, MIT EINSTICHEN RUMZULAUFEN. DOCH VERZICHTEN...? NEIN!

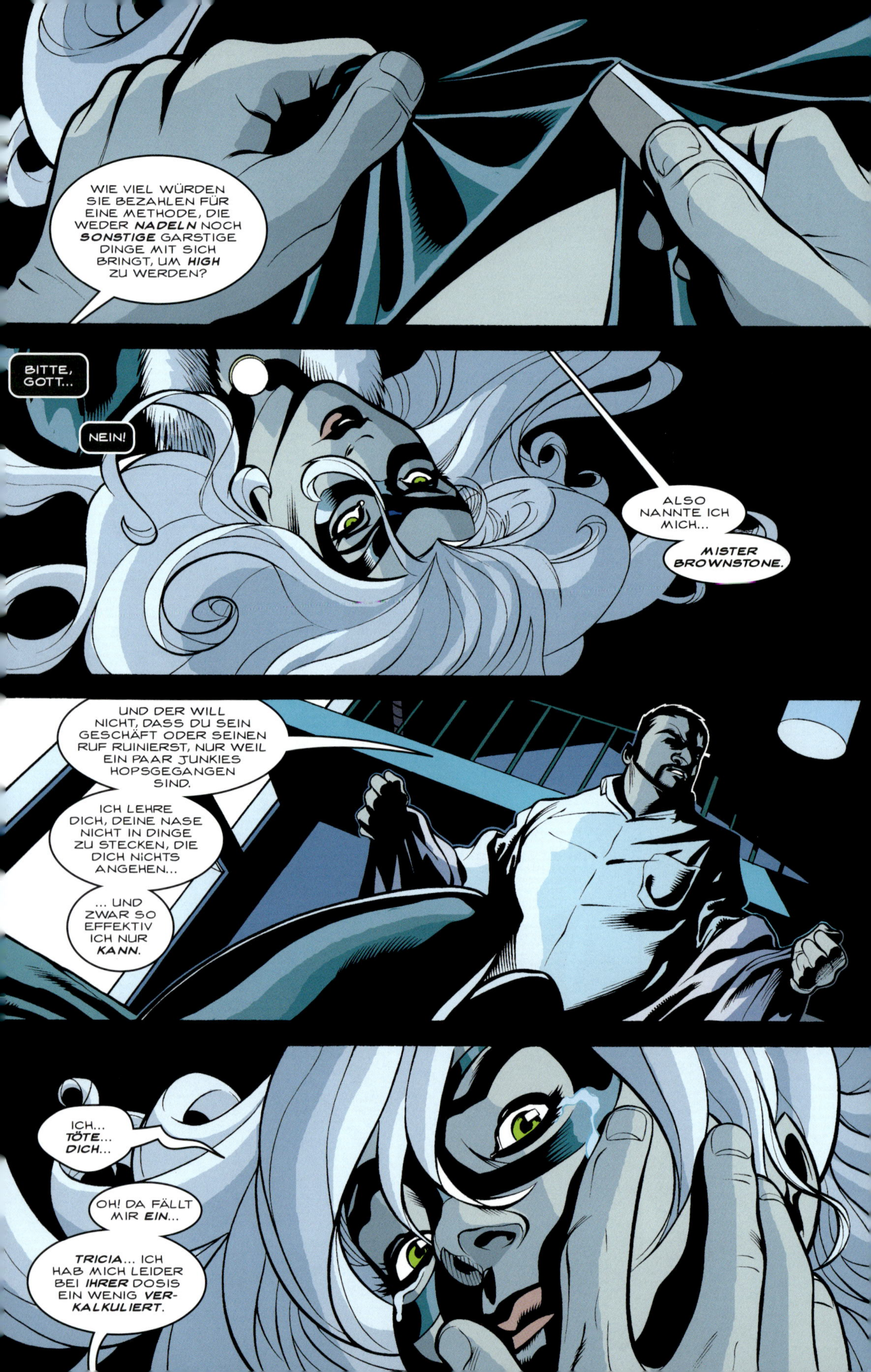
WIE VIEL WÜRDEN SIE BEZAHLEN FÜR EINE METHODE, DIE WEDER NADELN NOCH SONSTIGE GARSTIGE DINGE MIT SICH BRINGT, UM HIGH ZU WERDEN?
BITTE, GOTT...
NEIN!
ALSO NANNTE ICH MICH...
MISTER BROWNSTONE.
UND DER WILL NICHT, DASS DU SEIN GESCHÄFT ODER SEINEN RUF RUINIERST, NUR WEIL EIN PAAR JUNKIES HOPSGEGANGEN SIND.
ICH LEHRE DICH, DEINE NASE NICHT IN DINGE ZU STECKEN, DIE DICH NICHTS ANGEHEN...
... UND ZWAR SO EFFEKTIV ICH NUR KANN.
ICH... TÖTE... DICH...
OH! DA FÄLLT MIR EIN...
TRICIA... ICH HAB MICH LEIDER BEI IHRER DOSIS EIN WENIG VERKALKULIERT.

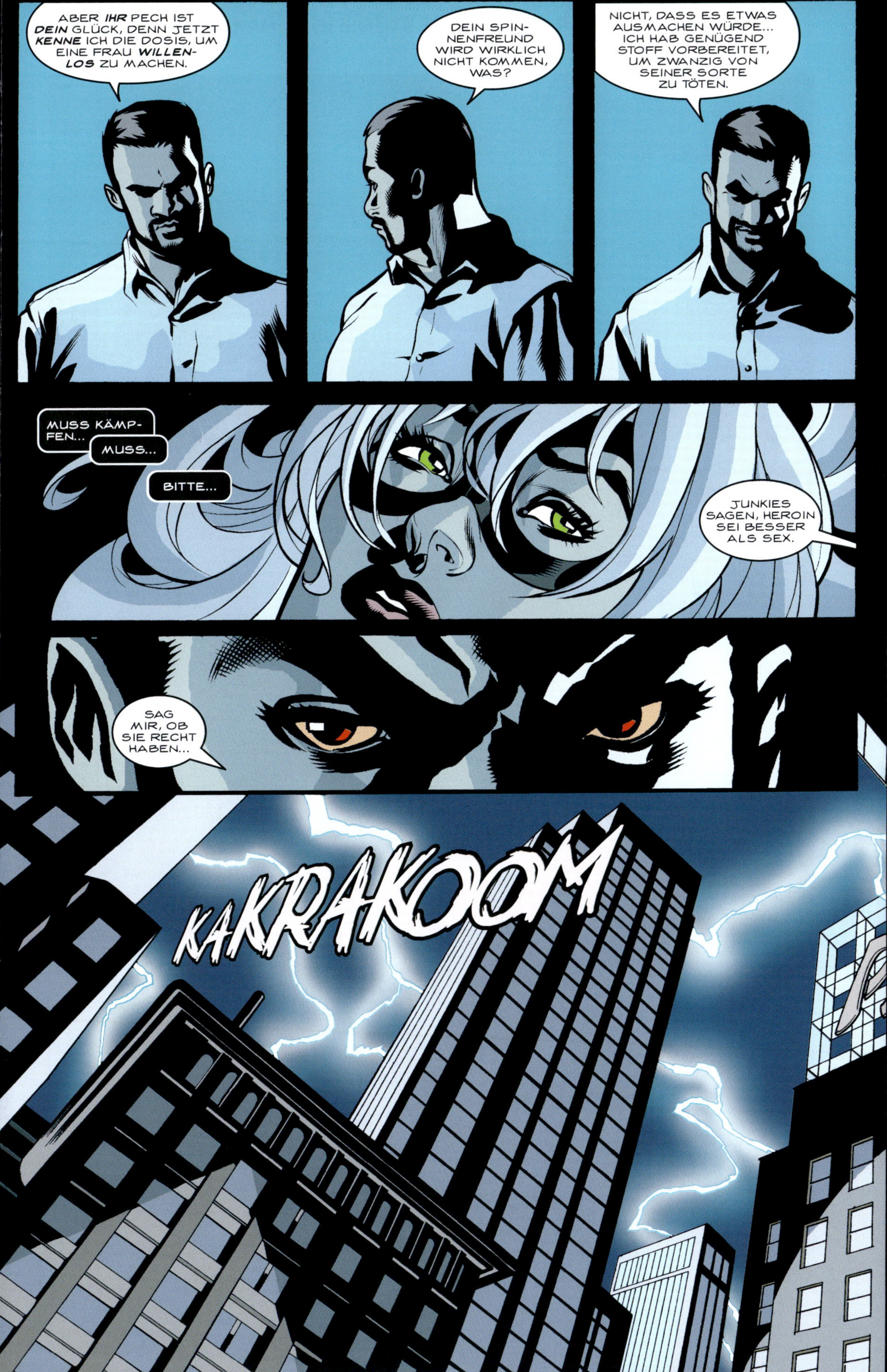
ABER IHR PECH IST DEIN GLÜCK, DENN JETZT KENNE ICH DIE DOSIS, UM EINE FRAU WILLENLOS ZU MACHEN.
DEIN SPINNENFREUND WIRD WIRKLICH NICHT KOMMEN, WAS?
NICHT, DASS ES ETWAS AUSMACHEN WÜRDE... ICH HAB GENÜGEND STOFF VORBEREITET, UM ZWANZIG VON SEINER SORTE ZU TÖTEN.
MUSS KÄMPFEN...
MUSS...
BITTE...
JUNKIES SAGEN, HEROIN SEI BESSER ALS SEX.
SAG MIR, OB SIE RECHT HABEN...
KAKRAKOOM

DAS BÖSE IN DIR, TEIL 4: EINE STUDIE IN SCHARLACHROT

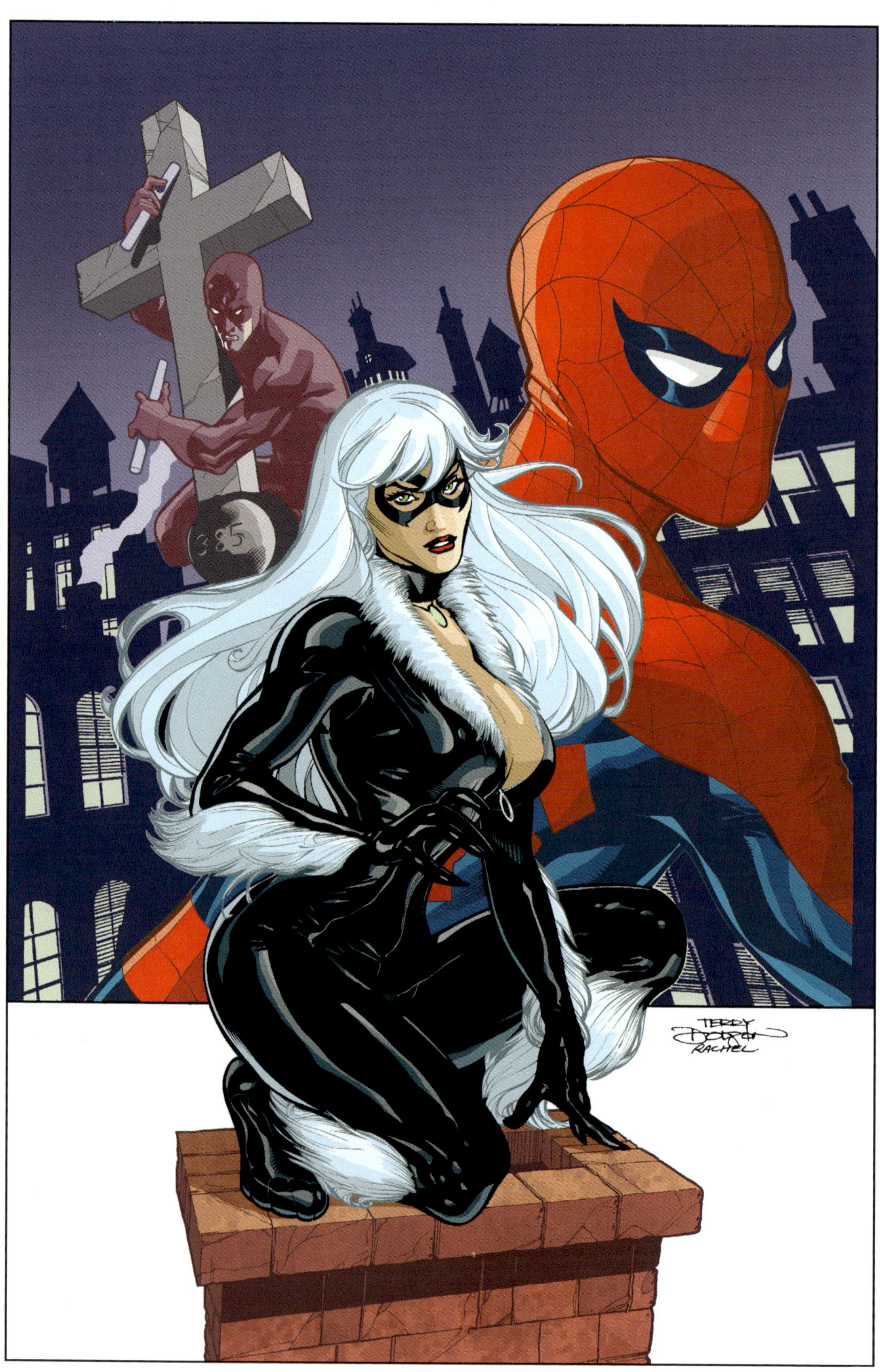

Spider-Man/Black Cat: The Evil That Men Do (2002) 4
Cover von **TERRY DODSON**

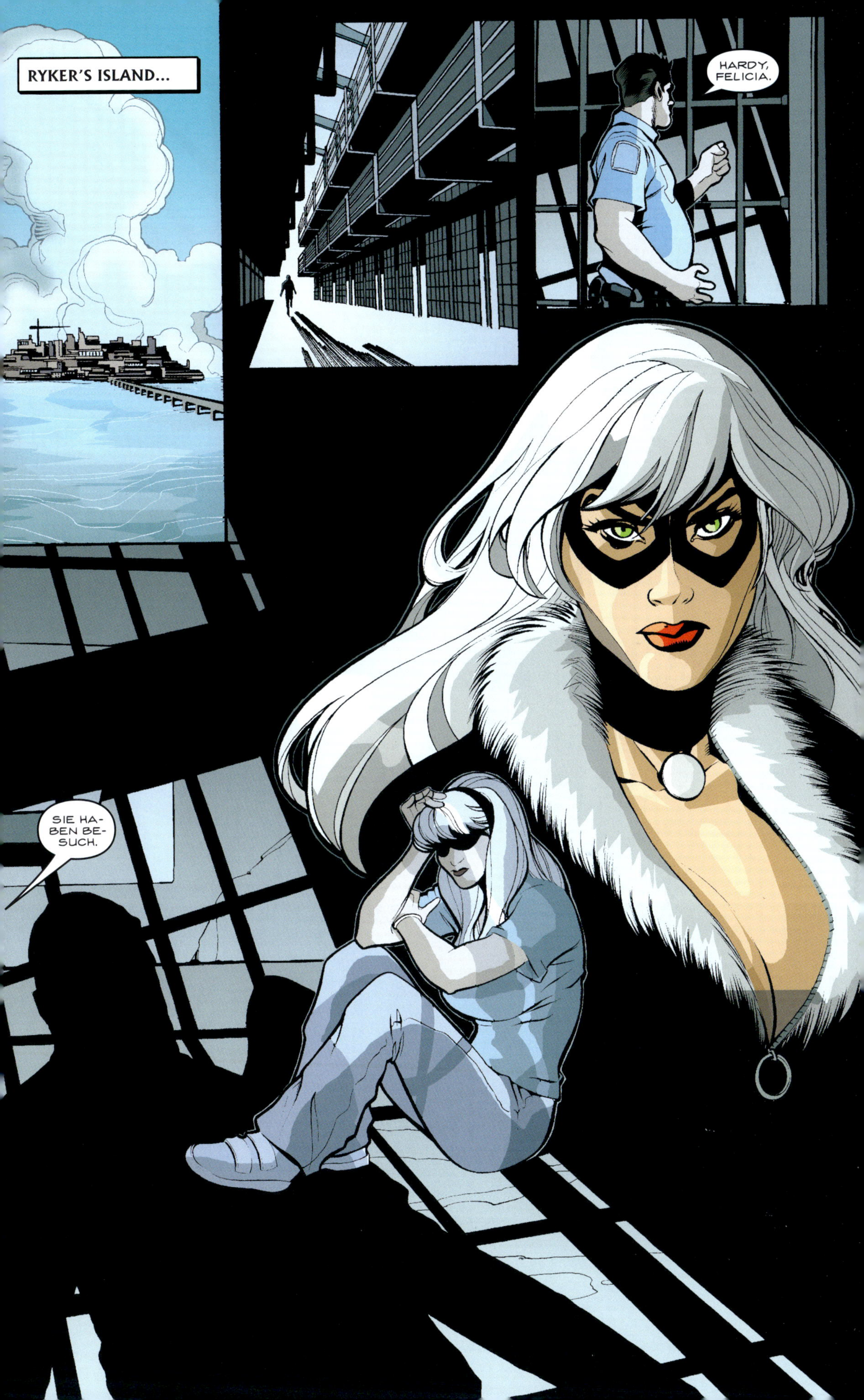
RYKER'S ISLAND...
HARDY, FELICIA.
SIE HABEN BESUCH.

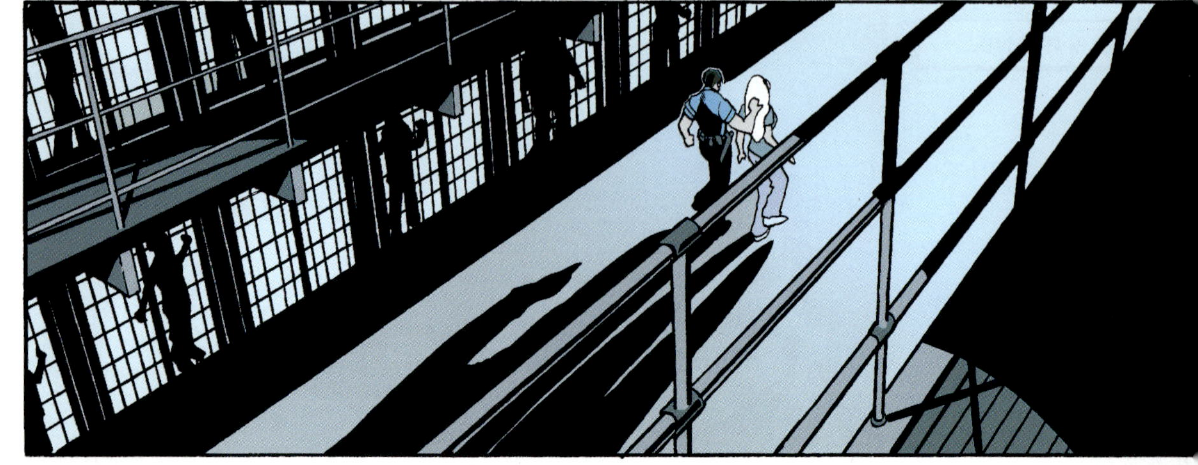
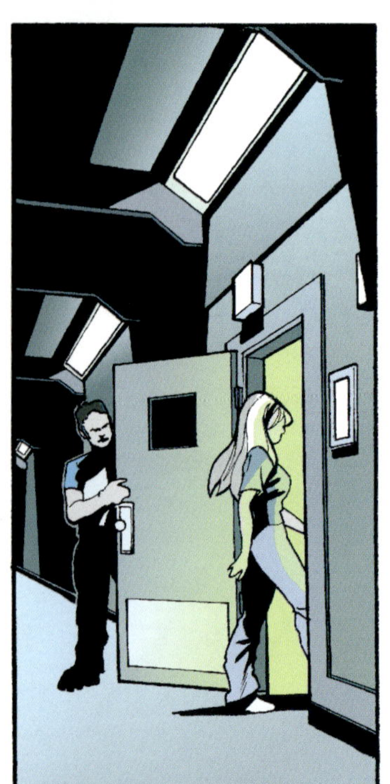
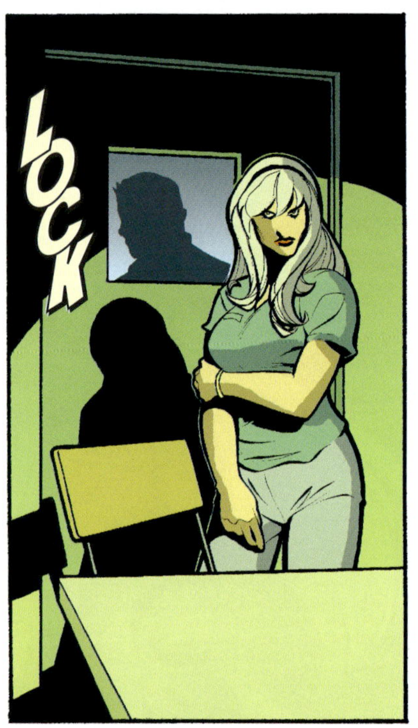
LOCK
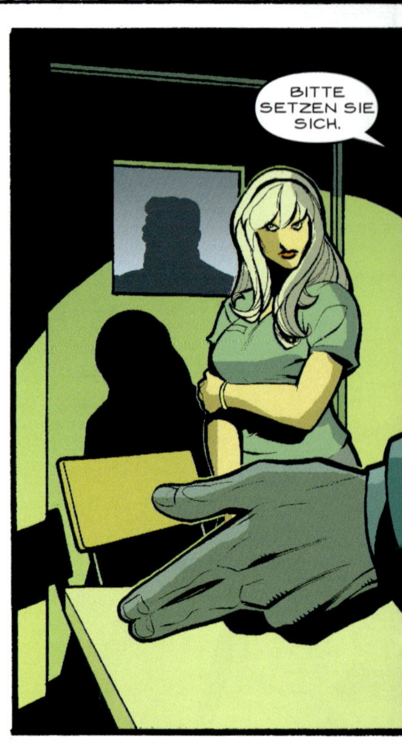
BITTE SETZEN SIE SICH.
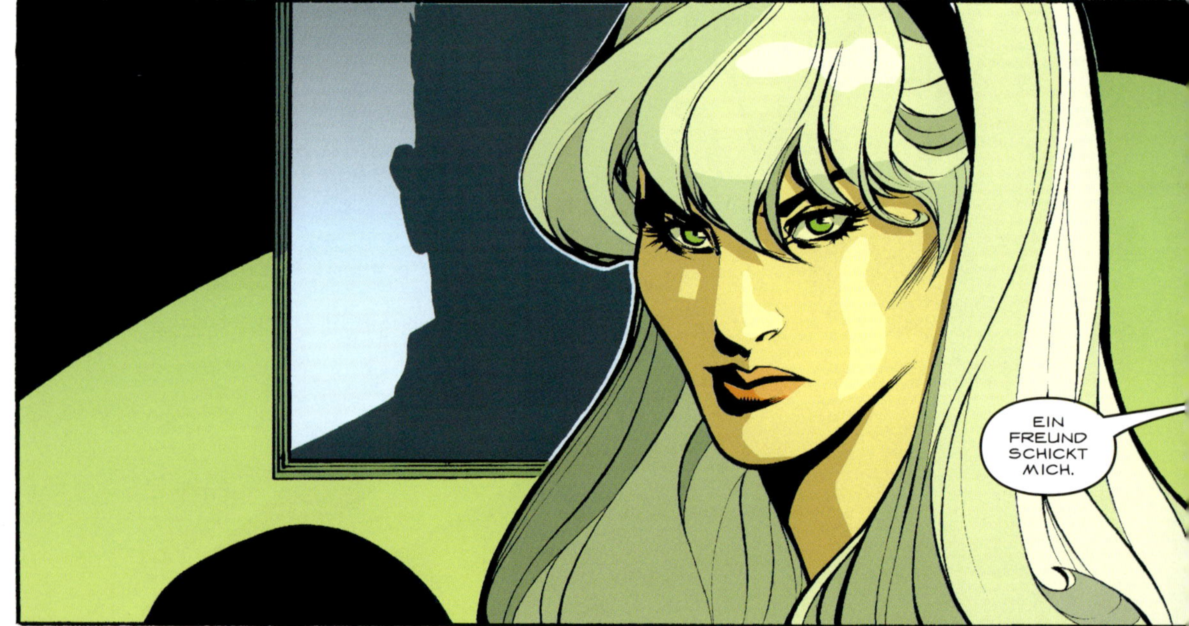
EIN FREUND SCHICKT MICH.

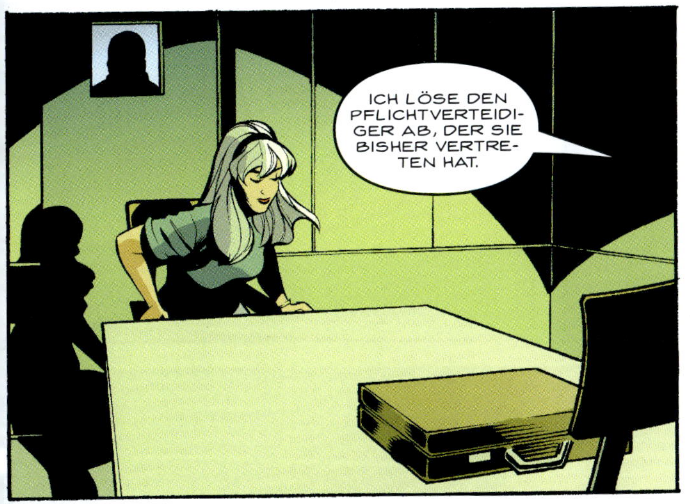
ICH LÖSE DEN PFLICHTVERTEIDIGER AB, DER SIE BISHER VERTRETEN HAT.

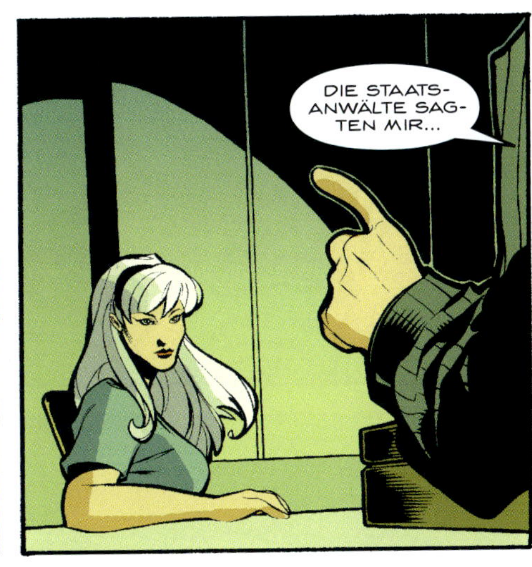
DIE STAATSANWÄLTE SAGTEN MIR...

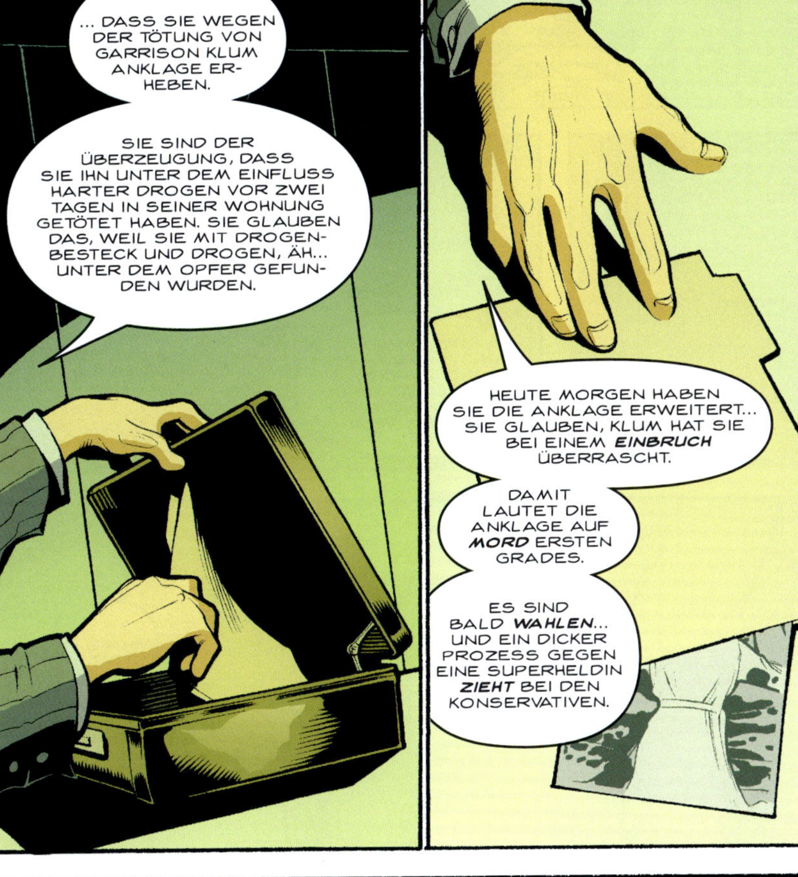
... DASS SIE WEGEN DER TÖTUNG VON GARRISON KLUM ANKLAGE ERHEBEN.
SIE SIND DER ÜBERZEUGUNG, DASS SIE IHN UNTER DEM EINFLUSS HARTER DROGEN VOR ZWEI TAGEN IN SEINER WOHNUNG GETÖTET HABEN. SIE GLAUBEN DAS, WEIL SIE MIT DROGENBESTECK UND DROGEN, ÄH... UNTER DEM OPFER GEFUNDEN WURDEN.
HEUTE MORGEN HABEN SIE DIE ANKLAGE ERWEITERT... SIE GLAUBEN, KLUM HAT SIE BEI EINEM ***EINBRUCH*** ÜBERRASCHT.
DAMIT LAUTET DIE ANKLAGE AUF ***MORD*** ERSTEN GRADES.
ES SIND BALD ***WAHLEN***... UND EIN DICKER PROZESS GEGEN EINE SUPERHELDIN ***ZIEHT*** BEI DEN KONSERVATIVEN.

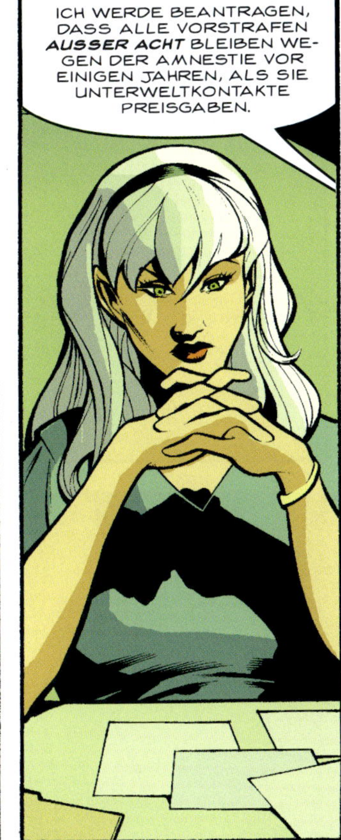
ICH WERDE BEANTRAGEN, DASS ALLE VORSTRAFEN ***AUSSER ACHT*** BLEIBEN WEGEN DER AMNESTIE VOR EINIGEN JAHREN, ALS SIE UNTERWELTKONTAKTE PREISGABEN.

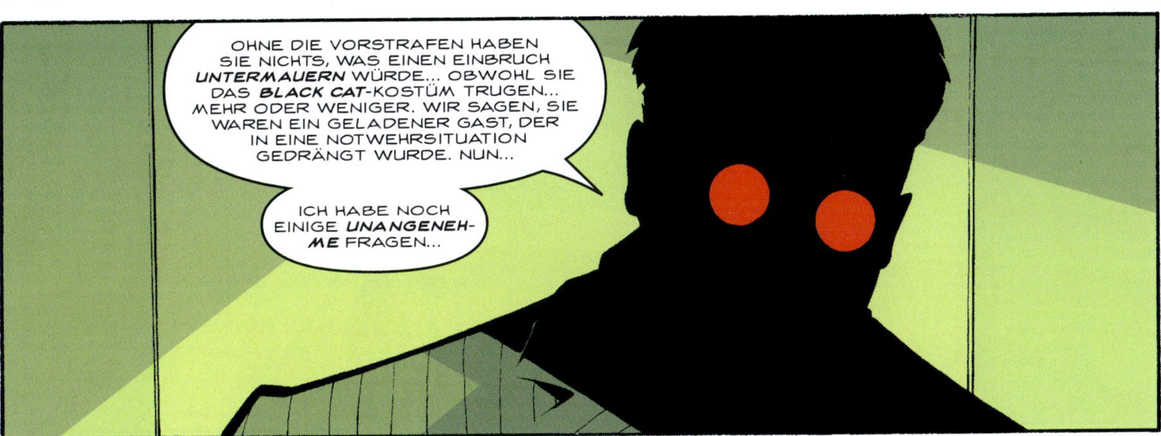
OHNE DIE VORSTRAFEN HABEN SIE NICHTS, WAS EINEN EINBRUCH ***UNTERMAUERN*** WÜRDE... OBWOHL SIE DAS ***BLACK CAT***-KOSTÜM TRUGEN... MEHR ODER WENIGER. WIR SAGEN, SIE WAREN EIN GELADENER GAST, DER IN EINE NOTWEHRSITUATION GEDRÄNGT WURDE. NUN...
ICH HABE NOCH EINIGE ***UNANGENEHME*** FRAGEN...

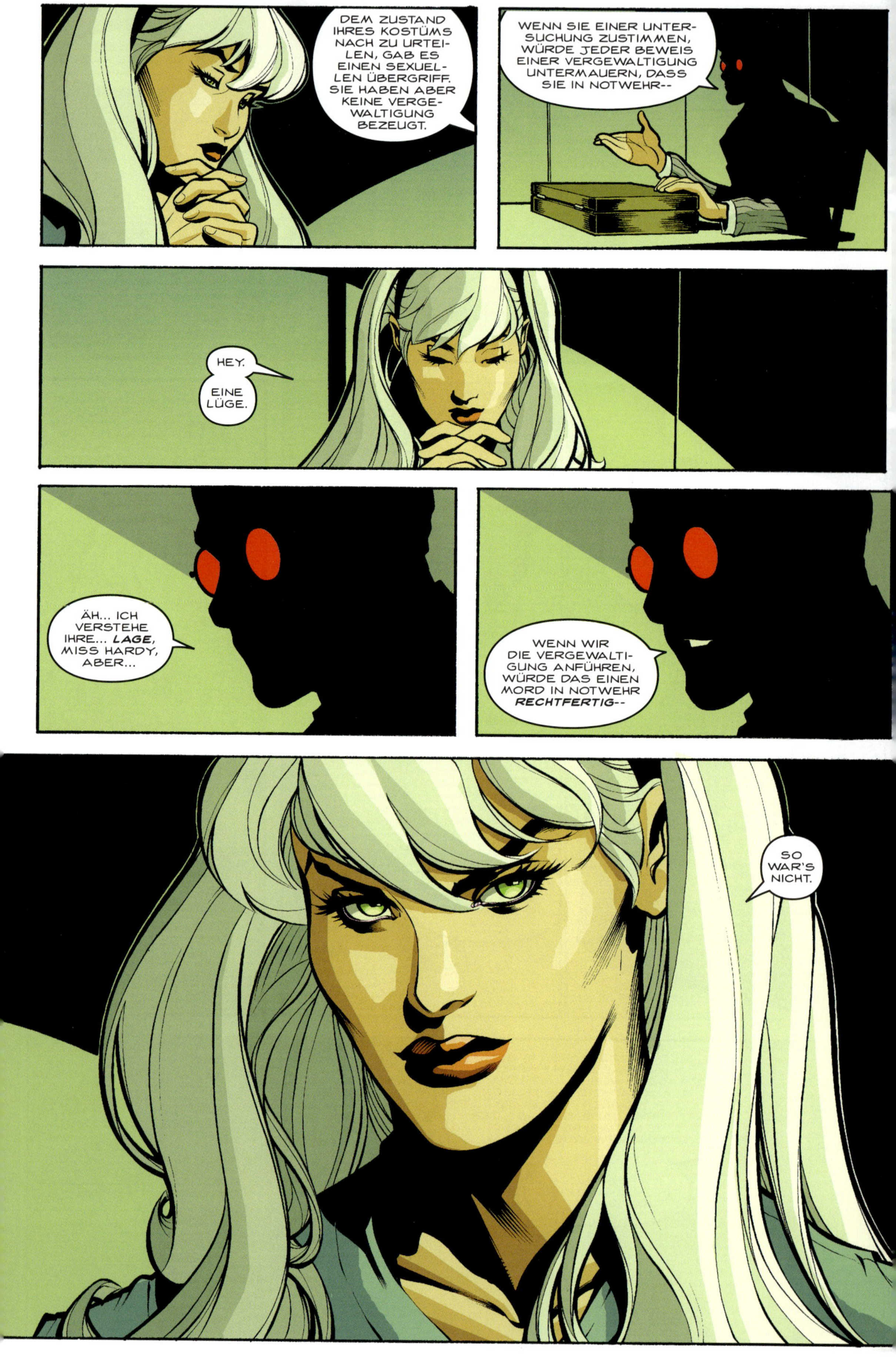

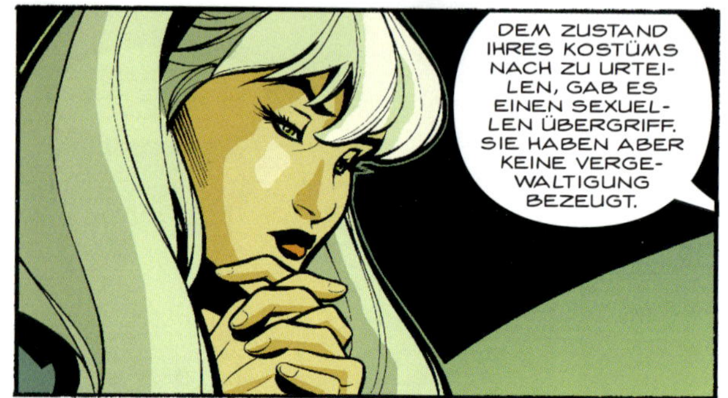

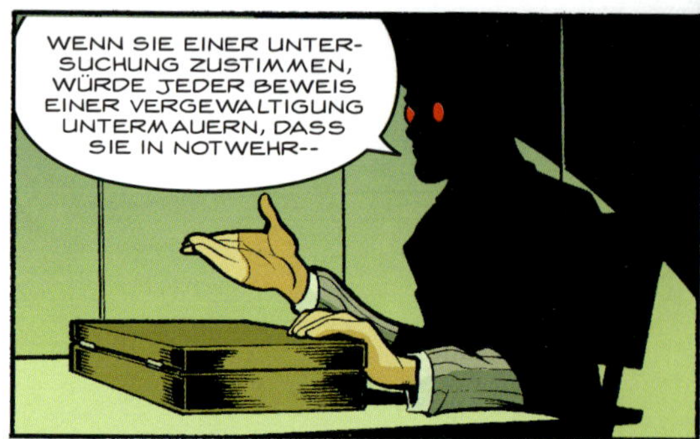

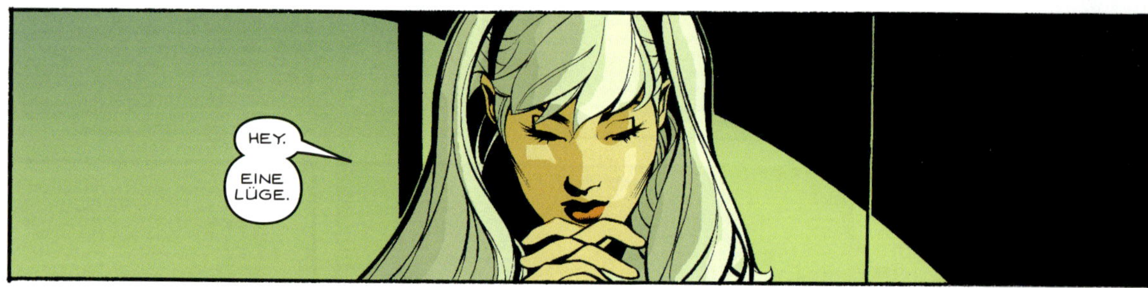

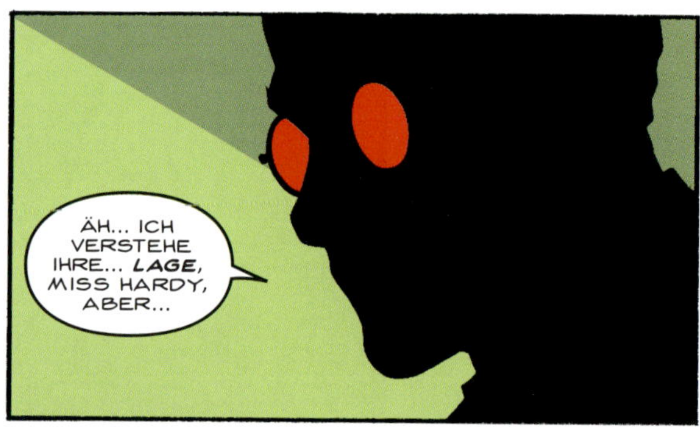

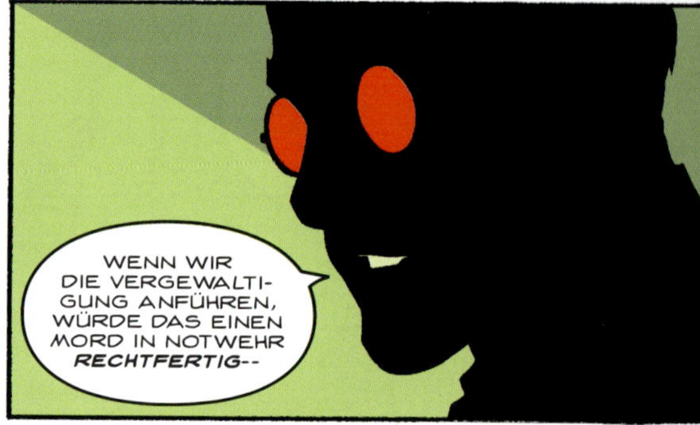

SO WAR'S NICHT.

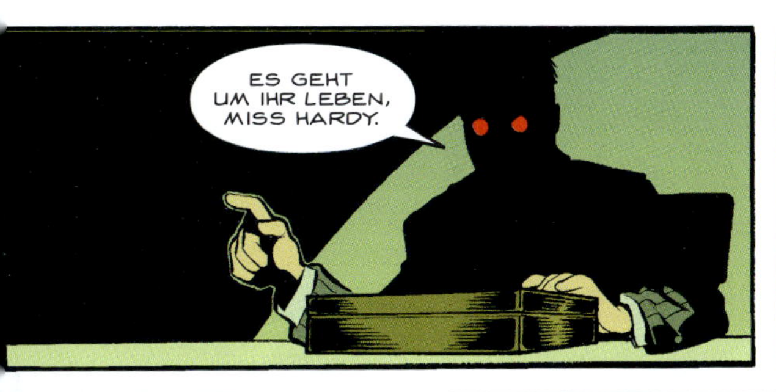
ES GEHT UM IHR LEBEN, MISS HARDY.

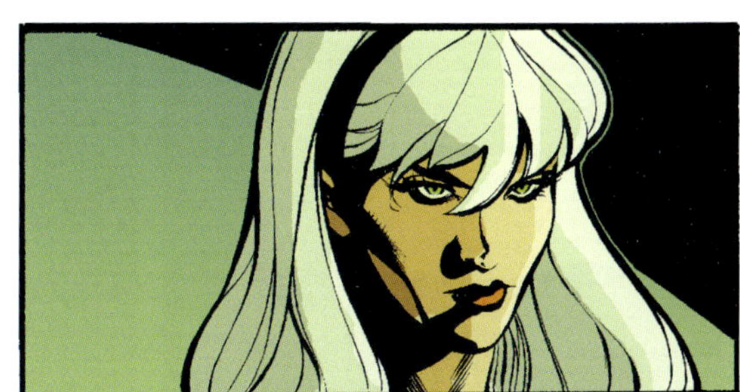

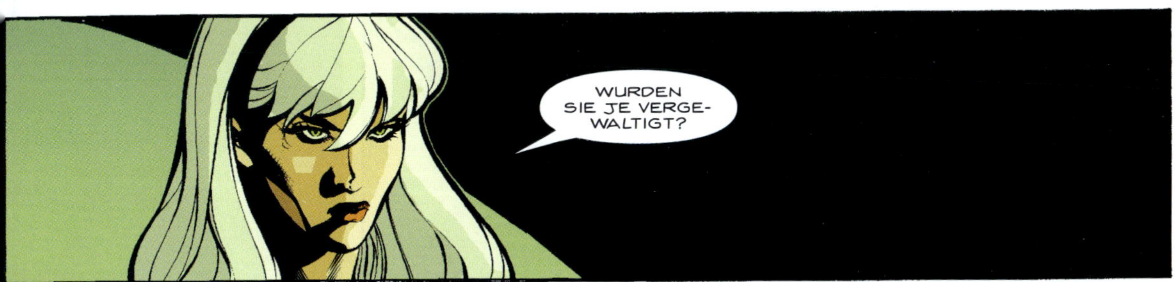
WURDEN SIE JE VERGE-WALTIGT?

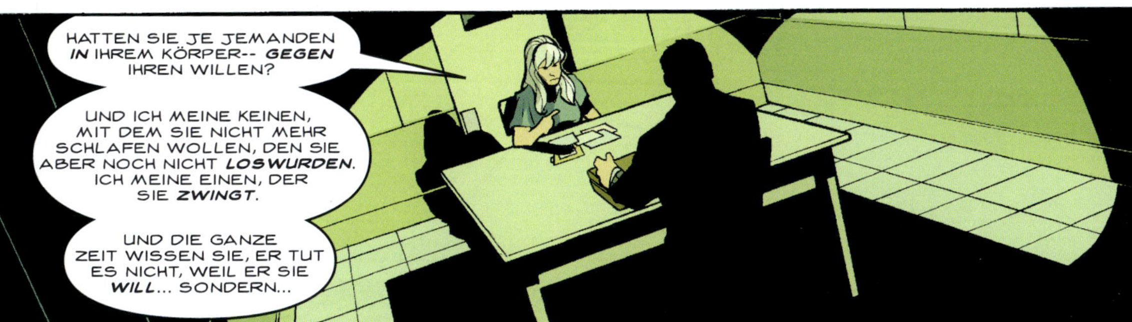
HATTEN SIE JE JEMANDEN *IN* IHREM KÖRPER-- *GEGEN* IHREN WILLEN?
UND ICH MEINE KEINEN, MIT DEM SIE NICHT MEHR SCHLAFEN WOLLEN, DEN SIE ABER NOCH NICHT *LOSWURDEN*. ICH MEINE EINEN, DER SIE *ZWINGT*.
UND DIE GANZE ZEIT WISSEN SIE, ER TUT ES NICHT, WEIL ER SIE *WILL*... SONDERN...

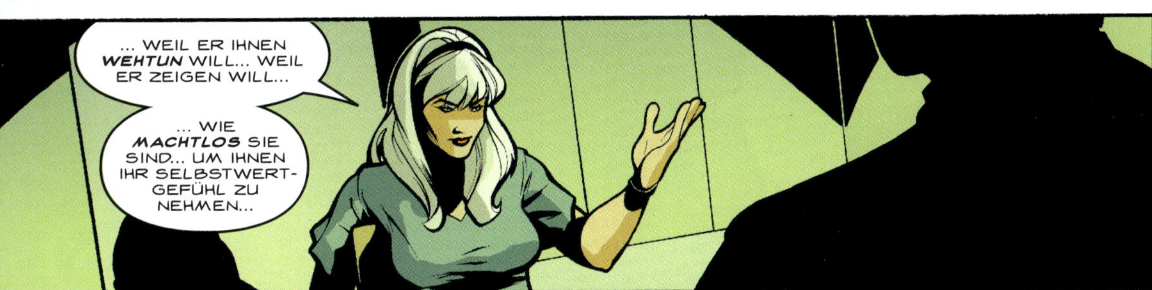
... WEIL ER IHNEN *WEHTUN* WILL... WEIL ER ZEIGEN WILL...
... WIE *MACHTLOS* SIE SIND... UM IHNEN IHR SELBSTWERT-GEFÜHL ZU NEHMEN...

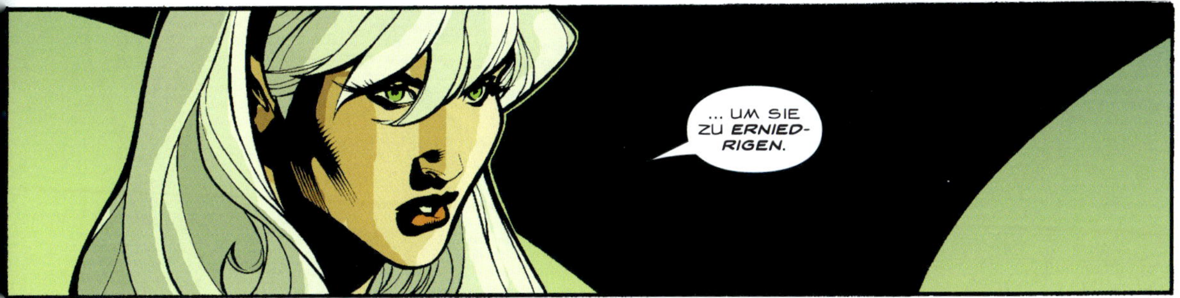
... UM SIE ZU *ERNIED-RIGEN*.

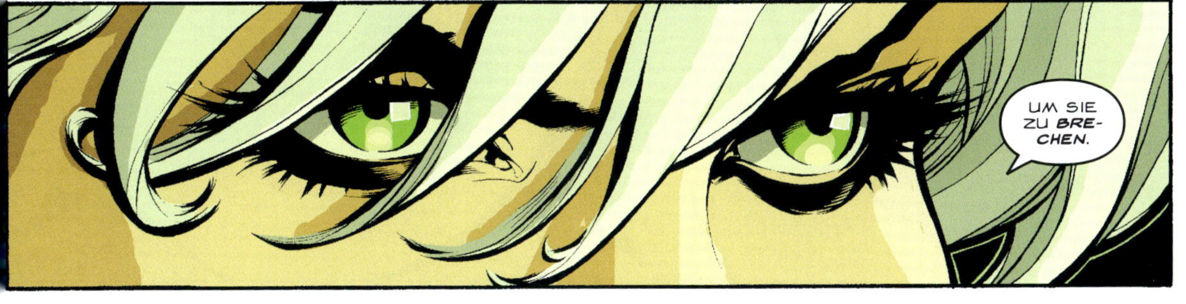
UM SIE ZU *BRE-CHEN*.

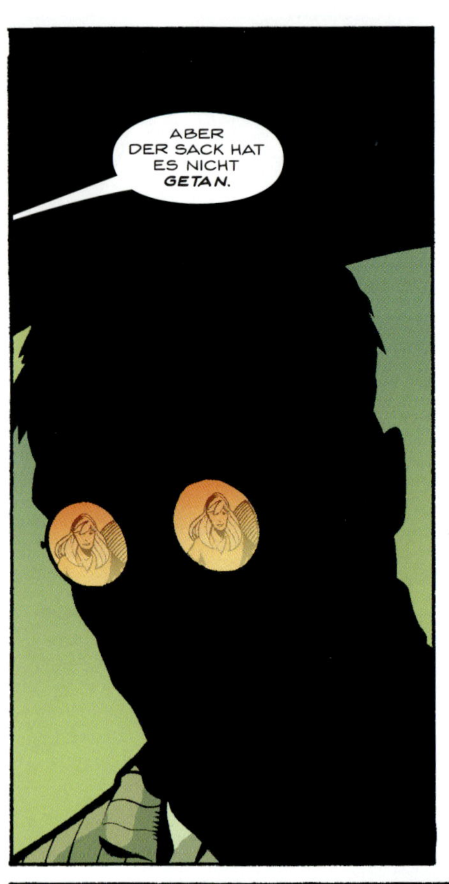
ABER DER SACK HAT ES NICHT **GETAN**.

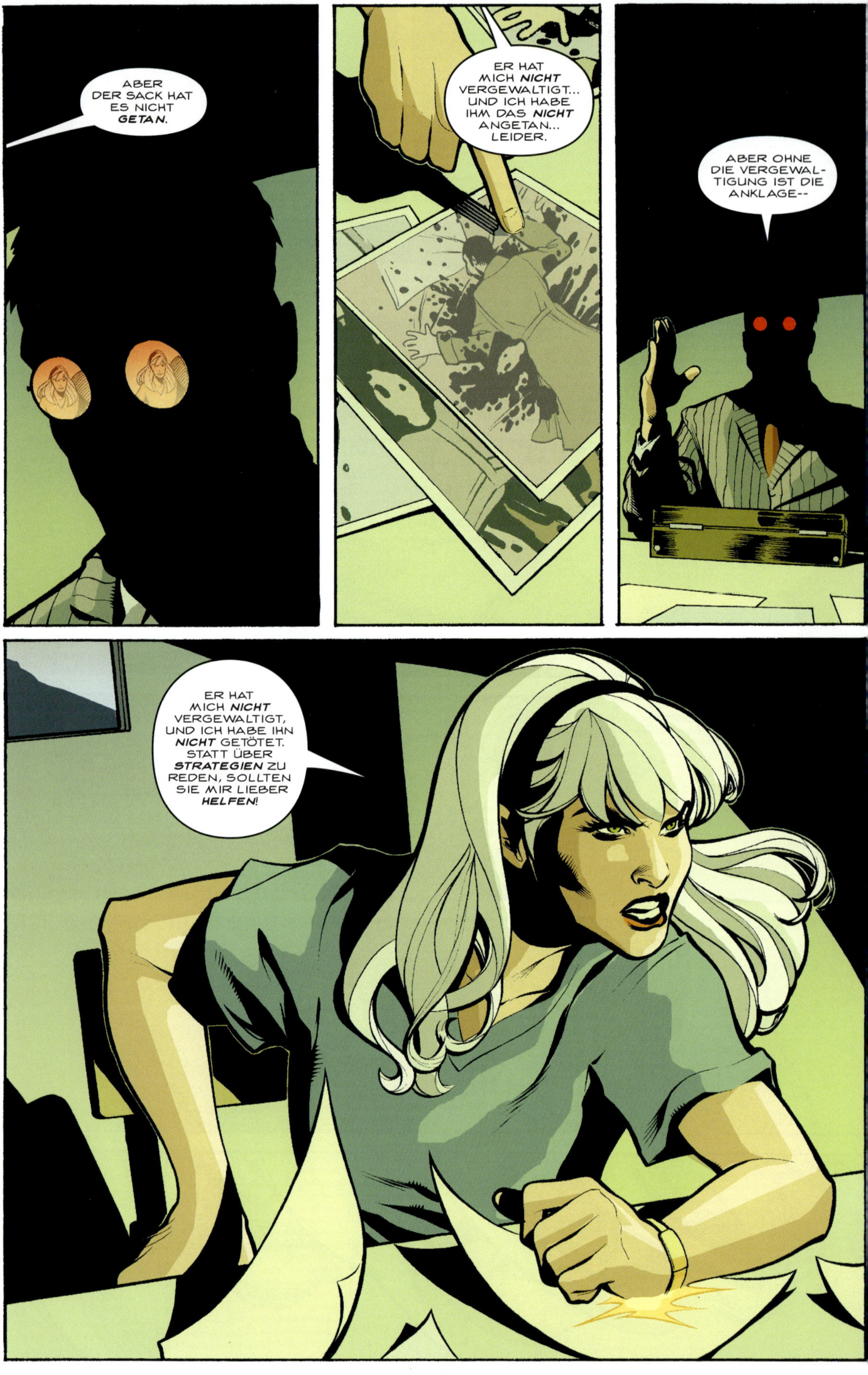

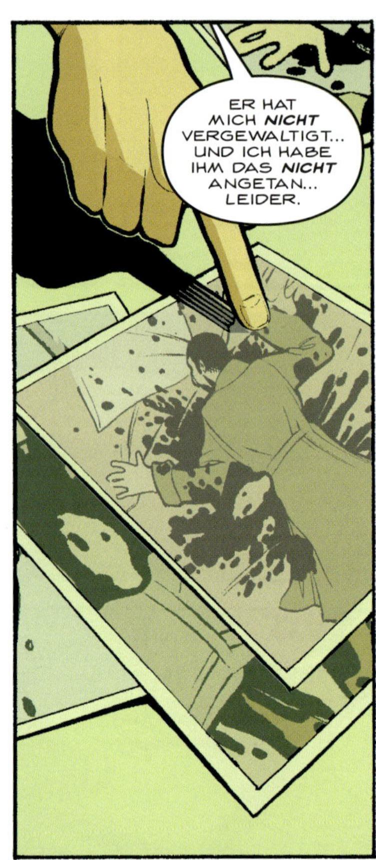
ER HAT MICH **NICHT** VERGEWALTIGT... UND ICH HABE IHM DAS **NICHT** ANGETAN... LEIDER.

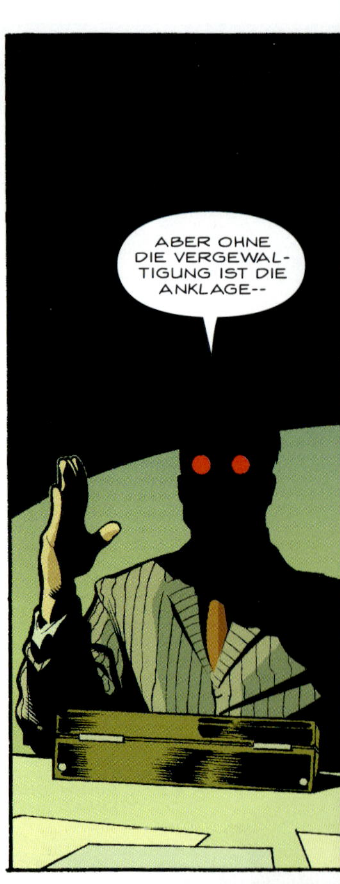
ABER OHNE DIE VERGEWALTIGUNG IST DIE ANKLAGE--

ER HAT MICH **NICHT** VERGEWALTIGT, UND ICH HABE IHN **NICHT** GETÖTET. STATT ÜBER **STRATEGIEN** ZU REDEN, SOLLTEN SIE MIR LIEBER **HELFEN**!

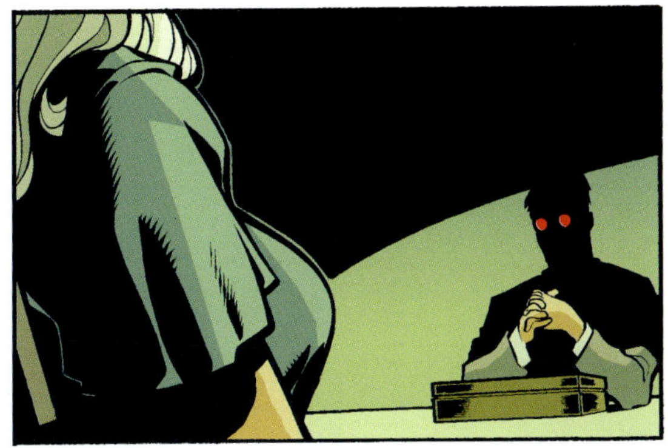
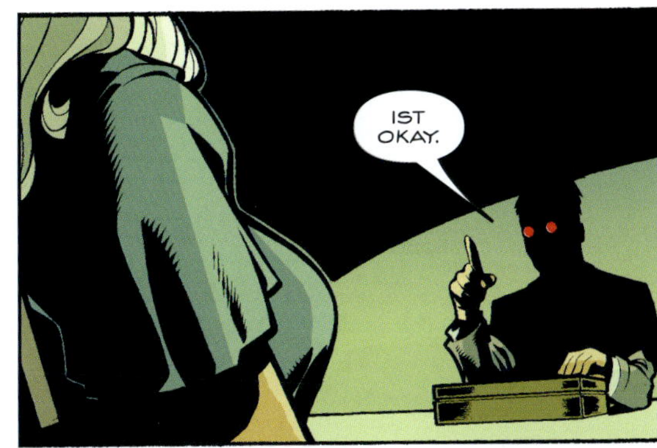
IST OKAY.
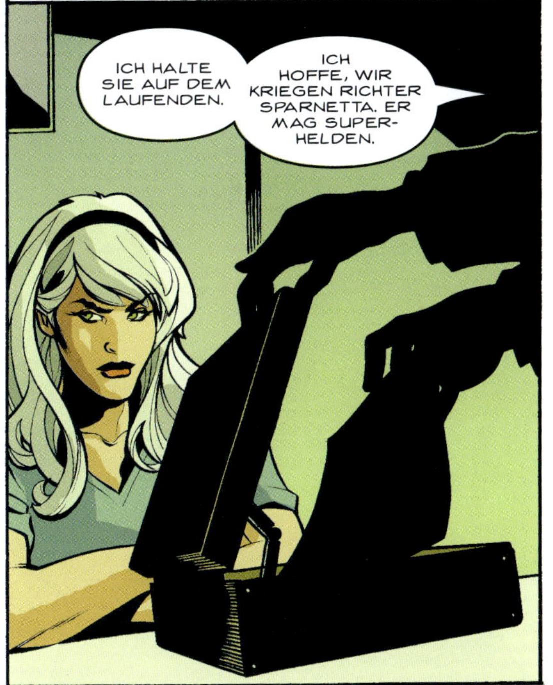
ICH HALTE SIE AUF DEM LAUFENDEN.
ICH HOFFE, WIR KRIEGEN RICHTER SPARNETTA. ER MAG SUPER-HELDEN.
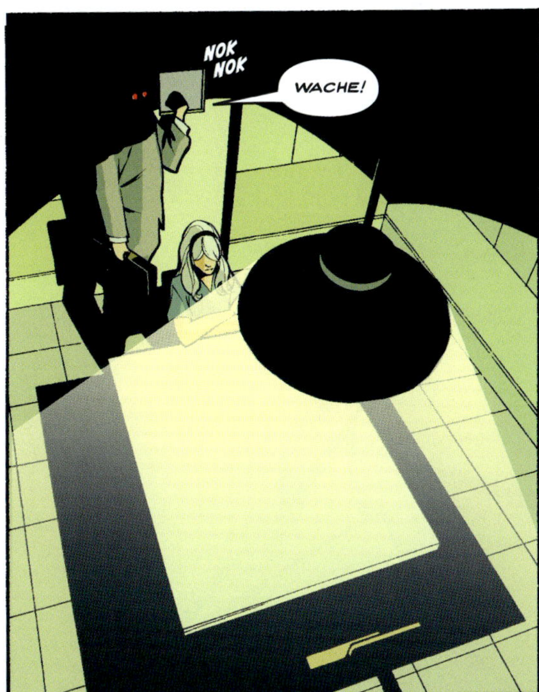
NOK NOK
WACHE!
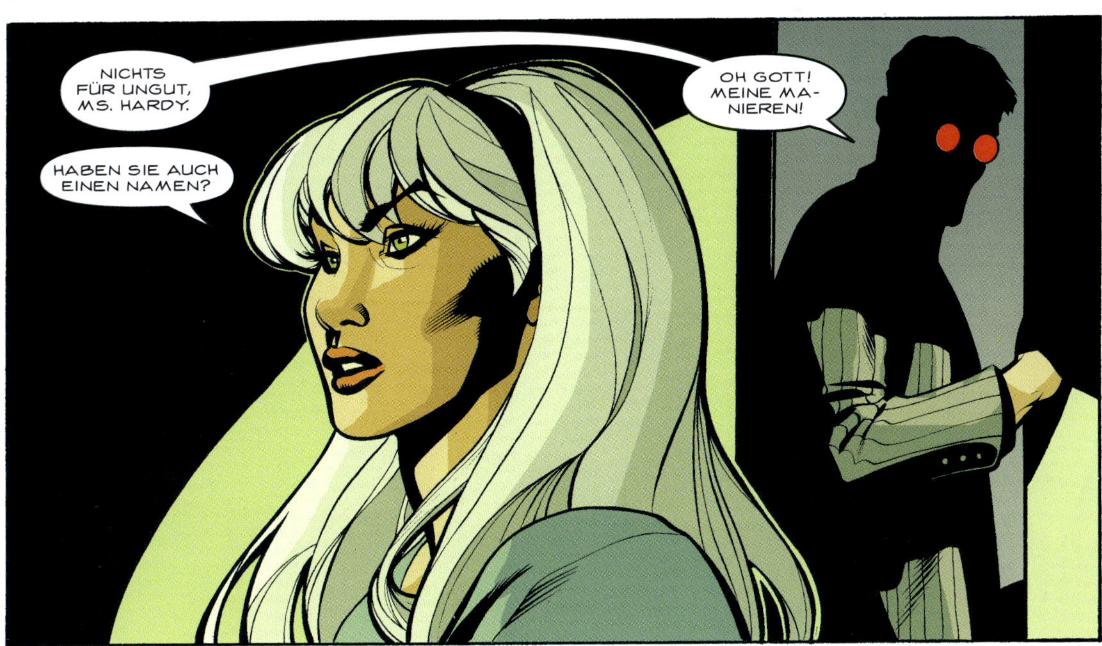
NICHTS FÜR UNGUT, MS. HARDY.
OH GOTT! MEINE MA-NIEREN!
HABEN SIE AUCH EINEN NAMEN?

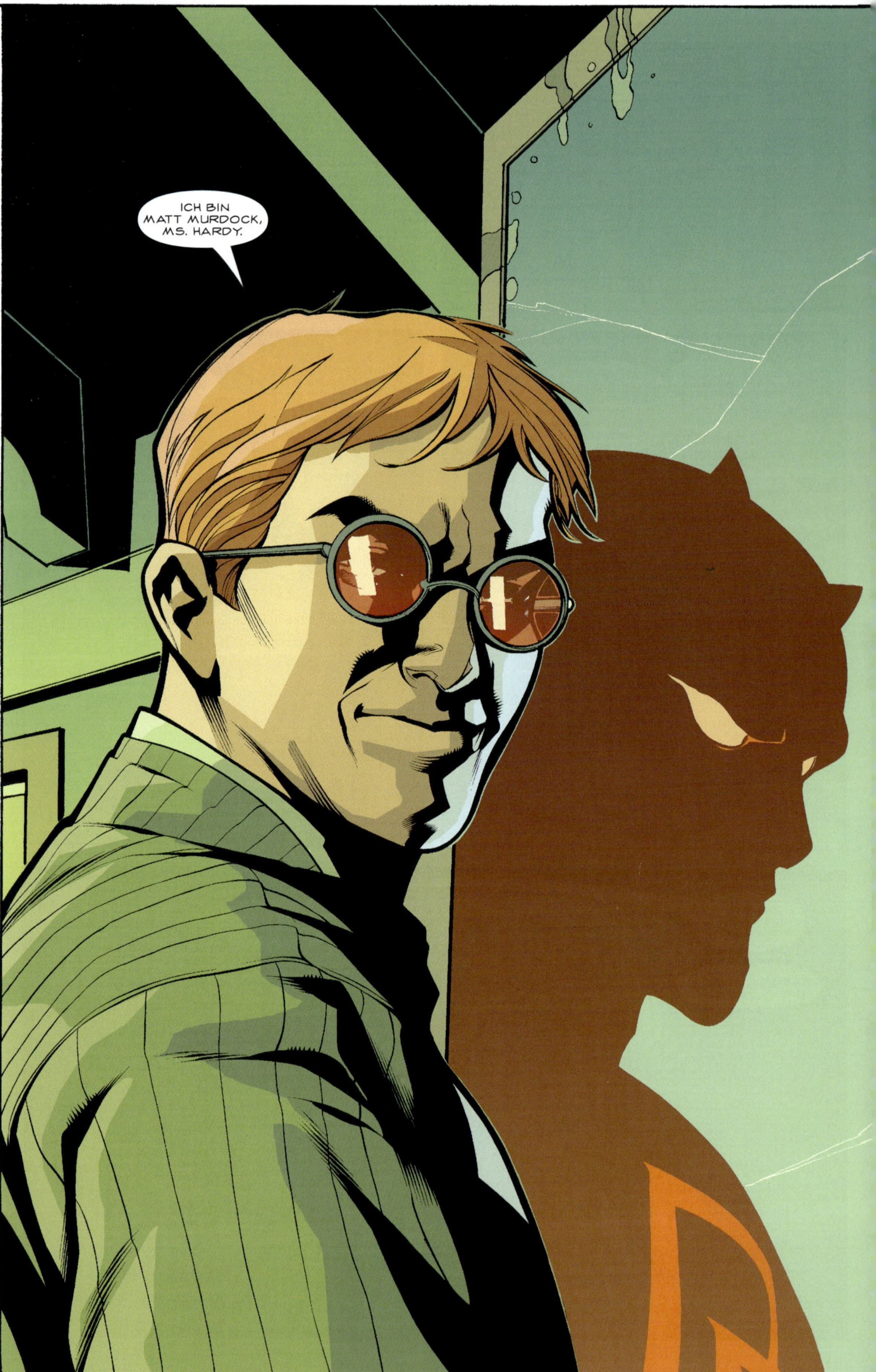
ICH BIN MATT MURDOCK, MS. HARDY.

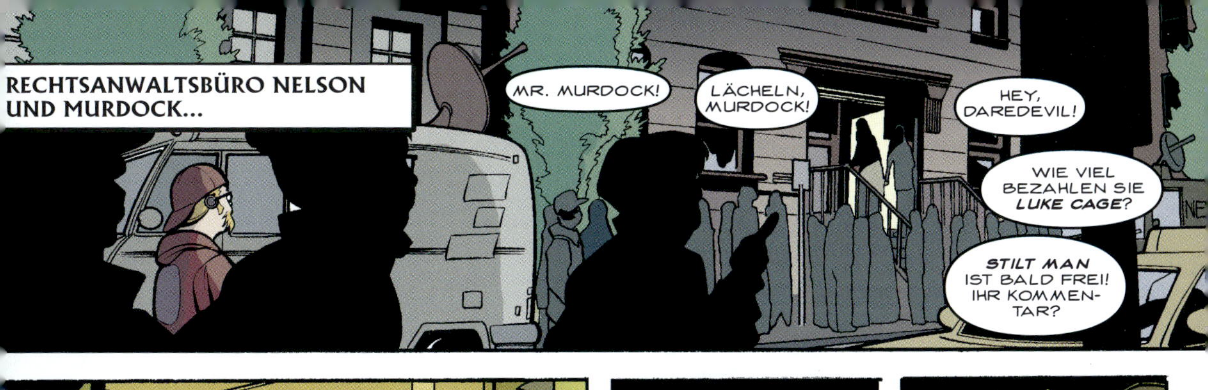
RECHTSANWALTSBÜRO NELSON UND MURDOCK...
MR. MURDOCK!
LÄCHELN, MURDOCK!
HEY, DAREDEVIL!
WIE VIEL BEZAHLEN SIE LUKE CAGE?
STILT MAN IST BALD FREI! IHR KOMMENTAR?

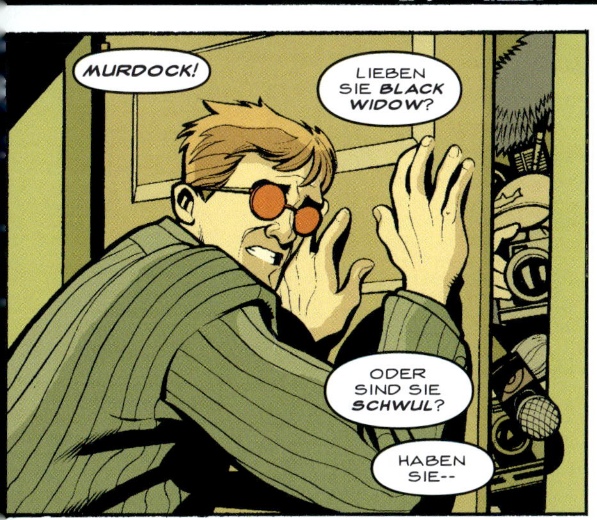
MURDOCK!
LIEBEN SIE BLACK WIDOW?
ODER SIND SIE SCHWUL?
HABEN SIE--

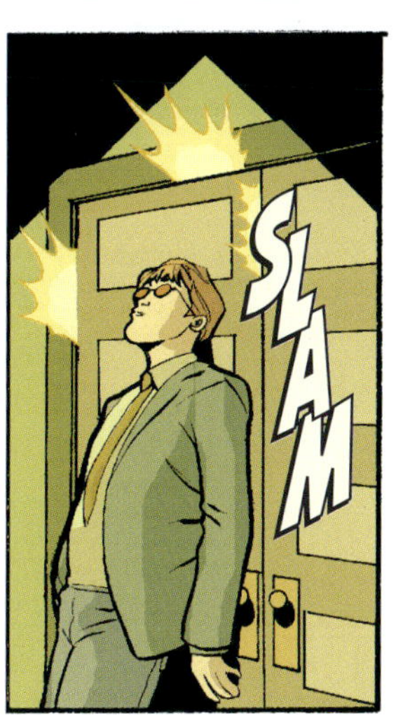
SLAM

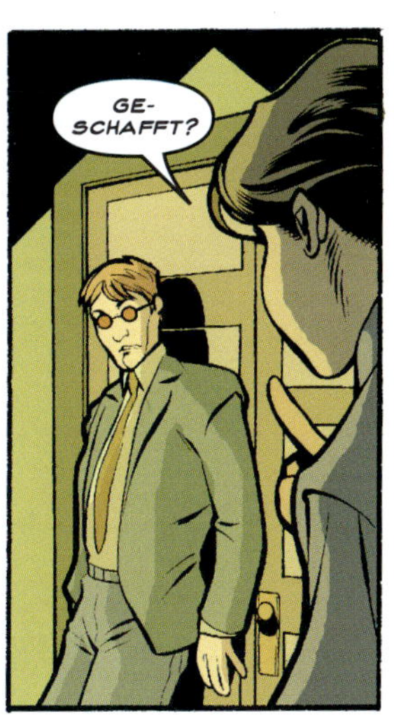
GE-SCHAFFT?

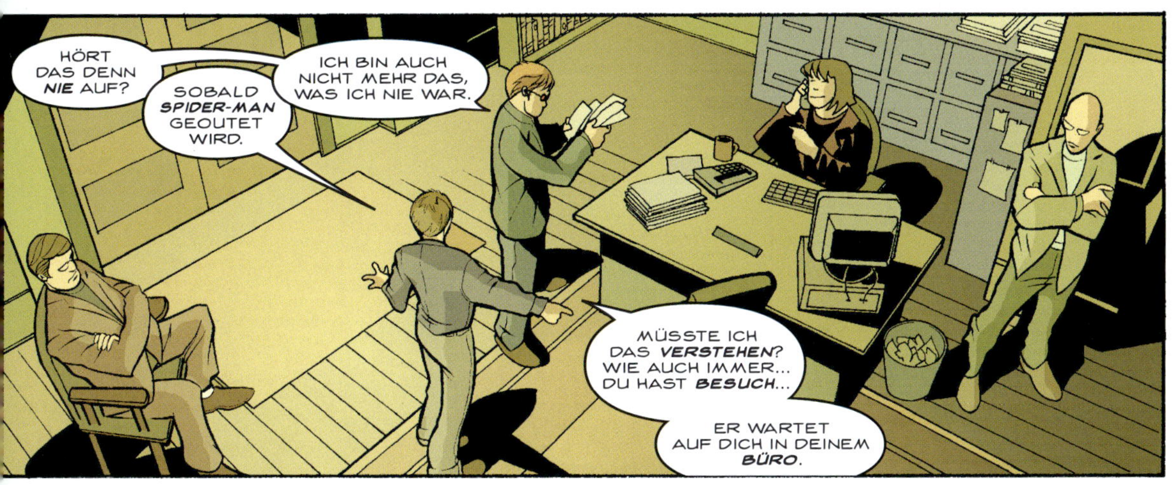
HÖRT DAS DENN NIE AUF?
SOBALD SPIDER-MAN GEOUTET WIRD.
ICH BIN AUCH NICHT MEHR DAS, WAS ICH NIE WAR.
MÜSSTE ICH DAS VERSTEHEN? WIE AUCH IMMER... DU HAST BESUCH...
ER WARTET AUF DICH IN DEINEM BÜRO.

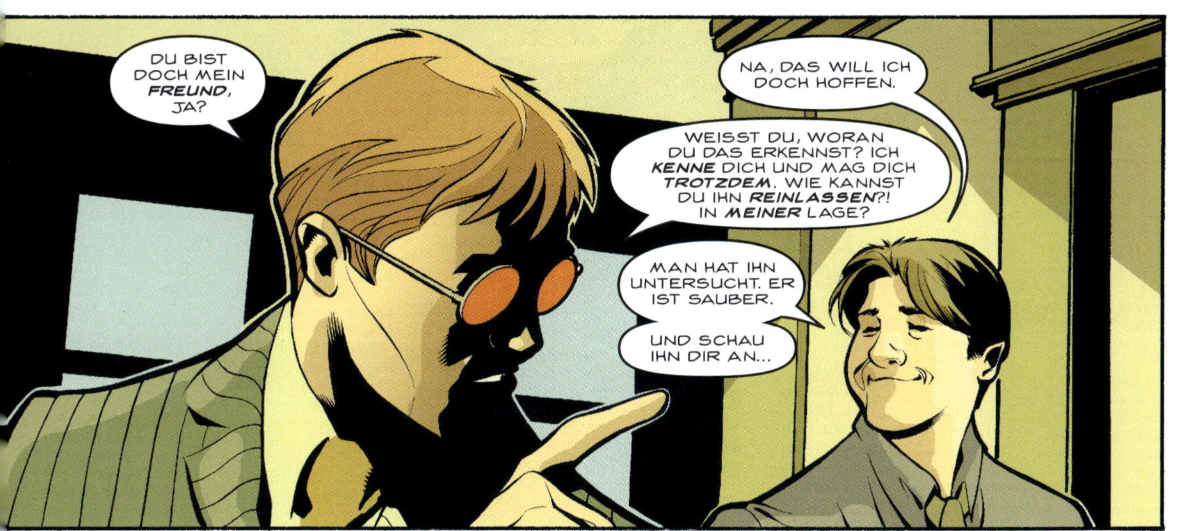
DU BIST DOCH MEIN FREUND, JA?
NA, DAS WILL ICH DOCH HOFFEN.
WEISST DU, WORAN DU DAS ERKENNST? ICH KENNE DICH UND MAG DICH TROTZDEM. WIE KANNST DU IHN REINLASSEN?! IN MEINER LAGE?
MAN HAT IHN UNTERSUCHT. ER IST SAUBER.
UND SCHAU IHN DIR AN...

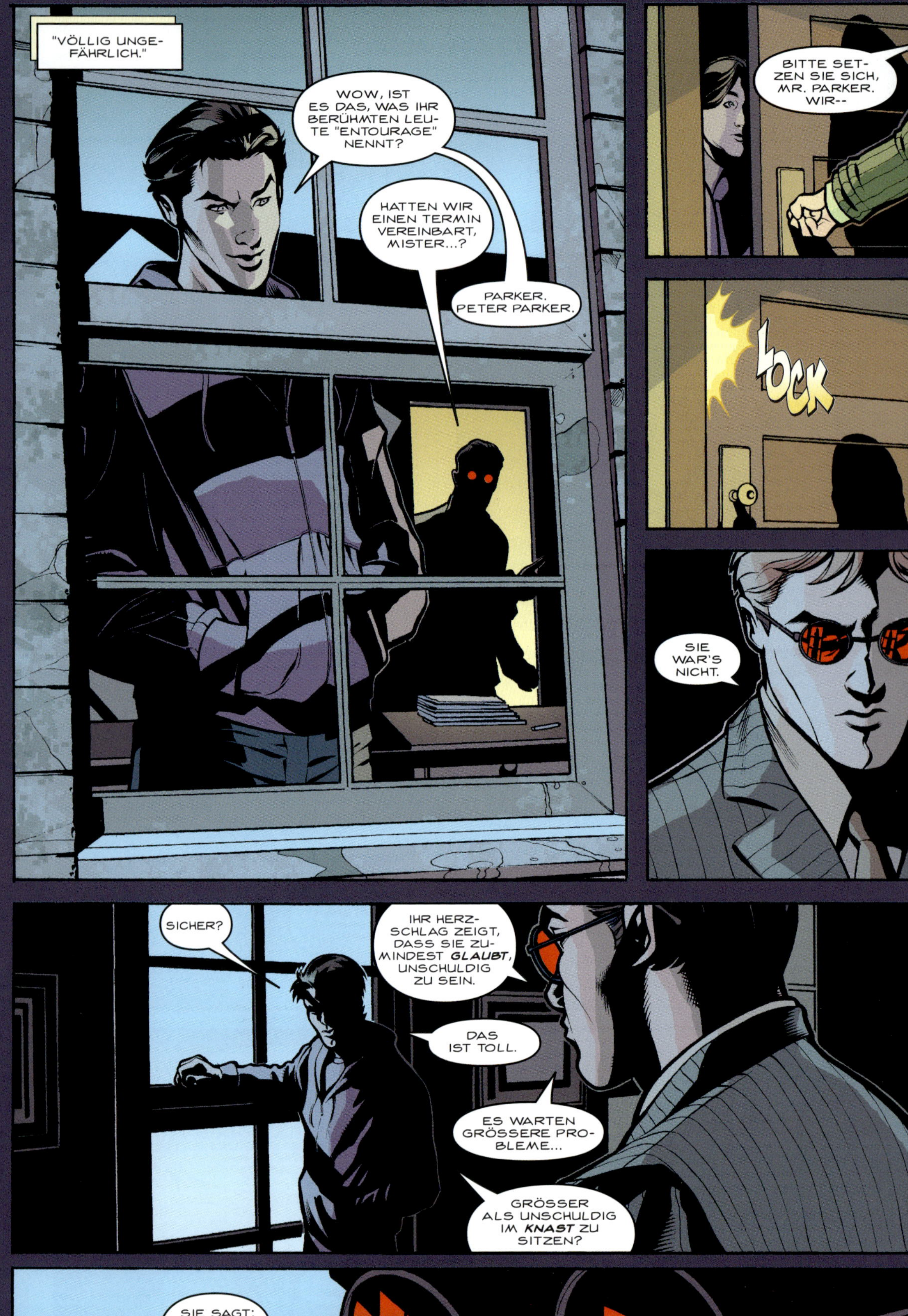
"VÖLLIG UNGE-FÄHRLICH."
WOW, IST ES DAS, WAS IHR BERÜHMTEN LEU-TE "ENTOURAGE" NENNT?
HATTEN WIR EINEN TERMIN VEREINBART, MISTER...?
PARKER. PETER PARKER.
BITTE SET-ZEN SIE SICH, MR. PARKER. WIR--
LOCK
SIE WAR'S NICHT.
SICHER?
IHR HERZ-SCHLAG ZEIGT, DASS SIE ZU-MINDEST GLAUBT, UNSCHULDIG ZU SEIN.
DAS IST TOLL.
ES WARTEN GRÖSSERE PRO-BLEME...
GRÖSSER ALS UNSCHULDIG IM KNAST ZU SITZEN?
SIE SAGT: KEINE VER-GEWALTI-GUNG.

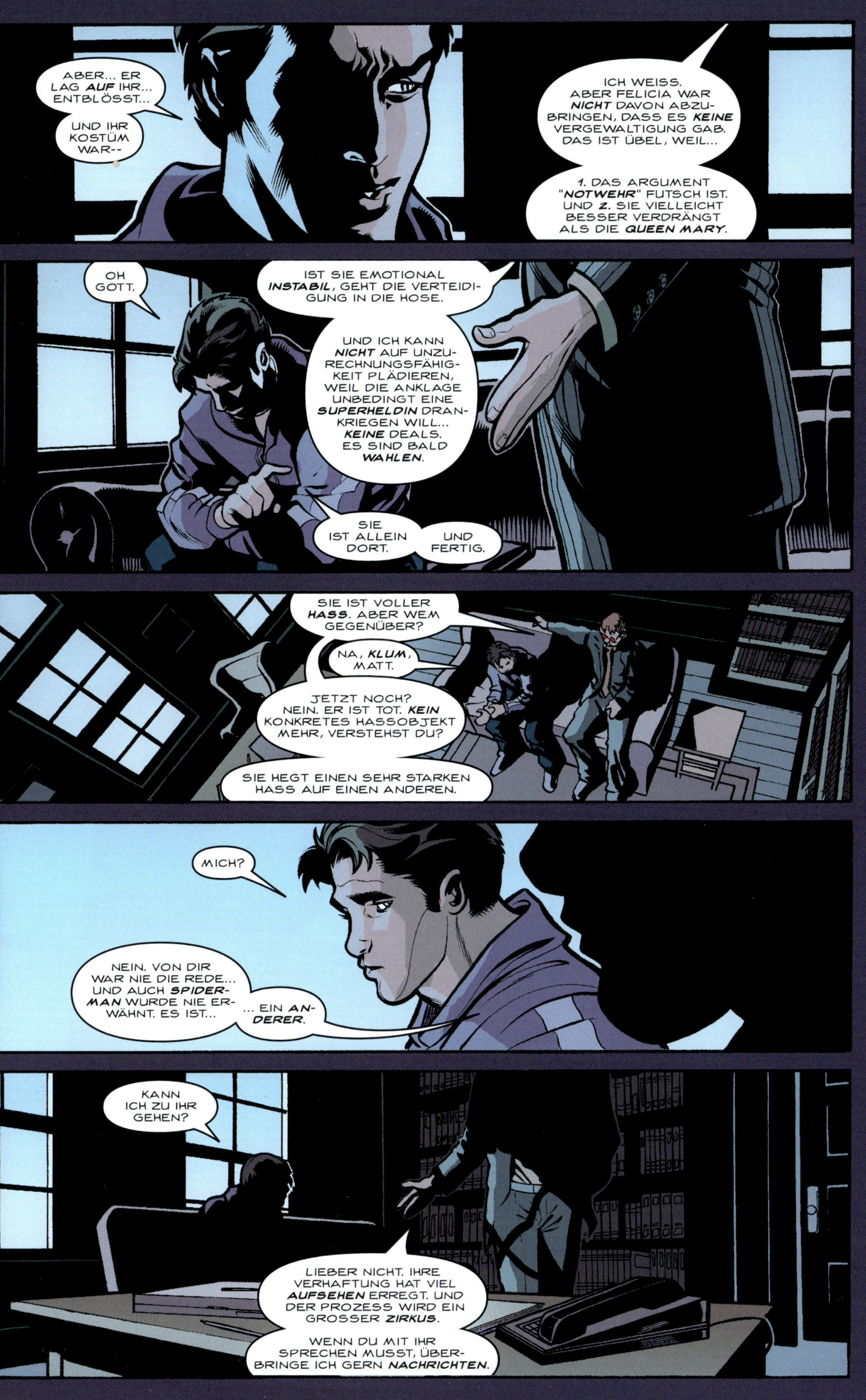
ABER... ER LAG AUF IHR... ENTBLÖSST...
UND IHR KOSTÜM WAR--
ICH WEISS. ABER FELICIA WAR NICHT DAVON ABZUBRINGEN, DASS ES KEINE VERGEWALTIGUNG GAB. DAS IST ÜBEL, WEIL...
1. DAS ARGUMENT "NOTWEHR" FUTSCH IST. UND 2. SIE VIELLEICHT BESSER VERDRÄNGT ALS DIE QUEEN MARY.
OH GOTT.
IST SIE EMOTIONAL INSTABIL, GEHT DIE VERTEIDIGUNG IN DIE HOSE.
UND ICH KANN NICHT AUF UNZURECHNUNGSFÄHIGKEIT PLÄDIEREN, WEIL DIE ANKLAGE UNBEDINGT EINE SUPERHELDIN DRANKRIEGEN WILL... KEINE DEALS. ES SIND BALD WAHLEN.
SIE IST ALLEIN DORT.
UND FERTIG.
SIE IST VOLLER HASS. ABER WEM GEGENÜBER?
NA, KLUM, MATT.
JETZT NOCH? NEIN. ER IST TOT. KEIN KONKRETES HASSOBJEKT MEHR, VERSTEHST DU?
SIE HEGT EINEN SEHR STARKEN HASS AUF EINEN ANDEREN.
MICH?
NEIN. VON DIR WAR NIE DIE REDE... UND AUCH SPIDERMAN WURDE NIE ERWÄHNT. ES IST...
... EIN ANDERER.
KANN ICH ZU IHR GEHEN?
LIEBER NICHT. IHRE VERHAFTUNG HAT VIEL AUFSEHEN ERREGT. UND DER PROZESS WIRD EIN GROSSER ZIRKUS.
WENN DU MIT IHR SPRECHEN MUSST, ÜBERBRINGE ICH GERN NACHRICHTEN.

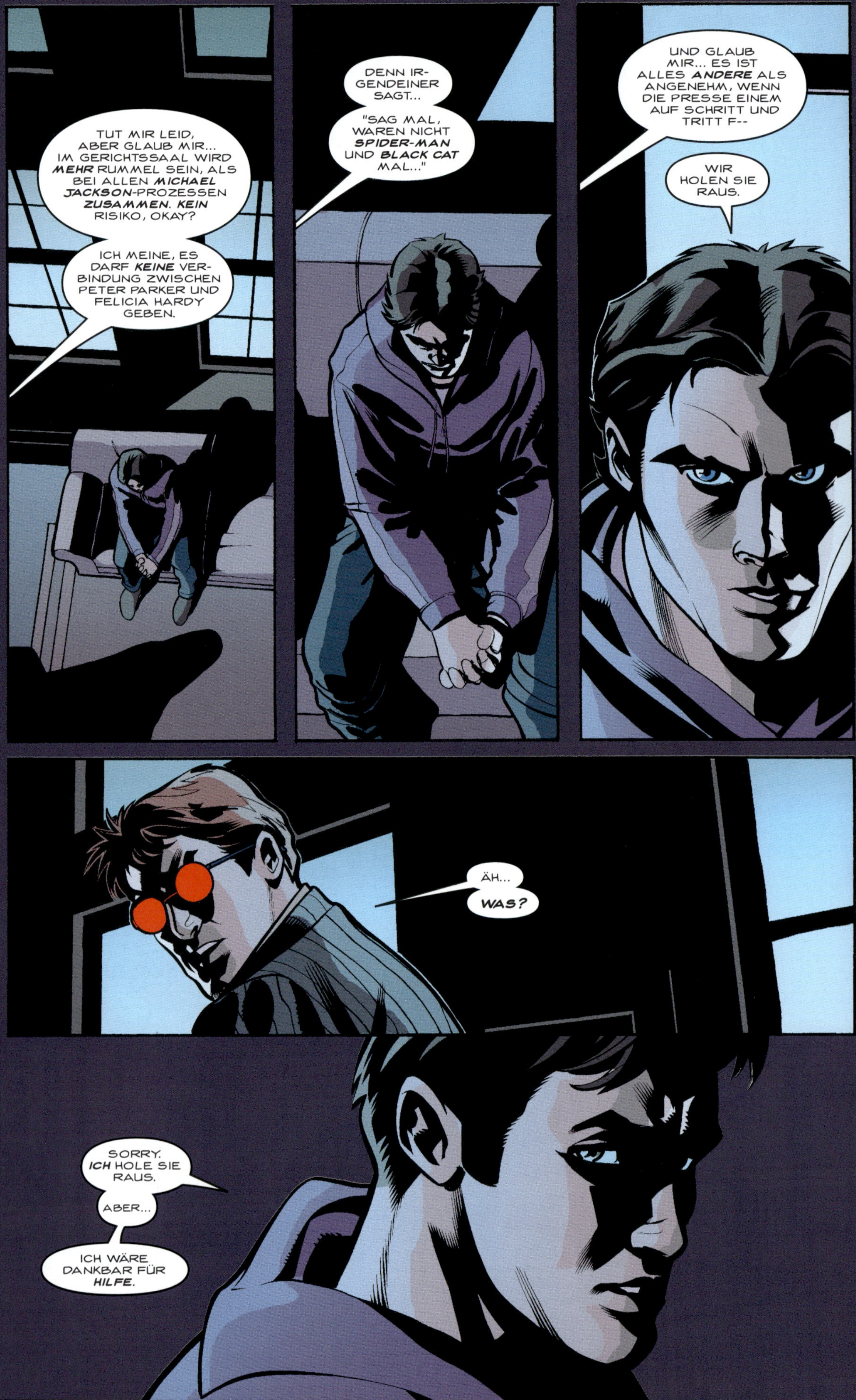

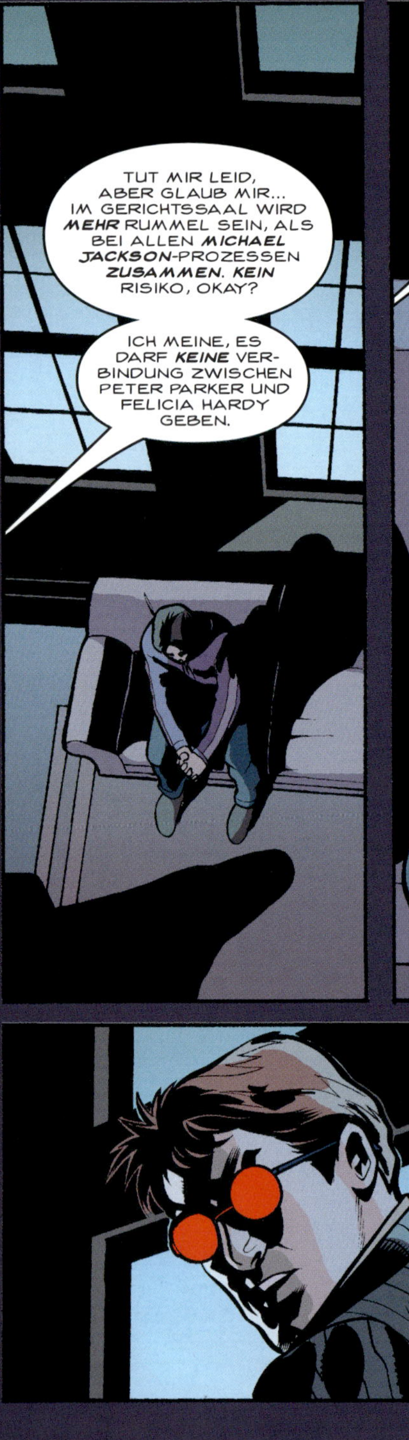

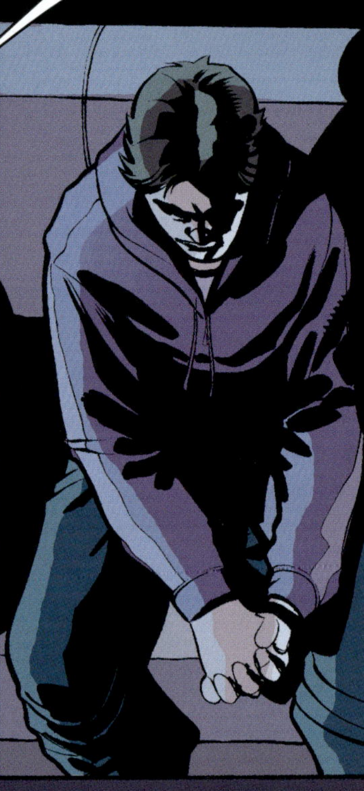

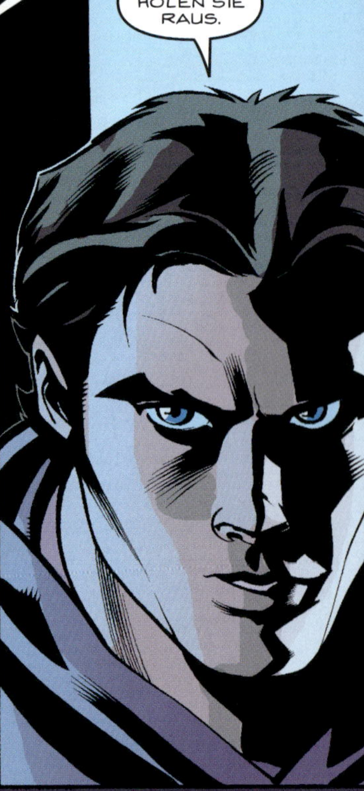

ÄH... **WAS?**

SORRY. **ICH** HOLE SIE RAUS.

ABER...

ICH WÄRE DANKBAR FÜR **HILFE.**

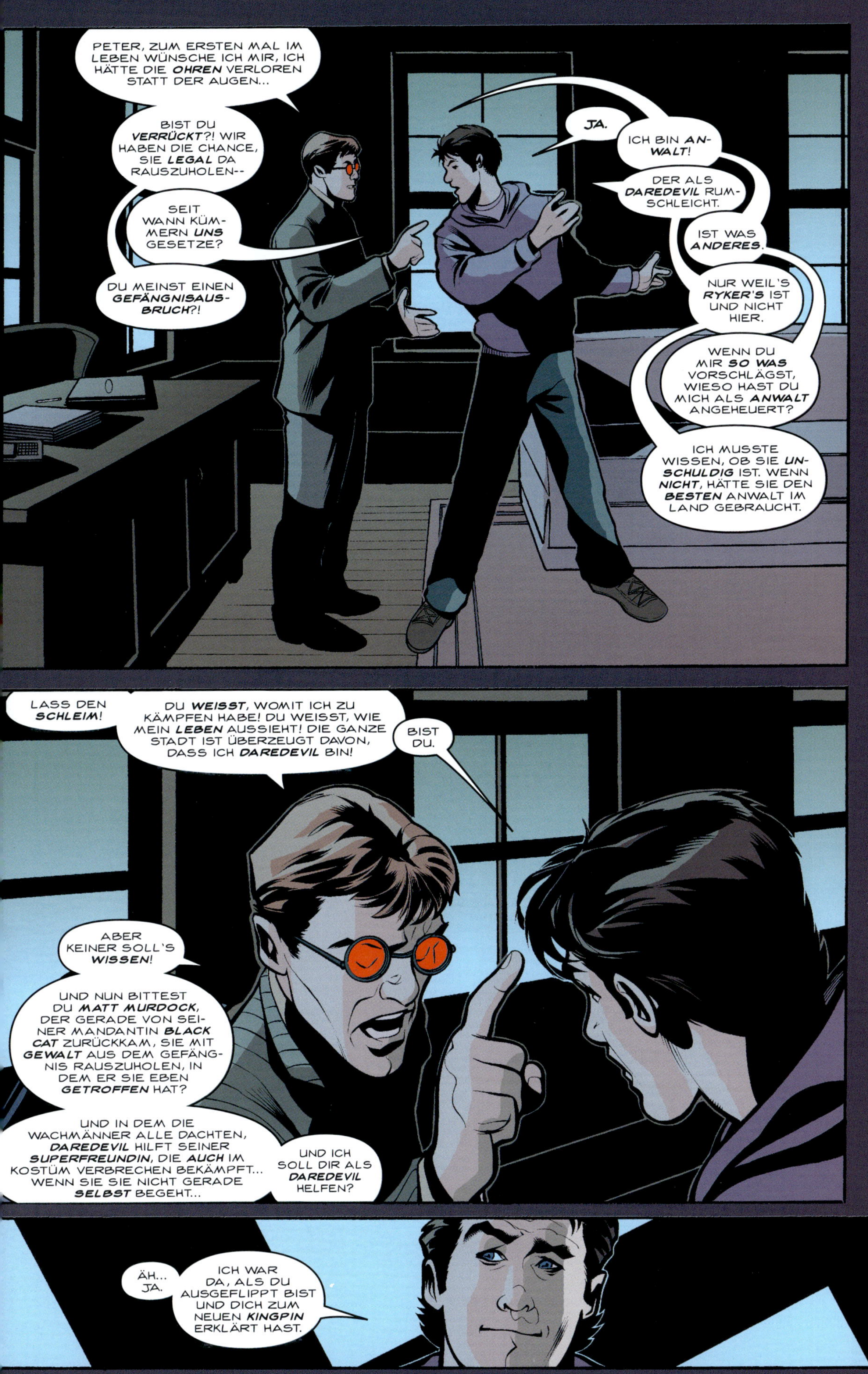
PETER, ZUM ERSTEN MAL IM LEBEN WÜNSCHE ICH MIR, ICH HÄTTE DIE OHREN VERLOREN STATT DER AUGEN...
BIST DU VERRÜCKT?! WIR HABEN DIE CHANCE, SIE LEGAL DA RAUSZUHOLEN--
JA.
ICH BIN ANWALT!
DER ALS DAREDEVIL RUMSCHLEICHT.
SEIT WANN KÜMMERN UNS GESETZE?
IST WAS ANDERES.
DU MEINST EINEN GEFÄNGNISAUSBRUCH?!
NUR WEIL'S RYKER'S IST UND NICHT HIER.
WENN DU MIR SO WAS VORSCHLÄGST, WIESO HAST DU MICH ALS ANWALT ANGEHEUERT?
ICH MUSSTE WISSEN, OB SIE UNSCHULDIG IST. WENN NICHT, HÄTTE SIE DEN BESTEN ANWALT IM LAND GEBRAUCHT.
LASS DEN SCHLEIM!
DU WEISST, WOMIT ICH ZU KÄMPFEN HABE! DU WEISST, WIE MEIN LEBEN AUSSIEHT! DIE GANZE STADT IST ÜBERZEUGT DAVON, DASS ICH DAREDEVIL BIN!
BIST DU.
ABER KEINER SOLL'S WISSEN!
UND NUN BITTEST DU MATT MURDOCK, DER GERADE VON SEINER MANDANTIN BLACK CAT ZURÜCKKAM, SIE MIT GEWALT AUS DEM GEFÄNGNIS RAUSZUHOLEN, IN DEM ER SIE EBEN GETROFFEN HAT?
UND IN DEM DIE WACHMÄNNER ALLE DACHTEN, DAREDEVIL HILFT SEINER SUPERFREUNDIN, DIE AUCH IM KOSTÜM VERBRECHEN BEKÄMPFT... WENN SIE SIE NICHT GERADE SELBST BEGEHT...
UND ICH SOLL DIR ALS DAREDEVIL HELFEN?
ÄH... JA.
ICH WAR DA, ALS DU AUSGEFLIPPT BIST UND DICH ZUM NEUEN KINGPIN ERKLÄRT HAST.

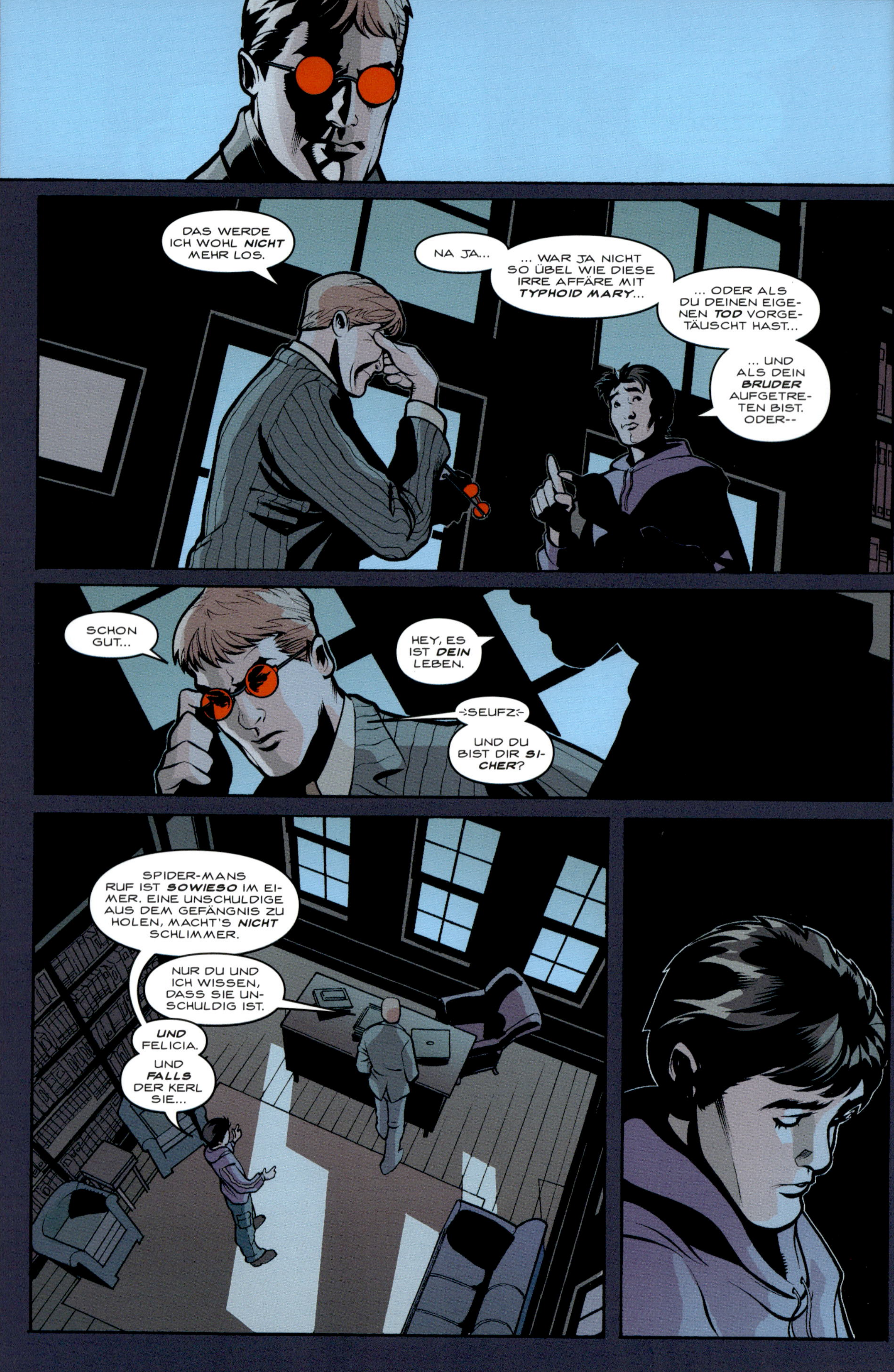

DAS WERDE ICH WOHL NICHT MEHR LOS.
NA JA...
... WAR JA NICHT SO ÜBEL WIE DIESE IRRE AFFÄRE MIT TYPHOID MARY...
... ODER ALS DU DEINEN EIGENEN TOD VORGETÄUSCHT HAST...
... UND ALS DEIN BRUDER AUFGETRETEN BIST. ODER--
SCHON GUT...
HEY, ES IST DEIN LEBEN.
-SEUFZ-
UND DU BIST DIR SICHER?
SPIDER-MANS RUF IST SOWIESO IM EIMER. EINE UNSCHULDIGE AUS DEM GEFÄNGNIS ZU HOLEN, MACHT'S NICHT SCHLIMMER.
NUR DU UND ICH WISSEN, DASS SIE UNSCHULDIG IST.
UND FELICIA.
UND FALLS DER KERL SIE...

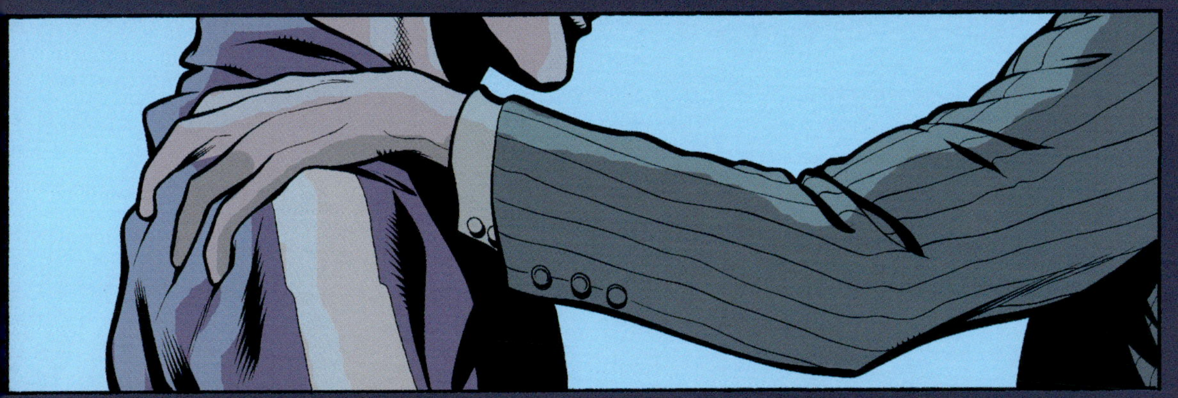

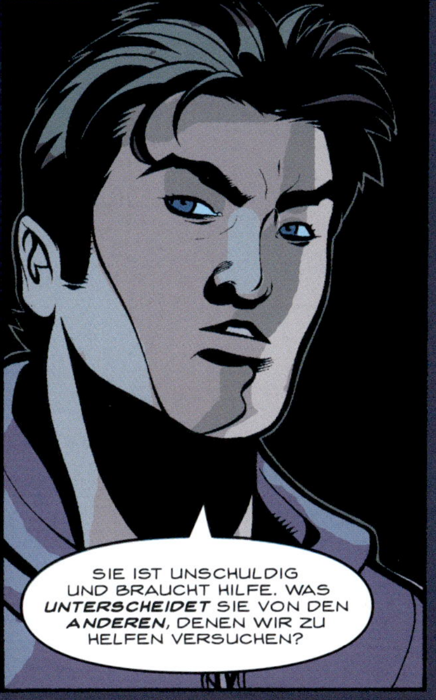
SIE IST UNSCHULDIG UND BRAUCHT HILFE. WAS **UNTERSCHEIDET** SIE VON DEN **ANDEREN**, DENEN WIR ZU HELFEN VERSUCHEN?

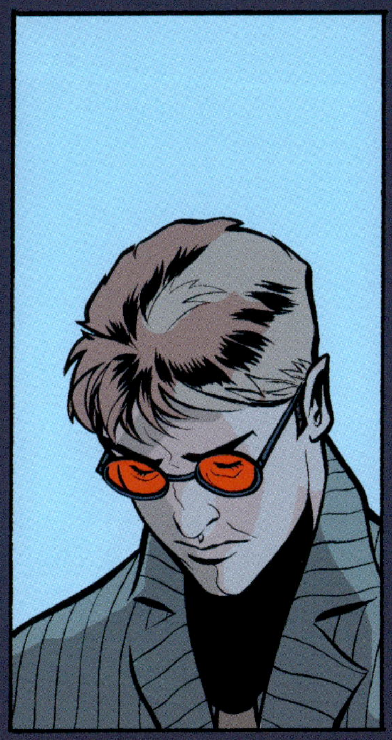

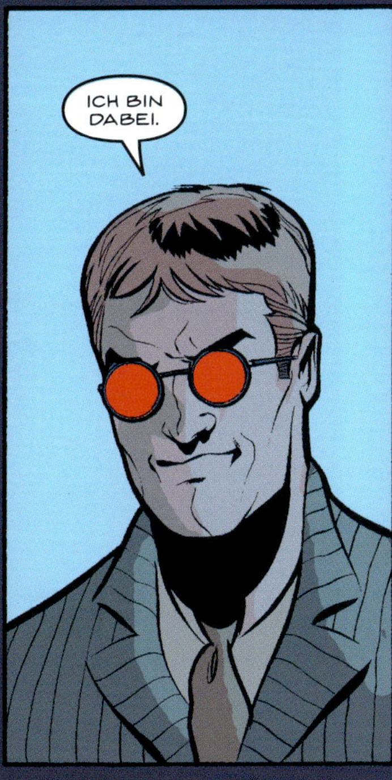
ICH BIN DABEI.

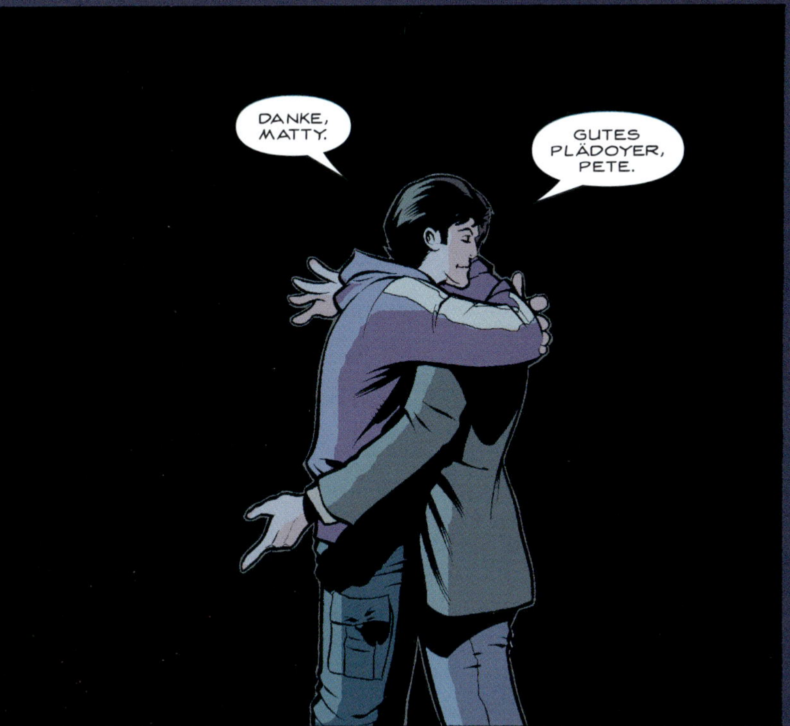
DANKE, MATTY.
GUTES PLÄDOYER, PETE.

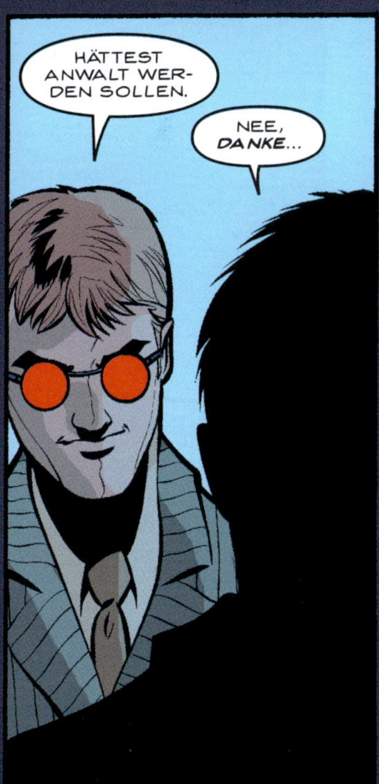
HÄTTEST ANWALT WERDEN SOLLEN.
NEE, **DANKE**...

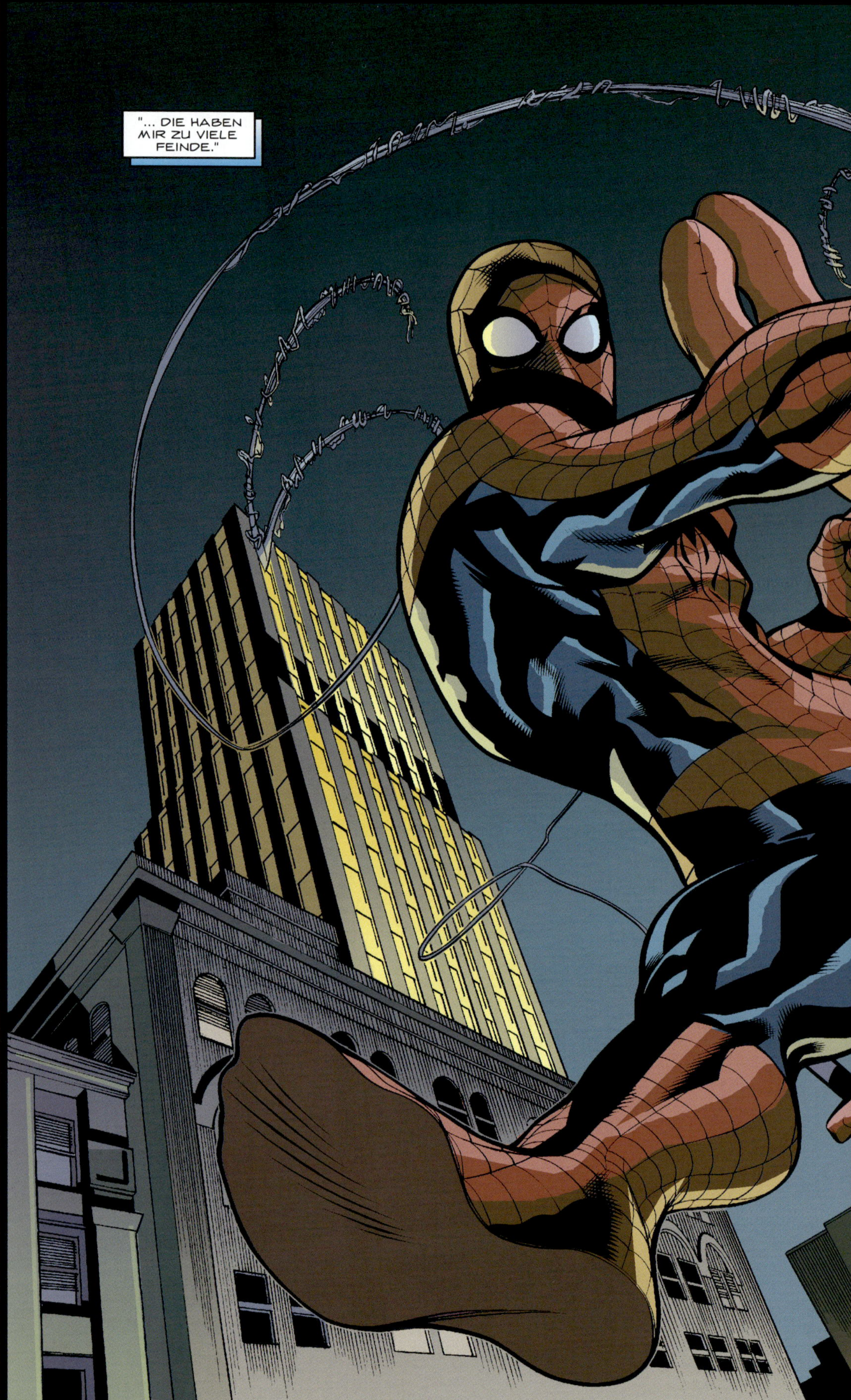
"... DIE HABEN MIR ZU VIELE FEINDE."

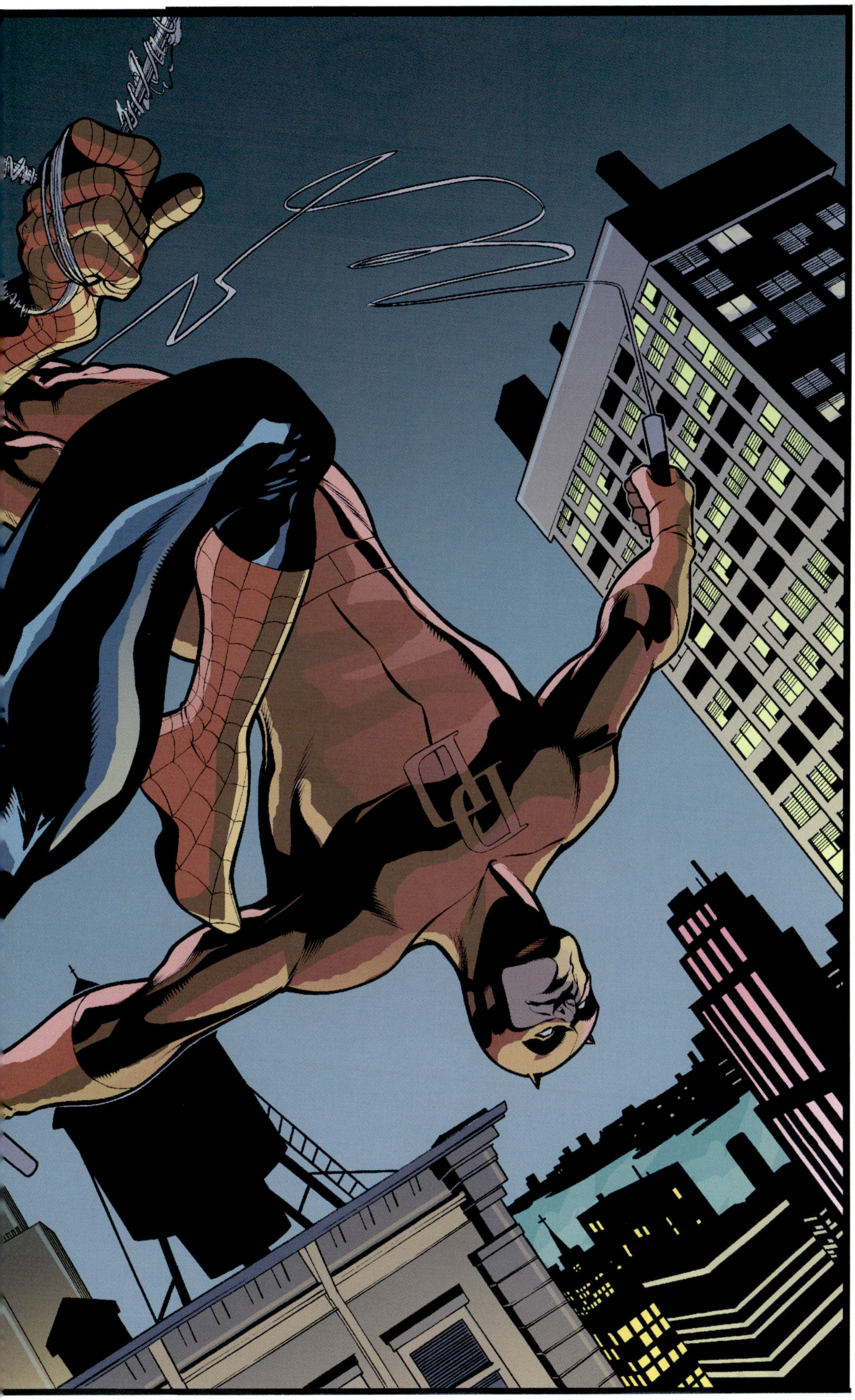

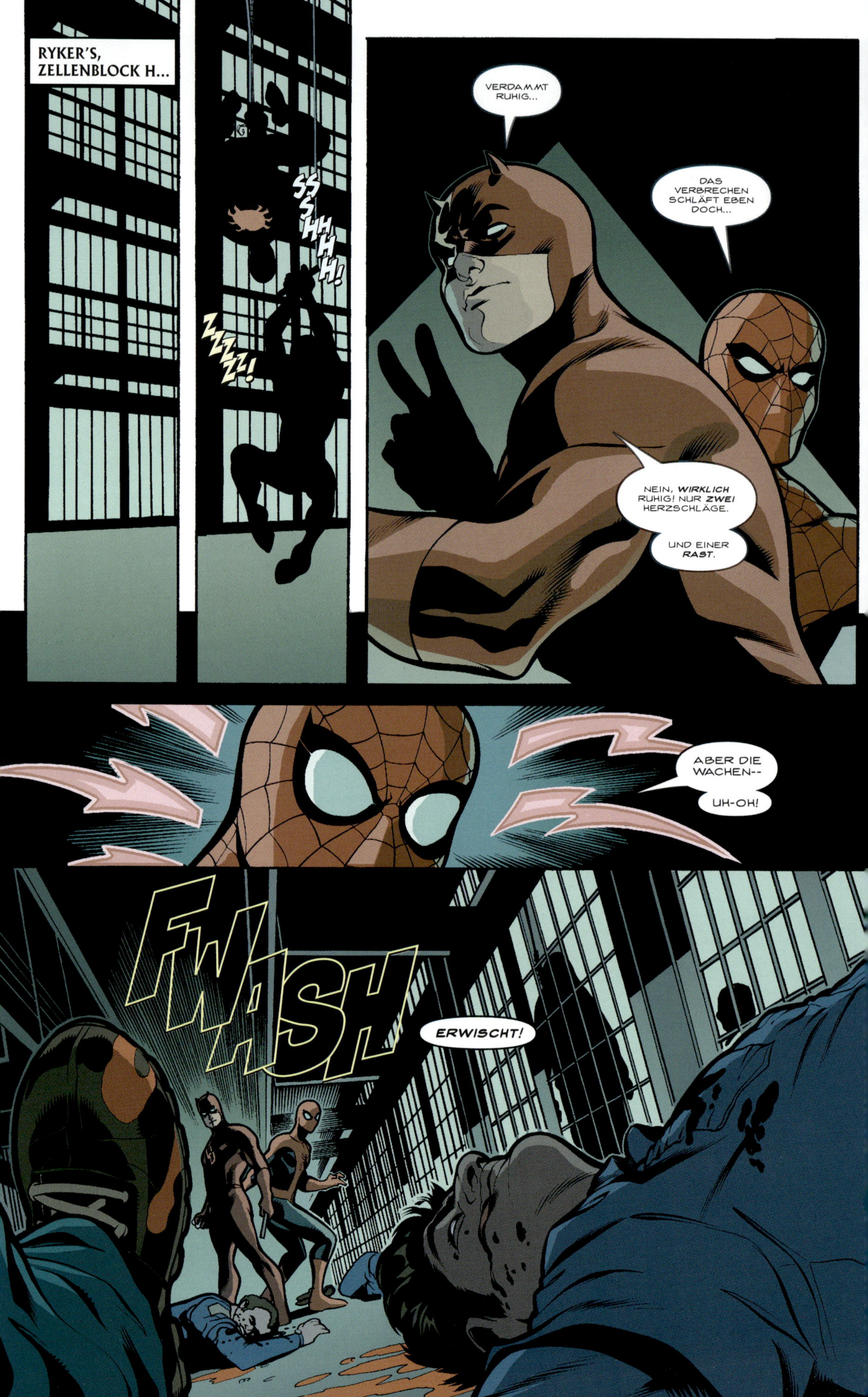
RYKER'S, ZELLENBLOCK H...
SSSHHHH!
ZZZZZ!
VERDAMMT RUHIG...
DAS VERBRECHEN SCHLÄFT EBEN DOCH...
NEIN, WIRKLICH RUHIG! NUR ZWEI HERZSCHLÄGE.
UND EINER RAST.
ABER DIE WACHEN--
UH-OH!
FWASH
ERWISCHT!

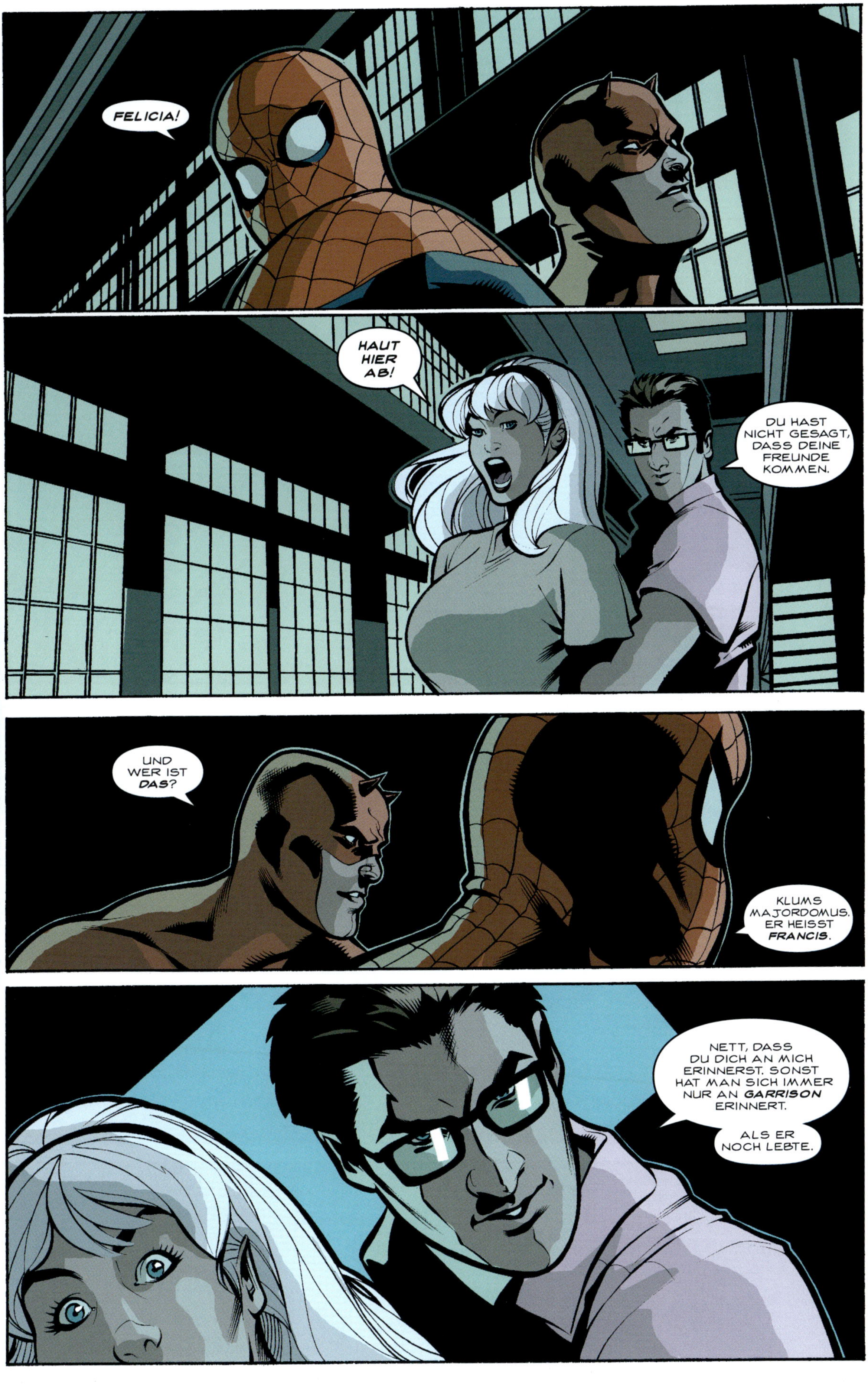

FELICIA!

HAUT HIER AB!

DU HAST NICHT GESAGT, DASS DEINE FREUNDE KOMMEN.

UND WER IST *DAS*?

KLUMS MAJORDOMUS. ER HEISST *FRANCIS*.

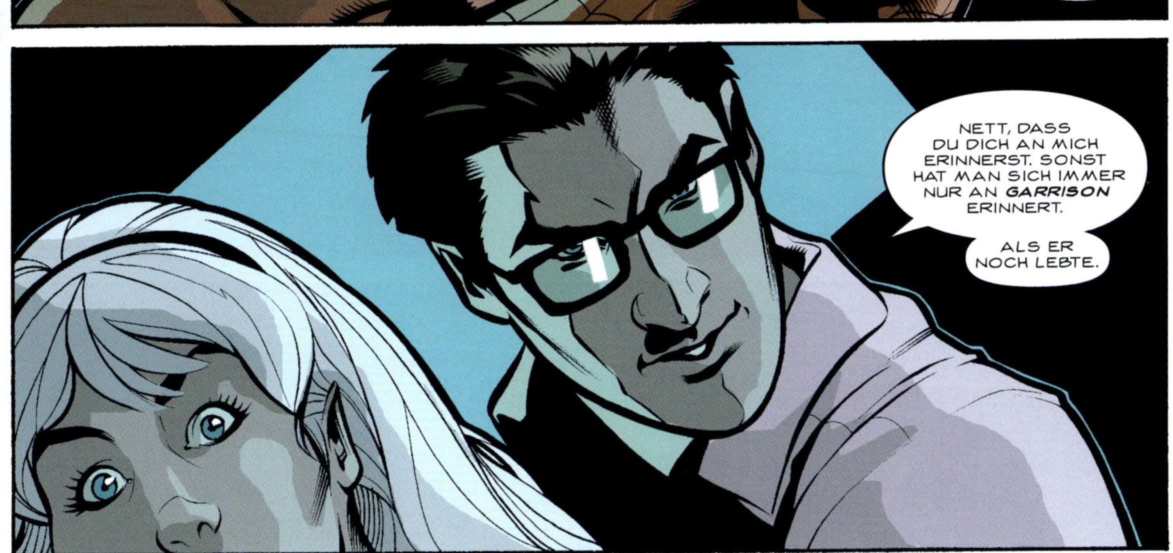

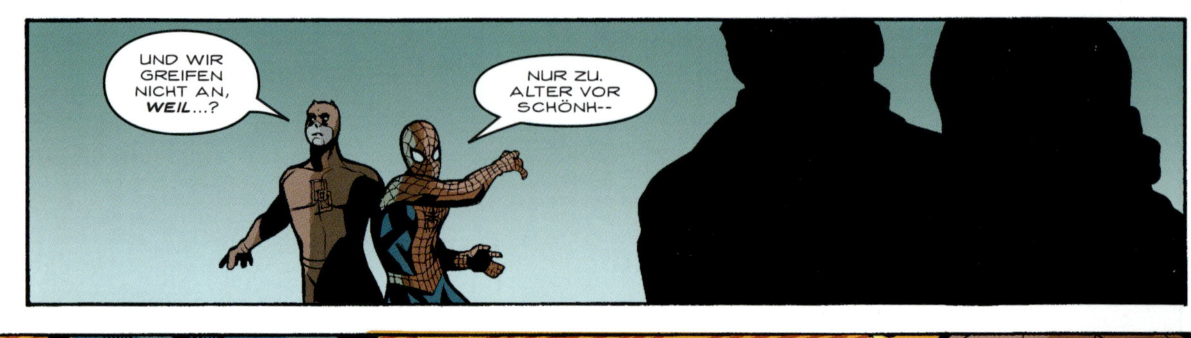
UND WIR GREIFEN NICHT AN, WEIL...?
NUR ZU. ALTER VOR SCHÖNH--

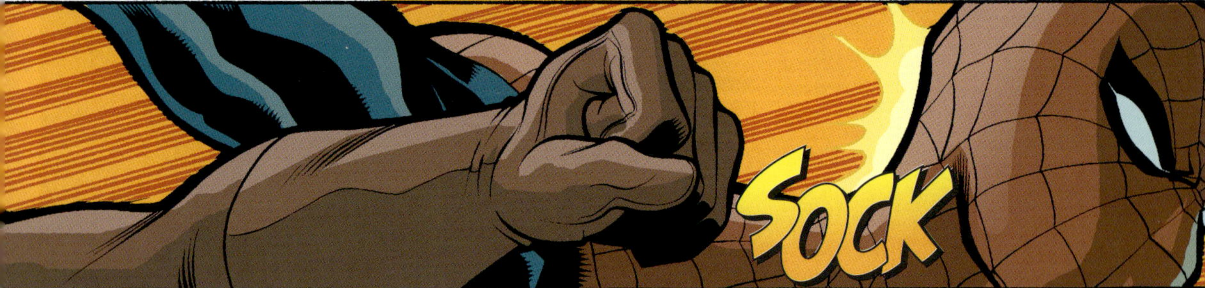
SOCK

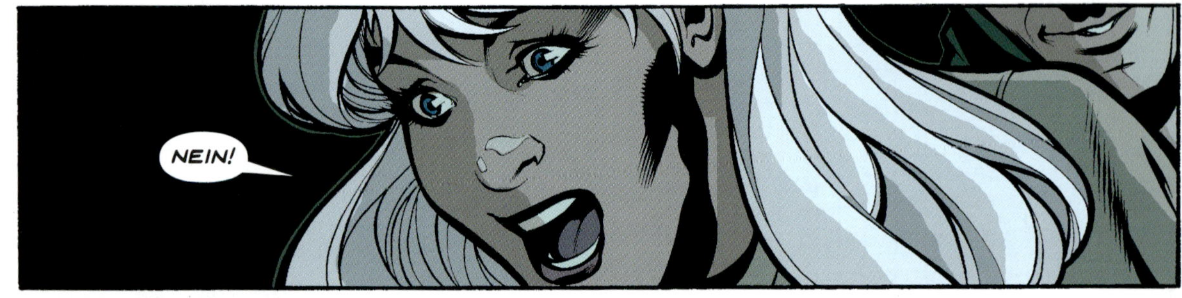
NEIN!

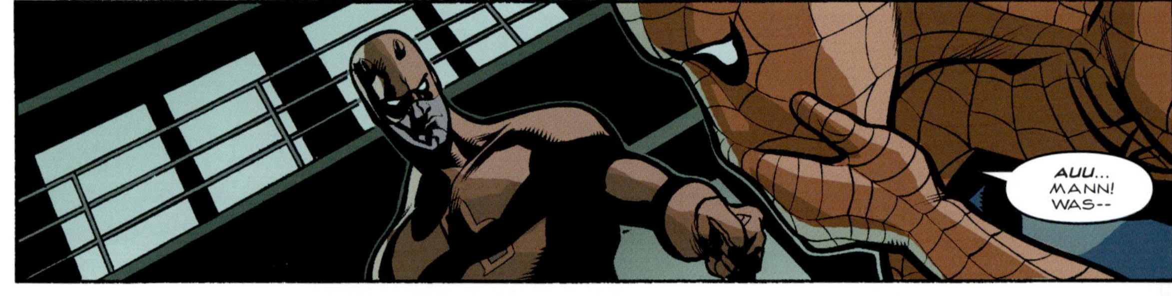
AUU... MANN! WAS--

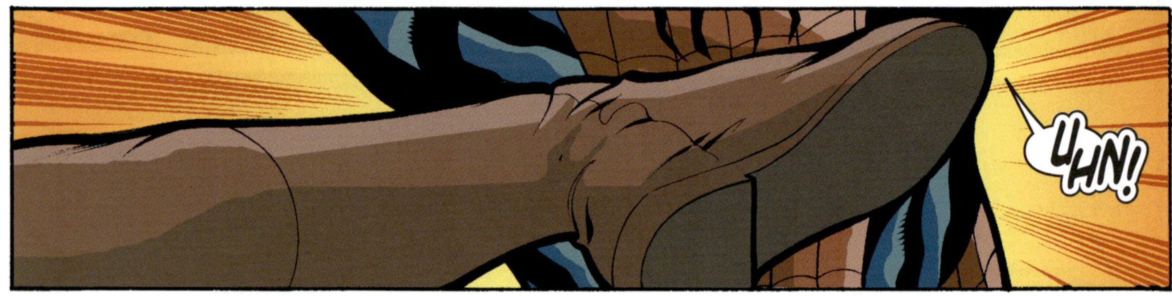
UHN!

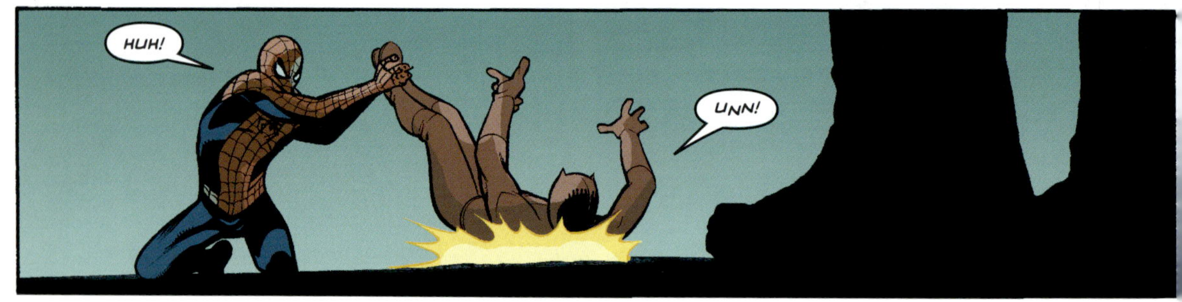
HUH!
UNN!

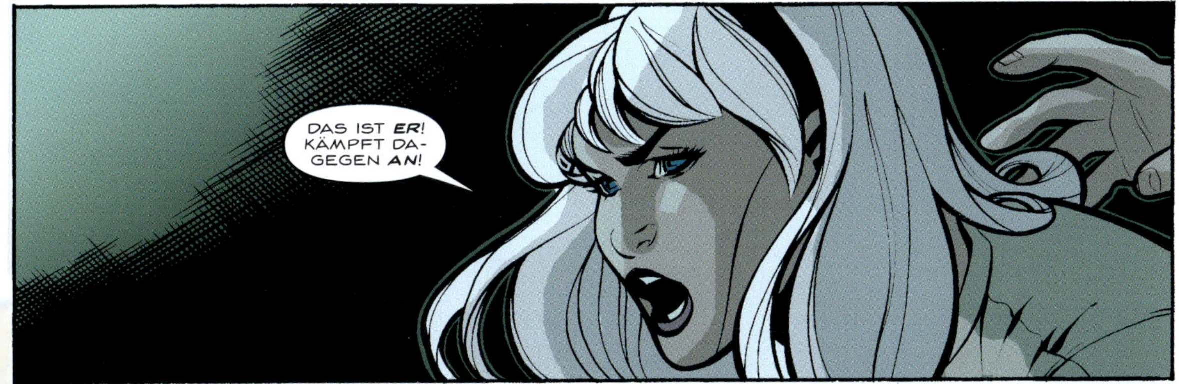
DAS IST **ER**! KÄMPFT DAGEGEN **AN**!
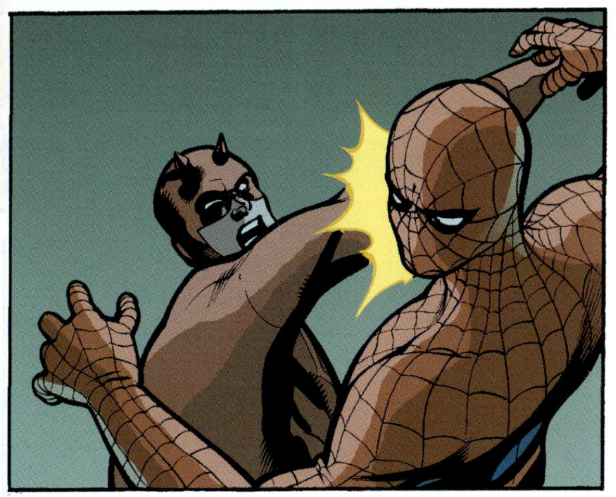
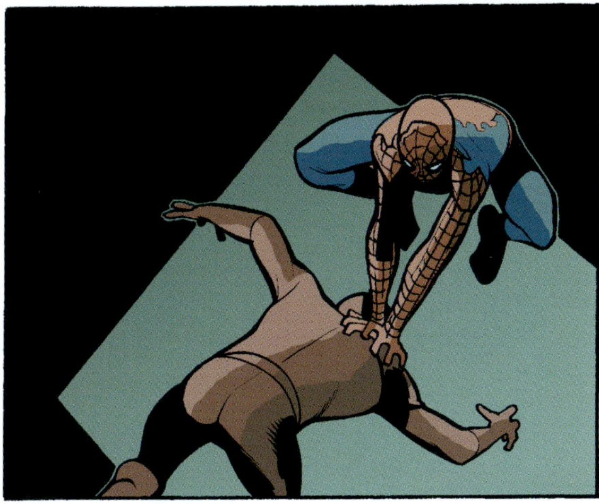
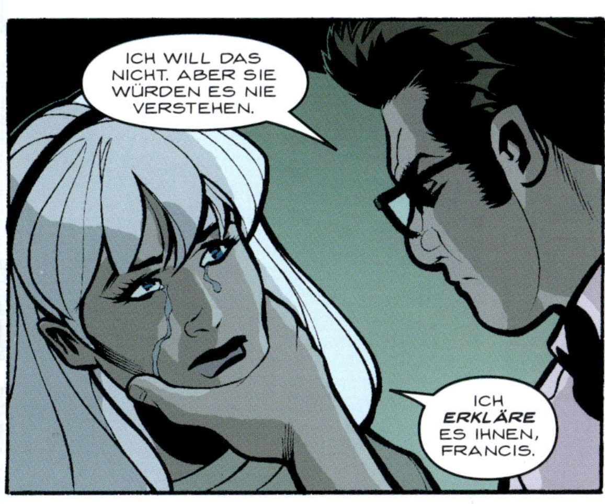
ICH WILL DAS NICHT. ABER SIE WÜRDEN ES NIE VERSTEHEN.
ICH **ERKLÄRE** ES IHNEN, FRANCIS.
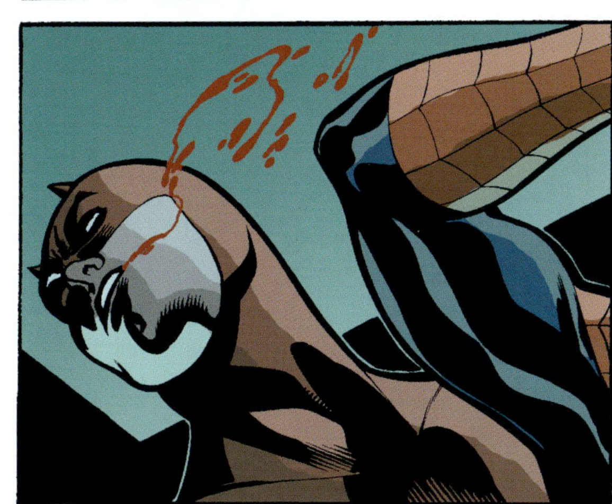
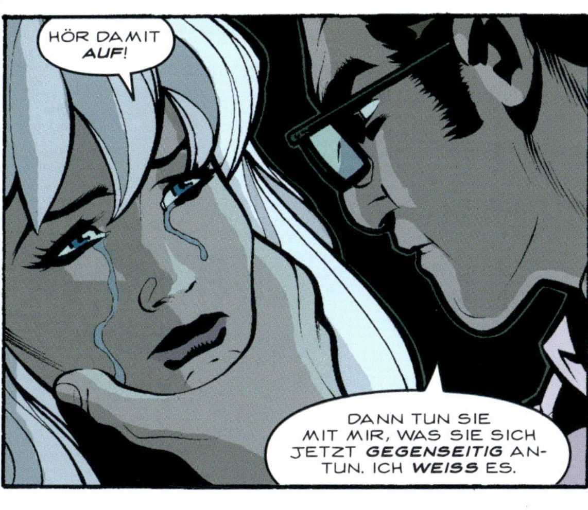
HÖR DAMIT **AUF**!
DANN TUN SIE MIT MIR, WAS SIE SICH JETZT **GEGENSEITIG** ANTUN. ICH **WEISS** ES.
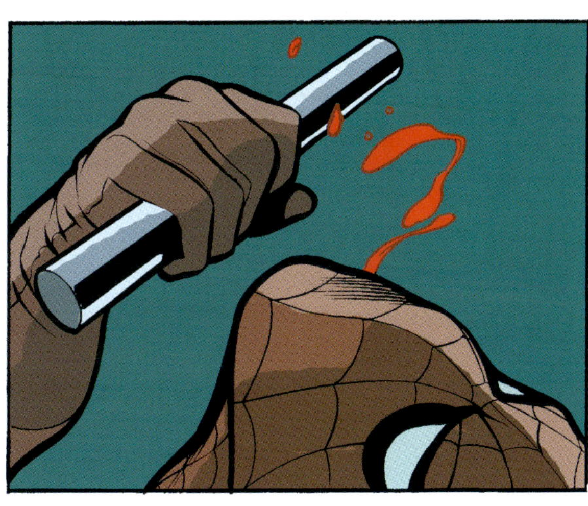

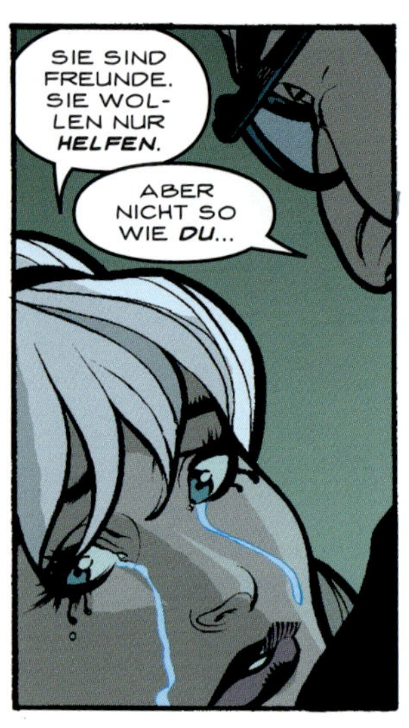
SIE SIND FREUNDE. SIE WOL-LEN NUR **HELFEN**.
ABER NICHT SO WIE **DU**...

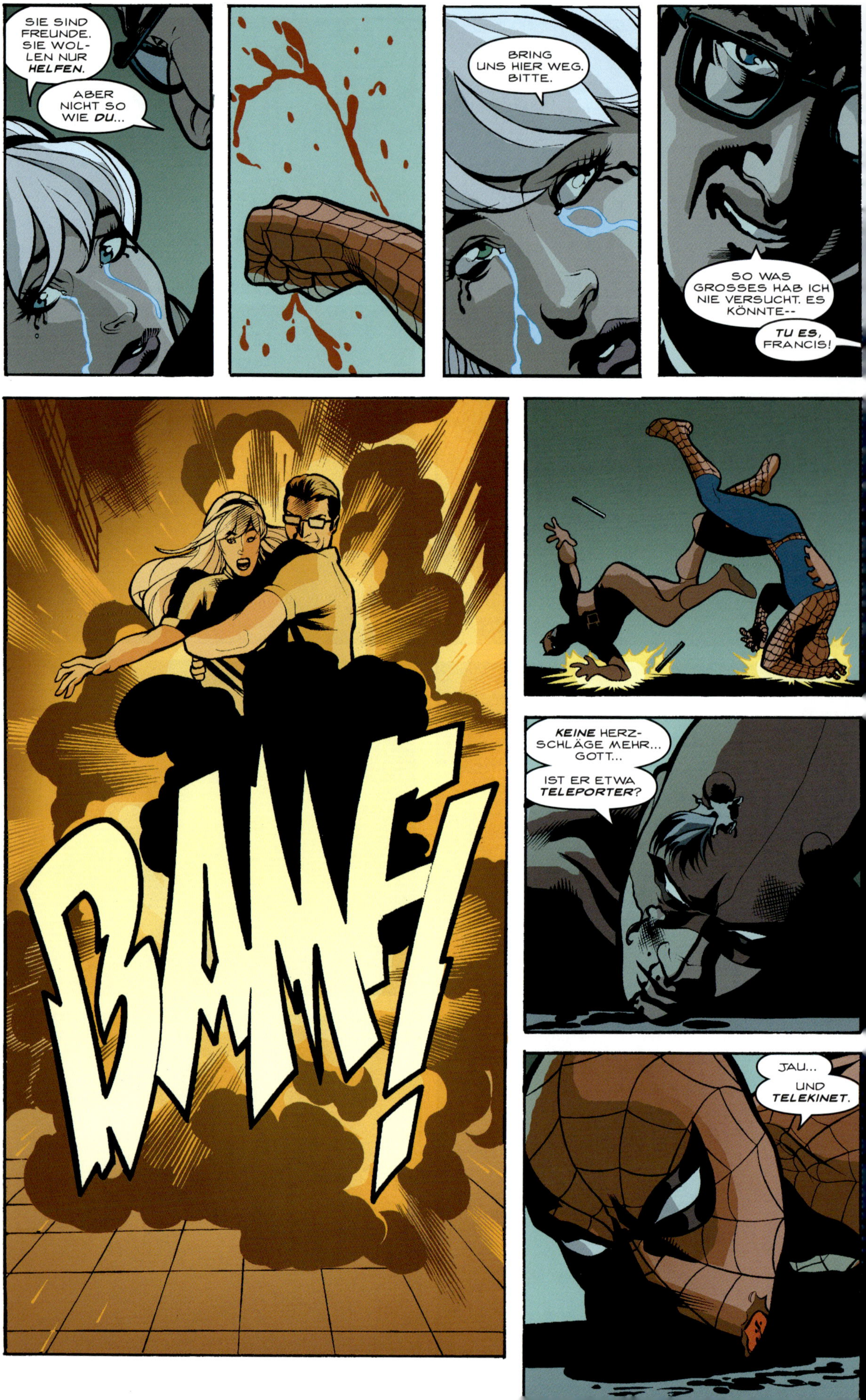

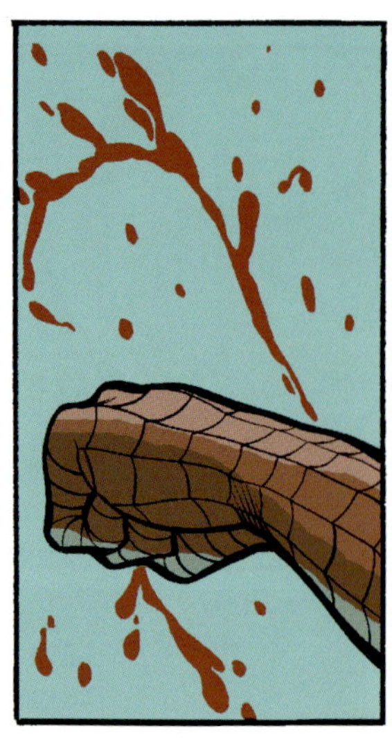

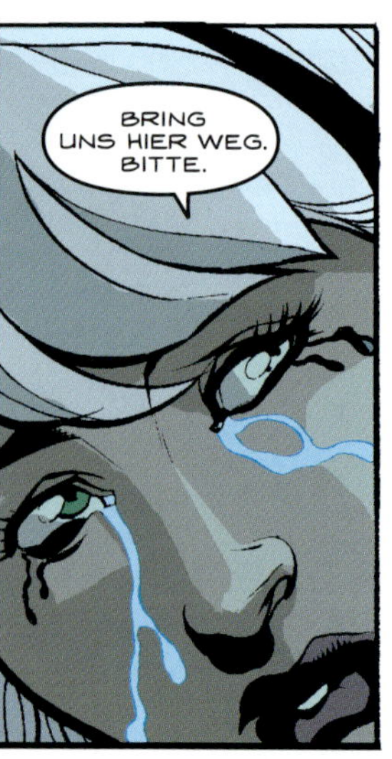
BRING UNS HIER WEG. BITTE.

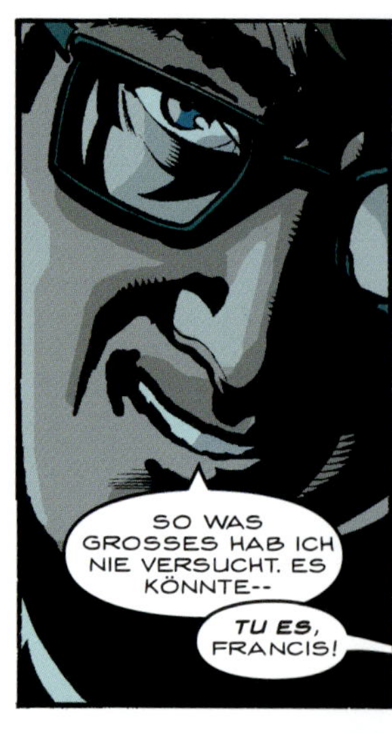
SO WAS GROSSES HAB ICH NIE VERSUCHT. ES KÖNNTE--
TU ES, FRANCIS!

BAMF!

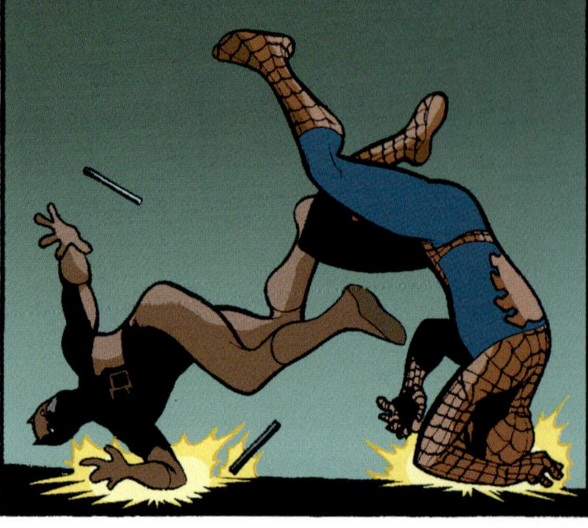

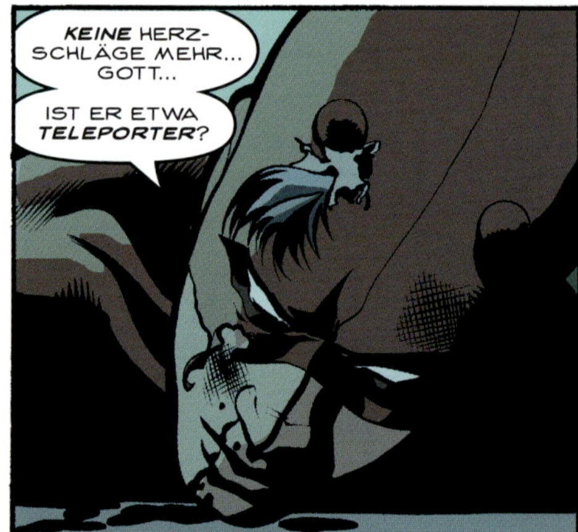
KEINE HERZ-SCHLÄGE MEHR... GOTT...
IST ER ETWA **TELEPORTER**?

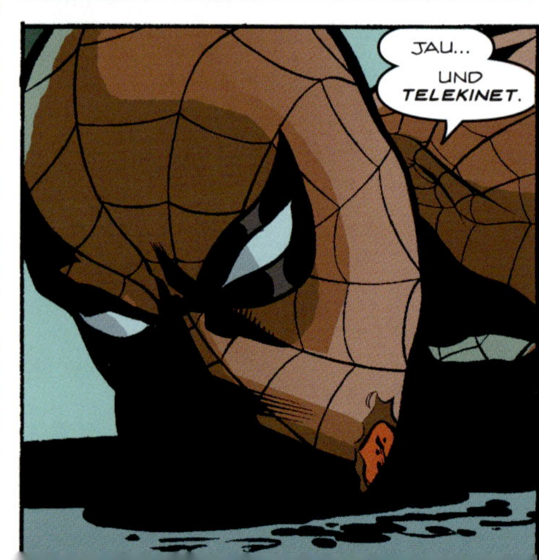
JAU... UND **TELEKINET**.

DAS BÖSE IN DIR, TEIL 5: LEIDENSWEGE

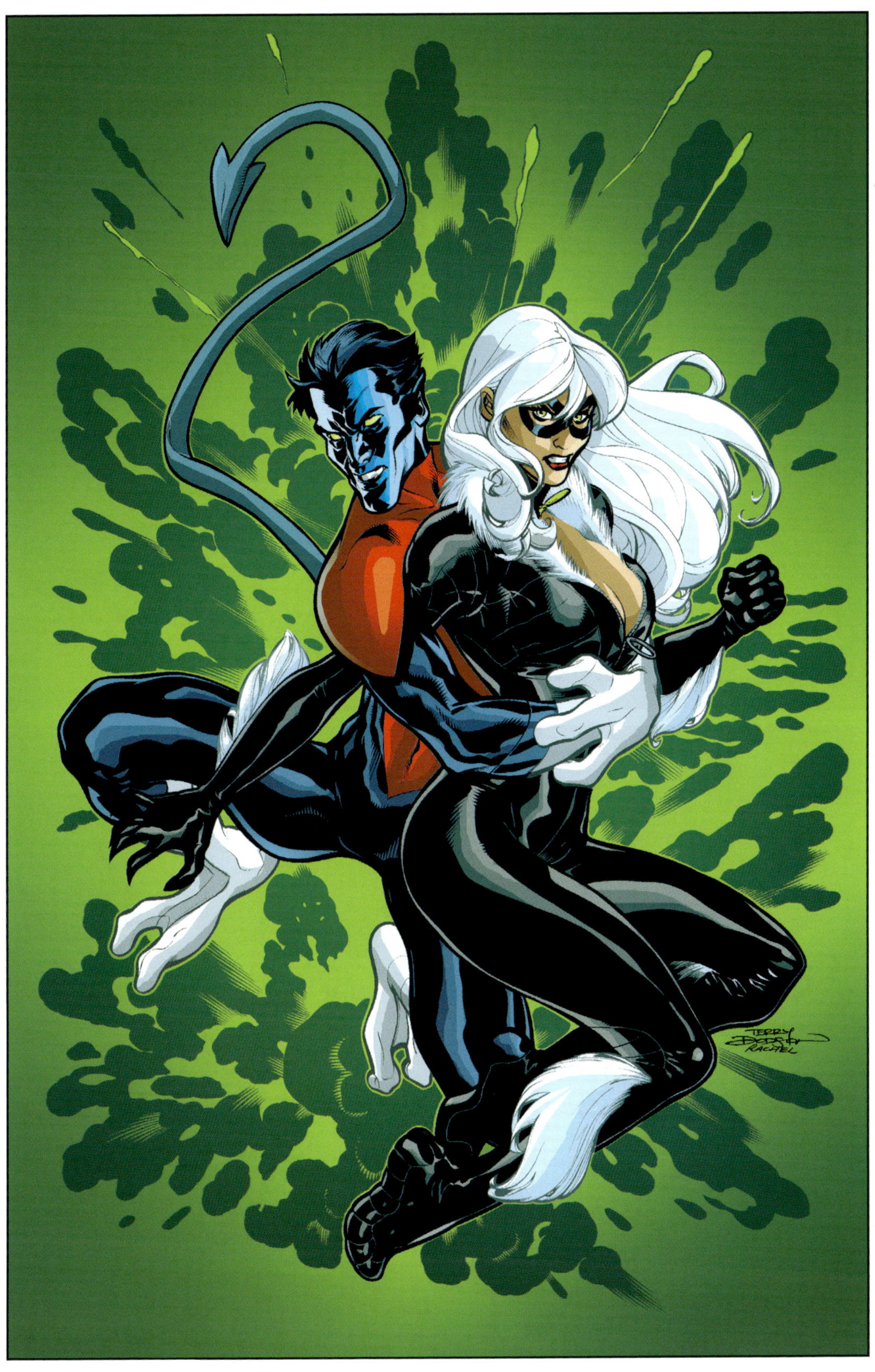

Spider-Man/Black Cat: The Evil That Men Do (2002) 5
Cover von **TERRY DODSON**

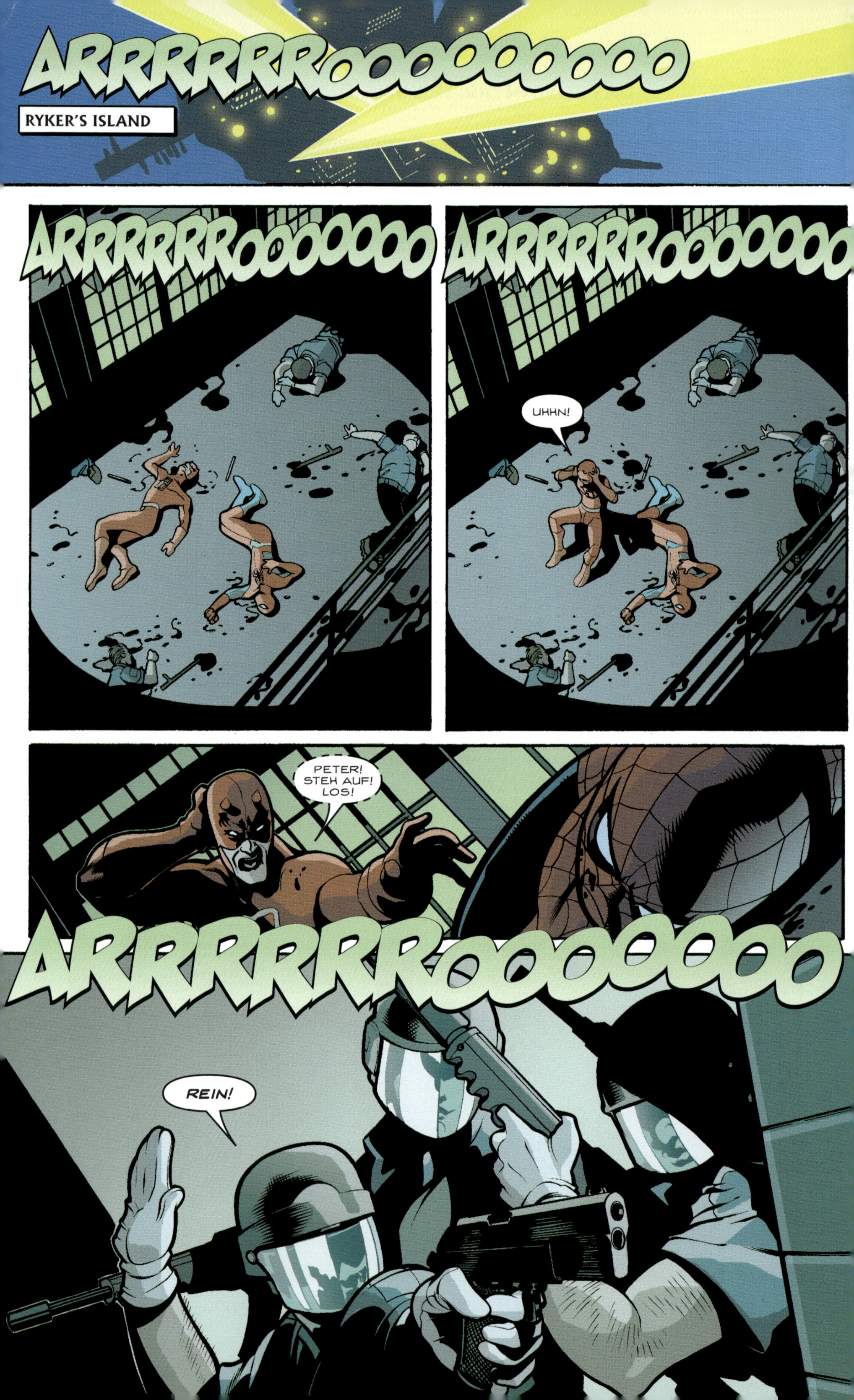

ARRRRRROOOOOOOOO

RYKER'S ISLAND

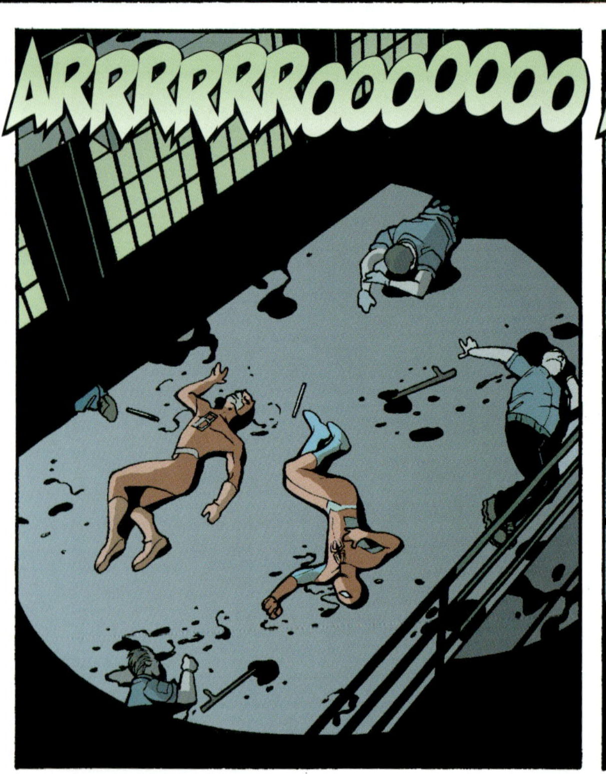

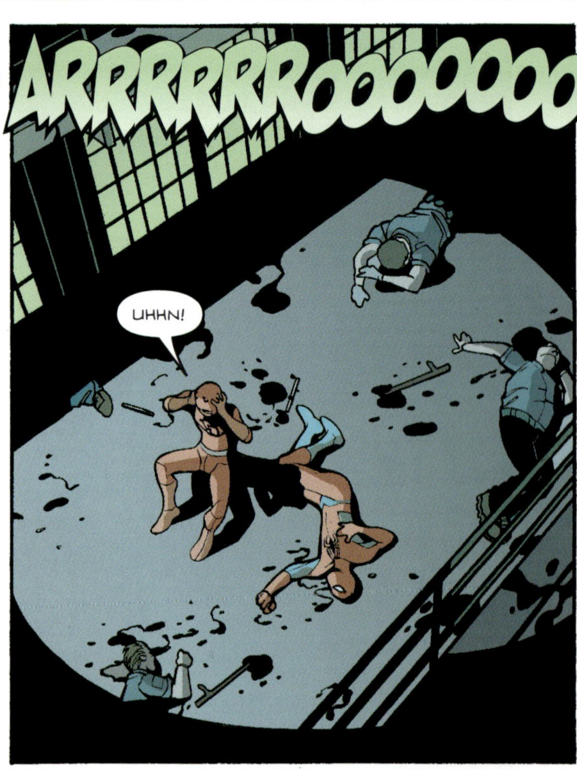

PETER! STEH AUF! LOS!

ARRRRRROOOOOOO

REIN!

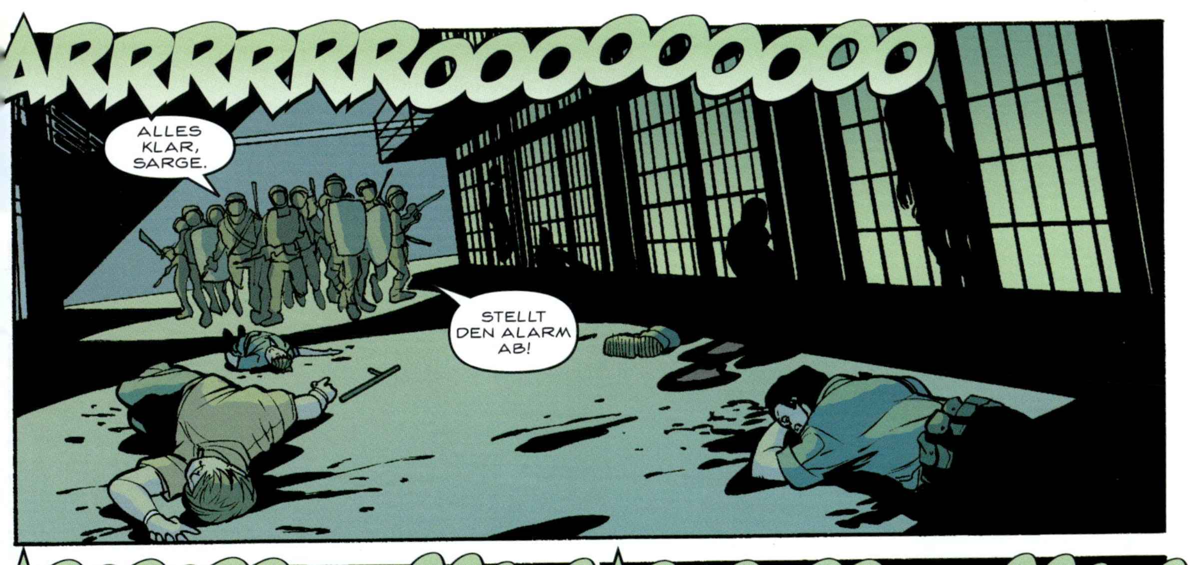
ARRRRRROOOOOOOOO
ALLES KLAR, SARGE.
STELLT DEN ALARM AB!

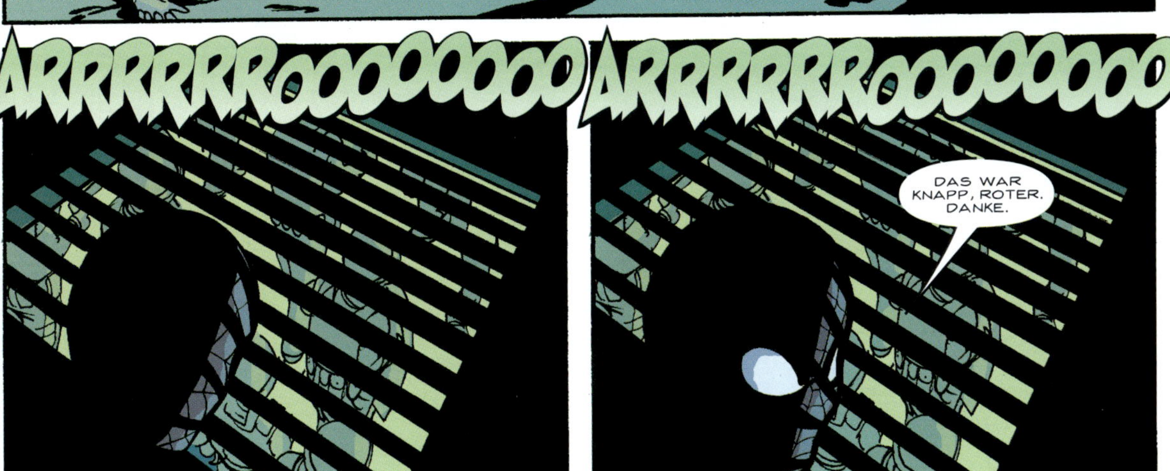
ARRRRRROOOOOOOOO
ARRRRRROOOOOOOOO
DAS WAR KNAPP, ROTER. DANKE.

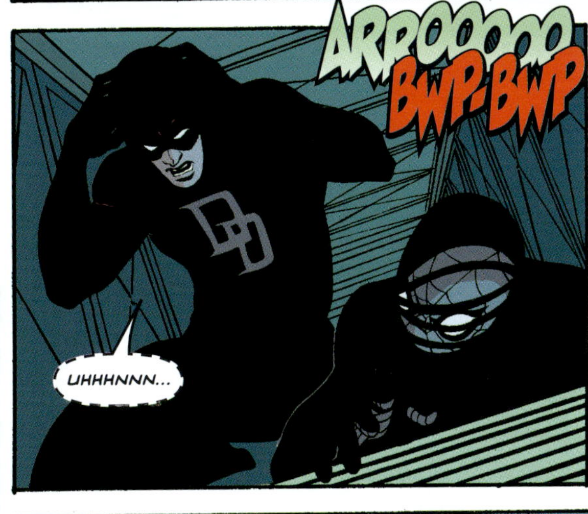
ARROOOOOO
BWP-BWP
UHHHNNN...

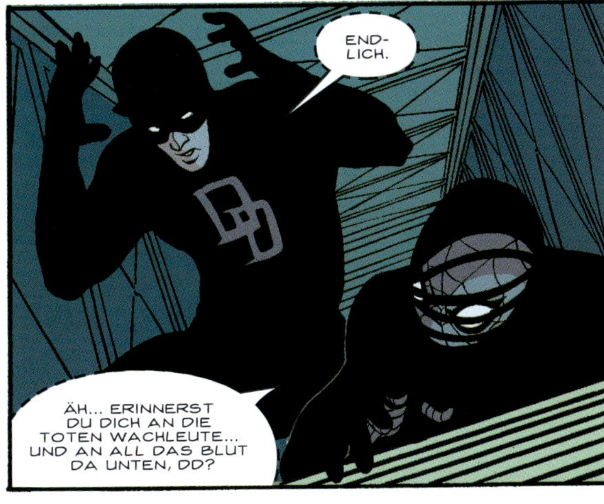
END-LICH.
ÄH... ERINNERST DU DICH AN DIE TOTEN WACHLEUTE... UND AN ALL DAS BLUT DA UNTEN, DD?

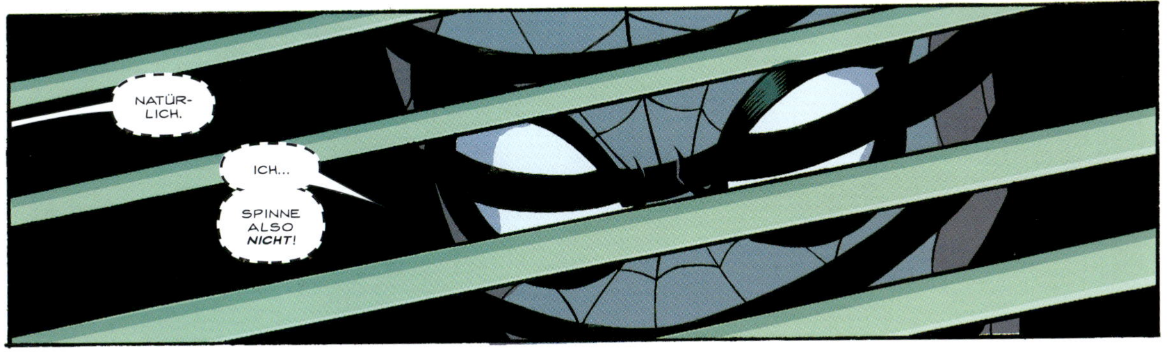
NATÜR-LICH.
ICH...
SPINNE ALSO NICHT!

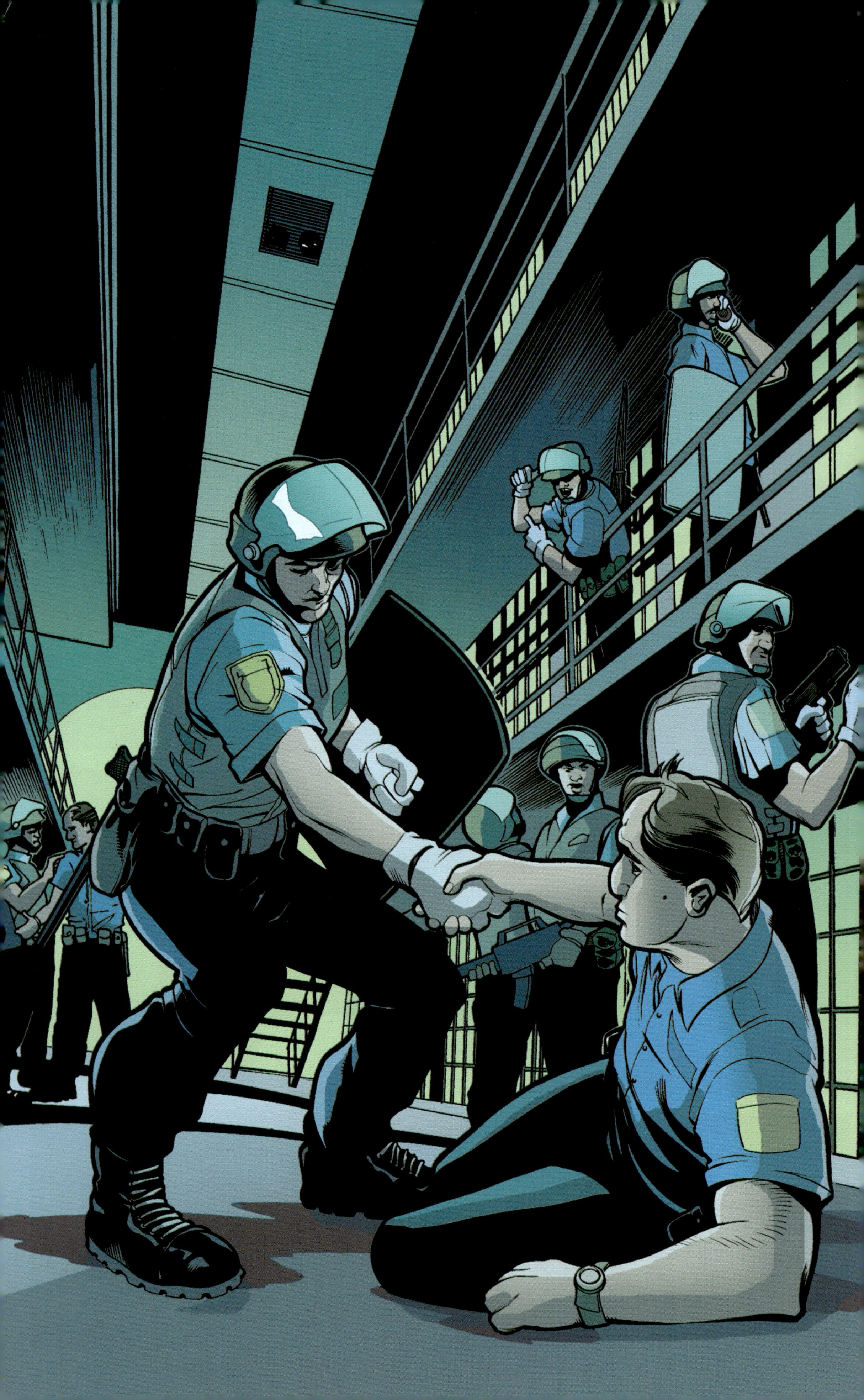

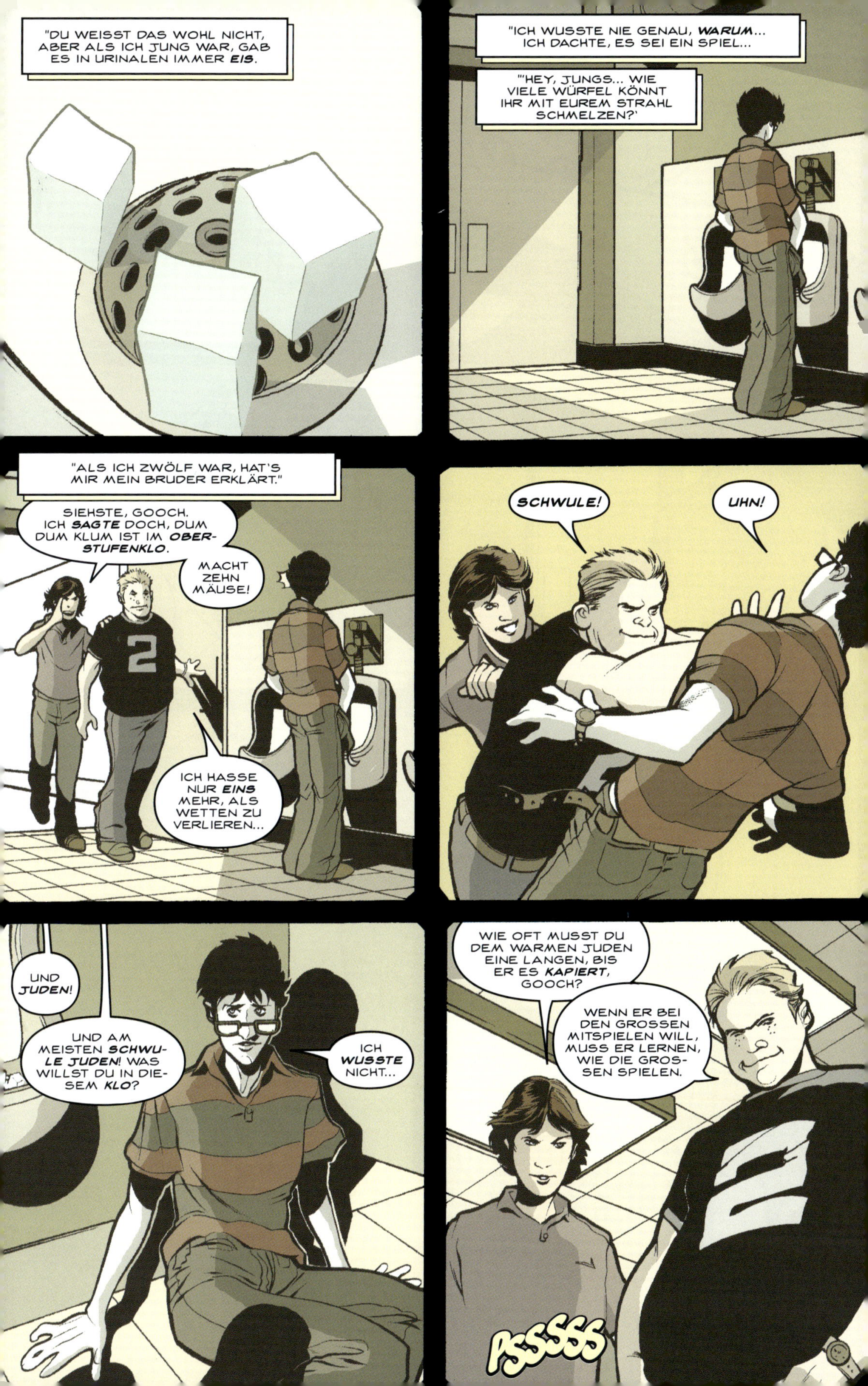

"DU WEISST DAS WOHL NICHT, ABER ALS ICH JUNG WAR, GAB ES IN URINALEN IMMER ***EIS***.

"ICH WUSSTE NIE GENAU, ***WARUM***... ICH DACHTE, ES SEI EIN SPIEL...

"'HEY, JUNGS... WIE VIELE WÜRFEL KÖNNT IHR MIT EUREM STRAHL SCHMELZEN?'

"ALS ICH ZWÖLF WAR, HAT'S MIR MEIN BRUDER ERKLÄRT."

SIEHSTE, GOOCH. ICH ***SAGTE*** DOCH, DUM DUM KLUM IST IM ***OBER-STUFENKLO***.

MACHT ZEHN MÄUSE!

ICH HASSE NUR ***EINS*** MEHR, ALS WETTEN ZU VERLIEREN...

SCHWULE!

UHN!

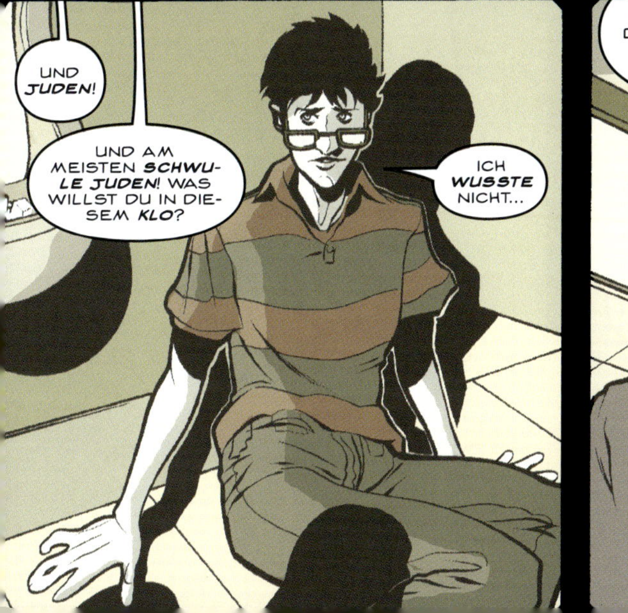

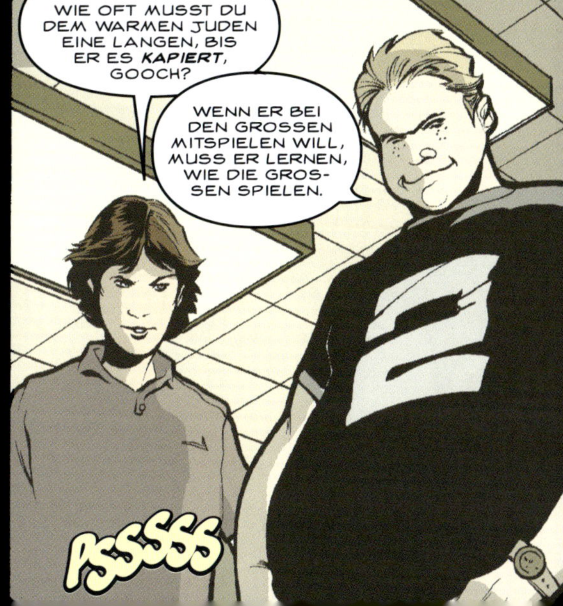

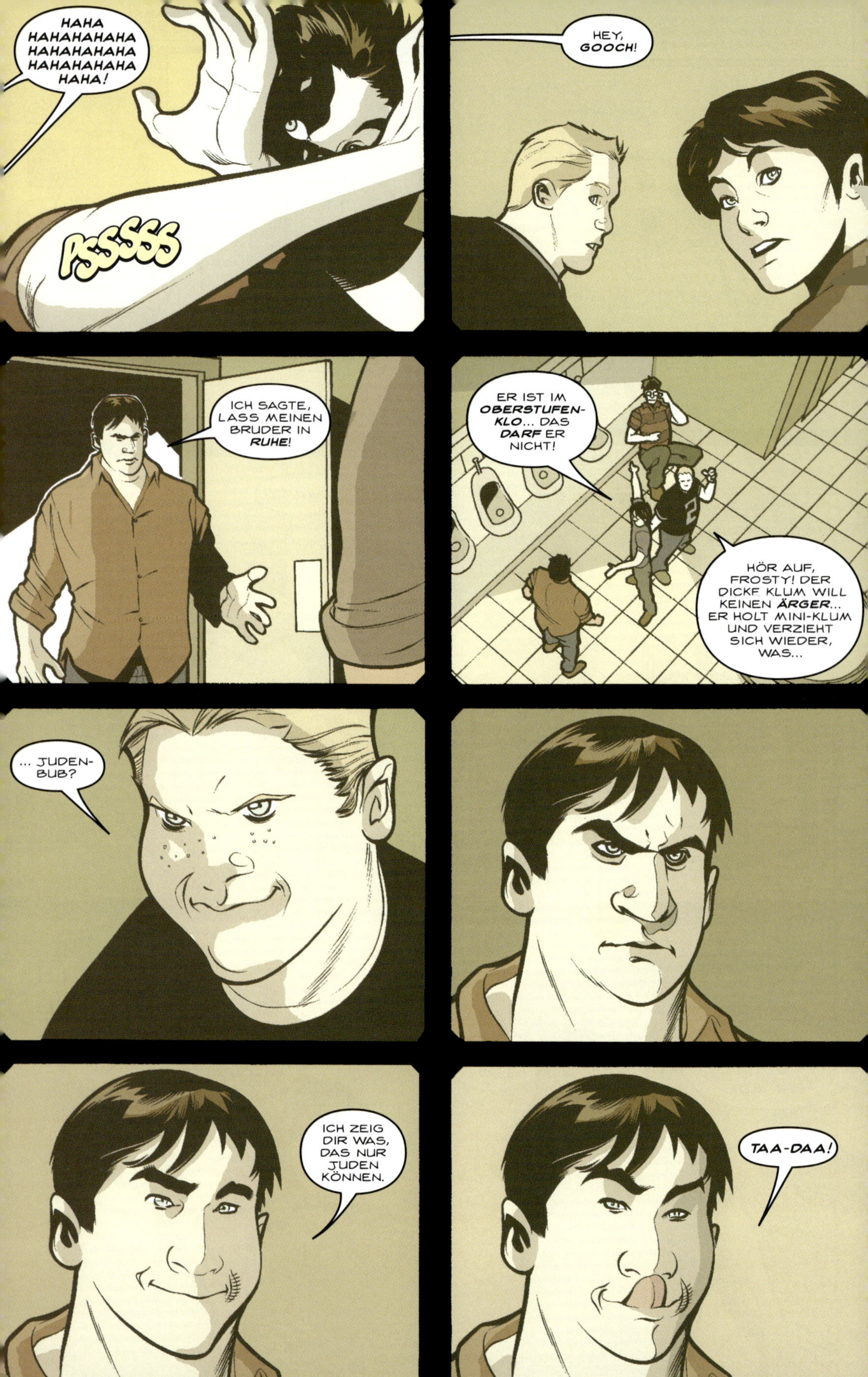
HAHA HAHAHAHAHA HAHAHAHAHA HAHAHAHAHA HAHA!
PSSSSS
HEY, GOOCH!
ICH SAGTE, LASS MEINEN BRUDER IN RUHE!
ER IST IM OBERSTUFEN-KLO... DAS DARF ER NICHT!
HÖR AUF, FROSTY! DER DICKE KLUM WILL KEINEN ÄRGER... ER HOLT MINI-KLUM UND VERZIEHT SICH WIEDER, WAS...
... JUDEN-BUB?
ICH ZEIG DIR WAS, DAS NUR JUDEN KÖNNEN.
TAA-DAA!

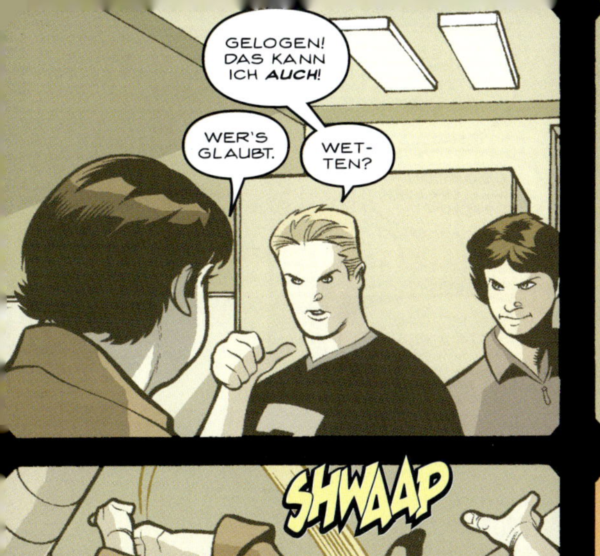
GELOGEN! DAS KANN ICH AUCH!
WER'S GLAUBT.
WET-TEN?

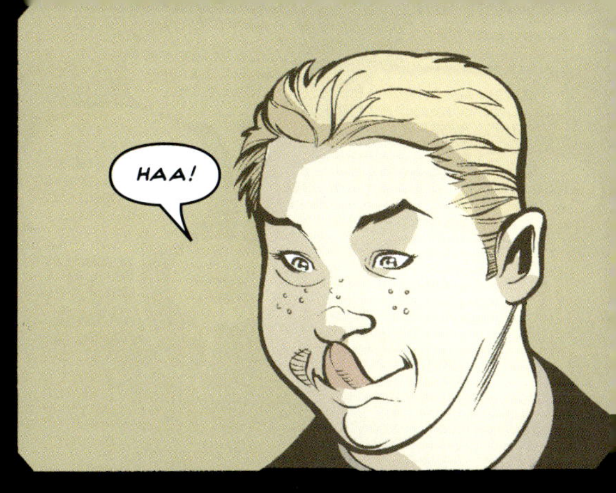
HAA!

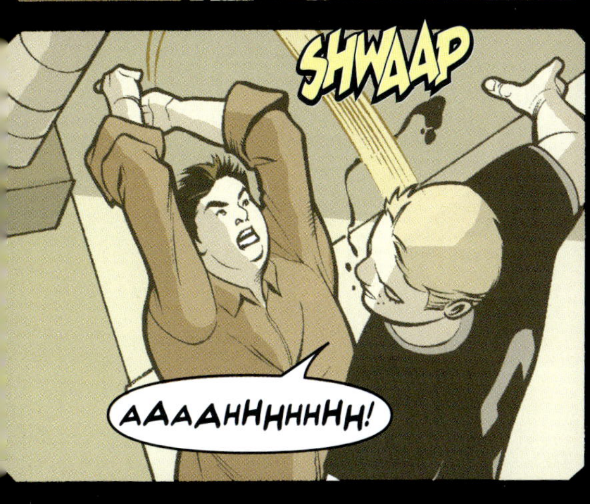
SHWAAP
AAAAHHHHHHH!

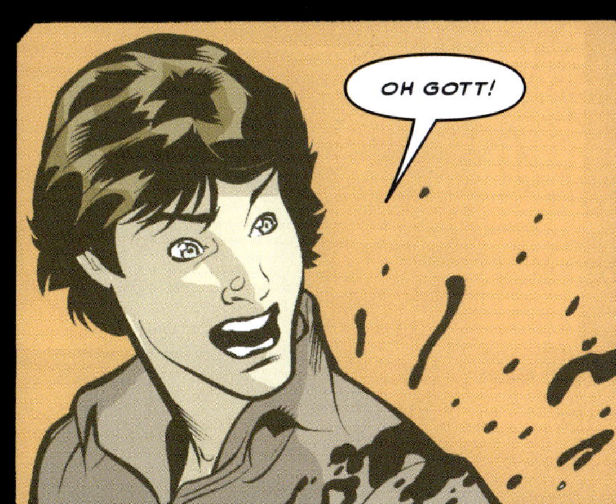
OH GOTT!

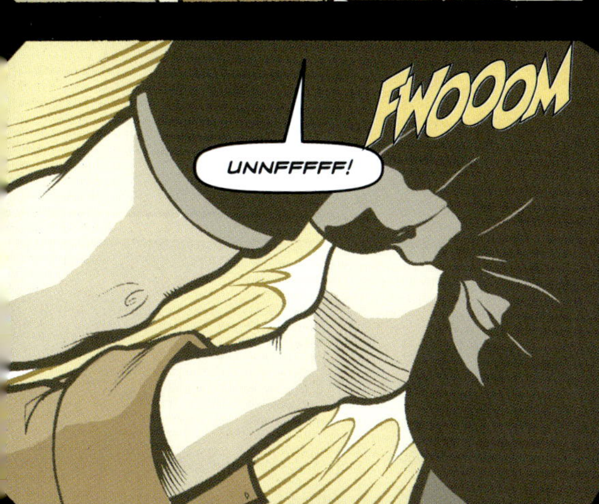
FWOOOM
UNNFFFFF!

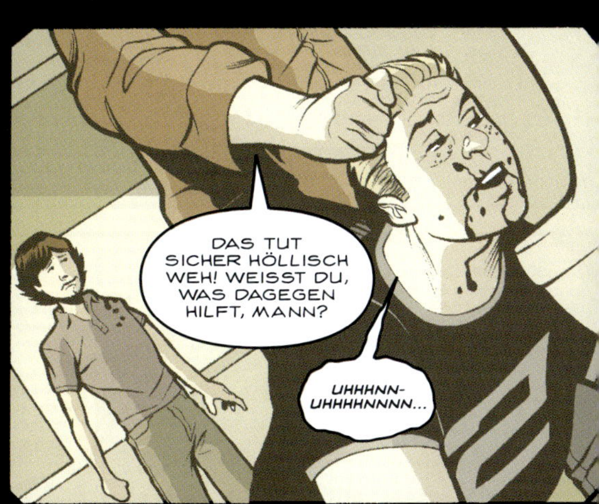
DAS TUT SICHER HÖLLISCH WEH! WEISST DU, WAS DAGEGEN HILFT, MANN?
UHHHNN-UHHHHNNNN...

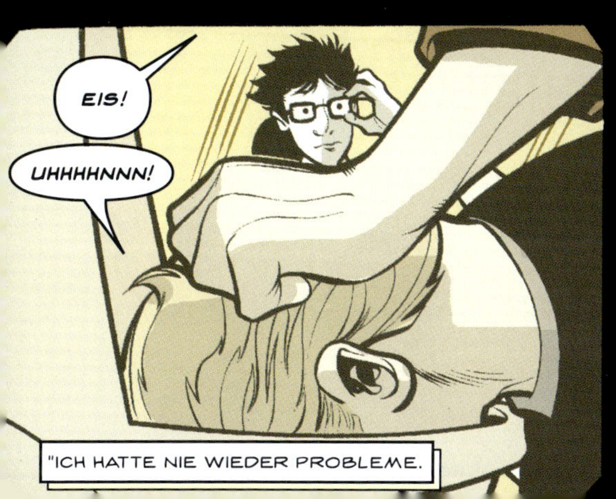
EIS!
UHHHHNNN!
"ICH HATTE NIE WIEDER PROBLEME.

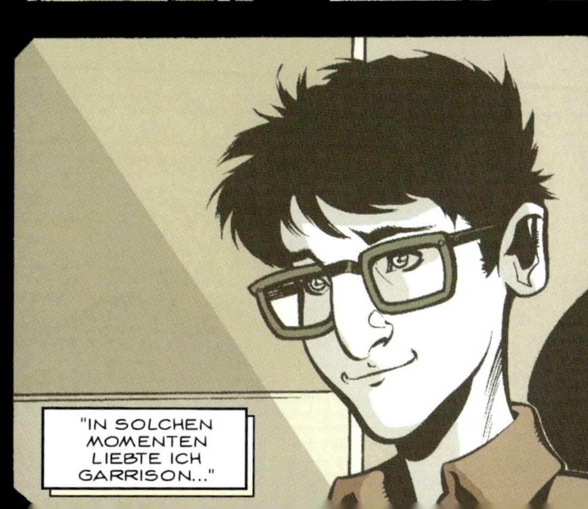
"IN SOLCHEN MOMENTEN LIEBTE ICH GARRISON..."

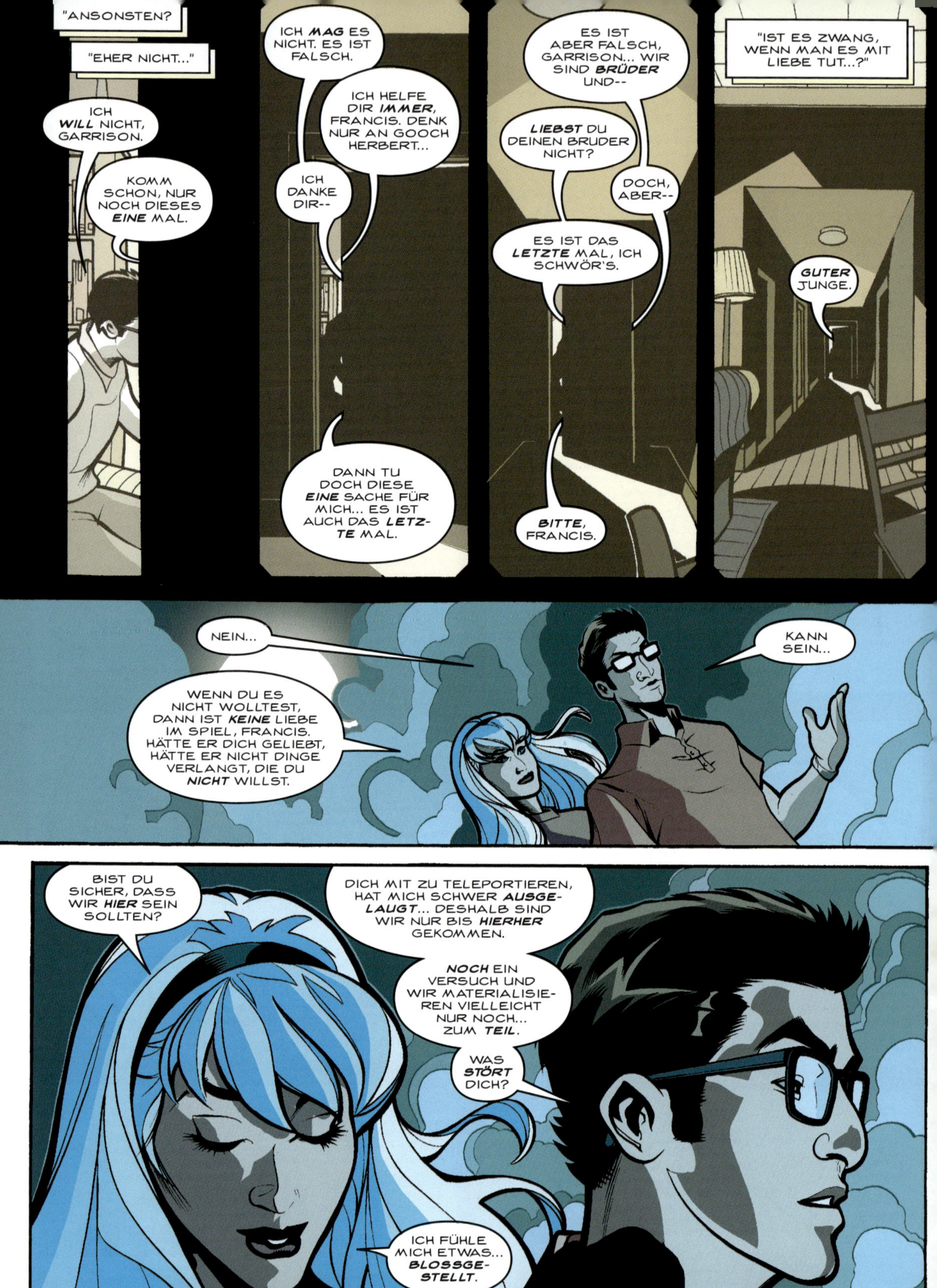
"ANSONSTEN?
"EHER NICHT..."
ICH WILL NICHT, GARRISON.
KOMM SCHON, NUR NOCH DIESES EINE MAL.
ICH MAG ES NICHT. ES IST FALSCH.
ICH HELFE DIR IMMER, FRANCIS. DENK NUR AN GOOCH HERBERT...
ICH DANKE DIR--
DANN TU DOCH DIESE EINE SACHE FÜR MICH... ES IST AUCH DAS LETZTE MAL.
ES IST ABER FALSCH, GARRISON... WIR SIND BRÜDER UND--
LIEBST DU DEINEN BRUDER NICHT?
DOCH, ABER--
ES IST DAS LETZTE MAL, ICH SCHWÖR'S.
BITTE, FRANCIS.
"IST ES ZWANG, WENN MAN ES MIT LIEBE TUT...?"
GUTER JUNGE.
NEIN...
KANN SEIN...
WENN DU ES NICHT WOLLTEST, DANN IST KEINE LIEBE IM SPIEL, FRANCIS. HÄTTE ER DICH GELIEBT, HÄTTE ER NICHT DINGE VERLANGT, DIE DU NICHT WILLST.
BIST DU SICHER, DASS WIR HIER SEIN SOLLTEN?
DICH MIT ZU TELEPORTIEREN, HAT MICH SCHWER AUSGELAUGT... DESHALB SIND WIR NUR BIS HIERHER GEKOMMEN.
NOCH EIN VERSUCH UND WIR MATERIALISIEREN VIELLEICHT NUR NOCH... ZUM TEIL.
WAS STÖRT DICH?
ICH FÜHLE MICH ETWAS... BLOSSGESTELLT.

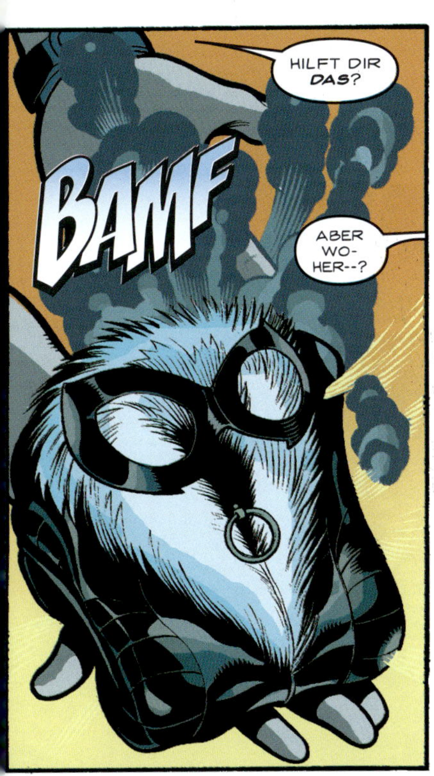
HILFT DIR DAS?
BAMF
ABER WO-HER--?

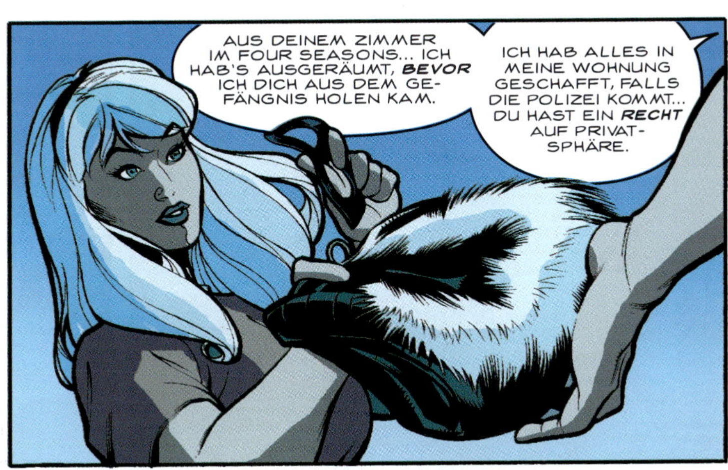
AUS DEINEM ZIMMER IM FOUR SEASONS... ICH HAB'S AUSGERÄUMT, BEVOR ICH DICH AUS DEM GE-FÄNGNIS HOLEN KAM.
ICH HAB ALLES IN MEINE WOHNUNG GESCHAFFT, FALLS DIE POLIZEI KOMMT... DU HAST EIN RECHT AUF PRIVAT-SPHÄRE.

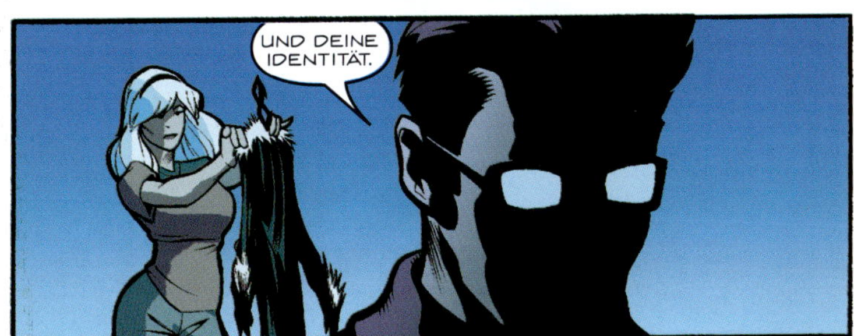
UND DEINE IDENTITÄT.

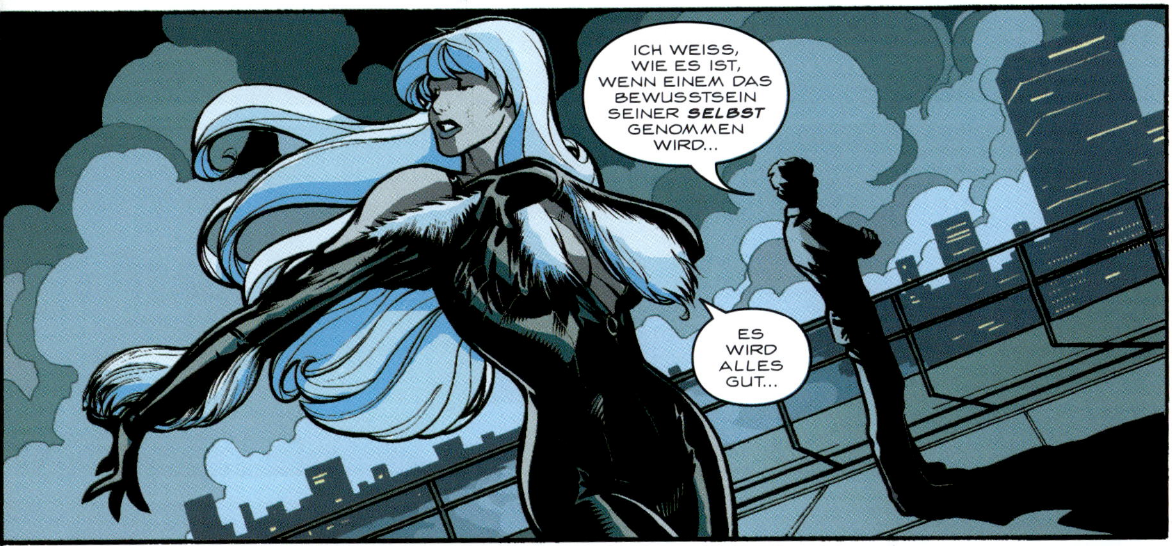
ICH WEISS, WIE ES IST, WENN EINEM DAS BEWUSSTSEIN SEINER SELBST GENOMMEN WIRD...
ES WIRD ALLES GUT...

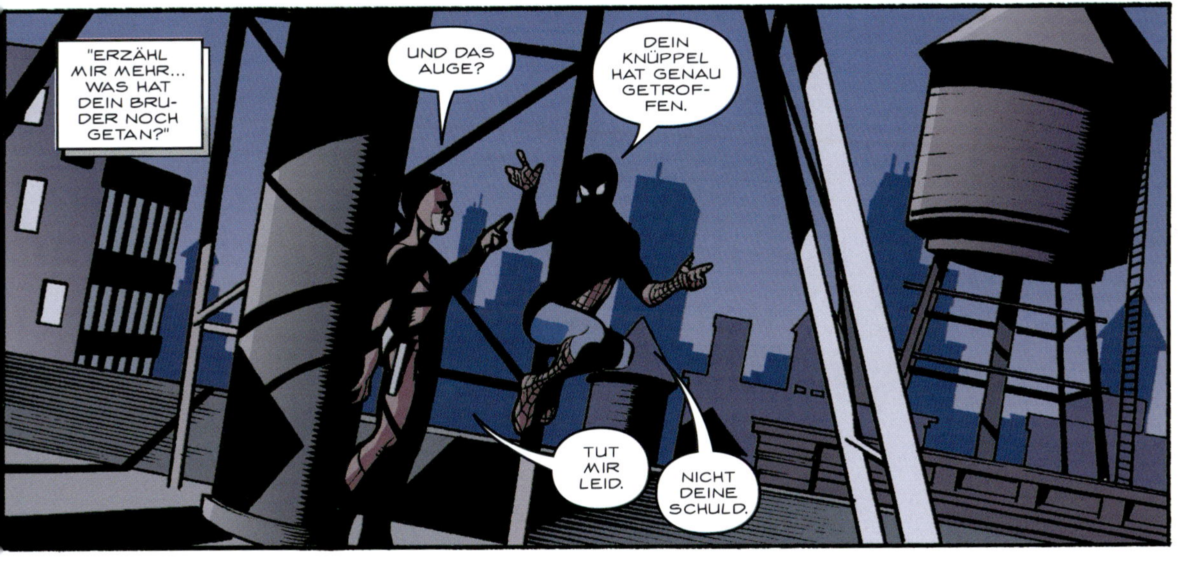
"ERZÄHL MIR MEHR... WAS HAT DEIN BRU-DER NOCH GETAN?"
UND DAS AUGE?
DEIN KNÜPPEL HAT GENAU GETROF-FEN.
TUT MIR LEID.
NICHT DEINE SCHULD.

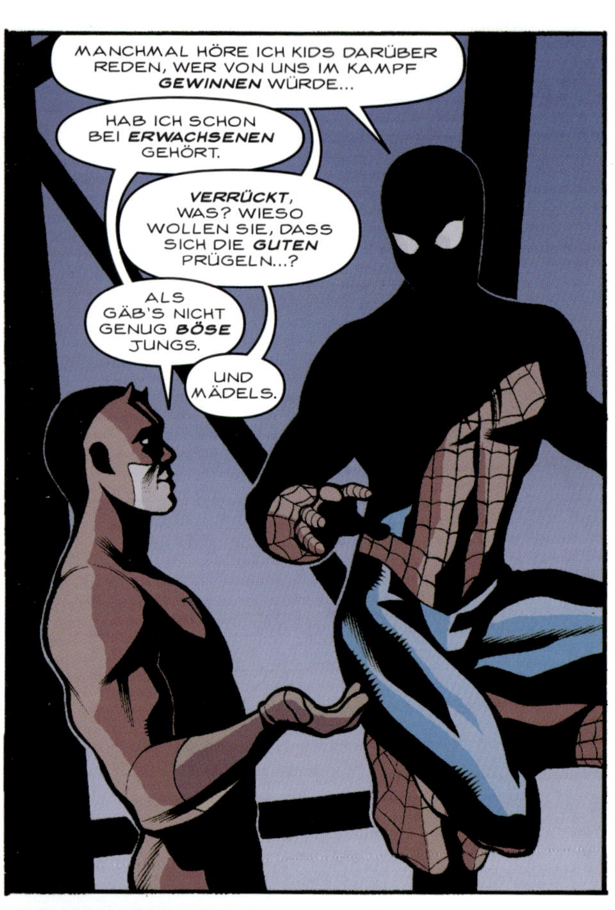
MANCHMAL HÖRE ICH KIDS DARÜBER REDEN, WER VON UNS IM KAMPF GEWINNEN WÜRDE...
HAB ICH SCHON BEI ERWACHSENEN GEHÖRT.
VERRÜCKT, WAS? WIESO WOLLEN SIE, DASS SICH DIE GUTEN PRÜGELN...?
ALS GÄB'S NICHT GENUG BÖSE JUNGS.
UND MÄDELS.

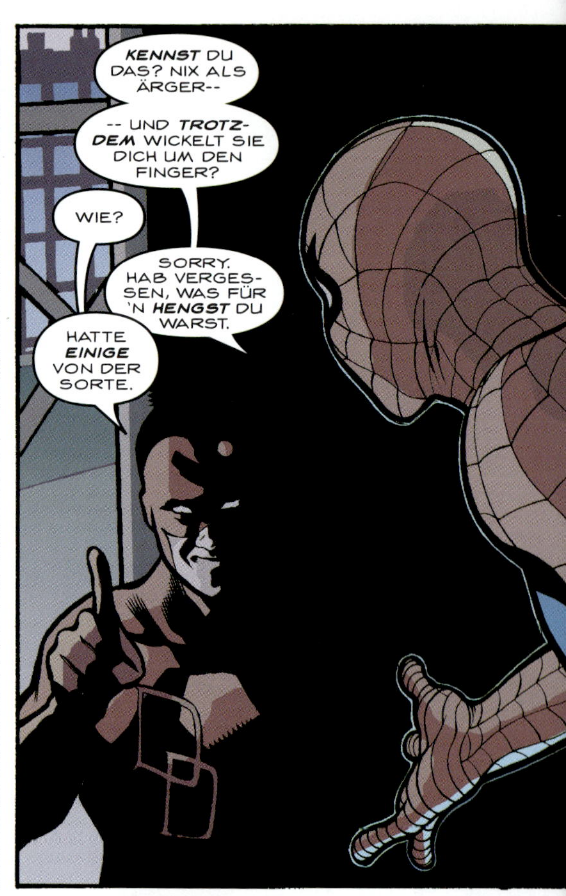
KENNST DU DAS? NIX ALS ÄRGER--
-- UND TROTZDEM WICKELT SIE DICH UM DEN FINGER?
WIE?
SORRY. HAB VERGESSEN, WAS FÜR 'N HENGST DU WARST.
HATTE EINIGE VON DER SORTE.

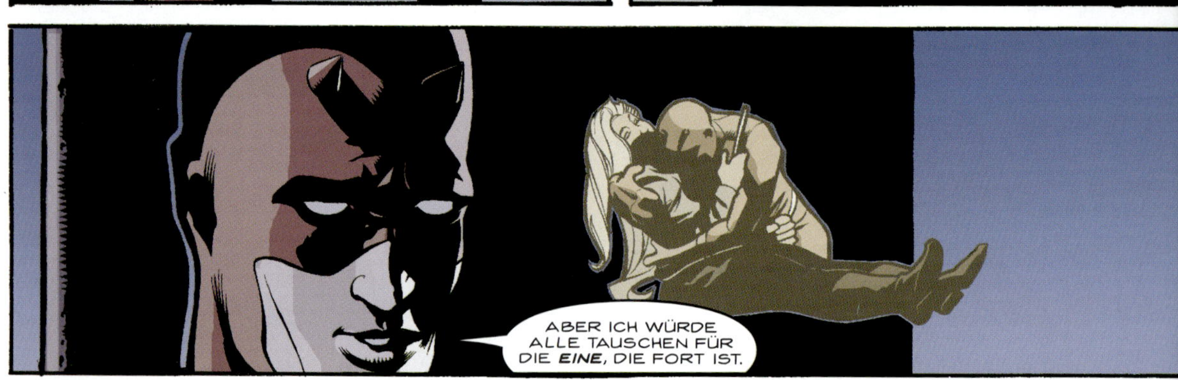
ABER ICH WÜRDE ALLE TAUSCHEN FÜR DIE EINE, DIE FORT IST.

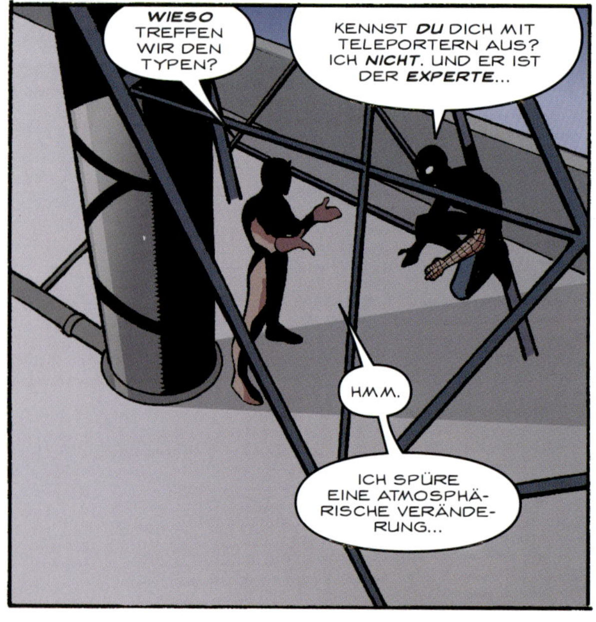
WIESO TREFFEN WIR DEN TYPEN?
KENNST DU DICH MIT TELEPORTERN AUS? ICH NICHT. UND ER IST DER EXPERTE...
HMM.
ICH SPÜRE EINE ATMOSPHÄRISCHE VERÄNDERUNG...

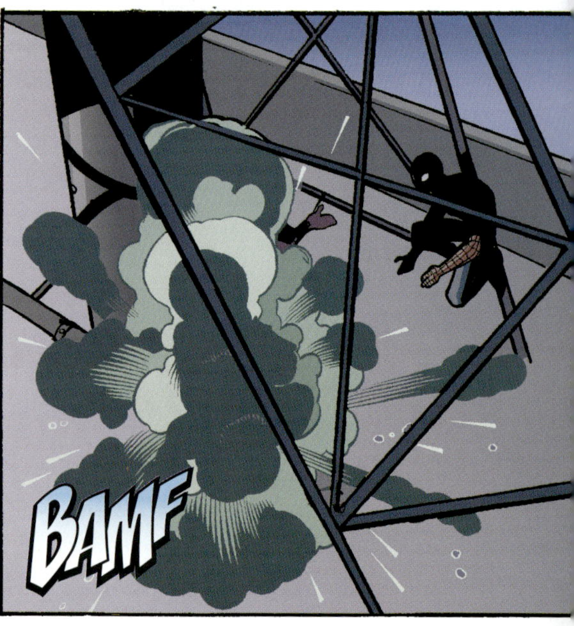
BAMF

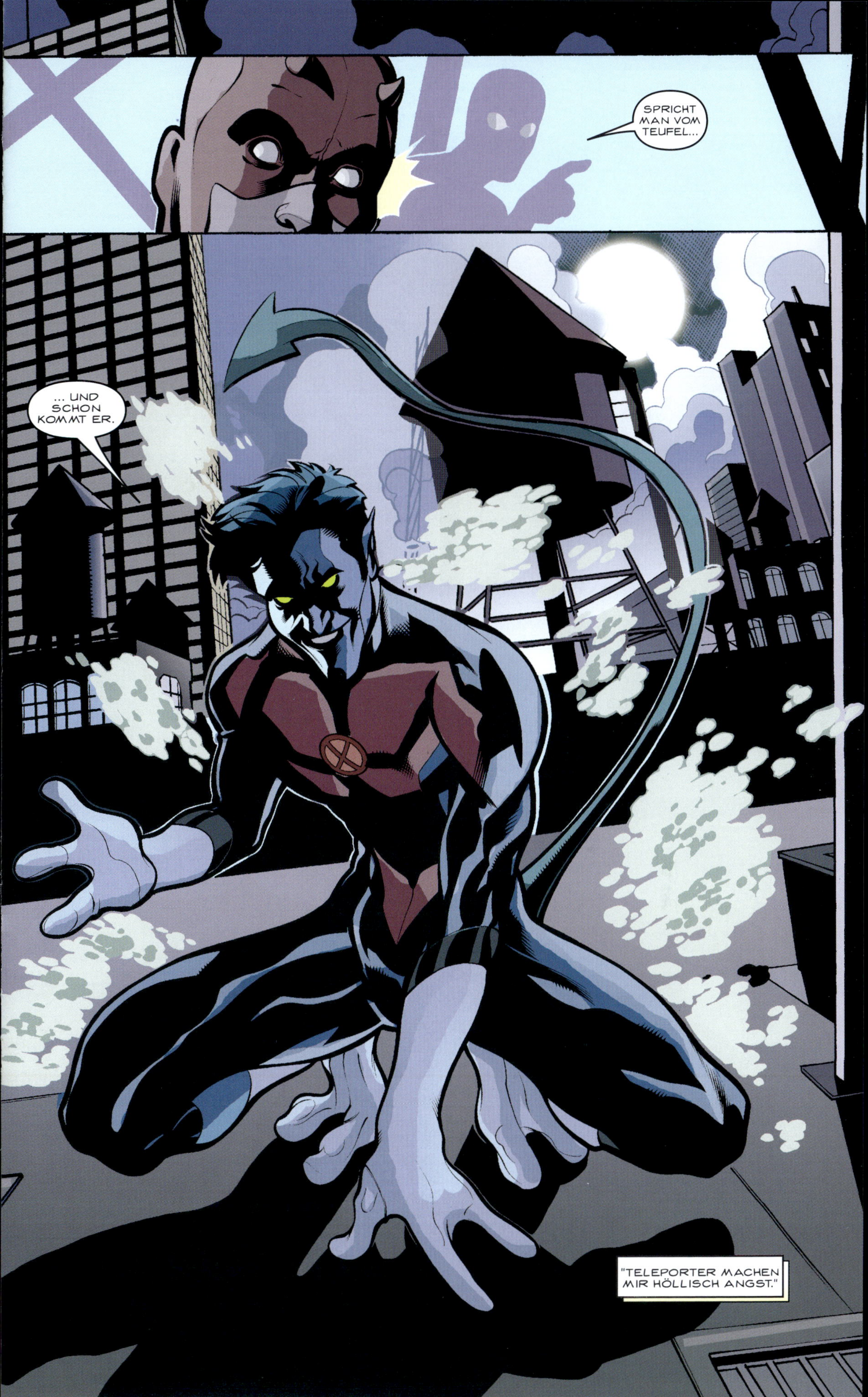
SPRICHT MAN VOM TEUFEL...
... UND SCHON KOMMT ER.
"TELEPORTER MACHEN MIR HÖLLISCH ANGST."

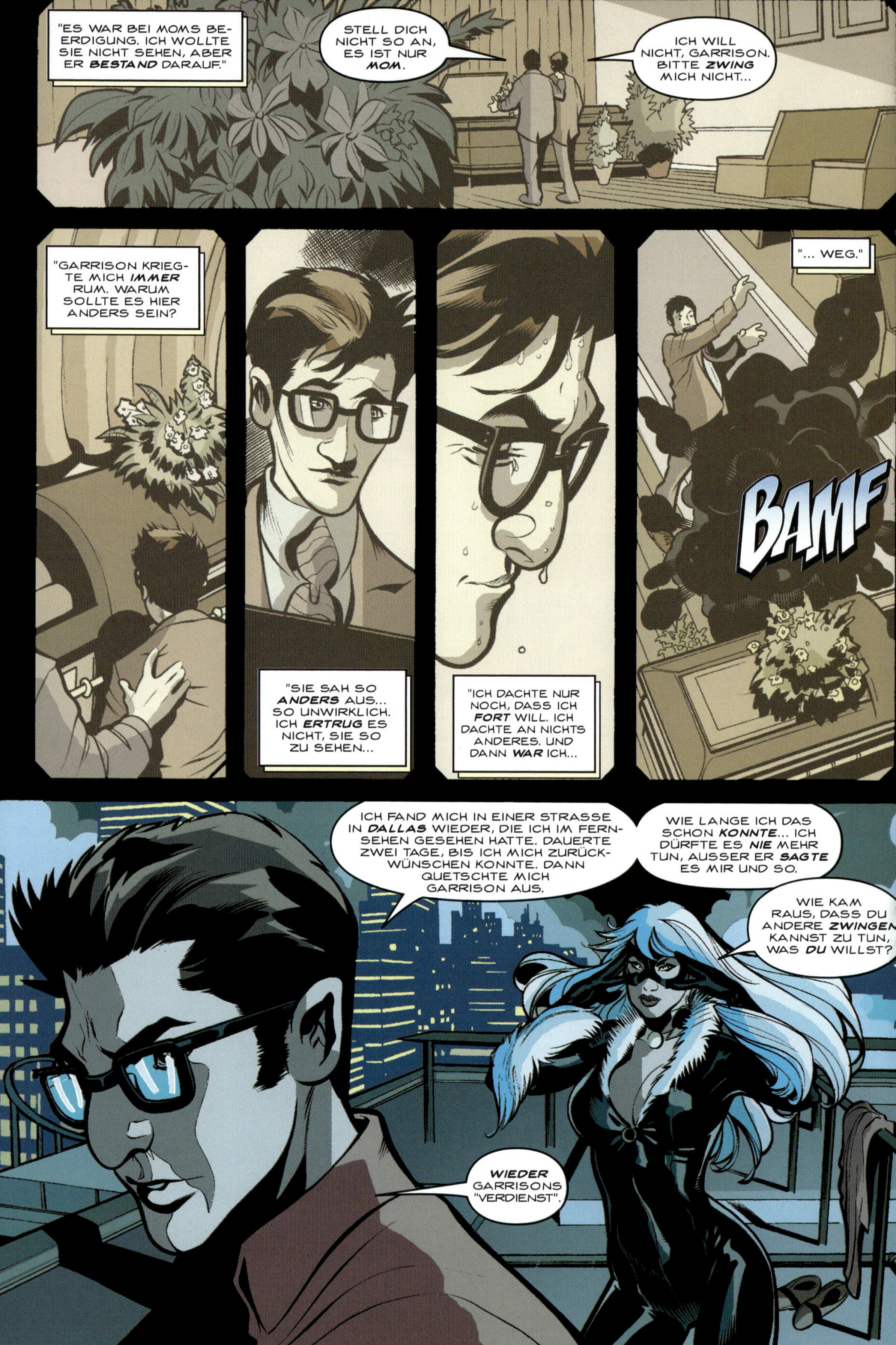
"ES WAR BEI MOMS BEERDIGUNG. ICH WOLLTE SIE NICHT SEHEN, ABER ER BESTAND DARAUF."
STELL DICH NICHT SO AN, ES IST NUR MOM.
ICH WILL NICHT, GARRISON. BITTE ZWING MICH NICHT...
"GARRISON KRIEGTE MICH IMMER RUM. WARUM SOLLTE ES HIER ANDERS SEIN?
"SIE SAH SO ANDERS AUS... SO UNWIRKLICH. ICH ERTRUG ES NICHT, SIE SO ZU SEHEN...
"ICH DACHTE NUR NOCH, DASS ICH FORT WILL. ICH DACHTE AN NICHTS ANDERES. UND DANN WAR ICH...
"... WEG."
BAMF
ICH FAND MICH IN EINER STRASSE IN DALLAS WIEDER, DIE ICH IM FERNSEHEN GESEHEN HATTE. DAUERTE ZWEI TAGE, BIS ICH MICH ZURÜCKWÜNSCHEN KONNTE. DANN QUETSCHTE MICH GARRISON AUS.
WIE LANGE ICH DAS SCHON KONNTE... ICH DÜRFTE ES NIE MEHR TUN, AUSSER ER SAGTE ES MIR UND SO.
WIE KAM RAUS, DASS DU ANDERE ZWINGEN KANNST ZU TUN, WAS DU WILLST?
WIEDER GARRISONS "VERDIENST".

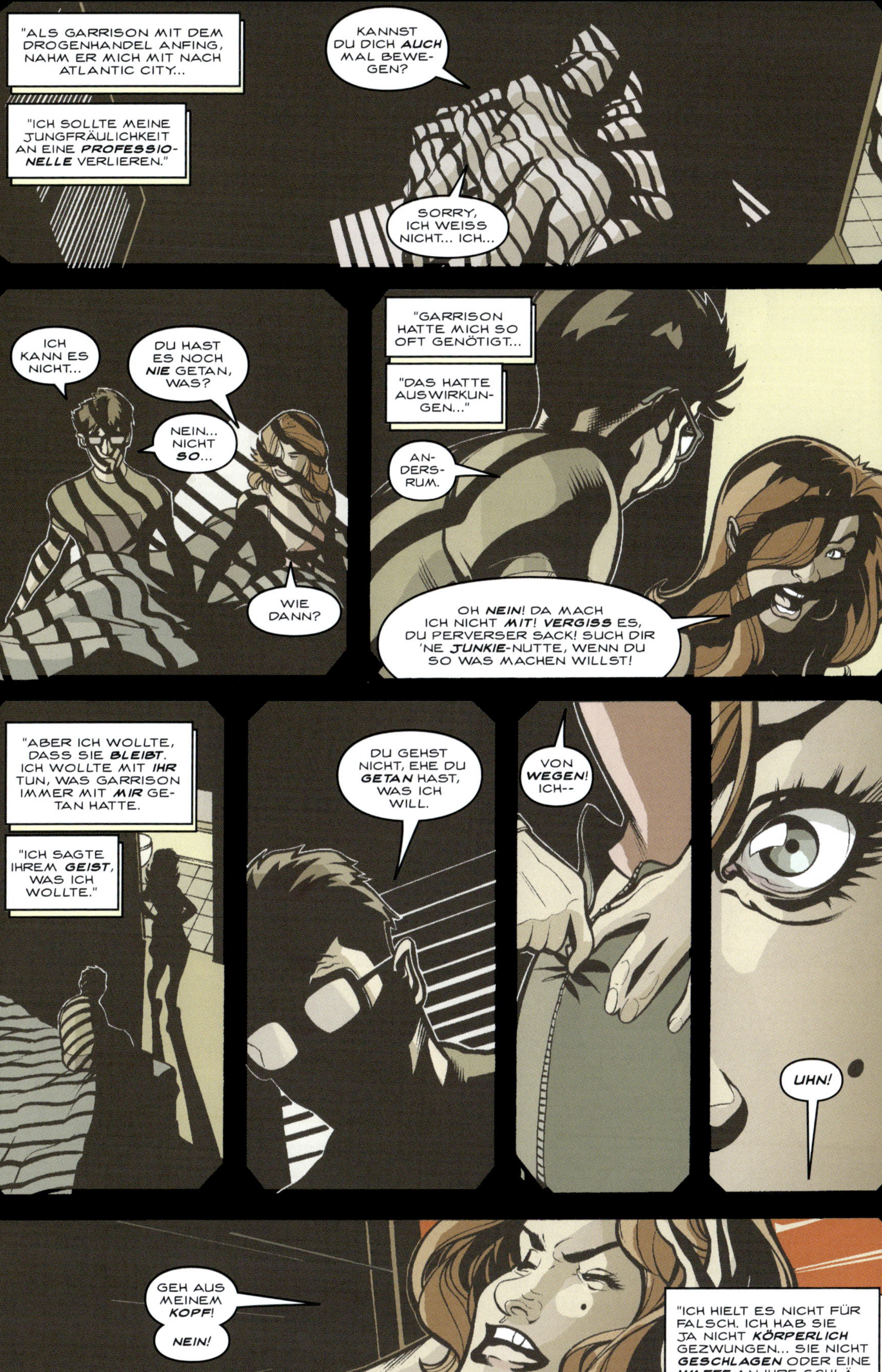
"ALS GARRISON MIT DEM DROGENHANDEL ANFING, NAHM ER MICH MIT NACH ATLANTIC CITY...
"ICH SOLLTE MEINE JUNGFRÄULICHKEIT AN EINE PROFESSIO-NELLE VERLIEREN."
KANNST DU DICH AUCH MAL BEWE-GEN?
SORRY, ICH WEISS NICHT... ICH...
ICH KANN ES NICHT...
DU HAST ES NOCH NIE GETAN, WAS?
NEIN... NICHT SO...
WIE DANN?
"GARRISON HATTE MICH SO OFT GENÖTIGT...
"DAS HATTE AUSWIRKUN-GEN..."
AN-DERS-RUM.
OH NEIN! DA MACH ICH NICHT MIT! VERGISS ES, DU PERVERSER SACK! SUCH DIR 'NE JUNKIE-NUTTE, WENN DU SO WAS MACHEN WILLST!
"ABER ICH WOLLTE, DASS SIE BLEIBT. ICH WOLLTE MIT IHR TUN, WAS GARRISON IMMER MIT MIR GE-TAN HATTE.
"ICH SAGTE IHREM GEIST, WAS ICH WOLLTE."
DU GEHST NICHT, EHE DU GETAN HAST, WAS ICH WILL.
VON WEGEN! ICH--
UHN!
GEH AUS MEINEM KOPF!
NEIN!
"ICH HIELT ES NICHT FÜR FALSCH. ICH HAB SIE JA NICHT KÖRPERLICH GEZWUNGEN... SIE NICHT GESCHLAGEN ODER EINE WAFFE AN IHRE SCHLÄ-FE GEHALTEN. SIE TAT ALLES FREIWILLIG."

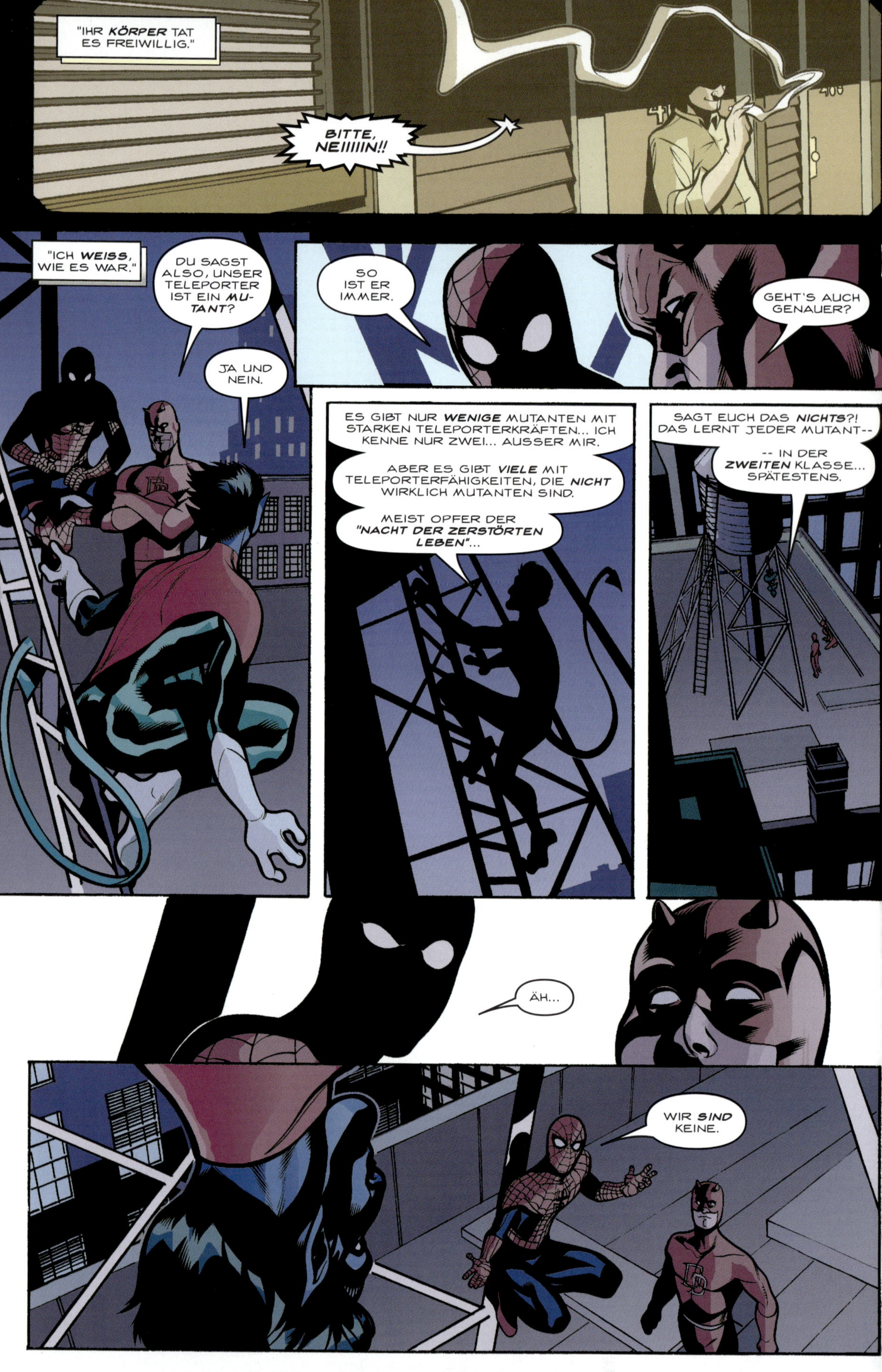
"IHR KÖRPER TAT ES FREIWILLIG."
BITTE, NEIIIIIN!!
"ICH WEISS, WIE ES WAR."
DU SAGST ALSO, UNSER TELEPORTER IST EIN MUTANT?
JA UND NEIN.
SO IST ER IMMER.
GEHT'S AUCH GENAUER?
ES GIBT NUR WENIGE MUTANTEN MIT STARKEN TELEPORTERKRÄFTEN... ICH KENNE NUR ZWEI... AUSSER MIR.
ABER ES GIBT VIELE MIT TELEPORTERFÄHIGKEITEN, DIE NICHT WIRKLICH MUTANTEN SIND.
MEIST OPFER DER "NACHT DER ZERSTÖRTEN LEBEN"...
SAGT EUCH DAS NICHTS?! DAS LERNT JEDER MUTANT--
-- IN DER ZWEITEN KLASSE... SPÄTESTENS.
ÄH...
WIR SIND KEINE.

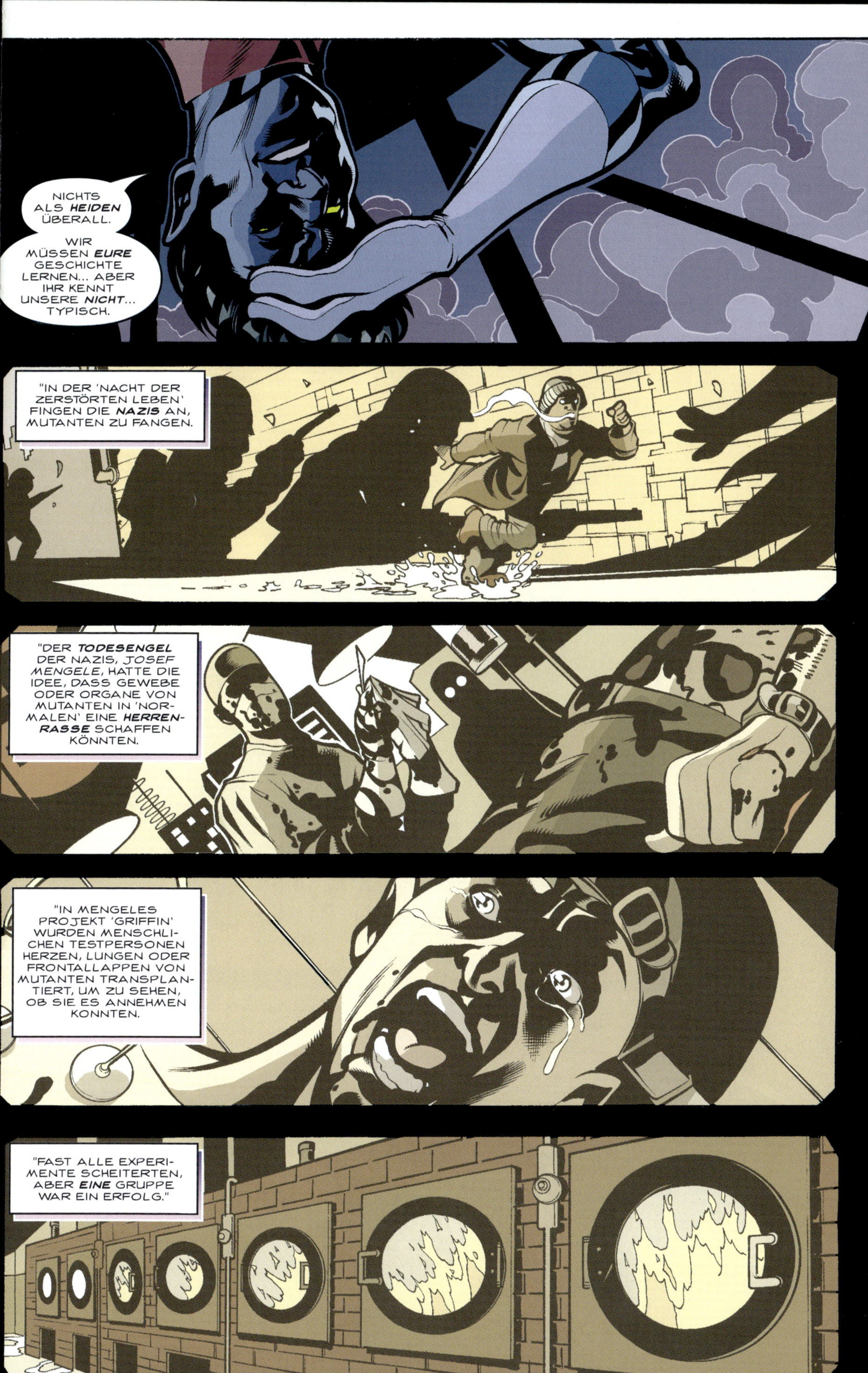

NICHTS ALS HEIDEN ÜBERALL.
WIR MÜSSEN EURE GESCHICHTE LERNEN... ABER IHR KENNT UNSERE NICHT... TYPISCH.
"IN DER 'NACHT DER ZERSTÖRTEN LEBEN' FINGEN DIE NAZIS AN, MUTANTEN ZU FANGEN.
"DER TODESENGEL DER NAZIS, JOSEF MENGELE, HATTE DIE IDEE, DASS GEWEBE ODER ORGANE VON MUTANTEN IN 'NORMALEN' EINE HERRENRASSE SCHAFFEN KÖNNTEN.
"IN MENGELES PROJEKT 'GRIFFIN' WURDEN MENSCHLICHEN TESTPERSONEN HERZEN, LUNGEN ODER FRONTALLAPPEN VON MUTANTEN TRANSPLANTIERT, UM ZU SEHEN, OB SIE ES ANNEHMEN KONNTEN.
"FAST ALLE EXPERIMENTE SCHEITERTEN, ABER EINE GRUPPE WAR EIN ERFOLG."

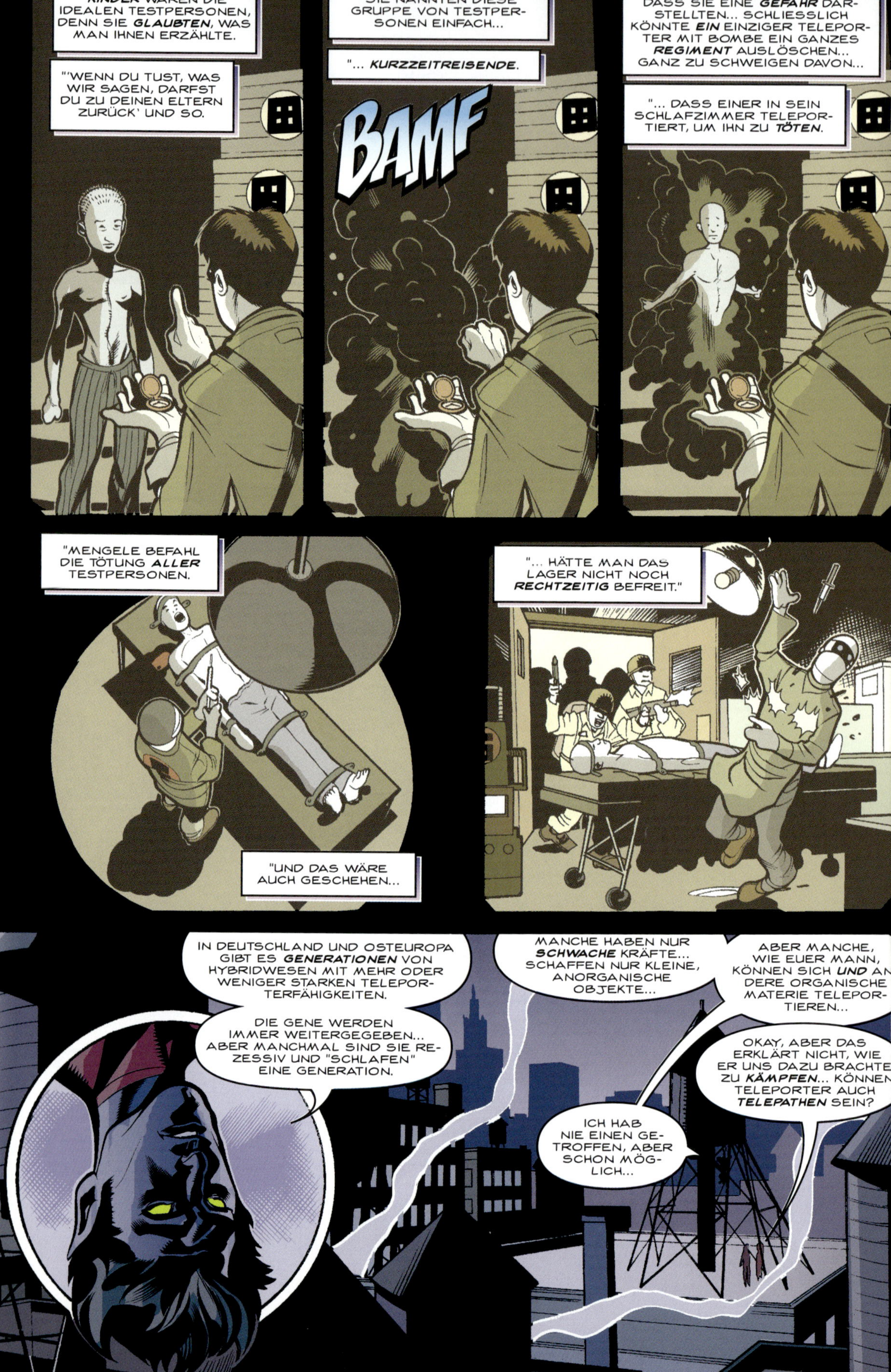
"KINDER WAREN DIE IDEALEN TESTPERSONEN, DENN SIE GLAUBTEN, WAS MAN IHNEN ERZÄHLTE.
"'WENN DU TUST, WAS WIR SAGEN, DARFST DU ZU DEINEN ELTERN ZURÜCK' UND SO.
"SIE NANNTEN DIESE GRUPPE VON TESTPERSONEN EINFACH...
"... KURZZEITREISENDE.
BAMF
"DOCH HITLER BEFAND, DASS SIE EINE GEFAHR DARSTELLTEN... SCHLIESSLICH KÖNNTE EIN EINZIGER TELEPORTER MIT BOMBE EIN GANZES REGIMENT AUSLÖSCHEN... GANZ ZU SCHWEIGEN DAVON...
"... DASS EINER IN SEIN SCHLAFZIMMER TELEPORTIERT, UM IHN ZU TÖTEN.
"MENGELE BEFAHL DIE TÖTUNG ALLER TESTPERSONEN.
"UND DAS WÄRE AUCH GESCHEHEN...
"... HÄTTE MAN DAS LAGER NICHT NOCH RECHTZEITIG BEFREIT."
IN DEUTSCHLAND UND OSTEUROPA GIBT ES GENERATIONEN VON HYBRIDWESEN MIT MEHR ODER WENIGER STARKEN TELEPORTERFÄHIGKEITEN.
DIE GENE WERDEN IMMER WEITERGEGEBEN... ABER MANCHMAL SIND SIE REZESSIV UND "SCHLAFEN" EINE GENERATION.
MANCHE HABEN NUR SCHWACHE KRÄFTE... SCHAFFEN NUR KLEINE, ANORGANISCHE OBJEKTE...
ABER MANCHE, WIE EUER MANN, KÖNNEN SICH UND ANDERE ORGANISCHE MATERIE TELEPORTIEREN...
OKAY, ABER DAS ERKLÄRT NICHT, WIE ER UNS DAZU BRACHTE ZU KÄMPFEN... KÖNNEN TELEPORTER AUCH TELEPATHEN SEIN?
ICH HAB NIE EINEN GETROFFEN, ABER SCHON MÖGLICH...

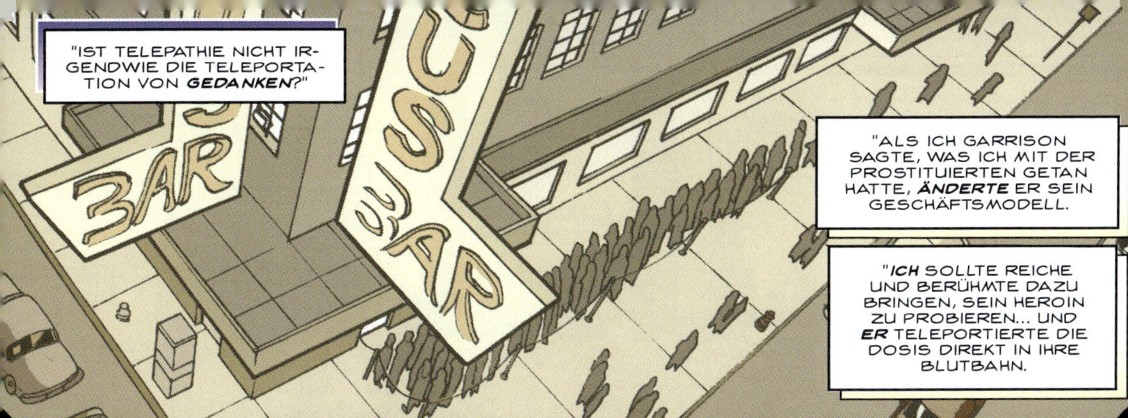
"IST TELEPATHIE NICHT IRGENDWIE DIE TELEPORTATION VON GEDANKEN?"
US BAR
BAR
"ALS ICH GARRISON SAGTE, WAS ICH MIT DER PROSTITUIERTEN GETAN HATTE, ÄNDERTE ER SEIN GESCHÄFTSMODELL.
"ICH SOLLTE REICHE UND BERÜHMTE DAZU BRINGEN, SEIN HEROIN ZU PROBIEREN... UND ER TELEPORTIERTE DIE DOSIS DIREKT IN IHRE BLUTBAHN.

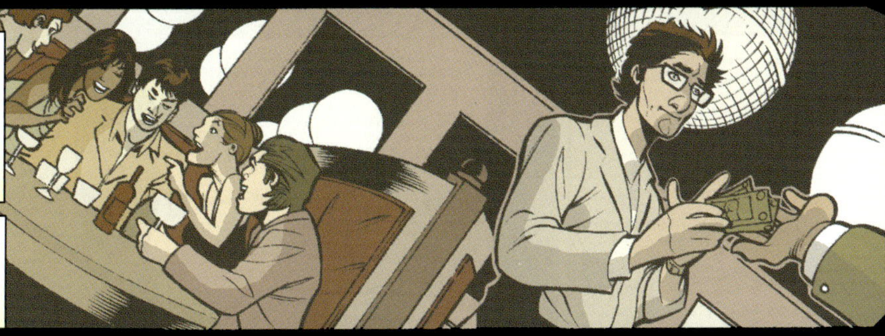
"SOBALD SICH RUMSPRACH, DASS MR. BROWNSTONE EINEM DAS ZEUG OHNE JEDE SPUR... OHNE EINSTICH VERPASSTE, MUSSTE ICH MEINE KRÄFTE KAUM NOCH ANWENDEN.
"UNSERE KUNDENLISTE LAS SICH WIE EIN WHO'S WHO AUS POLITIK, SHOWGESCHÄFT UND GELDADEL.

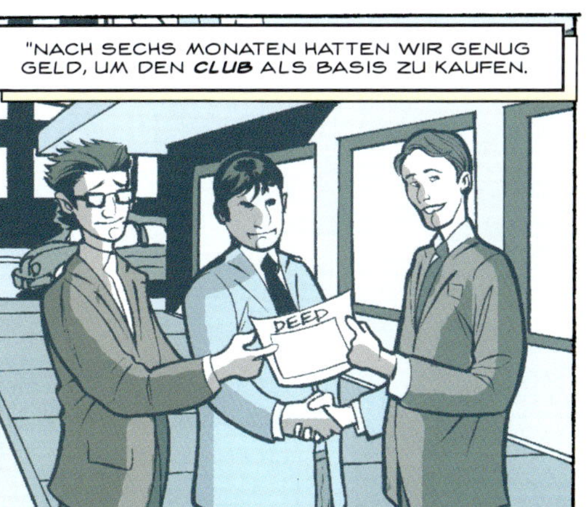
"NACH SECHS MONATEN HATTEN WIR GENUG GELD, UM DEN CLUB ALS BASIS ZU KAUFEN.
DEED

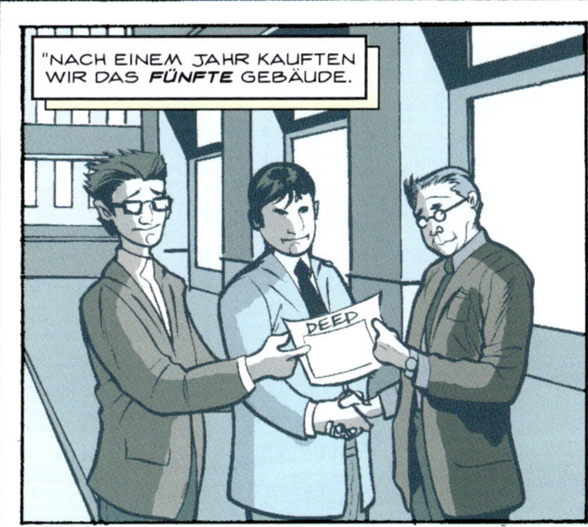
"NACH EINEM JAHR KAUFTEN WIR DAS FÜNFTE GEBÄUDE.
DEED

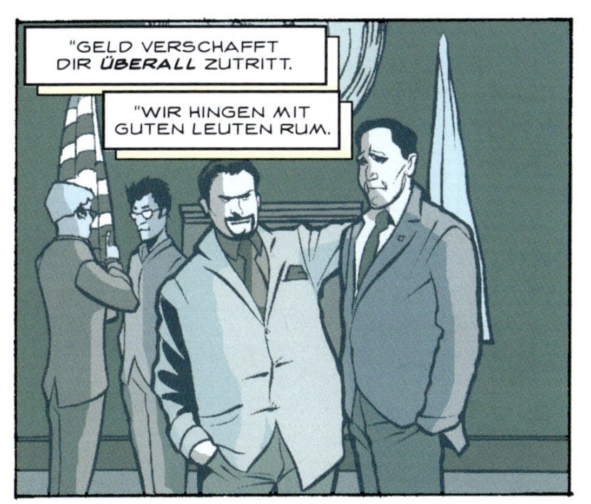
"GELD VERSCHAFFT DIR ÜBERALL ZUTRITT.
"WIR HINGEN MIT GUTEN LEUTEN RUM.

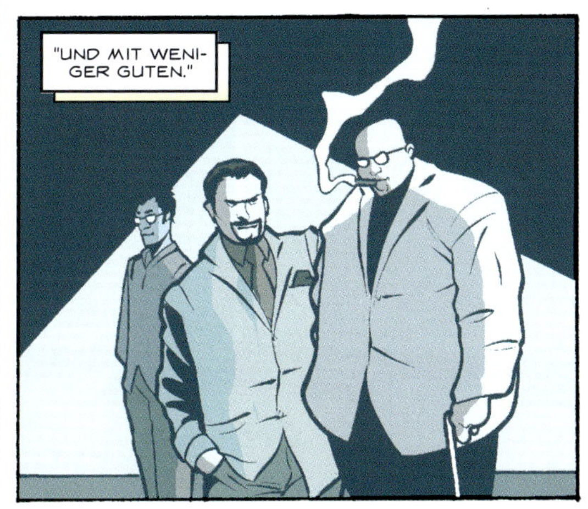
"UND MIT WENIGER GUTEN."

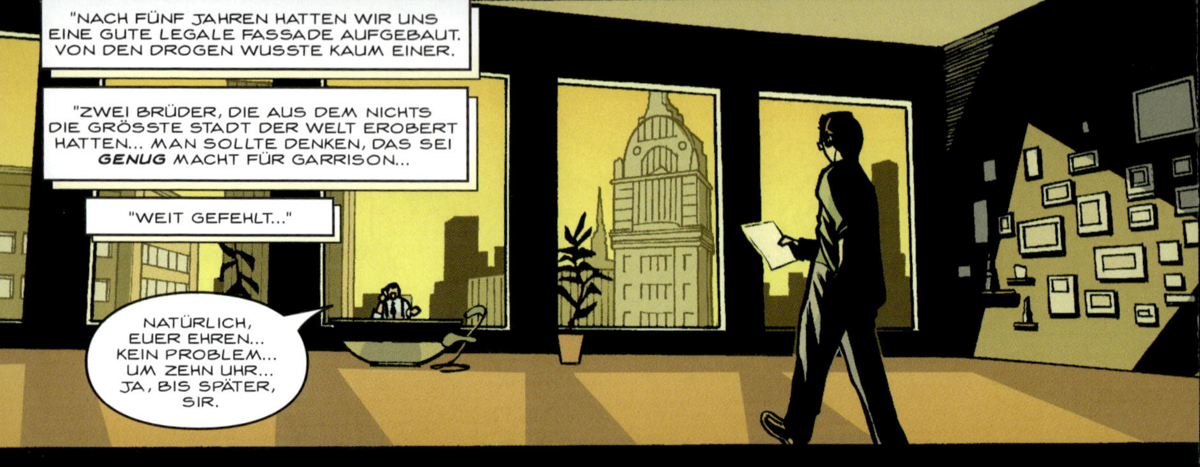
"NACH FÜNF JAHREN HATTEN WIR UNS EINE GUTE LEGALE FASSADE AUFGEBAUT. VON DEN DROGEN WUSSTE KAUM EINER.
"ZWEI BRÜDER, DIE AUS DEM NICHTS DIE GRÖSSTE STADT DER WELT EROBERT HATTEN... MAN SOLLTE DENKEN, DAS SEI GENUG MACHT FÜR GARRISON...
"WEIT GEFEHLT..."
NATÜRLICH, EUER EHREN... KEIN PROBLEM... UM ZEHN UHR... JA, BIS SPÄTER, SIR.

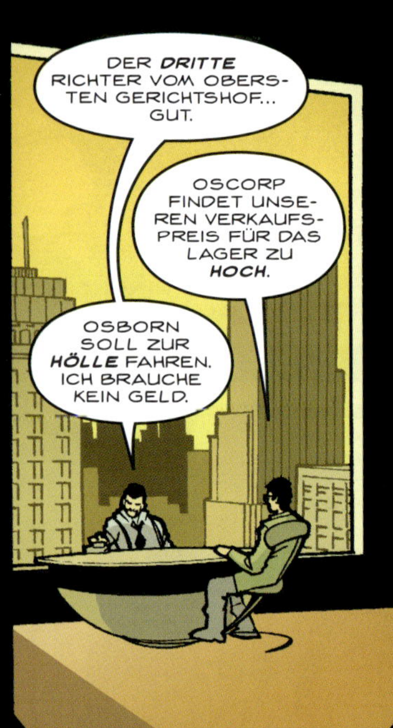
DER DRITTE RICHTER VOM OBERSTEN GERICHTSHOF... GUT.
OSCORP FINDET UNSEREN VERKAUFSPREIS FÜR DAS LAGER ZU HOCH.
OSBORN SOLL ZUR HÖLLE FAHREN. ICH BRAUCHE KEIN GELD.

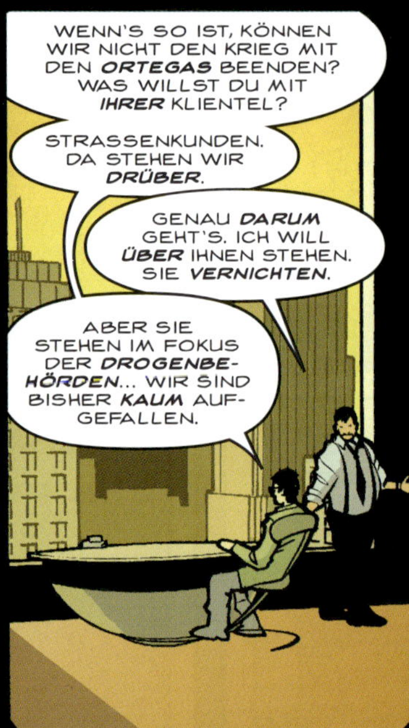
WENN'S SO IST, KÖNNEN WIR NICHT DEN KRIEG MIT DEN ORTEGAS BEENDEN? WAS WILLST DU MIT IHRER KLIENTEL?
STRASSENKUNDEN. DA STEHEN WIR DRÜBER.
GENAU DARUM GEHT'S. ICH WILL ÜBER IHNEN STEHEN. SIE VERNICHTEN.
ABER SIE STEHEN IM FOKUS DER DROGENBEHÖRDEN... WIR SIND BISHER KAUM AUFGEFALLEN.

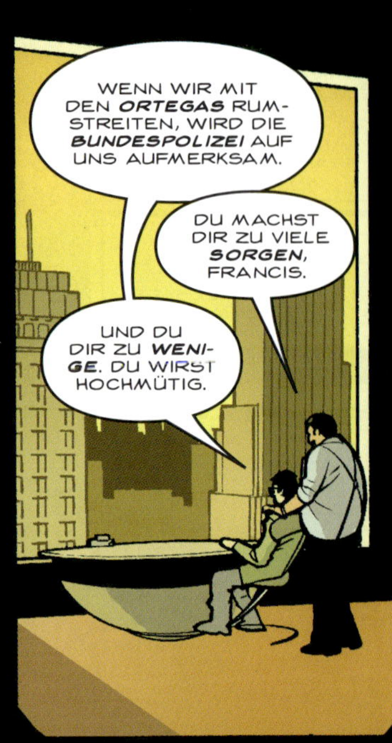
WENN WIR MIT DEN ORTEGAS RUMSTREITEN, WIRD DIE BUNDESPOLIZEI AUF UNS AUFMERKSAM.
DU MACHST DIR ZU VIELE SORGEN, FRANCIS.
UND DU DIR ZU WENIGE. DU WIRST HOCHMÜTIG.

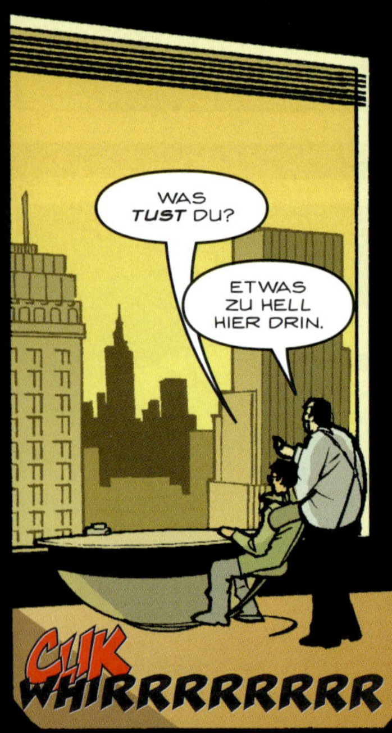
WAS TUST DU?
ETWAS ZU HELL HIER DRIN.
CLIK
WHIRRRRRRRR

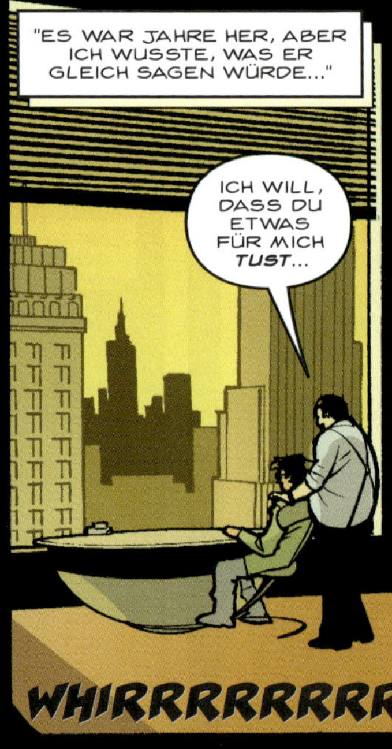
"ES WAR JAHRE HER, ABER ICH WUSSTE, WAS ER GLEICH SAGEN WÜRDE..."
ICH WILL, DASS DU ETWAS FÜR MICH TUST...
WHIRRRRRRRRR

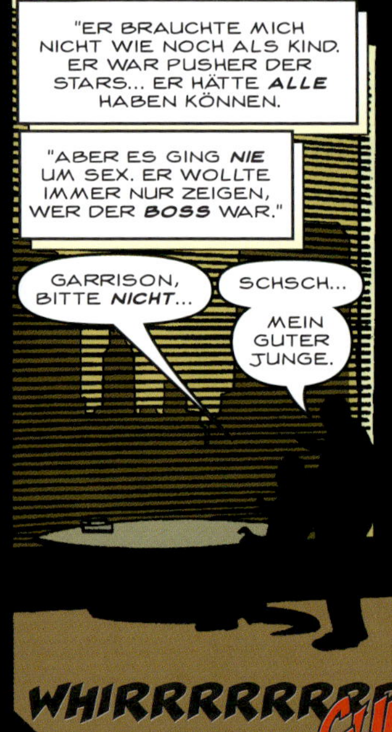
"ER BRAUCHTE MICH NICHT WIE NOCH ALS KIND. ER WAR PUSHER DER STARS... ER HÄTTE ALLE HABEN KÖNNEN.
"ABER ES GING NIE UM SEX. ER WOLLTE IMMER NUR ZEIGEN, WER DER BOSS WAR."
GARRISON, BITTE NICHT...
SCHSCH... MEIN GUTER JUNGE.
WHIRRRRRRRRR
CLIK

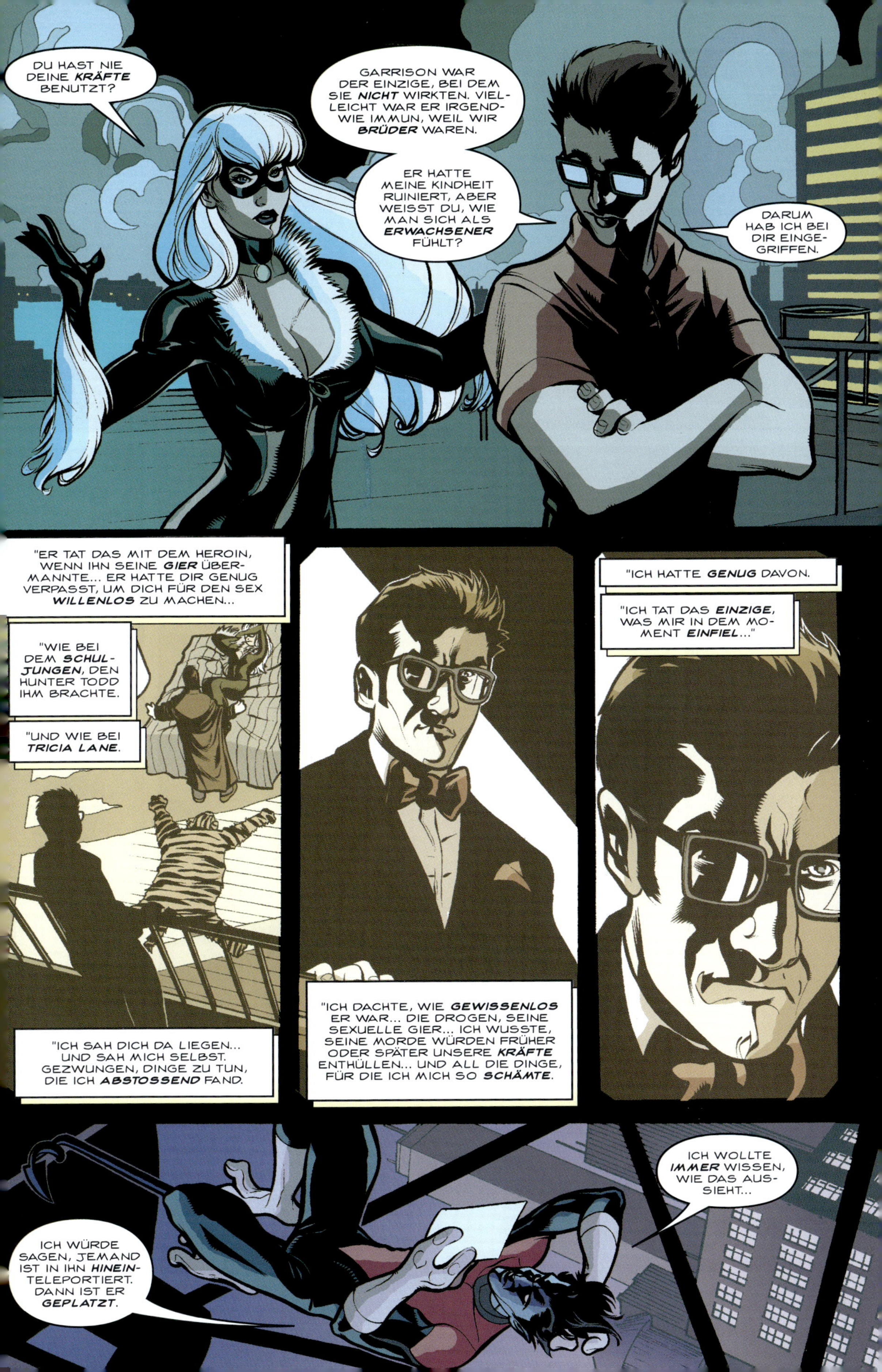

DU HAST NIE DEINE **KRÄFTE** BENUTZT?

GARRISON WAR DER EINZIGE, BEI DEM SIE **NICHT** WIRKTEN. VIELLEICHT WAR ER IRGENDWIE IMMUN, WEIL WIR **BRÜDER** WAREN.

ER HATTE MEINE KINDHEIT RUINIERT, ABER WEISST DU, WIE MAN SICH ALS **ERWACHSENER** FÜHLT?

DARUM HAB ICH BEI DIR EINGEGRIFFEN.

"ER TAT DAS MIT DEM HEROIN, WENN IHN SEINE **GIER** ÜBERMANNTE... ER HATTE DIR GENUG VERPASST, UM DICH FÜR DEN SEX **WILLENLOS** ZU MACHEN...

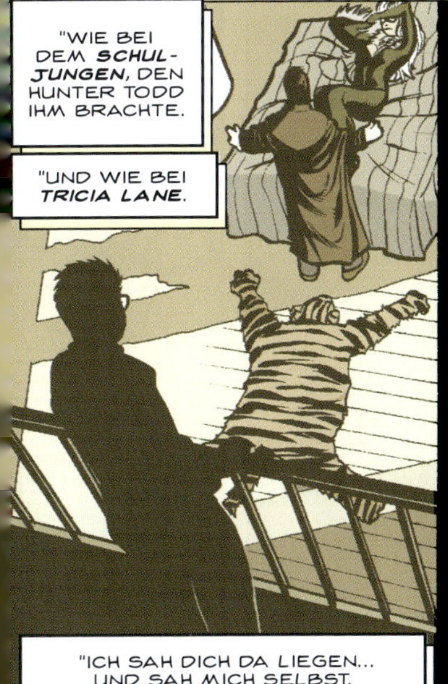

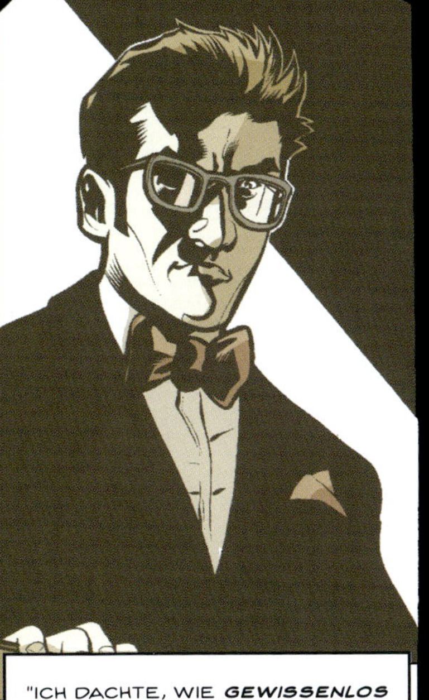

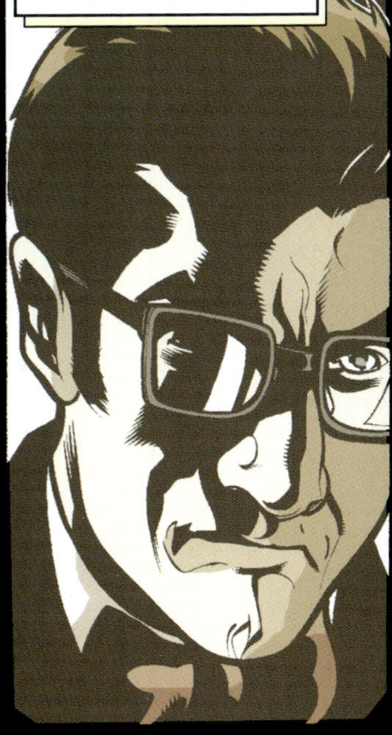

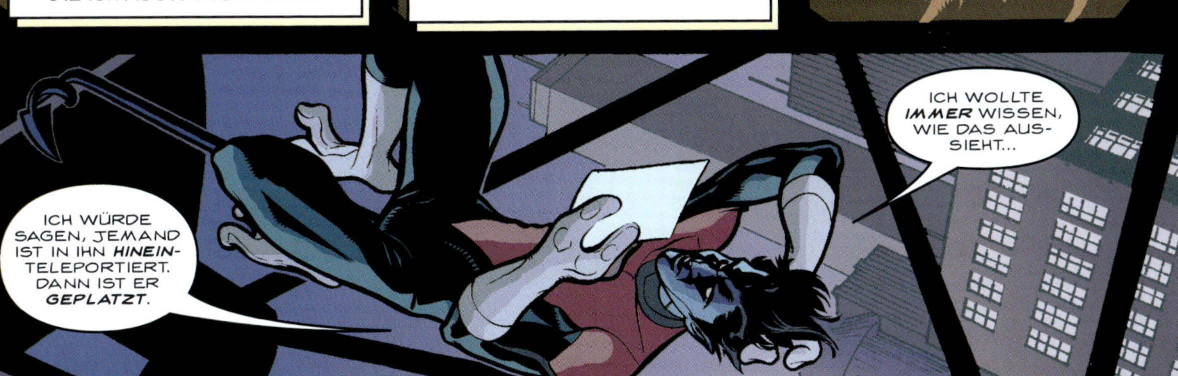

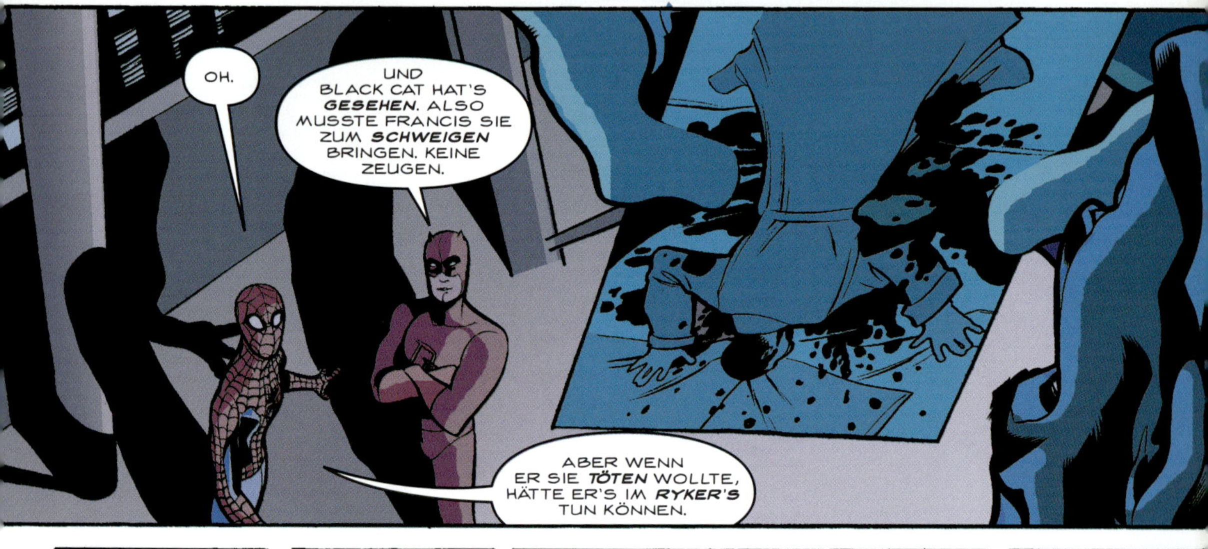
OH.
UND BLACK CAT HAT'S **GESEHEN**. ALSO MUSSTE FRANCIS SIE ZUM **SCHWEIGEN** BRINGEN. KEINE ZEUGEN.
ABER WENN ER SIE **TÖTEN** WOLLTE, HÄTTE ER'S IM **RYKER'S** TUN KÖNNEN.

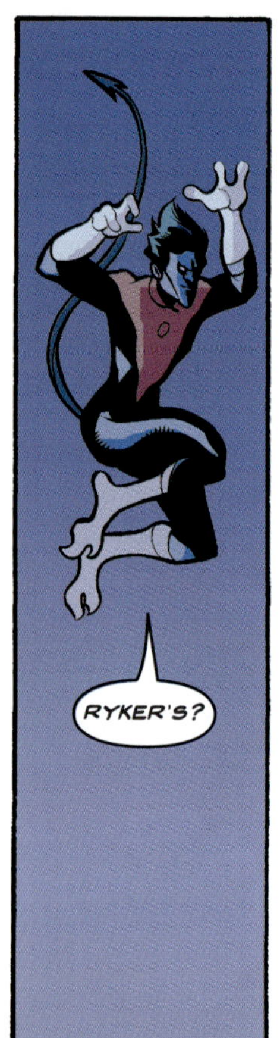
RYKER'S?

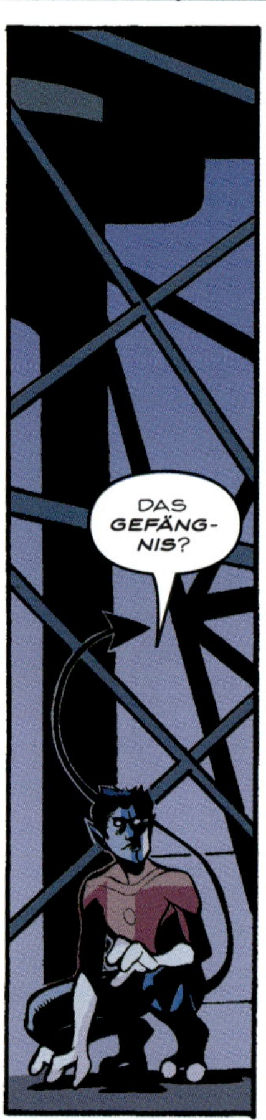
DAS **GEFÄNGNIS**?

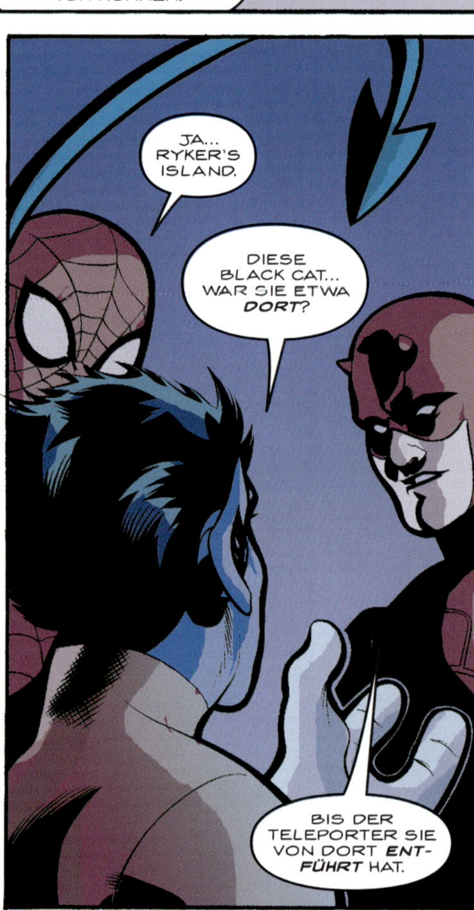
JA... RYKER'S ISLAND.
DIESE BLACK CAT... WAR SIE ETWA **DORT**?
BIS DER TELEPORTER SIE VON DORT **ENTFÜHRT** HAT.

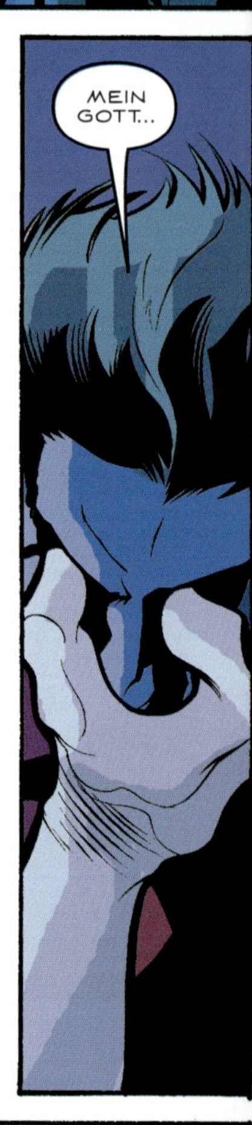
MEIN GOTT...

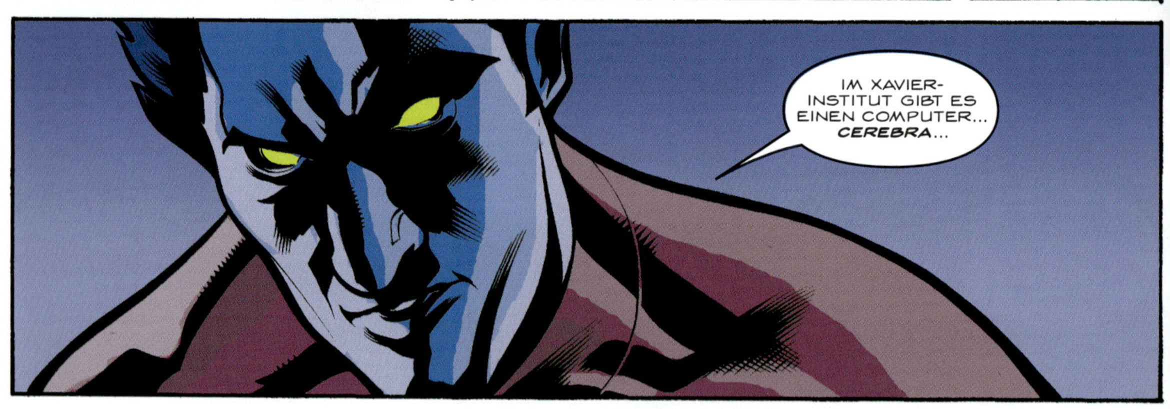
IM XAVIER-INSTITUT GIBT ES EINEN COMPUTER... **CEREBRA**...

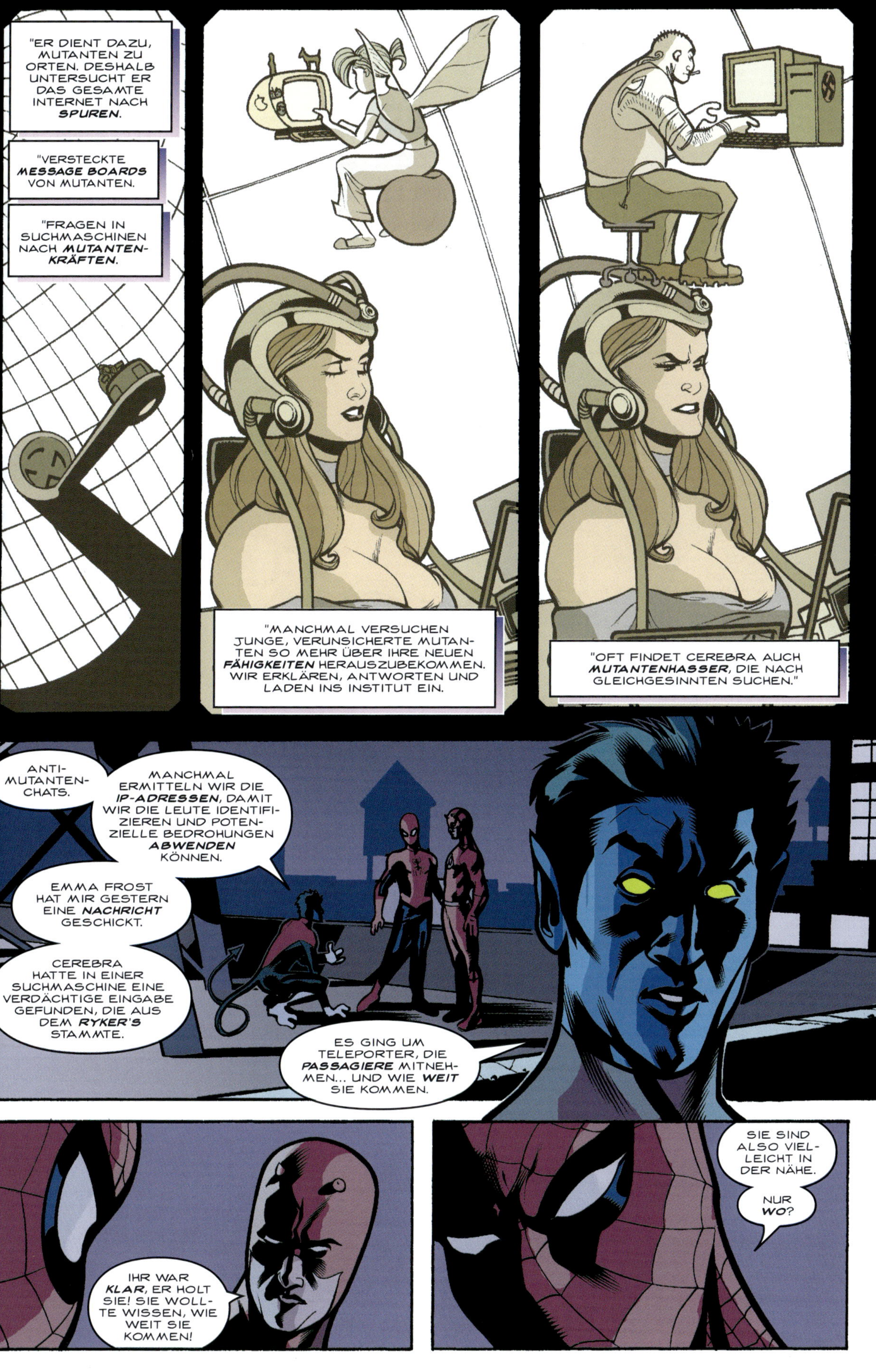
"ER DIENT DAZU, MUTANTEN ZU ORTEN. DESHALB UNTERSUCHT ER DAS GESAMTE INTERNET NACH SPUREN.
"VERSTECKTE MESSAGE BOARDS VON MUTANTEN.
"FRAGEN IN SUCHMASCHINEN NACH MUTANTEN-KRÄFTEN.
"MANCHMAL VERSUCHEN JUNGE, VERUNSICHERTE MUTANTEN SO MEHR ÜBER IHRE NEUEN FÄHIGKEITEN HERAUSZUBEKOMMEN. WIR ERKLÄREN, ANTWORTEN UND LADEN INS INSTITUT EIN.
"OFT FINDET CEREBRA AUCH MUTANTENHASSER, DIE NACH GLEICHGESINNTEN SUCHEN."
ANTI-MUTANTEN-CHATS.
MANCHMAL ERMITTELN WIR DIE IP-ADRESSEN, DAMIT WIR DIE LEUTE IDENTIFIZIEREN UND POTENZIELLE BEDROHUNGEN ABWENDEN KÖNNEN.
EMMA FROST HAT MIR GESTERN EINE NACHRICHT GESCHICKT.
CEREBRA HATTE IN EINER SUCHMASCHINE EINE VERDÄCHTIGE EINGABE GEFUNDEN, DIE AUS DEM RYKER'S STAMMTE.
ES GING UM TELEPORTER, DIE PASSAGIERE MITNEHMEN... UND WIE WEIT SIE KOMMEN.
IHR WAR KLAR, ER HOLT SIE! SIE WOLLTE WISSEN, WIE WEIT SIE KOMMEN!
SIE SIND ALSO VIELLEICHT IN DER NÄHE.
NUR WO?

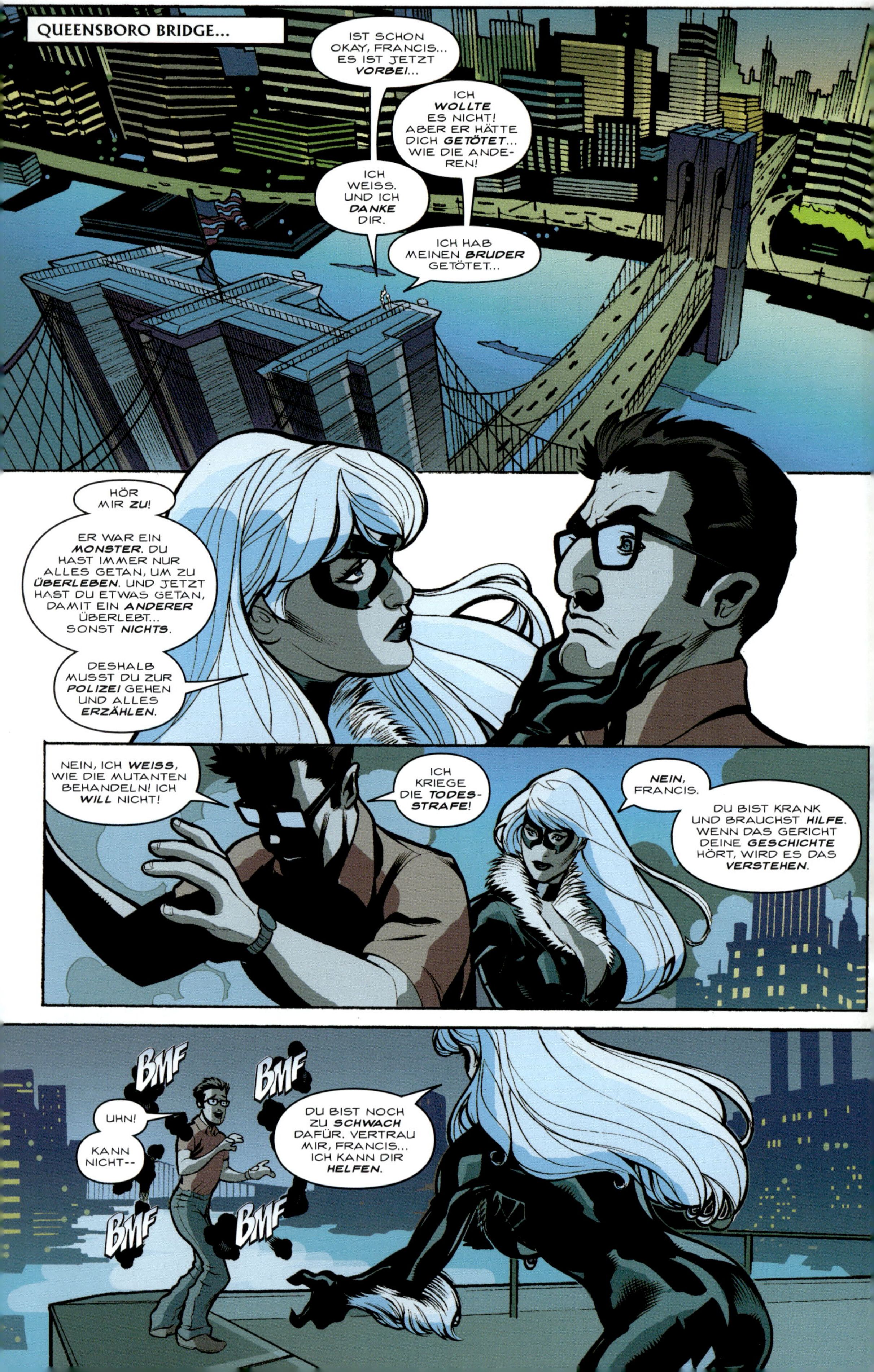

QUEENSBORO BRIDGE...

IST SCHON OKAY, FRANCIS... ES IST JETZT **VORBEI**...

ICH **WOLLTE** ES NICHT! ABER ER HÄTTE DICH **GETÖTET**... WIE DIE ANDEREN!

ICH WEISS. UND ICH **DANKE** DIR.

ICH HAB MEINEN **BRUDER** GETÖTET...

HÖR MIR **ZU**!

ER WAR EIN **MONSTER**. DU HAST IMMER NUR ALLES GETAN, UM ZU **ÜBERLEBEN**. UND JETZT HAST DU ETWAS GETAN, DAMIT EIN **ANDERER** ÜBERLEBT... SONST **NICHTS**.

DESHALB MUSST DU ZUR **POLIZEI** GEHEN UND ALLES **ERZÄHLEN**.

NEIN, ICH **WEISS**, WIE DIE MUTANTEN BEHANDELN! ICH **WILL** NICHT!

ICH KRIEGE DIE **TODESSTRAFE**!

NEIN, FRANCIS.

DU BIST KRANK UND BRAUCHST **HILFE**. WENN DAS GERICHT DEINE **GESCHICHTE** HÖRT, WIRD ES DAS **VERSTEHEN**.

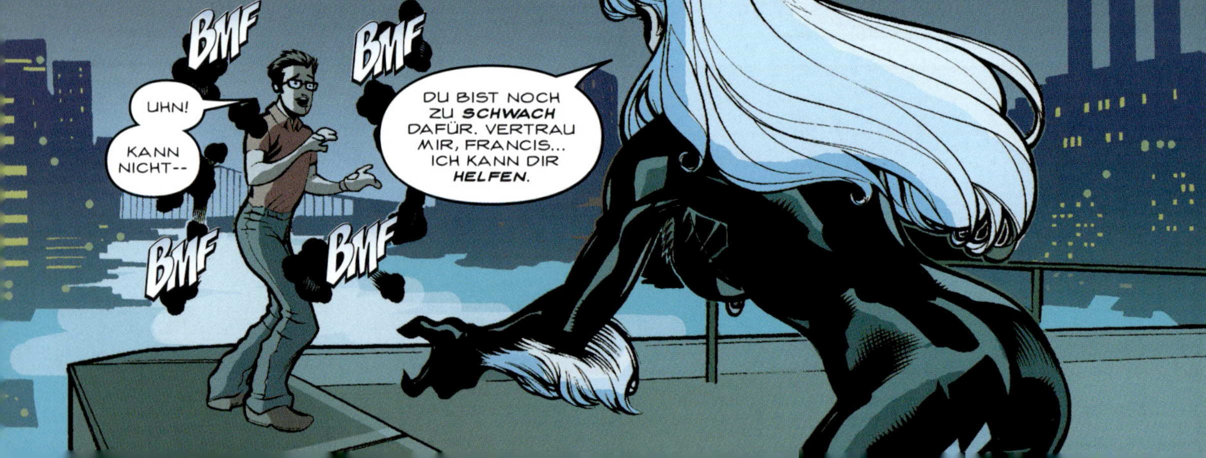

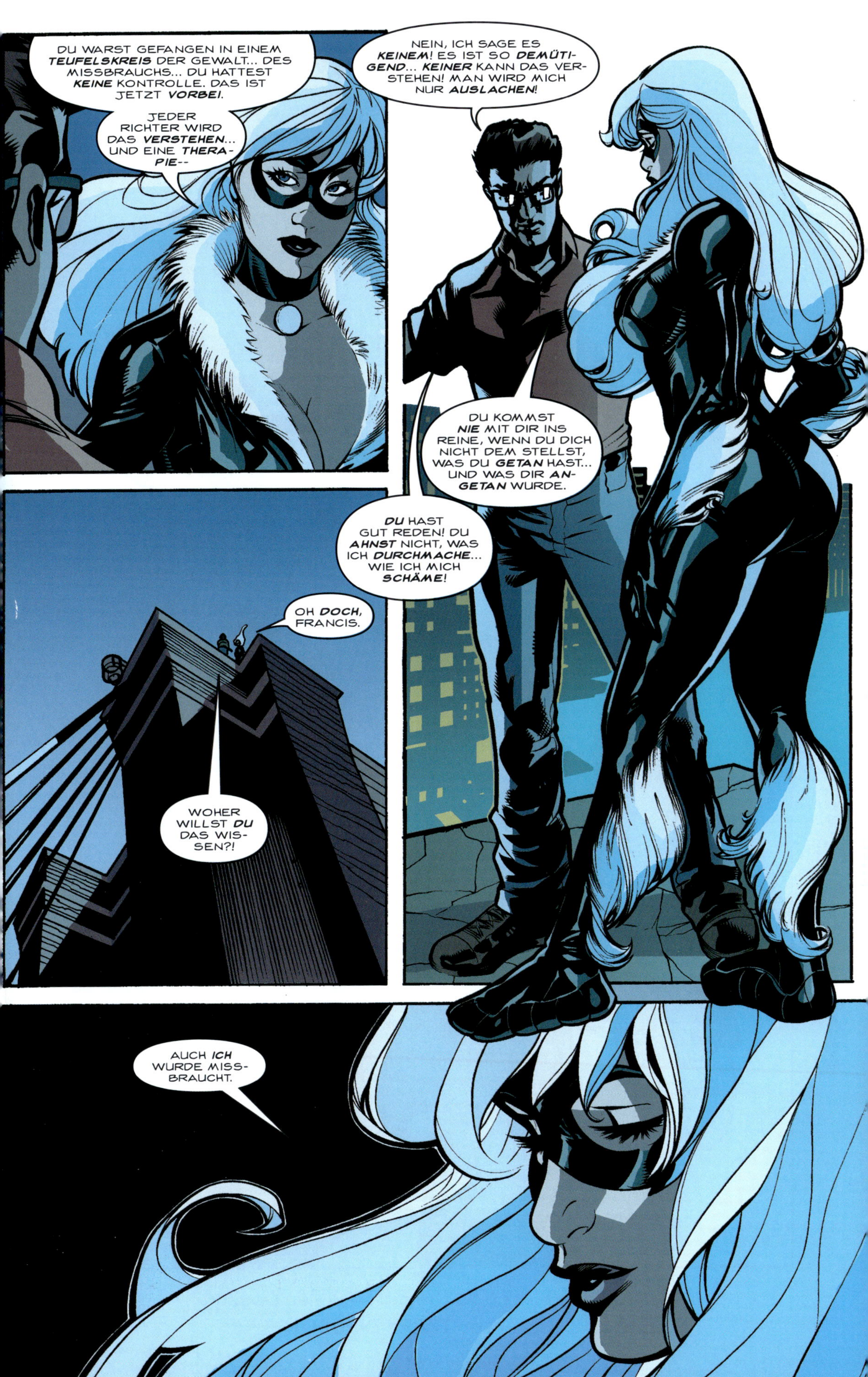
DU WARST GEFANGEN IN EINEM TEUFELSKREIS DER GEWALT... DES MISSBRAUCHS... DU HATTEST KEINE KONTROLLE. DAS IST JETZT VORBEI.
JEDER RICHTER WIRD DAS VERSTEHEN... UND EINE THERAPIE--
NEIN, ICH SAGE ES KEINEM! ES IST SO DEMÜTIGEND... KEINER KANN DAS VERSTEHEN! MAN WIRD MICH NUR AUSLACHEN!
DU KOMMST NIE MIT DIR INS REINE, WENN DU DICH NICHT DEM STELLST, WAS DU GETAN HAST... UND WAS DIR ANGETAN WURDE.
DU HAST GUT REDEN! DU AHNST NICHT, WAS ICH DURCHMACHE... WIE ICH MICH SCHÄME!
OH DOCH, FRANCIS.
WOHER WILLST DU DAS WISSEN?!
AUCH ICH WURDE MISSBRAUCHT.

DAS BÖSE IN DIR, TEIL 6: EINE VON VIEREN

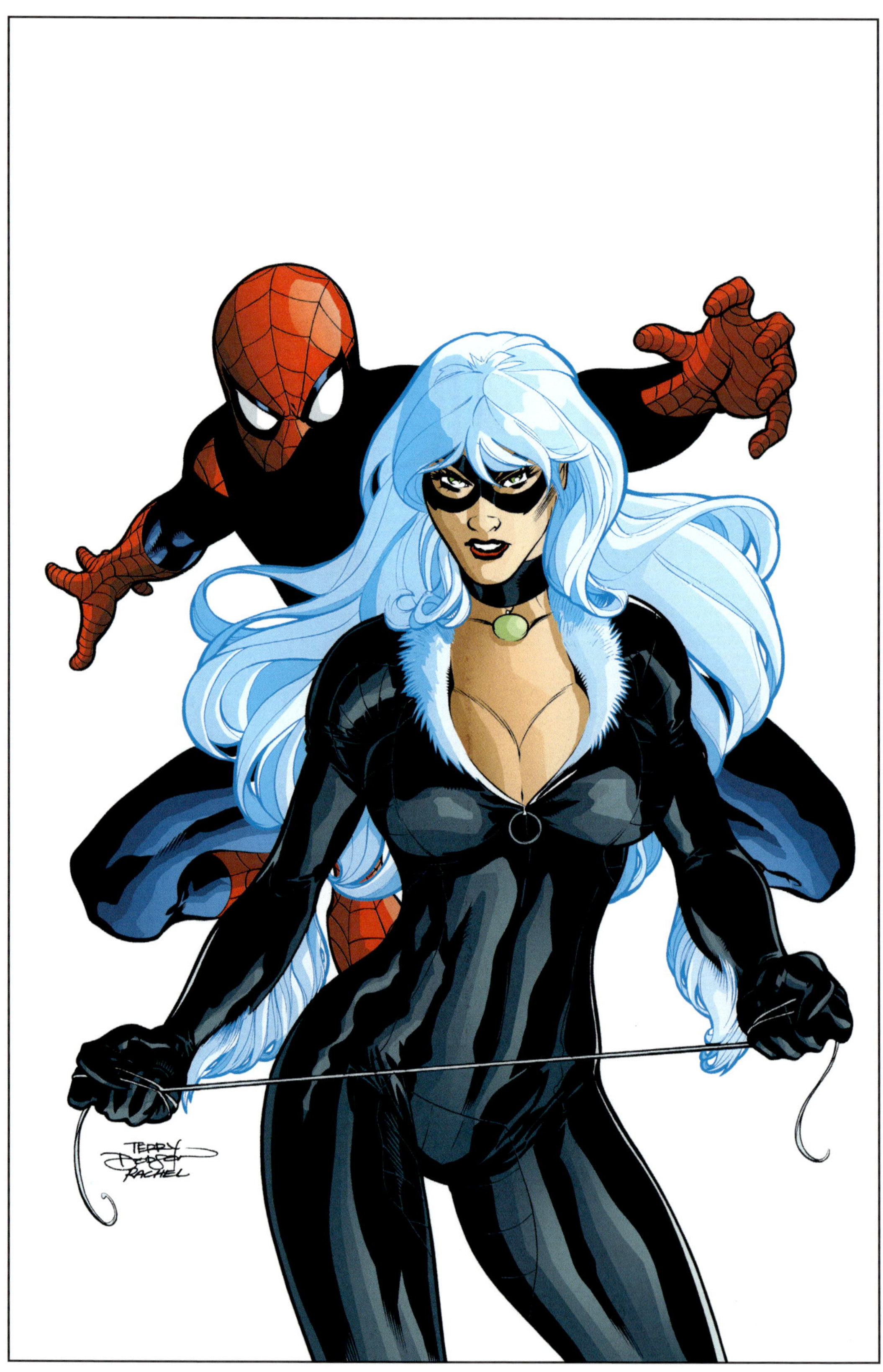

Spider-Man/Black Cat: The Evil That Men Do (2002) 6
Cover von **TERRY DODSON**

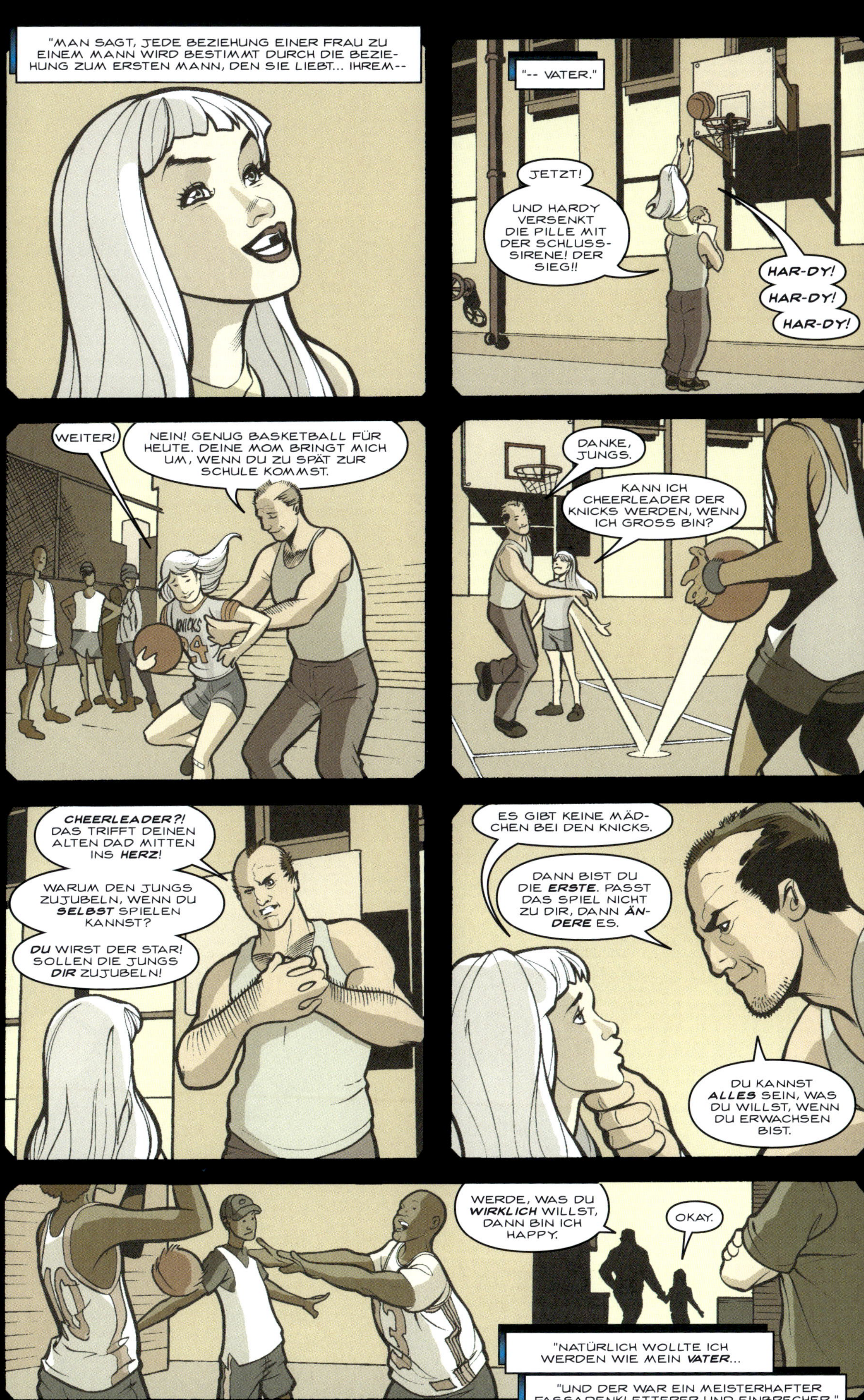
"MAN SAGT, JEDE BEZIEHUNG EINER FRAU ZU EINEM MANN WIRD BESTIMMT DURCH DIE BEZIEHUNG ZUM ERSTEN MANN, DEN SIE LIEBT... IHREM--
"-- VATER."
JETZT!
UND HARDY VERSENKT DIE PILLE MIT DER SCHLUSS-SIRENE! DER SIEG!!
HAR-DY!
HAR-DY!
HAR-DY!
WEITER!
NEIN! GENUG BASKETBALL FÜR HEUTE. DEINE MOM BRINGT MICH UM, WENN DU ZU SPÄT ZUR SCHULE KOMMST.
DANKE, JUNGS.
KANN ICH CHEERLEADER DER KNICKS WERDEN, WENN ICH GROSS BIN?
CHEERLEADER?! DAS TRIFFT DEINEN ALTEN DAD MITTEN INS HERZ!
WARUM DEN JUNGS ZUJUBELN, WENN DU SELBST SPIELEN KANNST?
DU WIRST DER STAR! SOLLEN DIE JUNGS DIR ZUJUBELN!
ES GIBT KEINE MÄDCHEN BEI DEN KNICKS.
DANN BIST DU DIE ERSTE. PASST DAS SPIEL NICHT ZU DIR, DANN ÄNDERE ES.
DU KANNST ALLES SEIN, WAS DU WILLST, WENN DU ERWACHSEN BIST.
WERDE, WAS DU WIRKLICH WILLST, DANN BIN ICH HAPPY.
OKAY.
"NATÜRLICH WOLLTE ICH WERDEN WIE MEIN VATER...
"UND DER WAR EIN MEISTERHAFTER FASSADENKLETTERER UND EINBRECHER."

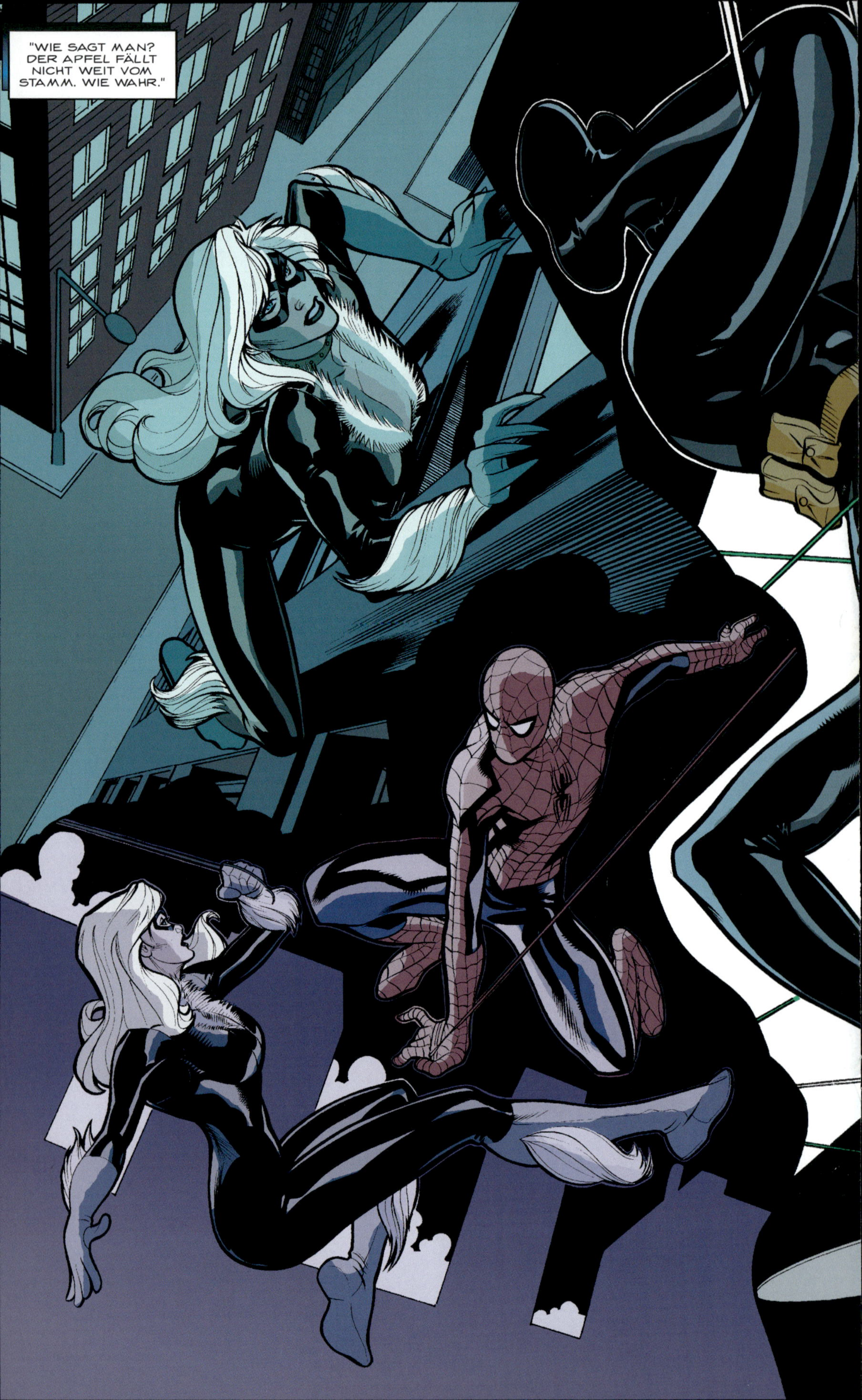
"WIE SAGT MAN? DER APFEL FÄLLT NICHT WEIT VOM STAMM. WIE WAHR."

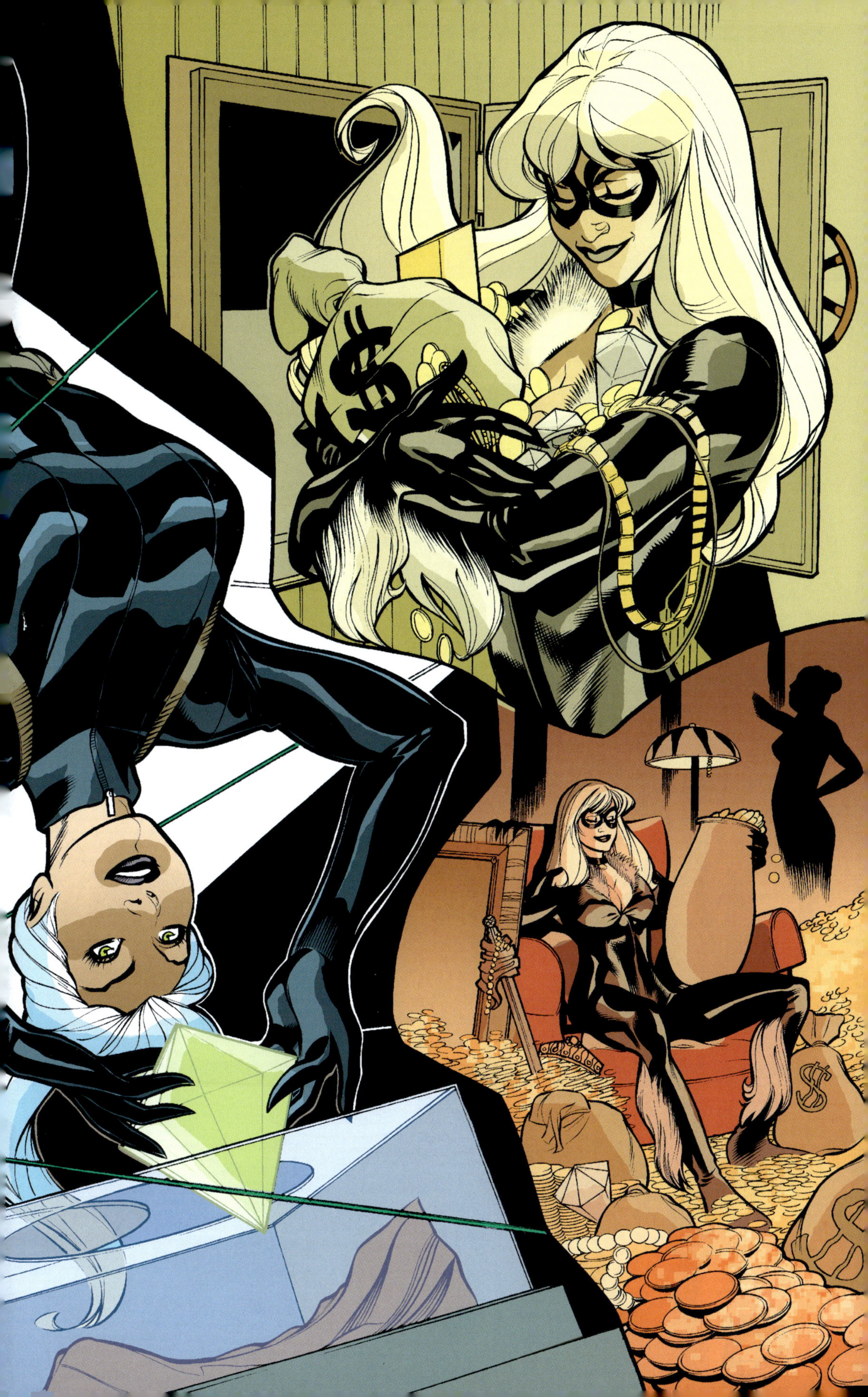

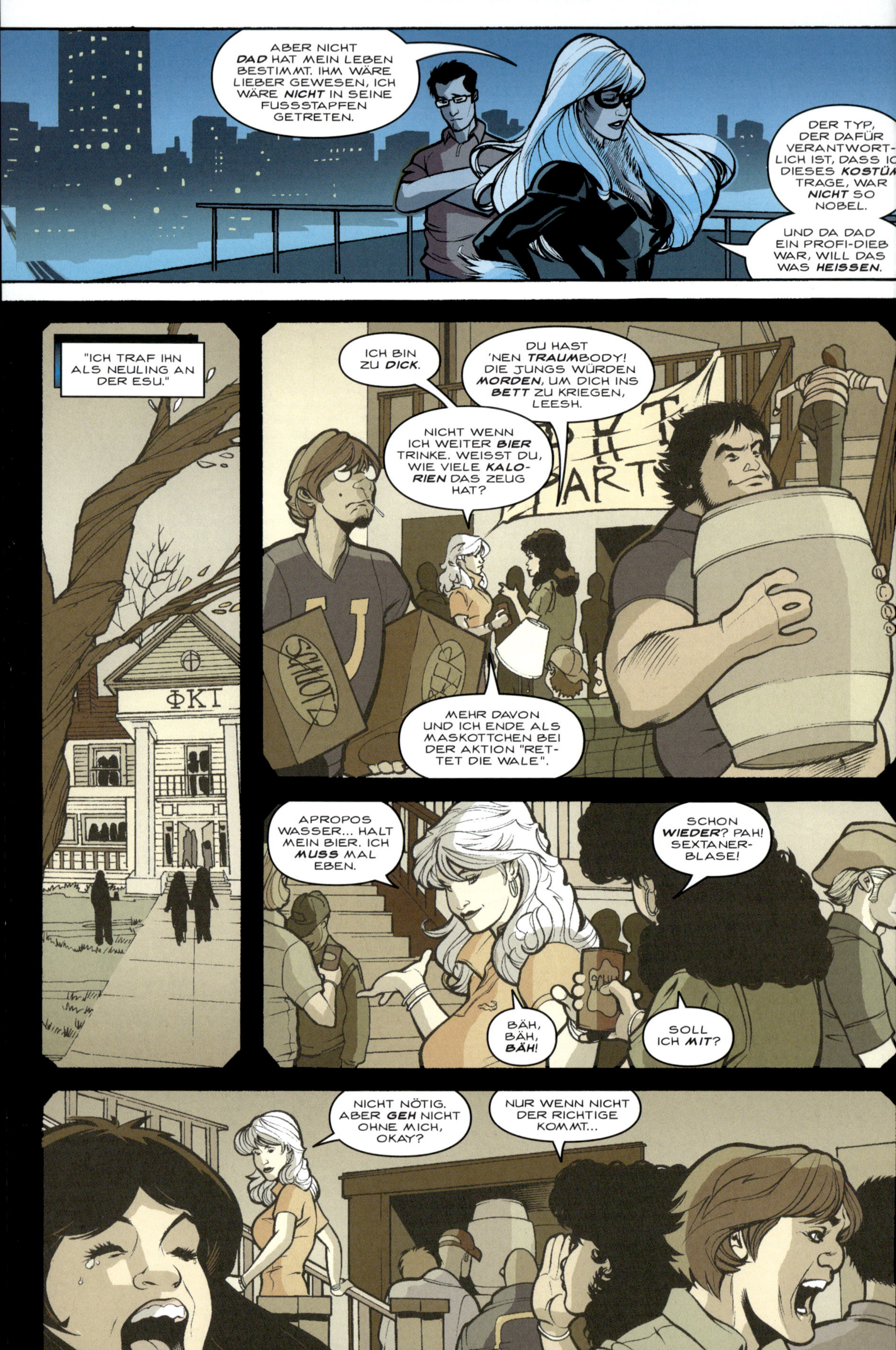
ABER NICHT DAD HAT MEIN LEBEN BESTIMMT. IHM WÄRE LIEBER GEWESEN, ICH WÄRE NICHT IN SEINE FUSSSTAPFEN GETRETEN.
DER TYP, DER DAFÜR VERANTWORTLICH IST, DASS ICH DIESES KOSTÜM TRAGE, WAR NICHT SO NOBEL.
UND DA DAD EIN PROFI-DIEB WAR, WILL DAS WAS HEISSEN.
"ICH TRAF IHN ALS NEULING AN DER ESU."
ΦKT
ICH BIN ZU DICK.
DU HAST 'NEN TRAUMBODY! DIE JUNGS WÜRDEN MORDEN, UM DICH INS BETT ZU KRIEGEN, LEESH.
NICHT WENN ICH WEITER BIER TRINKE. WEISST DU, WIE VIELE KALORIEN DAS ZEUG HAT?
MEHR DAVON UND ICH ENDE ALS MASKOTTCHEN BEI DER AKTION "RETTET DIE WALE".
APROPOS WASSER... HALT MEIN BIER. ICH MUSS MAL EBEN.
SCHON WIEDER? PAH! SEXTANERBLASE!
BÄH, BÄH, BÄH!
SOLL ICH MIT?
NICHT NÖTIG. ABER GEH NICHT OHNE MICH, OKAY?
NUR WENN NICHT DER RICHTIGE KOMMT...

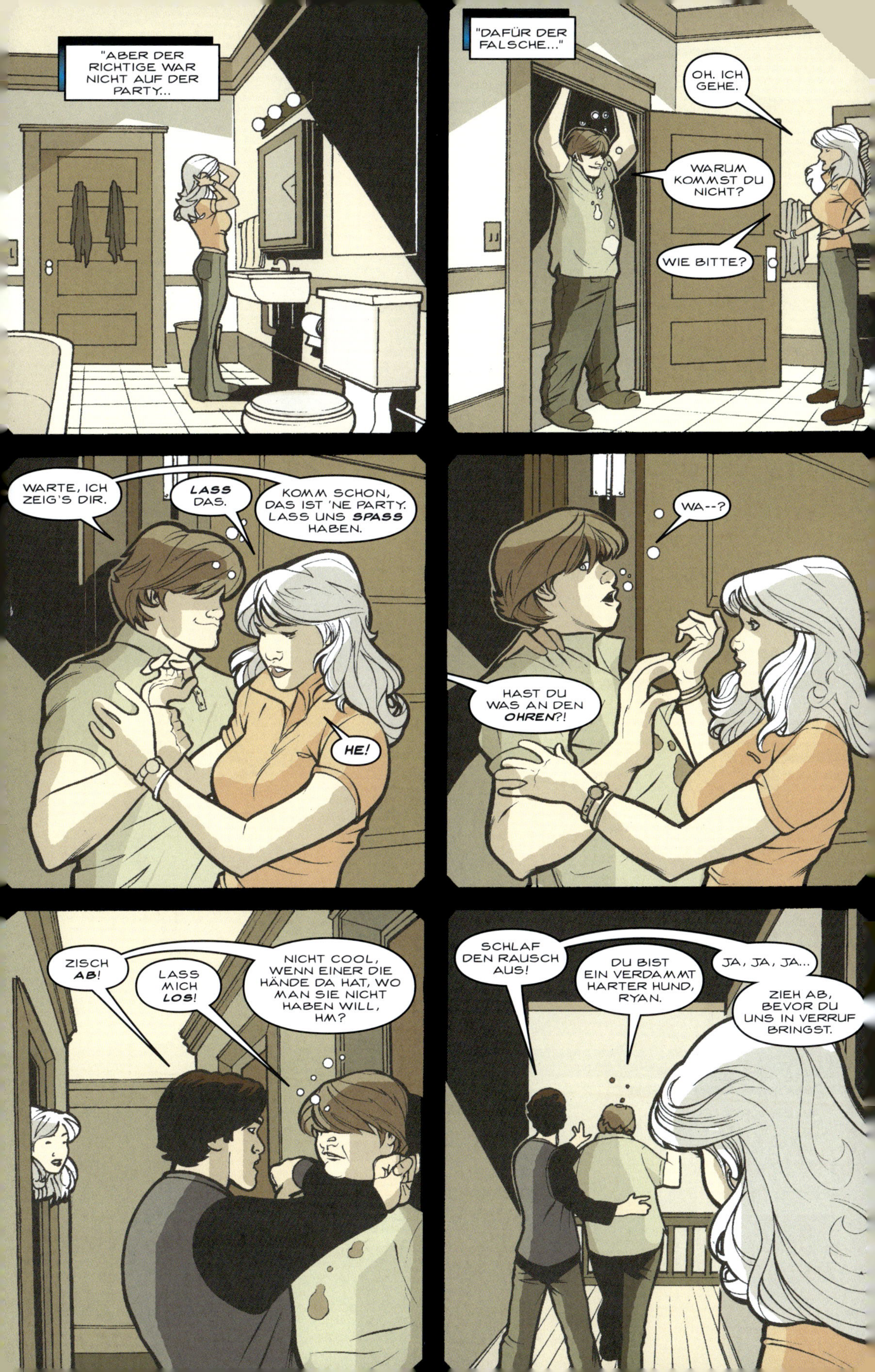

"ABER DER RICHTIGE WAR NICHT AUF DER PARTY...

"DAFÜR DER FALSCHE..."

OH. ICH GEHE.

WARUM KOMMST DU NICHT?

WIE BITTE?

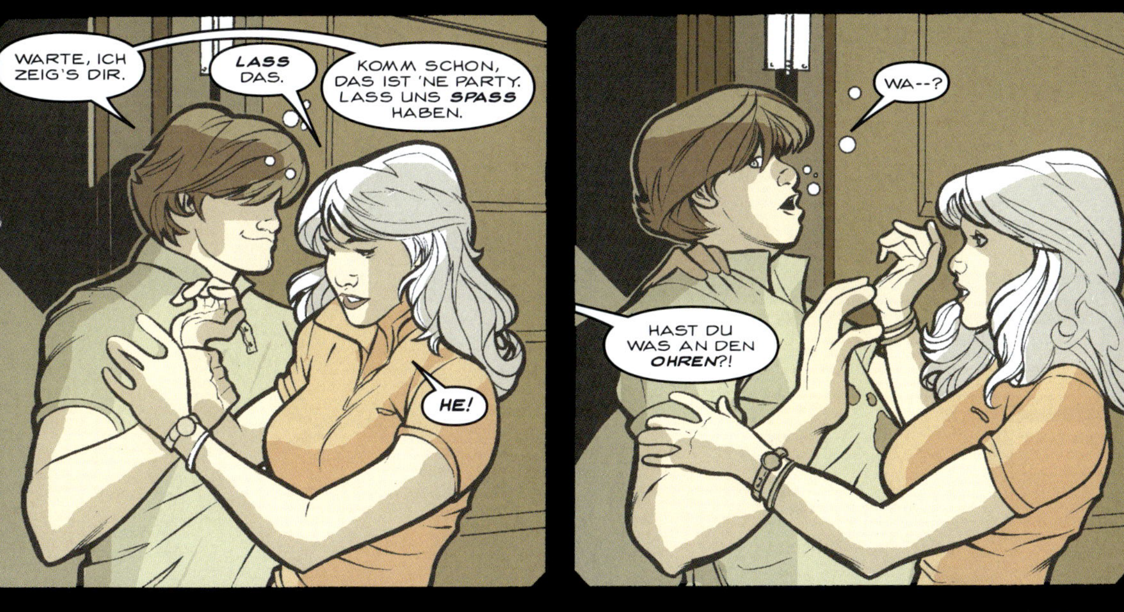

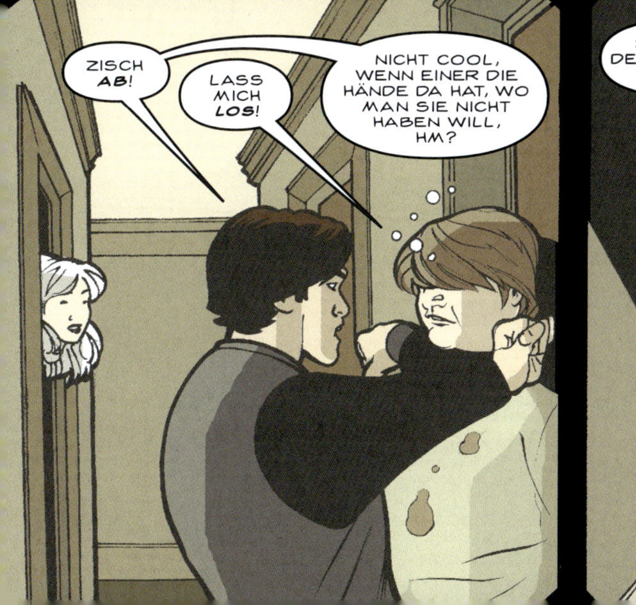

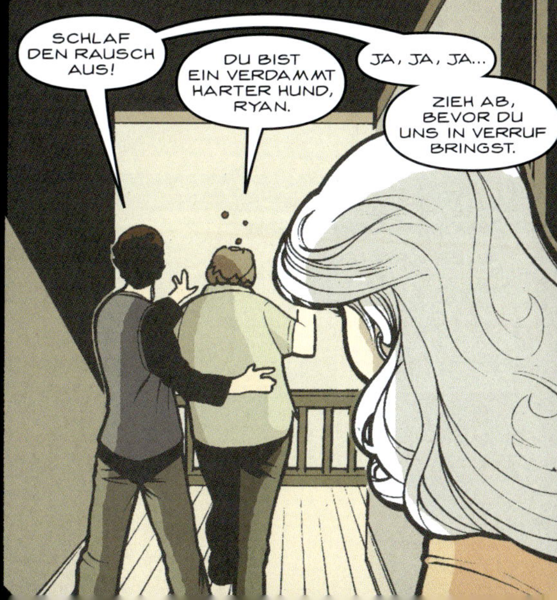

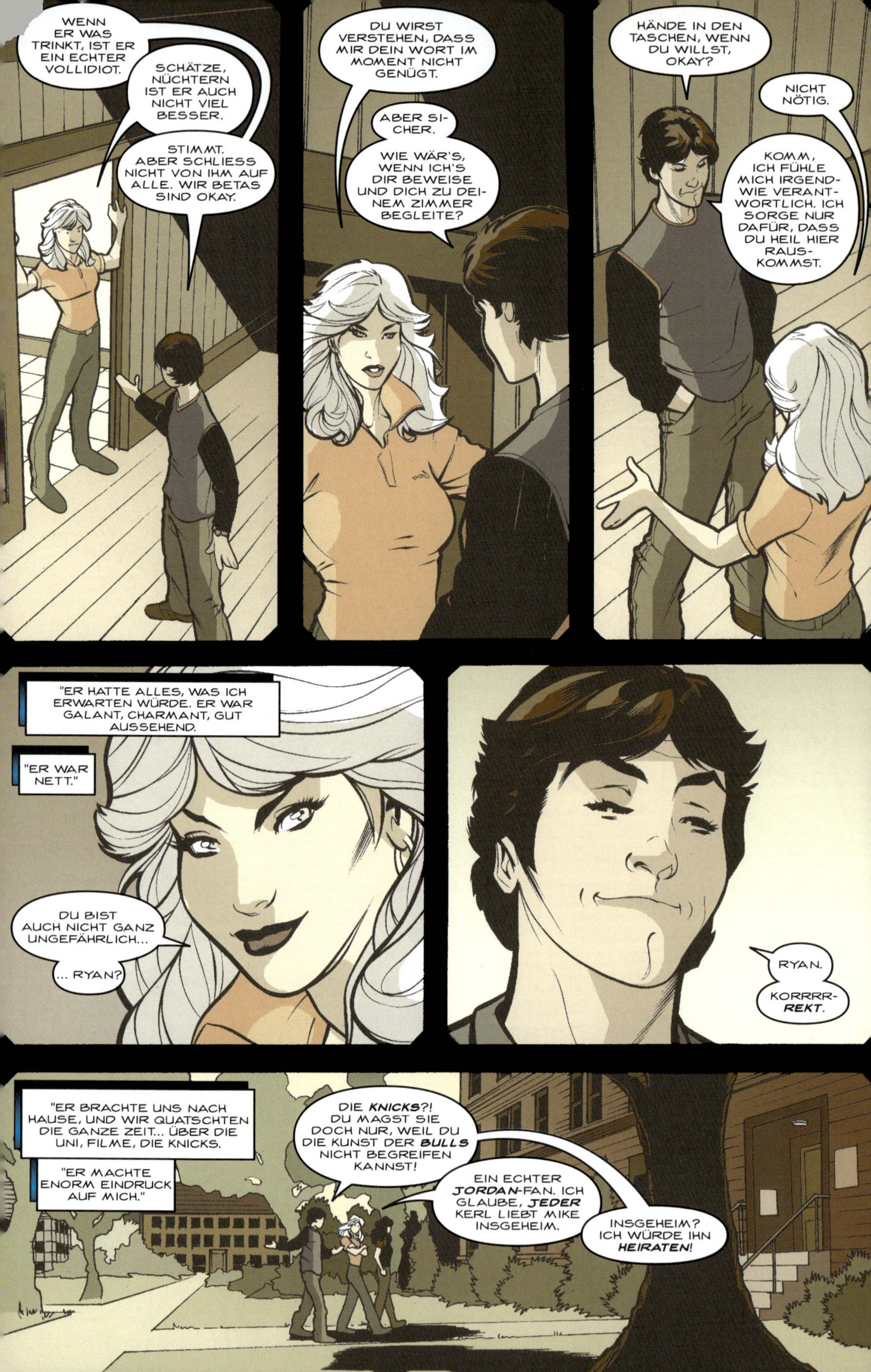

WENN ER WAS TRINKT, IST ER EIN ECHTER VOLLIDIOT.
SCHÄTZE, NÜCHTERN IST ER AUCH NICHT VIEL BESSER.
STIMMT. ABER SCHLIESS NICHT VON IHM AUF ALLE. WIR BETAS SIND OKAY.
DU WIRST VERSTEHEN, DASS MIR DEIN WORT IM MOMENT NICHT GENÜGT.
ABER SI-CHER.
WIE WÄR'S, WENN ICH'S DIR BEWEISE UND DICH ZU DEI-NEM ZIMMER BEGLEITE?
HÄNDE IN DEN TASCHEN, WENN DU WILLST, OKAY?
NICHT NÖTIG.
KOMM, ICH FÜHLE MICH IRGEND-WIE VERANT-WORTLICH. ICH SORGE NUR DAFÜR, DASS DU HEIL HIER RAUS-KOMMST.
"ER HATTE ALLES, WAS ICH ERWARTEN WÜRDE. ER WAR GALANT, CHARMANT, GUT AUSSEHEND.
"ER WAR NETT."
DU BIST AUCH NICHT GANZ UNGEFÄHRLICH...
... RYAN?
RYAN.
KORRRR-***REKT***.
"ER BRACHTE UNS NACH HAUSE, UND WIR QUATSCHTEN DIE GANZE ZEIT... ÜBER DIE UNI, FILME, DIE KNICKS.
"ER MACHTE ENORM EINDRUCK AUF MICH."
DIE ***KNICKS***?! DU MAGST SIE DOCH NUR, WEIL DU DIE KUNST DER ***BULLS*** NICHT BEGREIFEN KANNST!
EIN ECHTER ***JORDAN***-FAN. ICH GLAUBE, ***JEDER*** KERL LIEBT MIKE INSGEHEIM.
INSGEHEIM? ICH WÜRDE IHN ***HEIRATEN***!

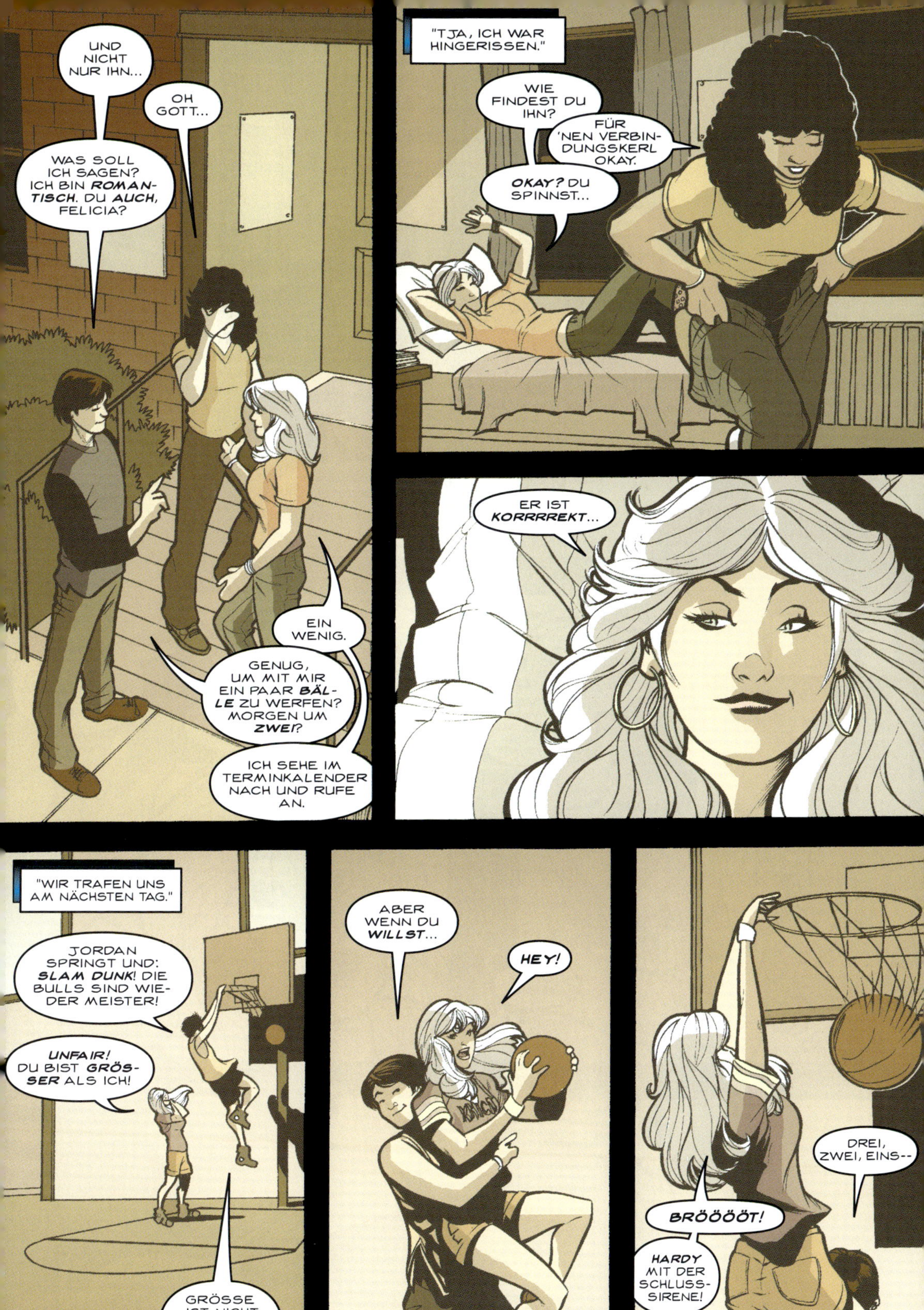
UND NICHT NUR IHN...
OH GOTT...
WAS SOLL ICH SAGEN? ICH BIN ROMAN-TISCH. DU AUCH, FELICIA?
EIN WENIG.
GENUG, UM MIT MIR EIN PAAR BÄL-LE ZU WERFEN? MORGEN UM ZWEI?
ICH SEHE IM TERMINKALENDER NACH UND RUFE AN.
"TJA, ICH WAR HINGERISSEN."
WIE FINDEST DU IHN?
FÜR 'NEN VERBIN-DUNGSKERL OKAY.
OKAY? DU SPINNST...
ER IST KORRRREKT...
"WIR TRAFEN UNS AM NÄCHSTEN TAG."
JORDAN SPRINGT UND: SLAM DUNK! DIE BULLS SIND WIE-DER MEISTER!
UNFAIR! DU BIST GRÖS-SER ALS ICH!
GRÖSSE IST NICHT ALLES. DAS LERNST DU NOCH.
ABER WENN DU WILLST...
HEY!
DREI, ZWEI, EINS--
BRÖÖÖÖT!
HARDY MIT DER SCHLUSS-SIRENE!

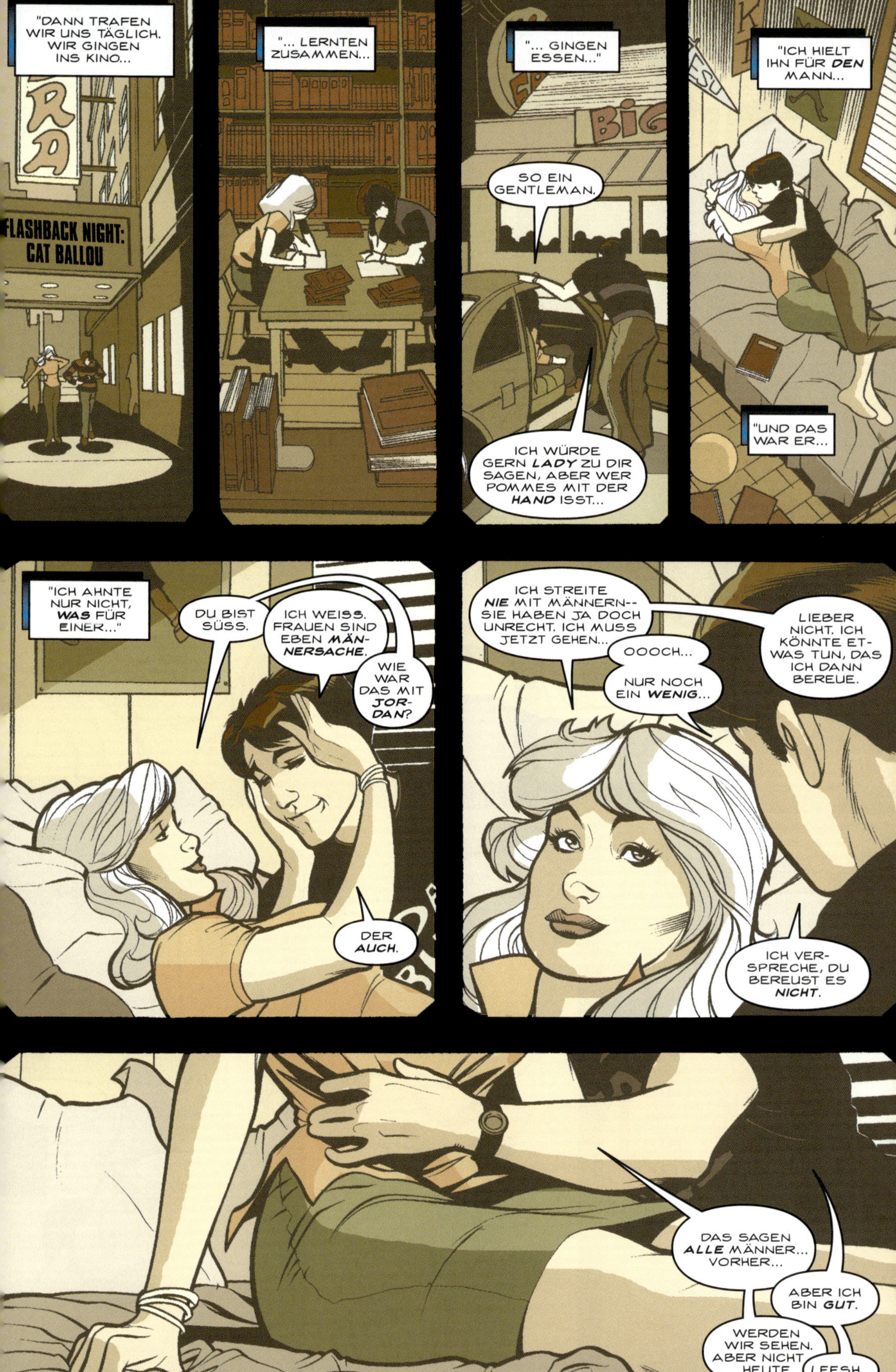
"DANN TRAFEN WIR UNS TÄGLICH. WIR GINGEN INS KINO...
FLASHBACK NIGHT: CAT BALLOU
"... LERNTEN ZUSAMMEN...
"... GINGEN ESSEN..."
SO EIN GENTLEMAN.
ICH WÜRDE GERN LADY ZU DIR SAGEN, ABER WER POMMES MIT DER HAND ISST...
"ICH HIELT IHN FÜR DEN MANN...
"UND DAS WAR ER...
"ICH AHNTE NUR NICHT, WAS FÜR EINER..."
DU BIST SÜSS.
ICH WEISS. FRAUEN SIND EBEN MÄNNERSACHE.
WIE WAR DAS MIT JORDAN?
DER AUCH.
ICH STREITE NIE MIT MÄNNERN-- SIE HABEN JA DOCH UNRECHT. ICH MUSS JETZT GEHEN...
OOOCH...
NUR NOCH EIN WENIG...
LIEBER NICHT. ICH KÖNNTE ETWAS TUN, DAS ICH DANN BEREUE.
ICH VERSPRECHE, DU BEREUST ES NICHT.
DAS SAGEN ALLE MÄNNER... VORHER...
ABER ICH BIN GUT.
WERDEN WIR SEHEN. ABER NICHT HEUTE.
LEESH...

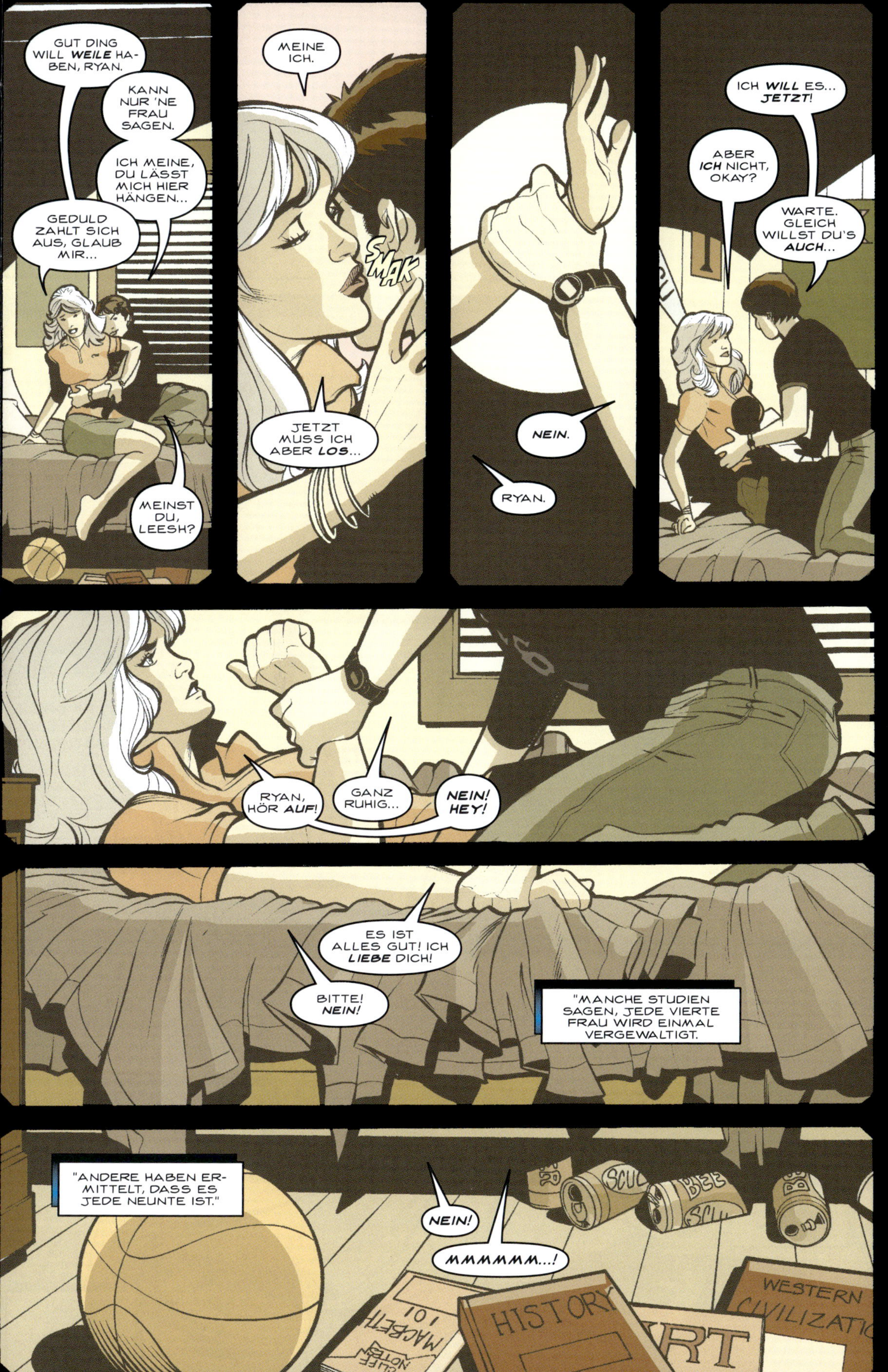
GUT DING WILL **WEILE** HABEN, RYAN.
KANN NUR 'NE FRAU SAGEN.
ICH MEINE, DU LÄSST MICH HIER HÄNGEN...
GEDULD ZAHLT SICH AUS, GLAUB MIR...
MEINST DU, LEESH?
MEINE ICH.
SMAK
JETZT MUSS ICH ABER **LOS**...
NEIN.
RYAN.
ICH **WILL** ES... **JETZT**!
ABER **ICH** NICHT, OKAY?
WARTE. GLEICH WILLST DU'S **AUCH**...
RYAN, HÖR **AUF**!
GANZ RUHIG...
NEIN! HEY!
ES IST ALLES GUT! ICH **LIEBE** DICH!
BITTE! **NEIN**!
"MANCHE STUDIEN SAGEN, JEDE VIERTE FRAU WIRD EINMAL VERGEWALTIGT.
"ANDERE HABEN ERMITTELT, DASS ES JEDE NEUNTE IST."
NEIN!
MMMMMM...!
MACBETH 101
CLIFF NOTES
HISTORY
ART
WESTERN CIVILIZATIO

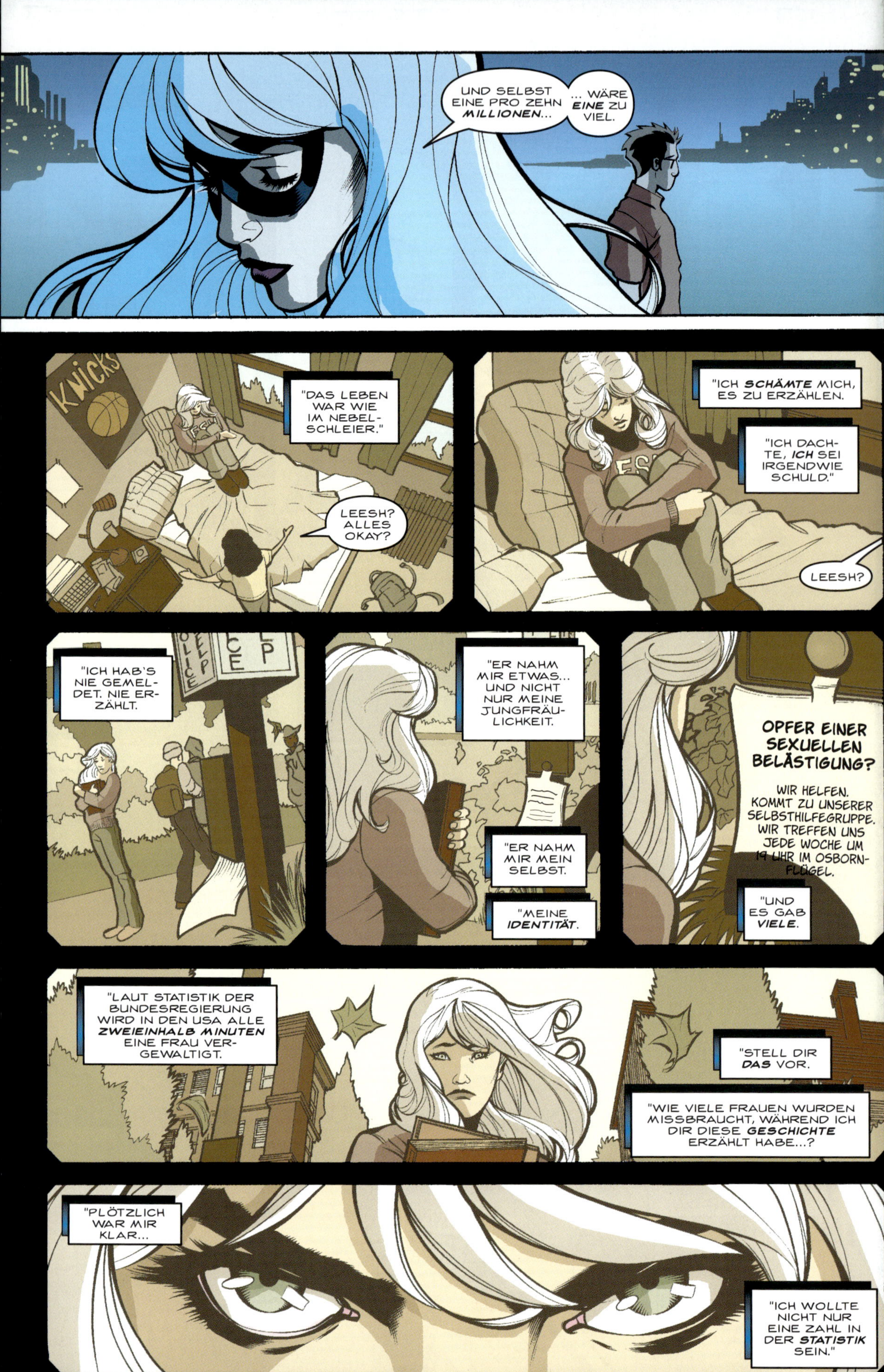

UND SELBST EINE PRO ZEHN MILLIONEN...
... WÄRE EINE ZU VIEL.
"DAS LEBEN WAR WIE IM NEBEL-SCHLEIER."
LEESH? ALLES OKAY?
"ICH SCHÄMTE MICH, ES ZU ERZÄHLEN.
"ICH DACH-TE, ICH SEI IRGENDWIE SCHULD."
LEESH?
"ICH HAB'S NIE GEMEL-DET. NIE ER-ZÄHLT.
"ER NAHM MIR ETWAS... UND NICHT NUR MEINE JUNGFRÄU-LICHKEIT.
"ER NAHM MIR MEIN SELBST.
"MEINE IDENTITÄT.
OPFER EINER SEXUELLEN BELÄSTIGUNG?
WIR HELFEN. KOMMT ZU UNSERER SELBSTHILFEGRUPPE. WIR TREFFEN UNS JEDE WOCHE UM 19 UHR IM OSBORN-FLÜGEL.
"UND ES GAB VIELE.
"LAUT STATISTIK DER BUNDESREGIERUNG WIRD IN DEN USA ALLE ZWEIEINHALB MINUTEN EINE FRAU VER-GEWALTIGT.
"STELL DIR DAS VOR.
"WIE VIELE FRAUEN WURDEN MISSBRAUCHT, WÄHREND ICH DIR DIESE GESCHICHTE ERZÄHLT HABE...?
"PLÖTZLICH WAR MIR KLAR...
"ICH WOLLTE NICHT NUR EINE ZAHL IN DER STATISTIK SEIN."

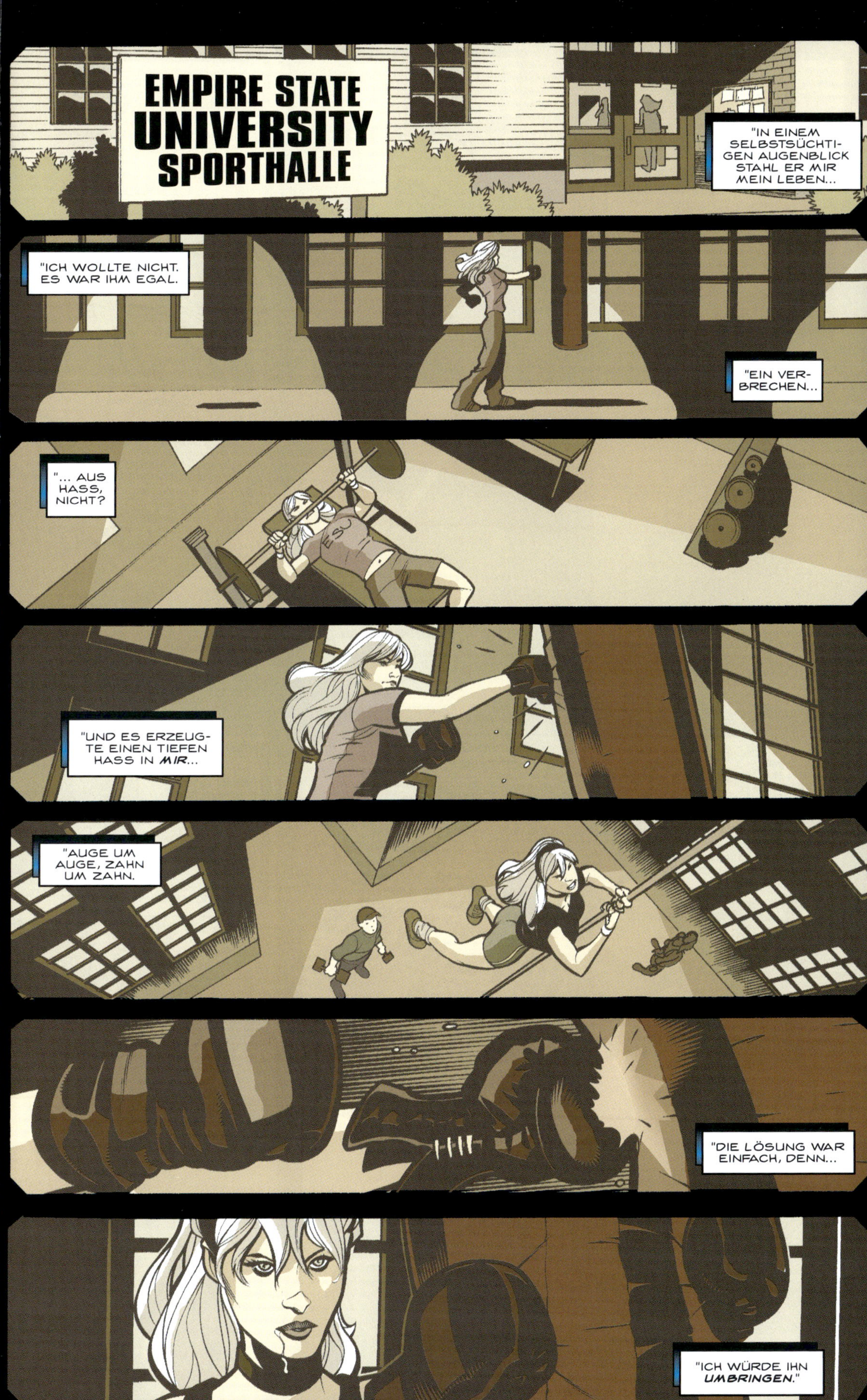
EMPIRE STATE UNIVERSITY SPORTHALLE
"IN EINEM SELBSTSÜCHTIGEN AUGENBLICK STAHL ER MIR MEIN LEBEN...
"ICH WOLLTE NICHT. ES WAR IHM EGAL.
"EIN VERBRECHEN...
"... AUS HASS, NICHT?
ESU
"UND ES ERZEUGTE EINEN TIEFEN HASS IN *MIR*...
"AUGE UM AUGE, ZAHN UM ZAHN.
"DIE LÖSUNG WAR EINFACH, DENN...
"ICH WÜRDE IHN *UMBRINGEN*."

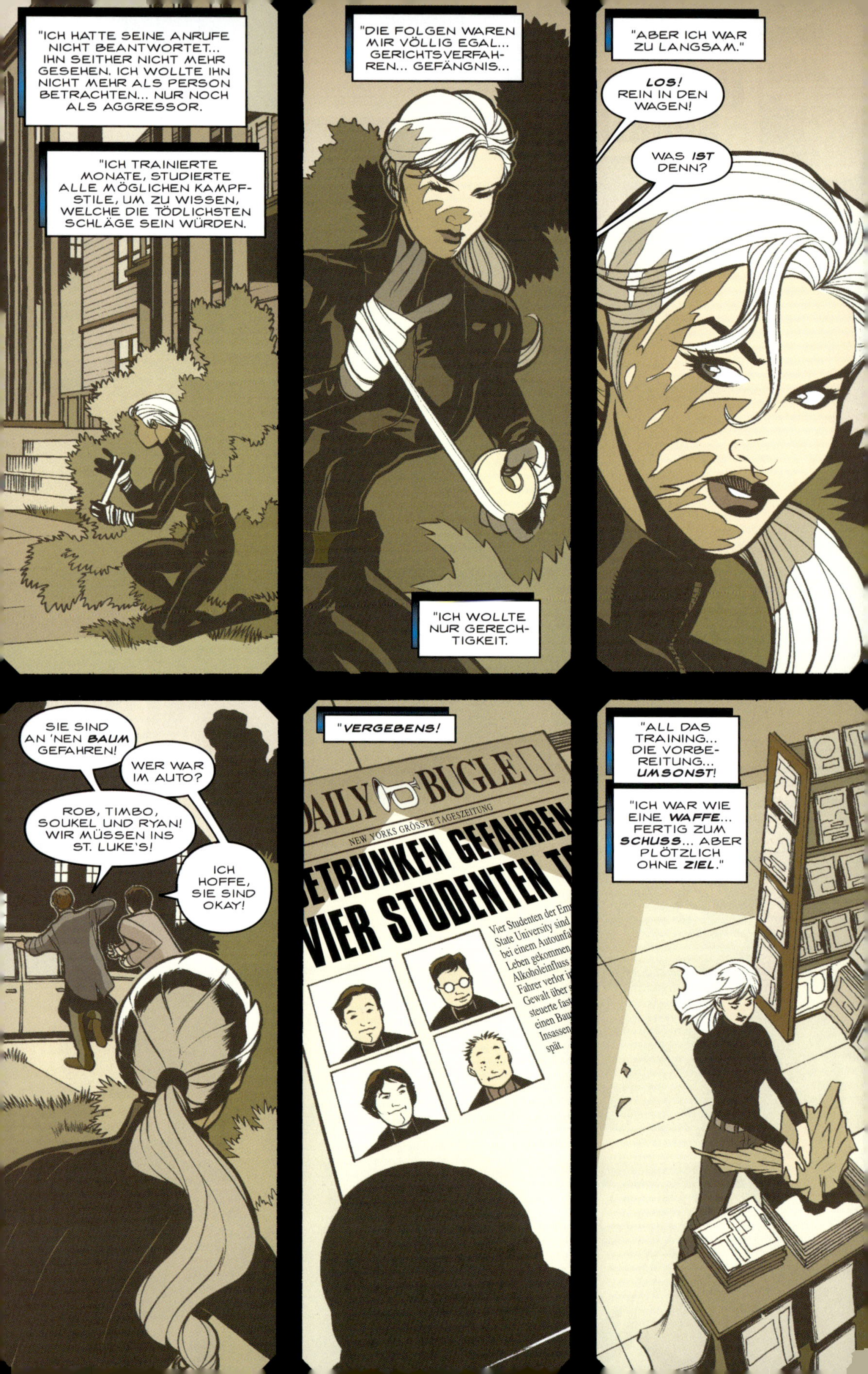

"ICH HATTE SEINE ANRUFE NICHT BEANTWORTET... IHN SEITHER NICHT MEHR GESEHEN. ICH WOLLTE IHN NICHT MEHR ALS PERSON BETRACHTEN... NUR NOCH ALS AGGRESSOR.

"ICH TRAINIERTE MONATE, STUDIERTE ALLE MÖGLICHEN KAMPF-STILE, UM ZU WISSEN, WELCHE DIE TÖDLICHSTEN SCHLÄGE SEIN WÜRDEN.

"DIE FOLGEN WAREN MIR VÖLLIG EGAL... GERICHTSVERFAH-REN... GEFÄNGNIS...

"ICH WOLLTE NUR GERECH-TIGKEIT.

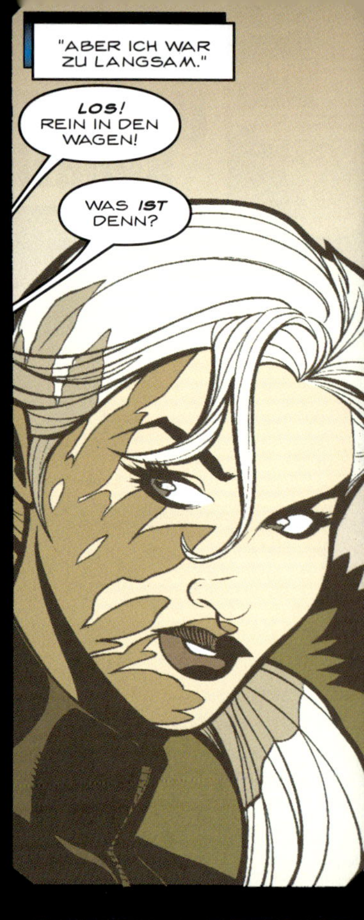

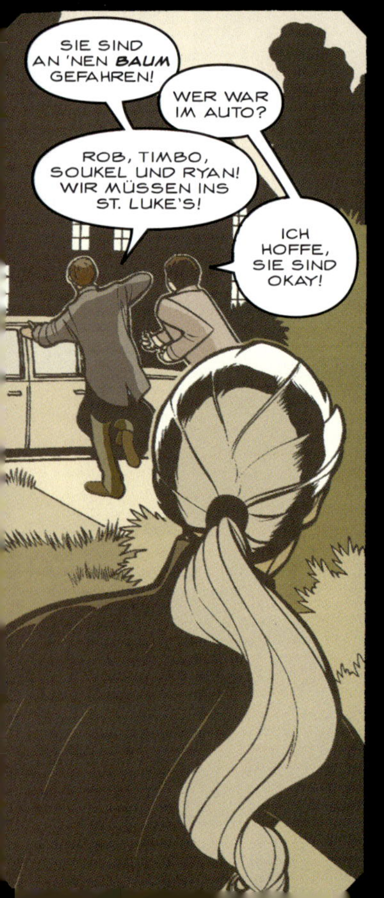

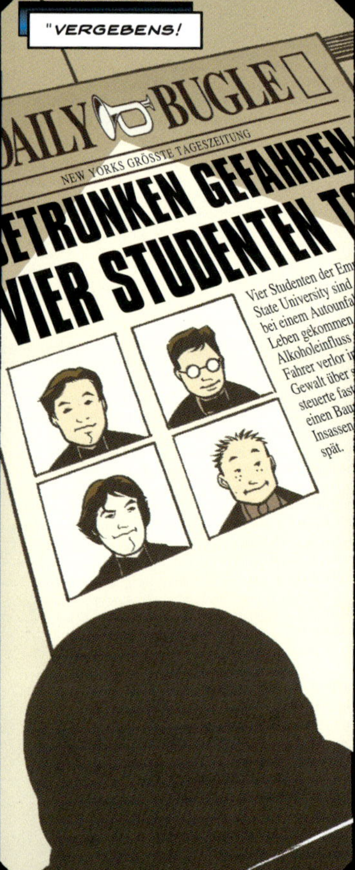

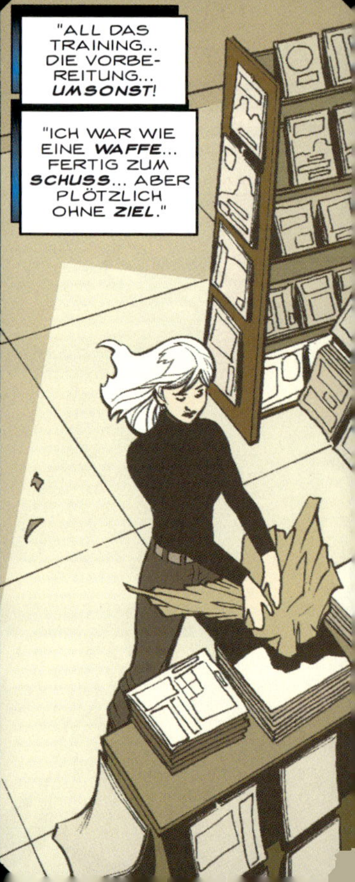

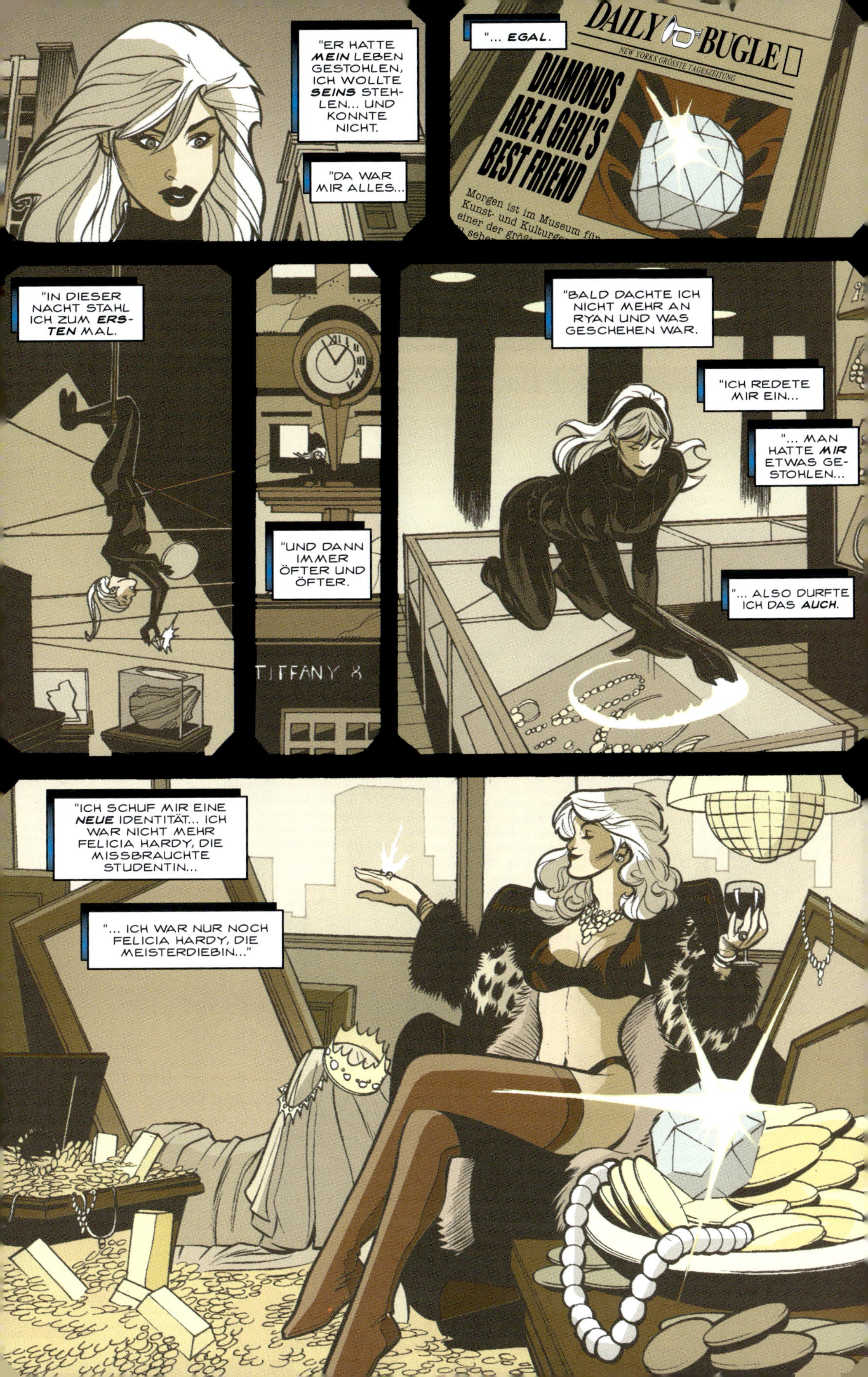
"ER HATTE MEIN LEBEN GESTOHLEN, ICH WOLLTE SEINS STEHLEN... UND KONNTE NICHT.
"DA WAR MIR ALLES...
"... EGAL.
DAILY BUGLE
NEW YORKS GRÖSSTE TAGESZEITUNG
DIAMONDS ARE A GIRL'S BEST FRIEND
"IN DIESER NACHT STAHL ICH ZUM ERSTEN MAL.
"UND DANN IMMER ÖFTER UND ÖFTER.
TIFFANY &
"BALD DACHTE ICH NICHT MEHR AN RYAN UND WAS GESCHEHEN WAR.
"ICH REDETE MIR EIN...
"... MAN HATTE MIR ETWAS GESTOHLEN...
"... ALSO DURFTE ICH DAS AUCH.
"ICH SCHUF MIR EINE NEUE IDENTITÄT... ICH WAR NICHT MEHR FELICIA HARDY, DIE MISSBRAUCHTE STUDENTIN...
"... ICH WAR NUR NOCH FELICIA HARDY, DIE MEISTERDIEBIN..."

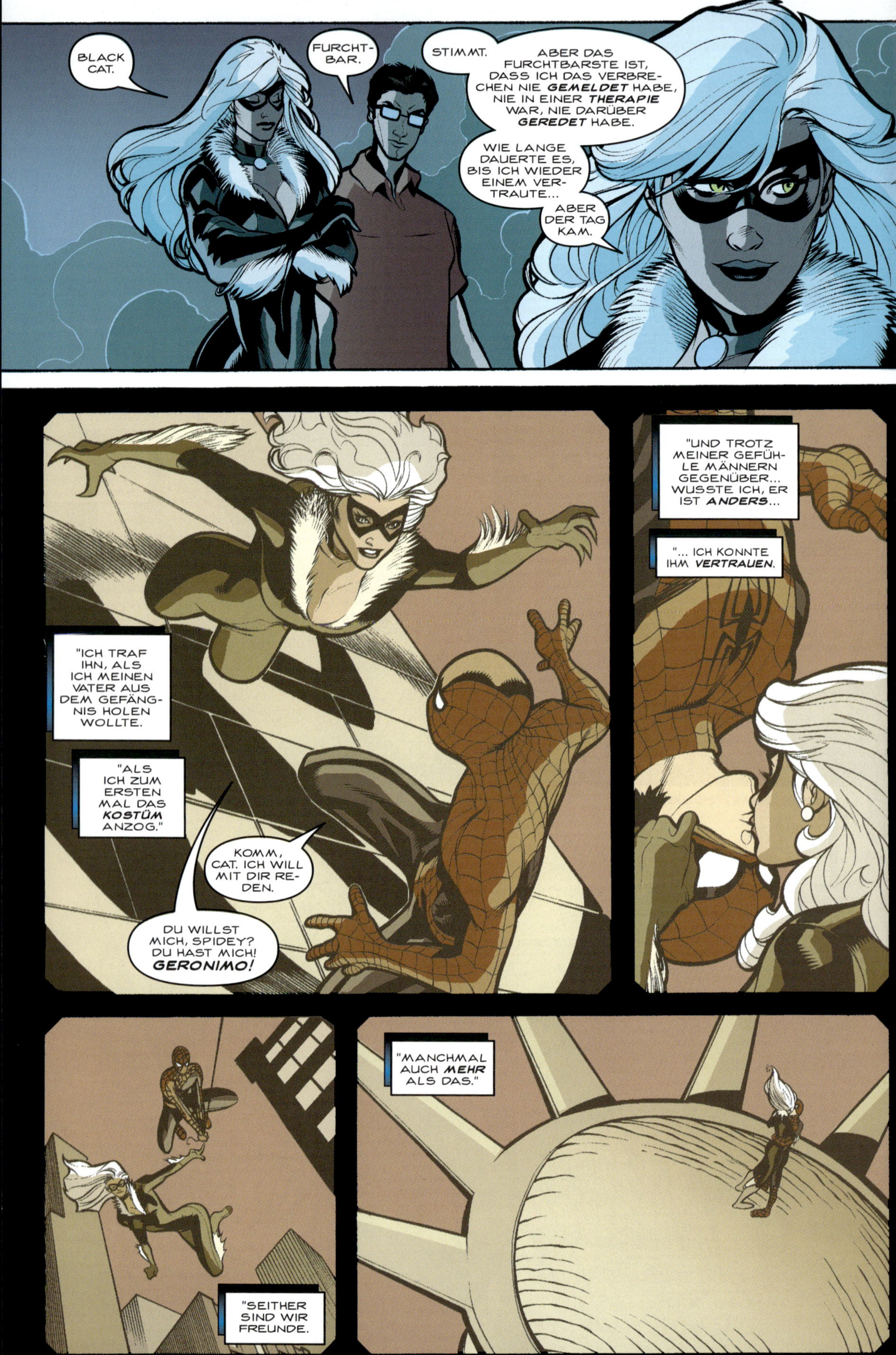

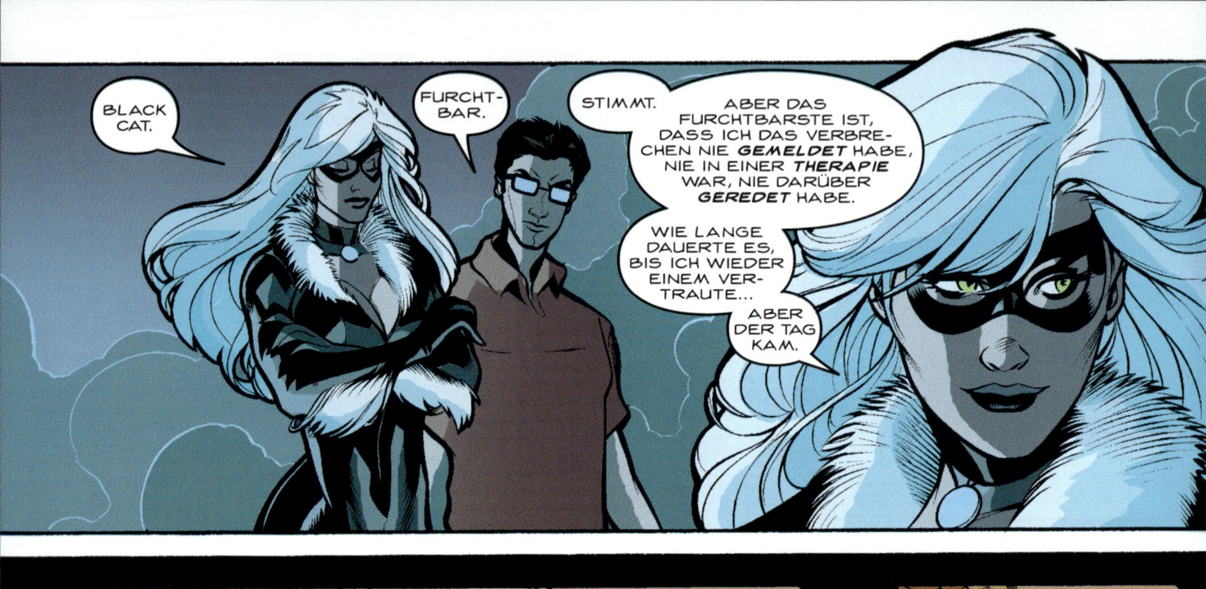

"ICH TRAF IHN, ALS ICH MEINEN VATER AUS DEM GEFÄNGNIS HOLEN WOLLTE.

"ALS ICH ZUM ERSTEN MAL DAS **KOSTÜM** ANZOG."

KOMM, CAT. ICH WILL MIT DIR REDEN.

DU WILLST MICH, SPIDEY? DU HAST MICH! **GERONIMO!**

"UND TROTZ MEINER GEFÜHLE MÄNNERN GEGENÜBER... WUSSTE ICH, ER IST **ANDERS**...

"... ICH KONNTE IHM **VERTRAUEN**.

"SEITHER SIND WIR FREUNDE.

"MANCHMAL AUCH **MEHR** ALS DAS."

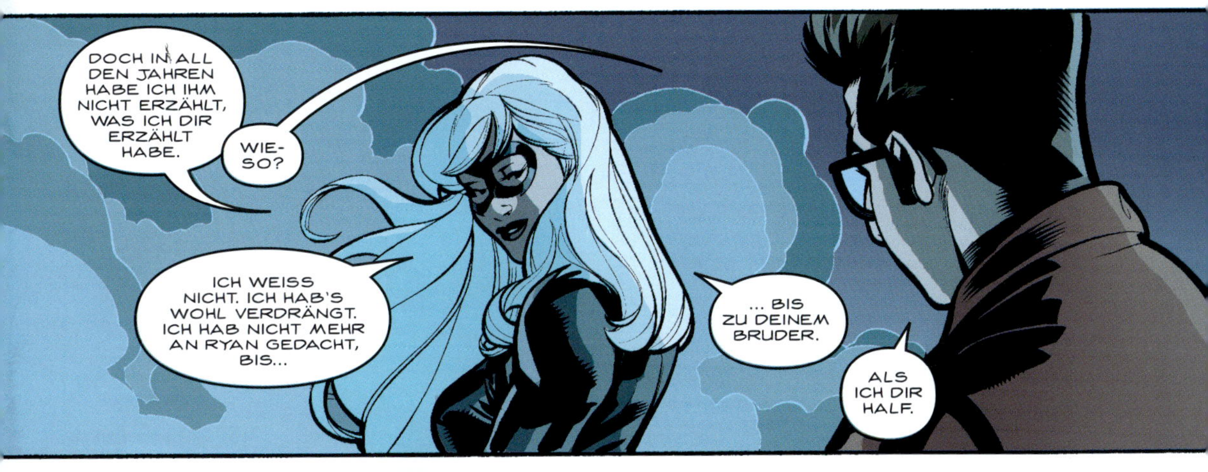
DOCH IN ALL DEN JAHREN HABE ICH IHM NICHT ERZÄHLT, WAS ICH DIR ERZÄHLT HABE.
WIE-SO?
ICH WEISS NICHT. ICH HAB'S WOHL VERDRÄNGT. ICH HAB NICHT MEHR AN RYAN GEDACHT, BIS...
... BIS ZU DEINEM BRUDER.
ALS ICH DIR HALF.

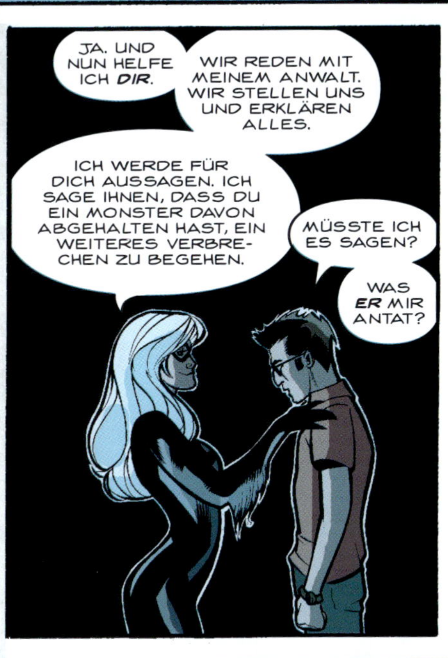
JA. UND NUN HELFE ICH *DIR*.
WIR REDEN MIT MEINEM ANWALT. WIR STELLEN UNS UND ERKLÄREN ALLES.
ICH WERDE FÜR DICH AUSSAGEN. ICH SAGE IHNEN, DASS DU EIN MONSTER DAVON ABGEHALTEN HAST, EIN WEITERES VERBRECHEN ZU BEGEHEN.
MÜSSTE ICH ES SAGEN?
WAS *ER* MIR ANTAT?

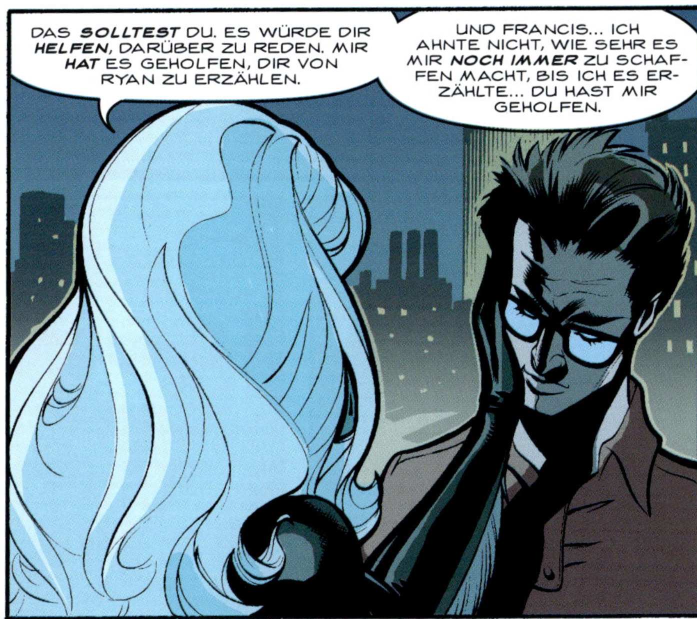
DAS *SOLLTEST* DU. ES WÜRDE DIR *HELFEN*, DARÜBER ZU REDEN. MIR *HAT* ES GEHOLFEN, DIR VON RYAN ZU ERZÄHLEN.
UND FRANCIS... ICH AHNTE NICHT, WIE SEHR ES MIR *NOCH IMMER* ZU SCHAFFEN MACHT, BIS ICH ES ERZÄHLTE... DU HAST MIR GEHOLFEN.

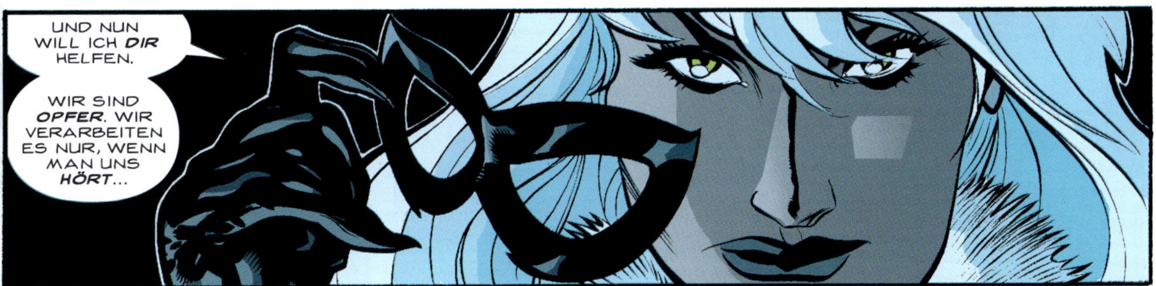
UND NUN WILL ICH *DIR* HELFEN.
WIR SIND *OPFER*. WIR VERARBEITEN ES NUR, WENN MAN UNS *HÖRT*...

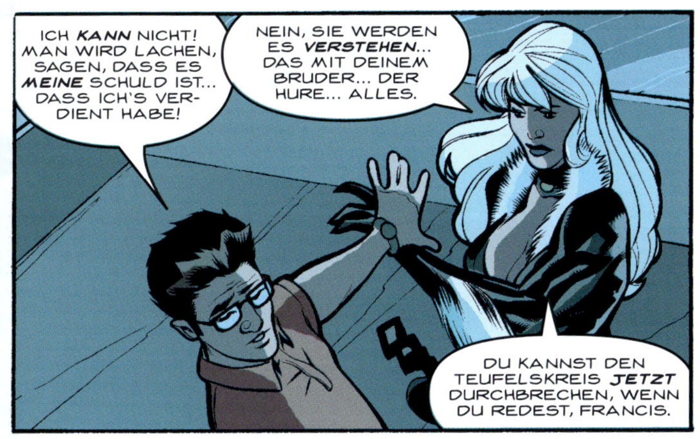
ICH *KANN* NICHT! MAN WIRD LACHEN, SAGEN, DASS ES *MEINE* SCHULD IST... DASS ICH'S VERDIENT HABE!
NEIN, SIE WERDEN ES *VERSTEHEN*... DAS MIT DEINEM BRUDER... DER HURE... ALLES.
DU KANNST DEN TEUFELSKREIS *JETZT* DURCHBRECHEN, WENN DU REDEST, FRANCIS.

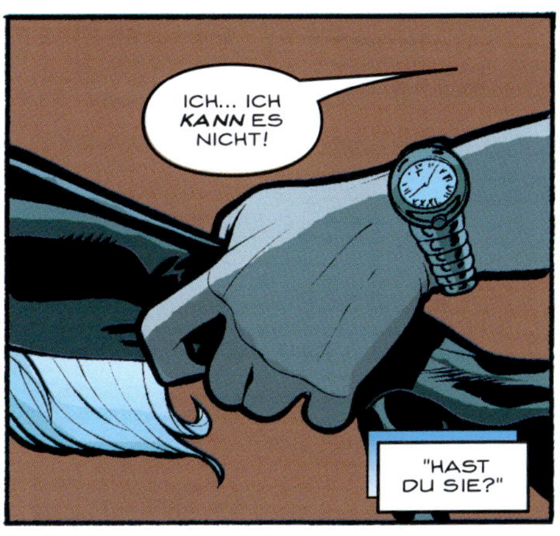
ICH... ICH *KANN* ES NICHT!
"HAST DU SIE?"

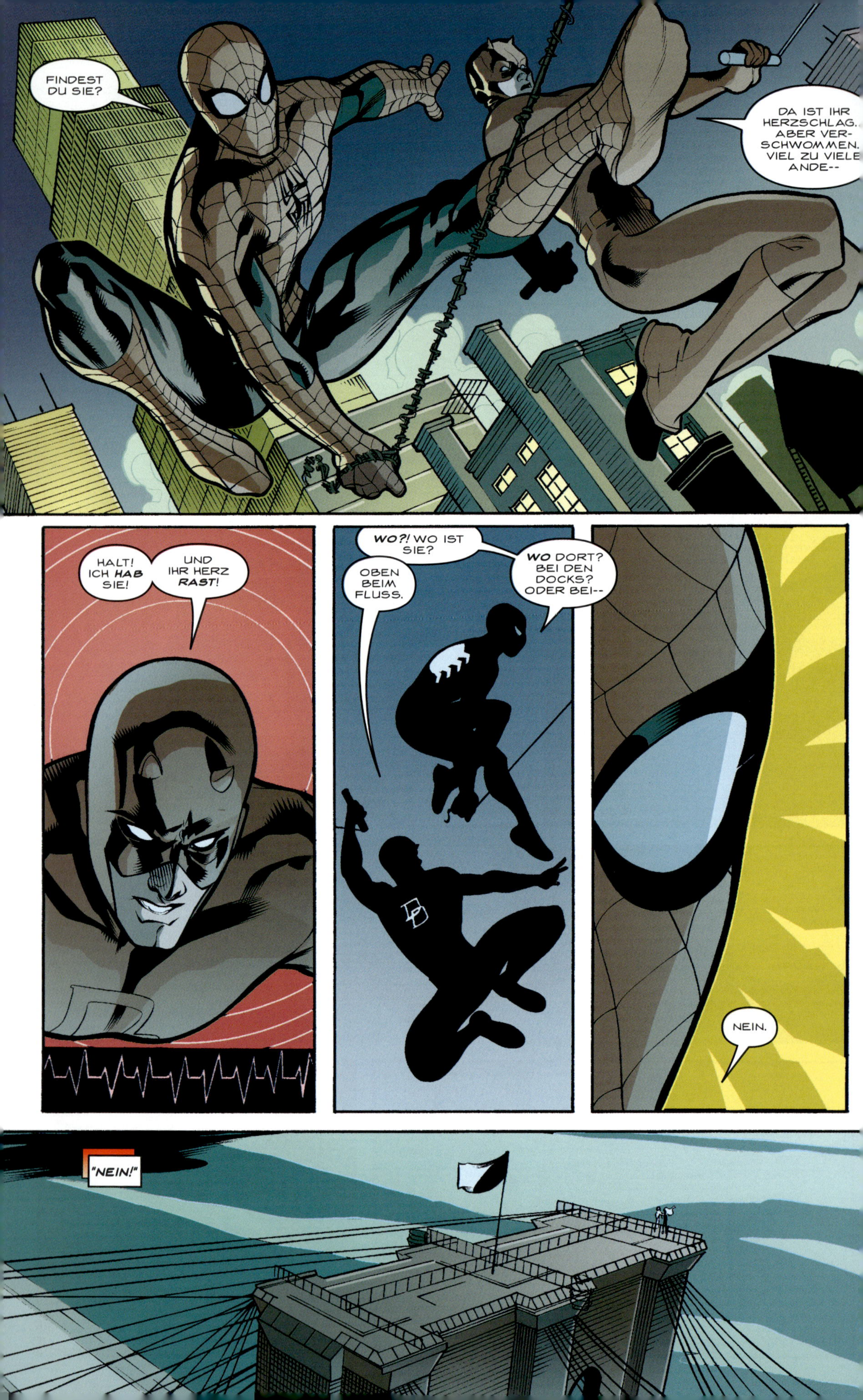

FINDEST DU SIE?
DA IST IHR HERZSCHLAG. ABER VER-SCHWOMMEN. VIEL ZU VIELE ANDE--

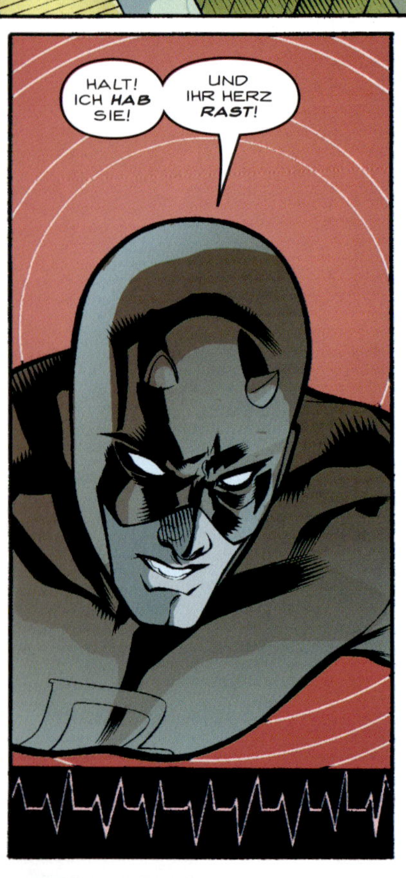
HALT! ICH **HAB** SIE!
UND IHR HERZ ***RAST***!

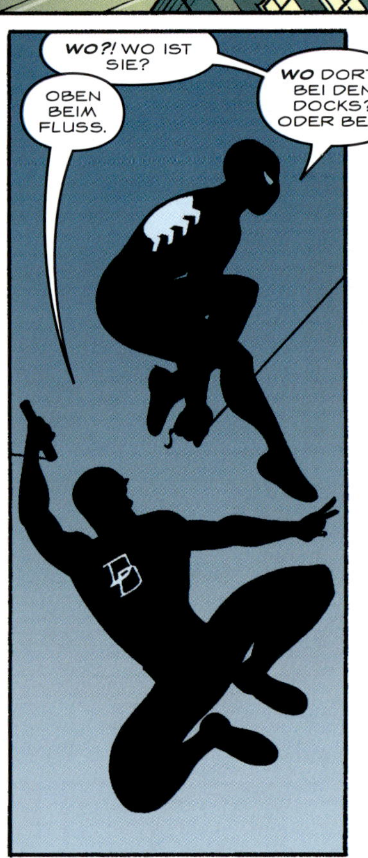
WO?! WO IST SIE?
OBEN BEIM FLUSS.
WO DORT? BEI DEN DOCKS? ODER BEI--

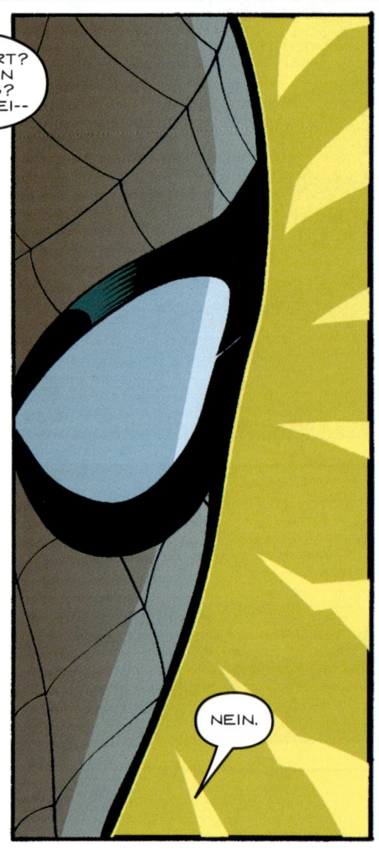
NEIN.

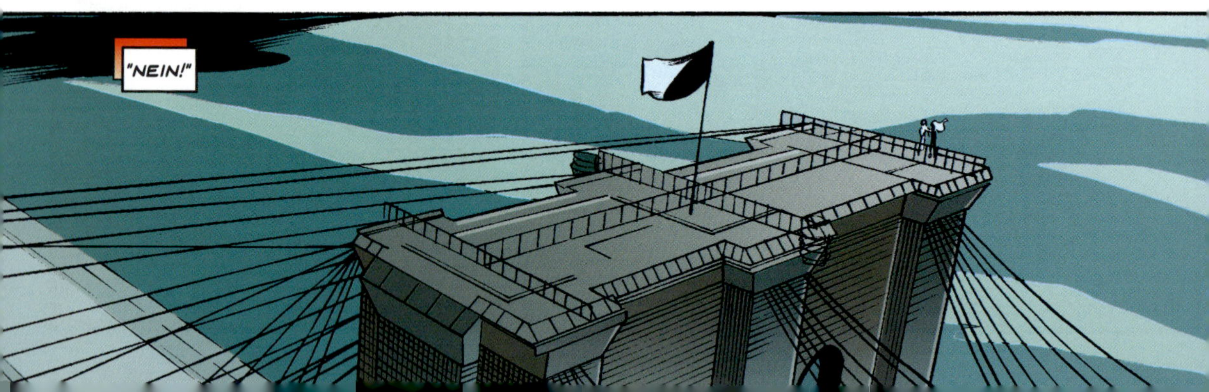
"NEIN!"

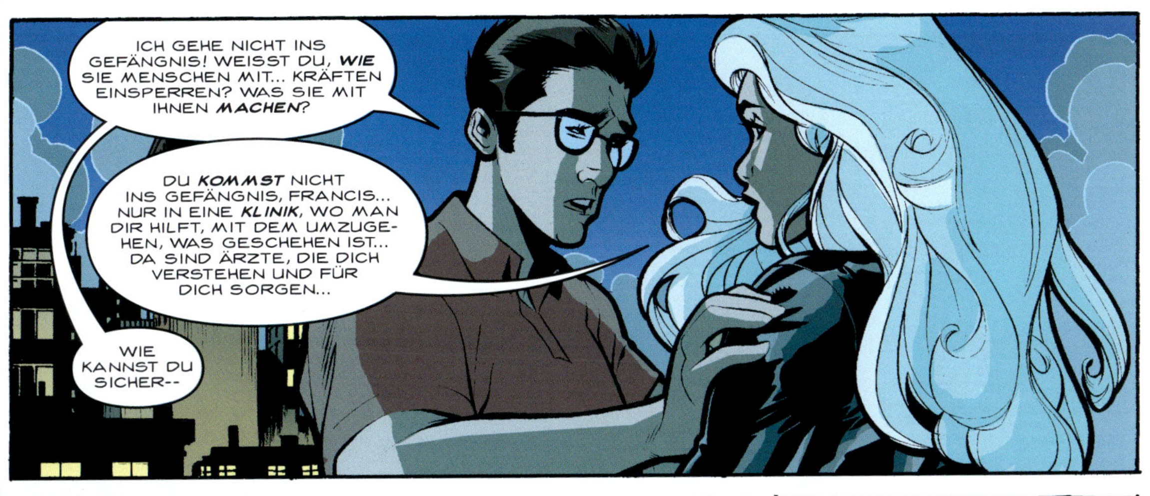
ICH GEHE NICHT INS GEFÄNGNIS! WEISST DU, WIE SIE MENSCHEN MIT... KRÄFTEN EINSPERREN? WAS SIE MIT IHNEN MACHEN?
DU KOMMST NICHT INS GEFÄNGNIS, FRANCIS... NUR IN EINE KLINIK, WO MAN DIR HILFT, MIT DEM UMZUGEHEN, WAS GESCHEHEN IST... DA SIND ÄRZTE, DIE DICH VERSTEHEN UND FÜR DICH SORGEN...
WIE KANNST DU SICHER--

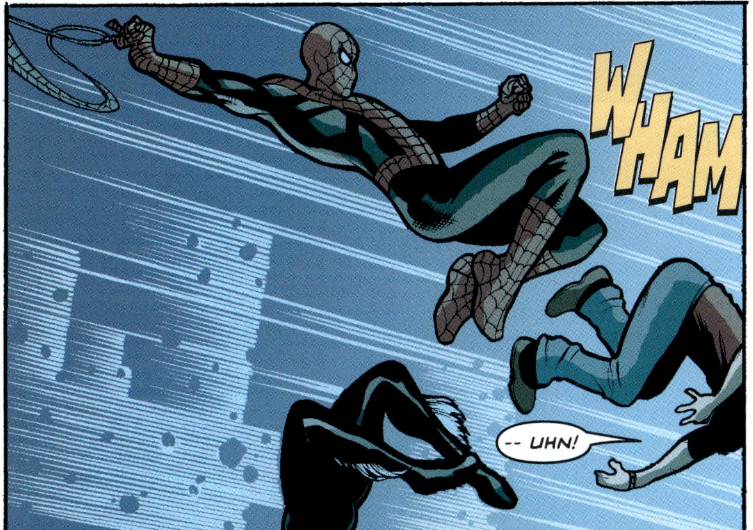
WHAM
-- UHN!

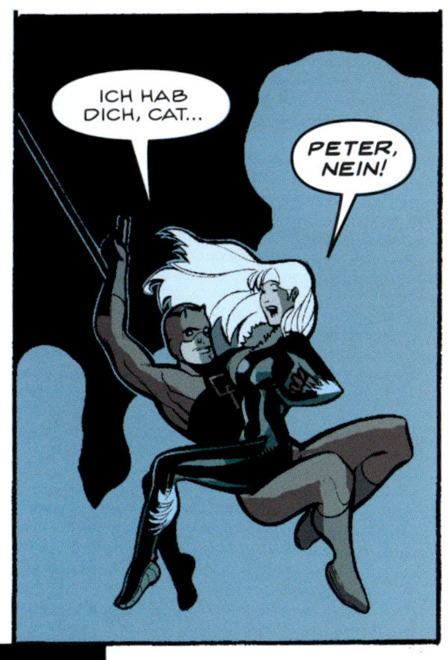
ICH HAB DICH, CAT...
PETER, NEIN!

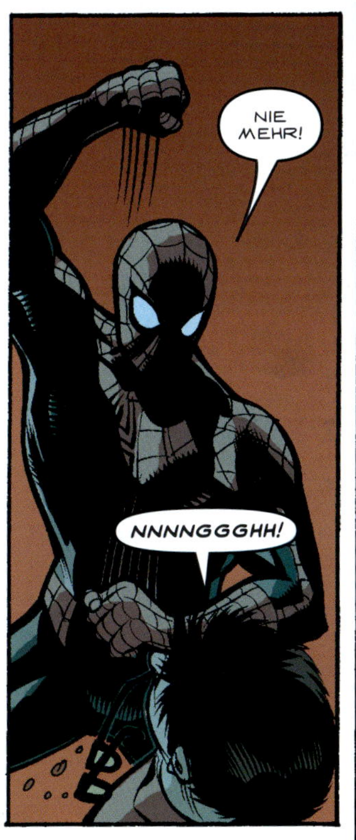
NIE MEHR!
NNNNGGGHH!

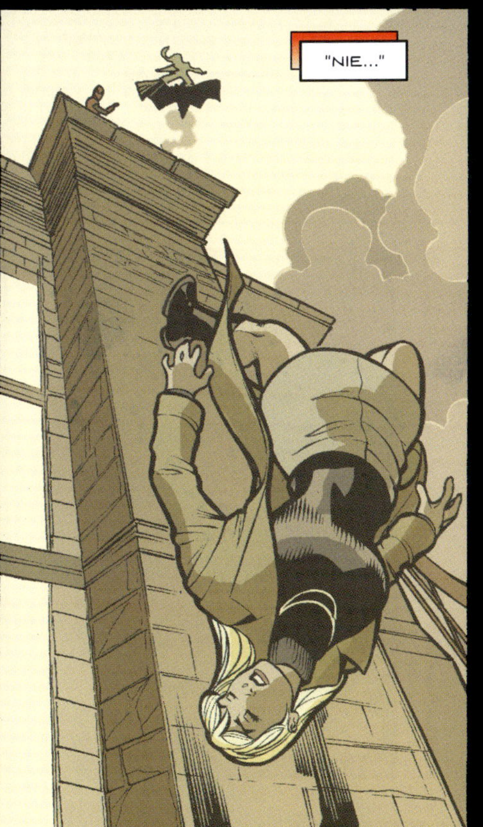
"NIE..."

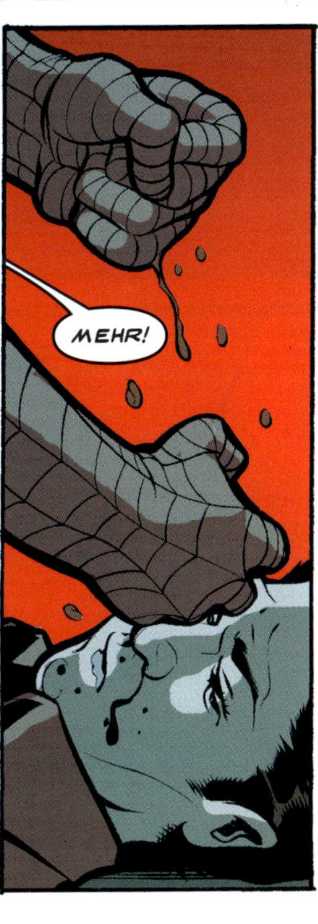
MEHR!

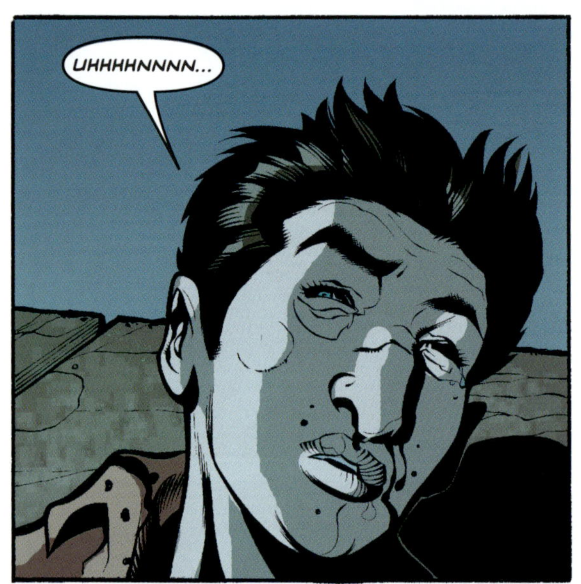
UHHHHNNNN...

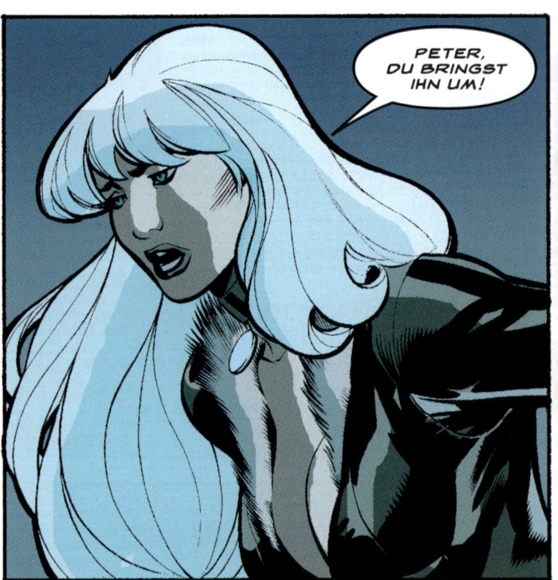
PETER, DU BRINGST IHN UM!

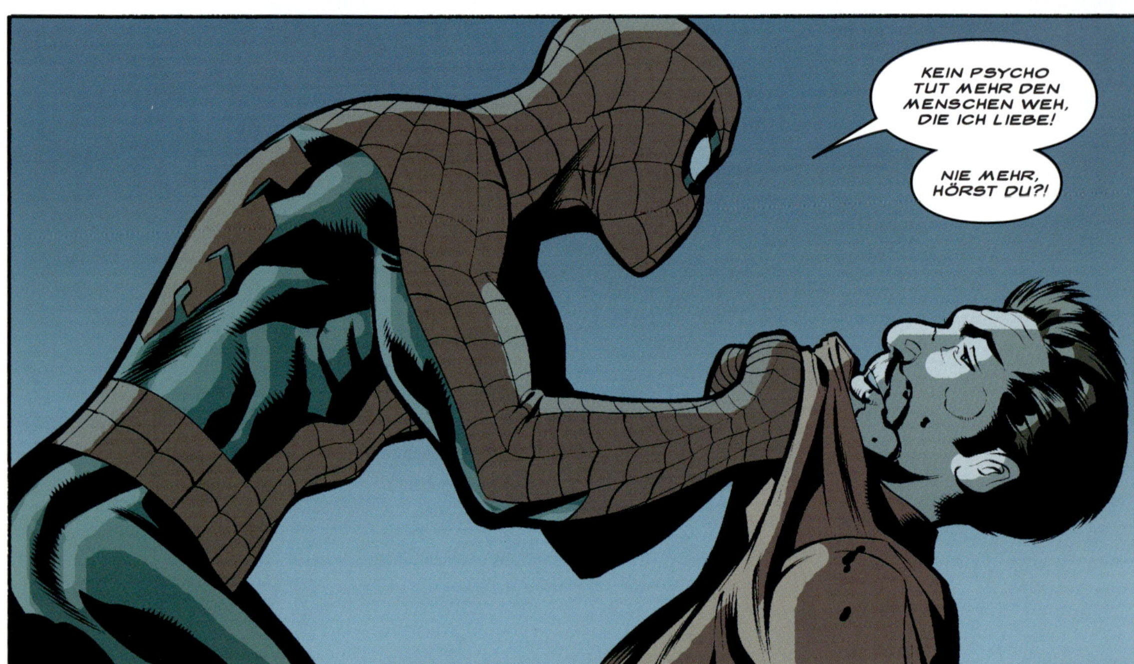
KEIN PSYCHO TUT MEHR DEN MENSCHEN WEH, DIE ICH LIEBE!
NIE MEHR, HÖRST DU?!

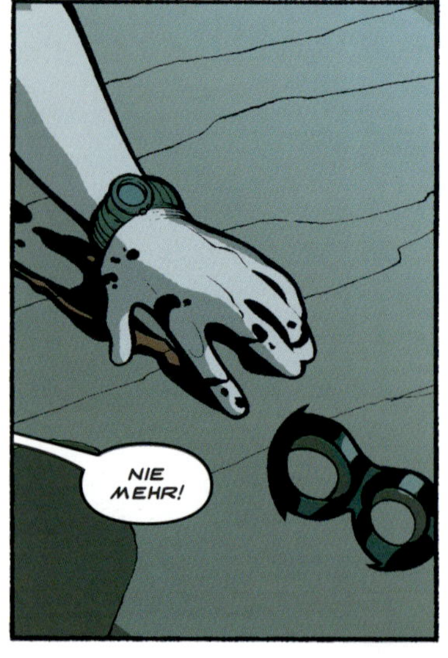
NIE MEHR!

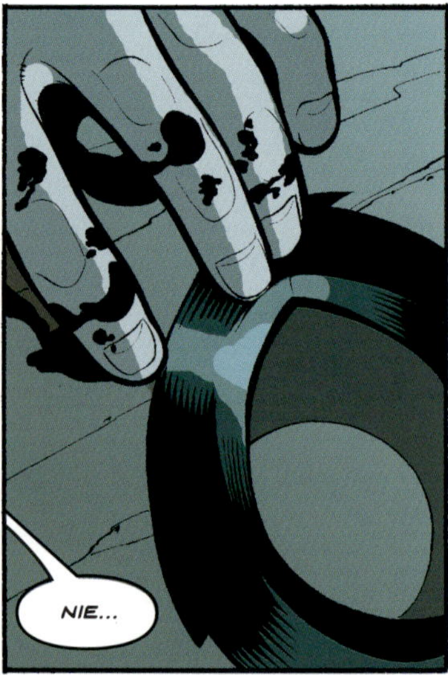
NIE...

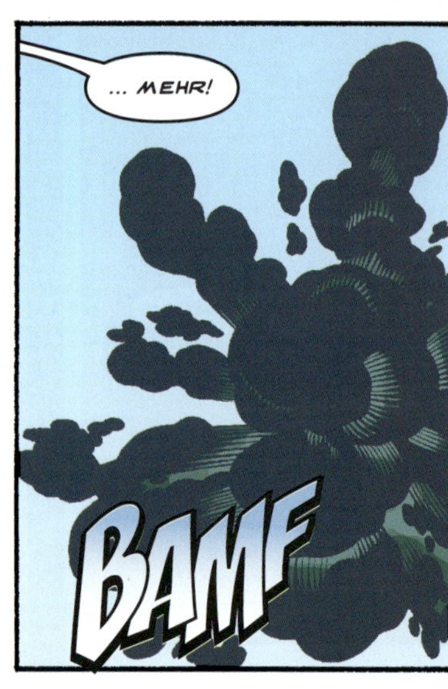
... MEHR!
BAMF

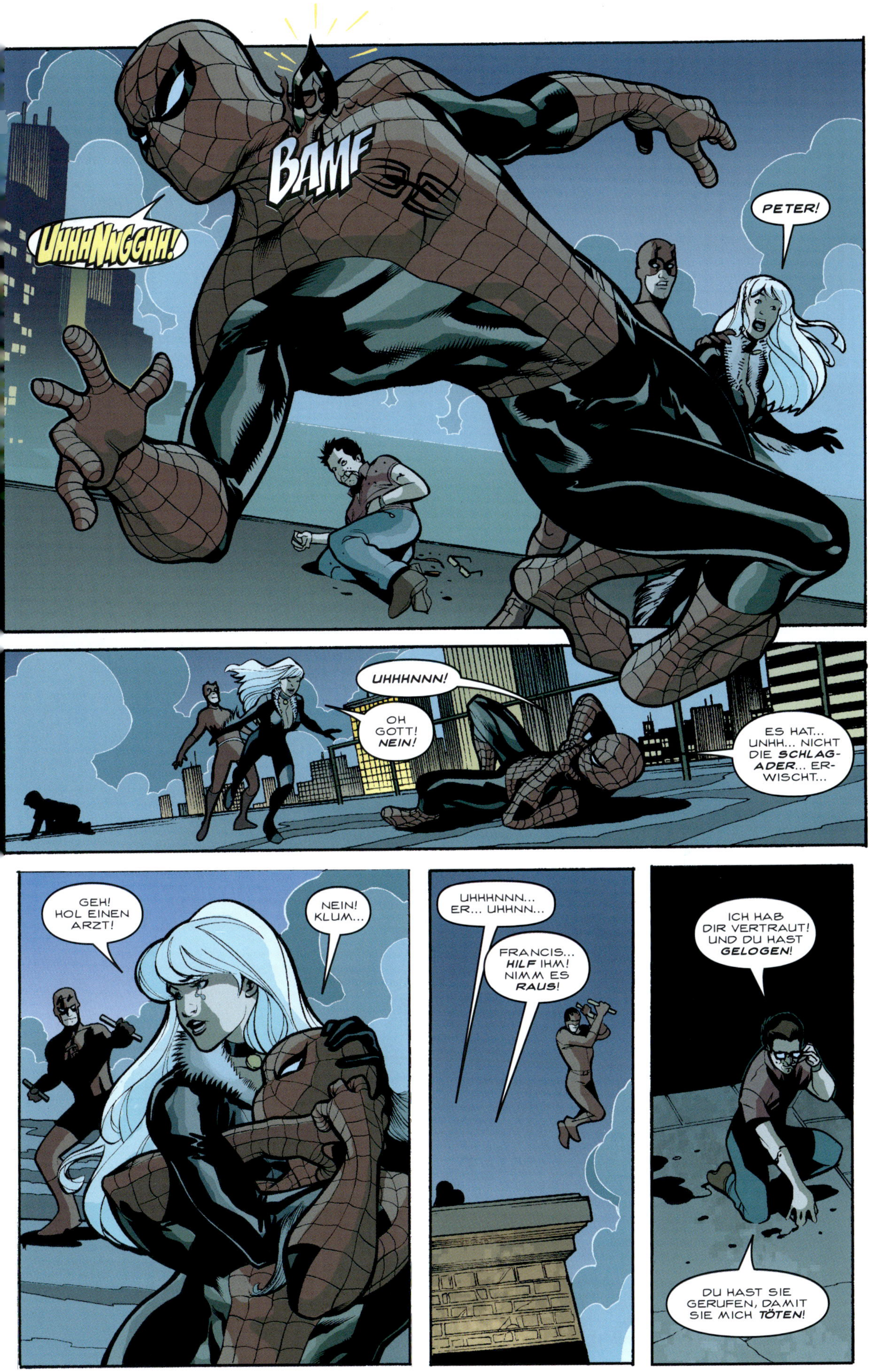

BAMF
UHHHNNGGHH!
PETER!
UHHHNNN!
OH GOTT! *NEIN!*
ES HAT... UNHH... NICHT DIE *SCHLAG-ADER*... ER-WISCHT...

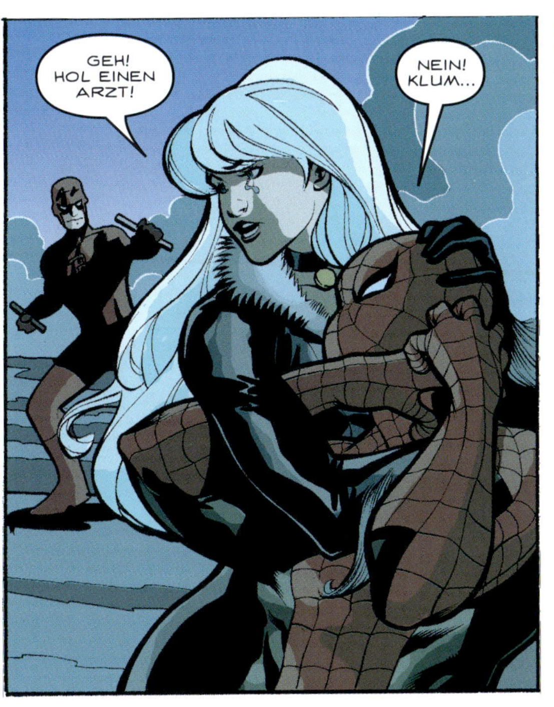

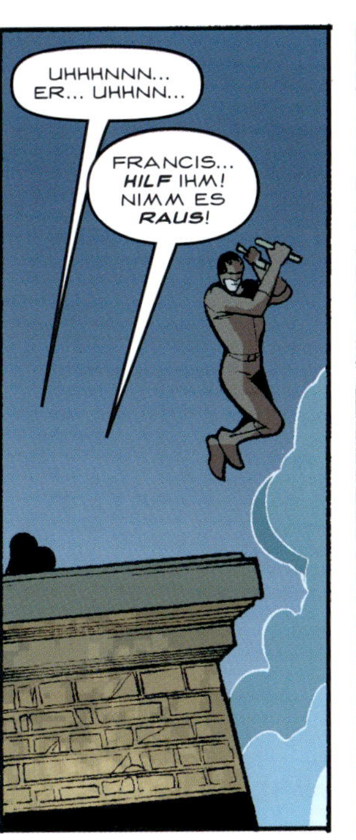

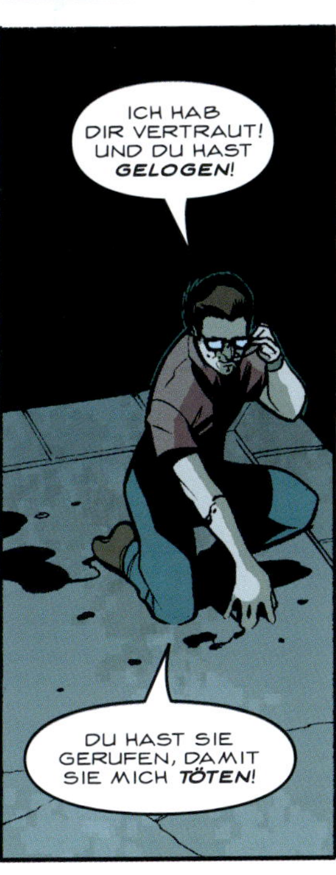

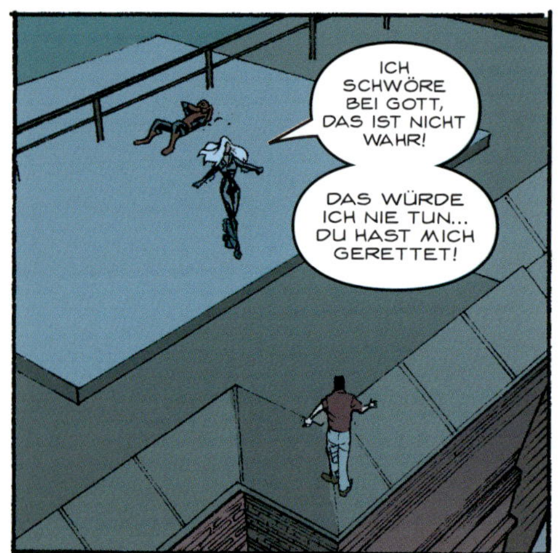
ICH SCHWÖRE BEI GOTT, DAS IST NICHT WAHR!
DAS WÜRDE ICH NIE TUN... DU HAST MICH GERETTET!

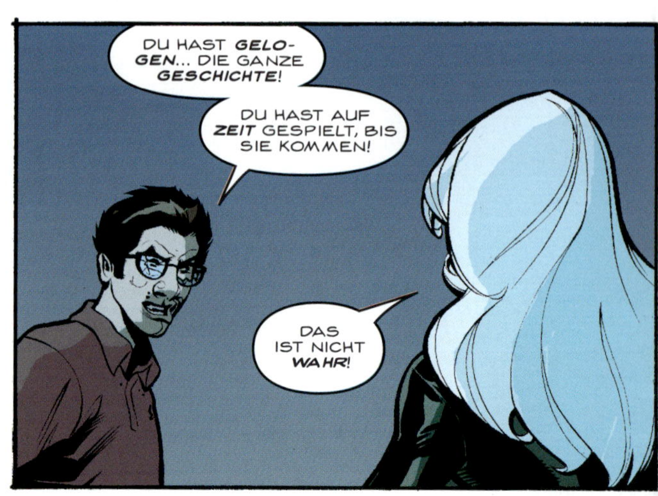
DU HAST **GELO-GEN**... DIE GANZE **GESCHICHTE**!
DU HAST AUF **ZEIT** GESPIELT, BIS SIE KOMMEN!
DAS IST NICHT **WAHR**!

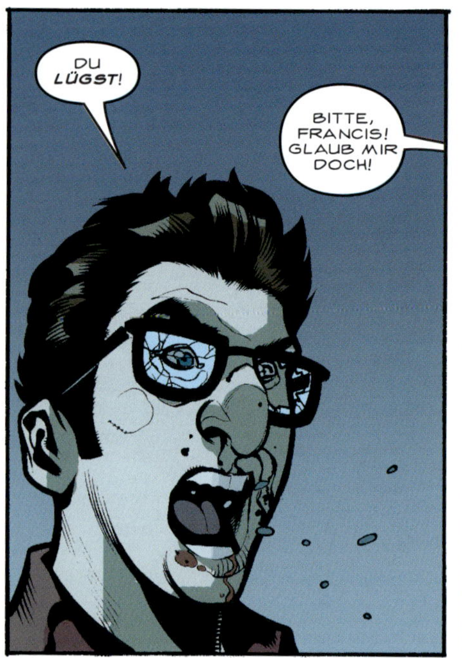
DU **LÜGST**!
BITTE, FRANCIS! GLAUB MIR DOCH!

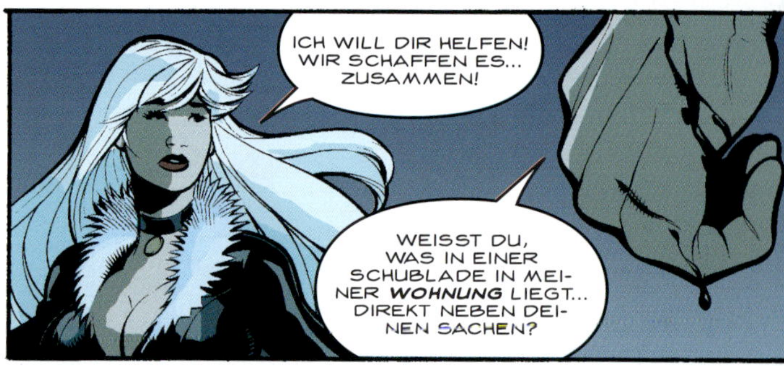
ICH WILL DIR HELFEN! WIR SCHAFFEN ES... ZUSAMMEN!
WEISST DU, WAS IN EINER SCHUBLADE IN MEI-NER **WOHNUNG** LIEGT... DIREKT NEBEN DEI-NEN SACHEN?

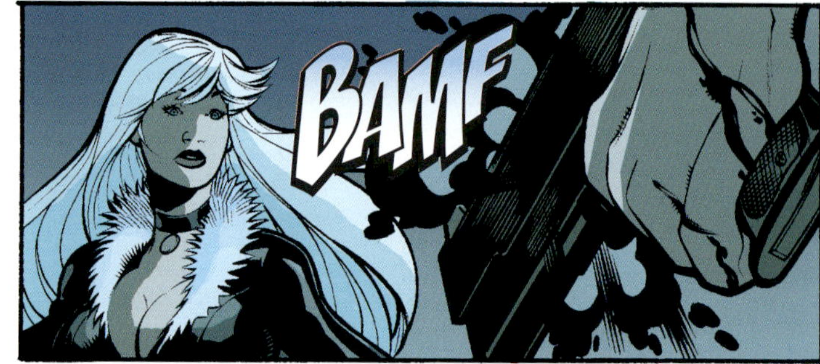
BAMF

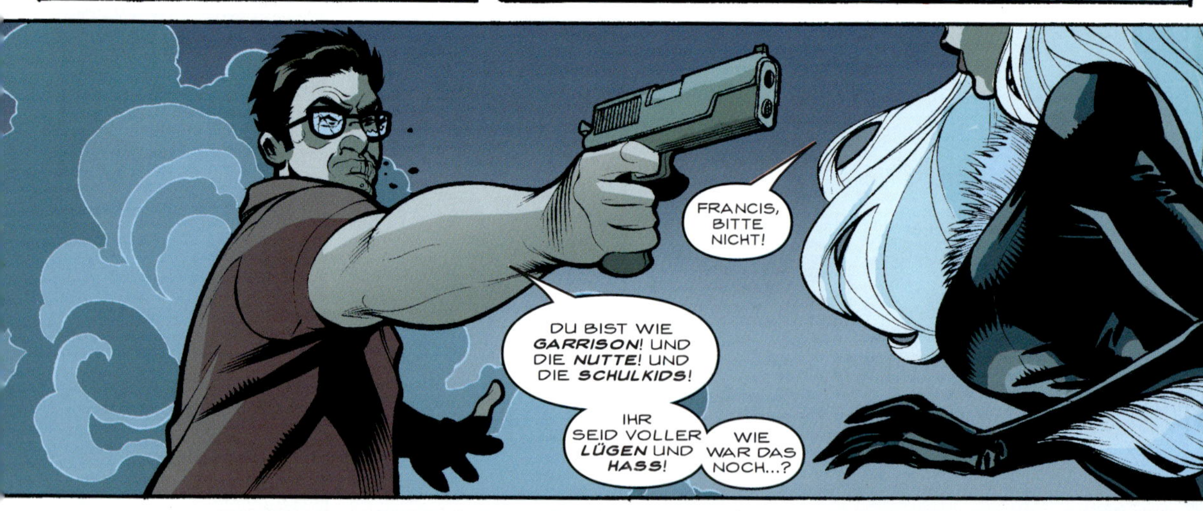
FRANCIS, BITTE NICHT!
DU BIST WIE **GARRISON**! UND DIE **NUTTE**! UND DIE **SCHULKIDS**!
IHR SEID VOLLER **LÜGEN** UND **HASS**!
WIE WAR DAS NOCH...?

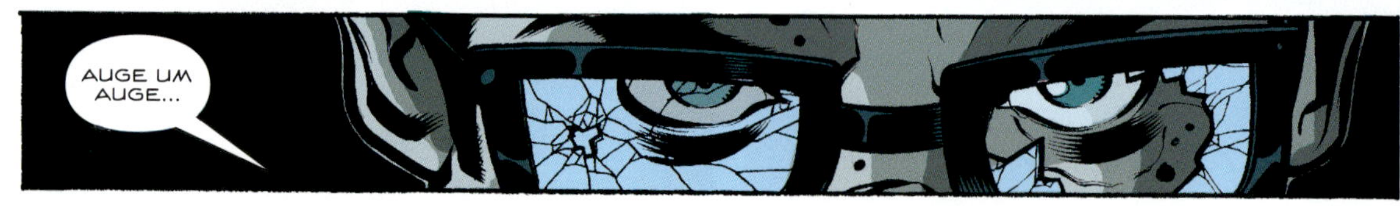
AUGE UM AUGE...

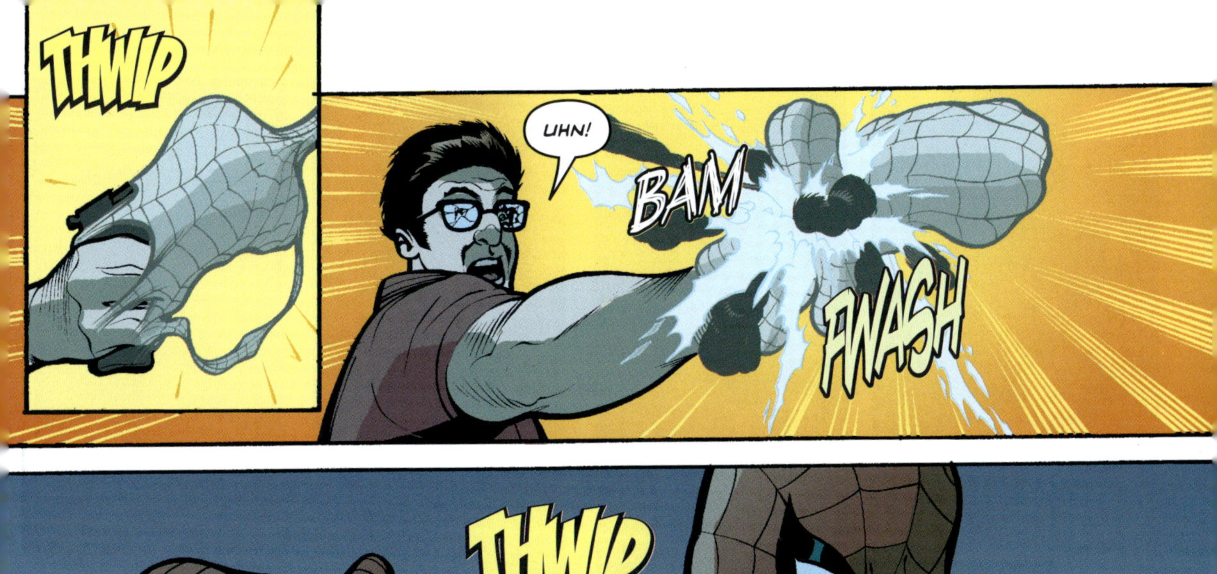
THWIP
UHN!
BAM
FWASH

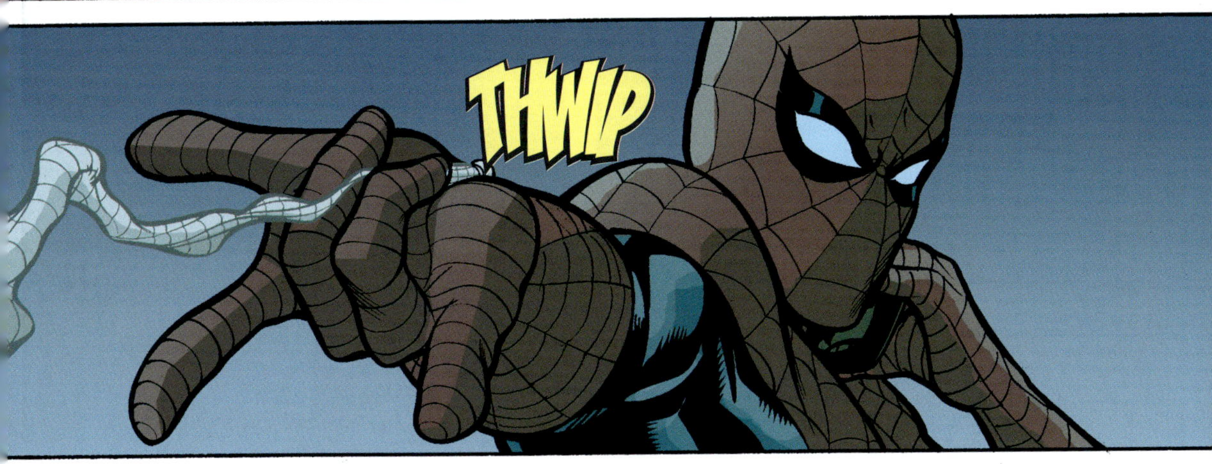
THWIP

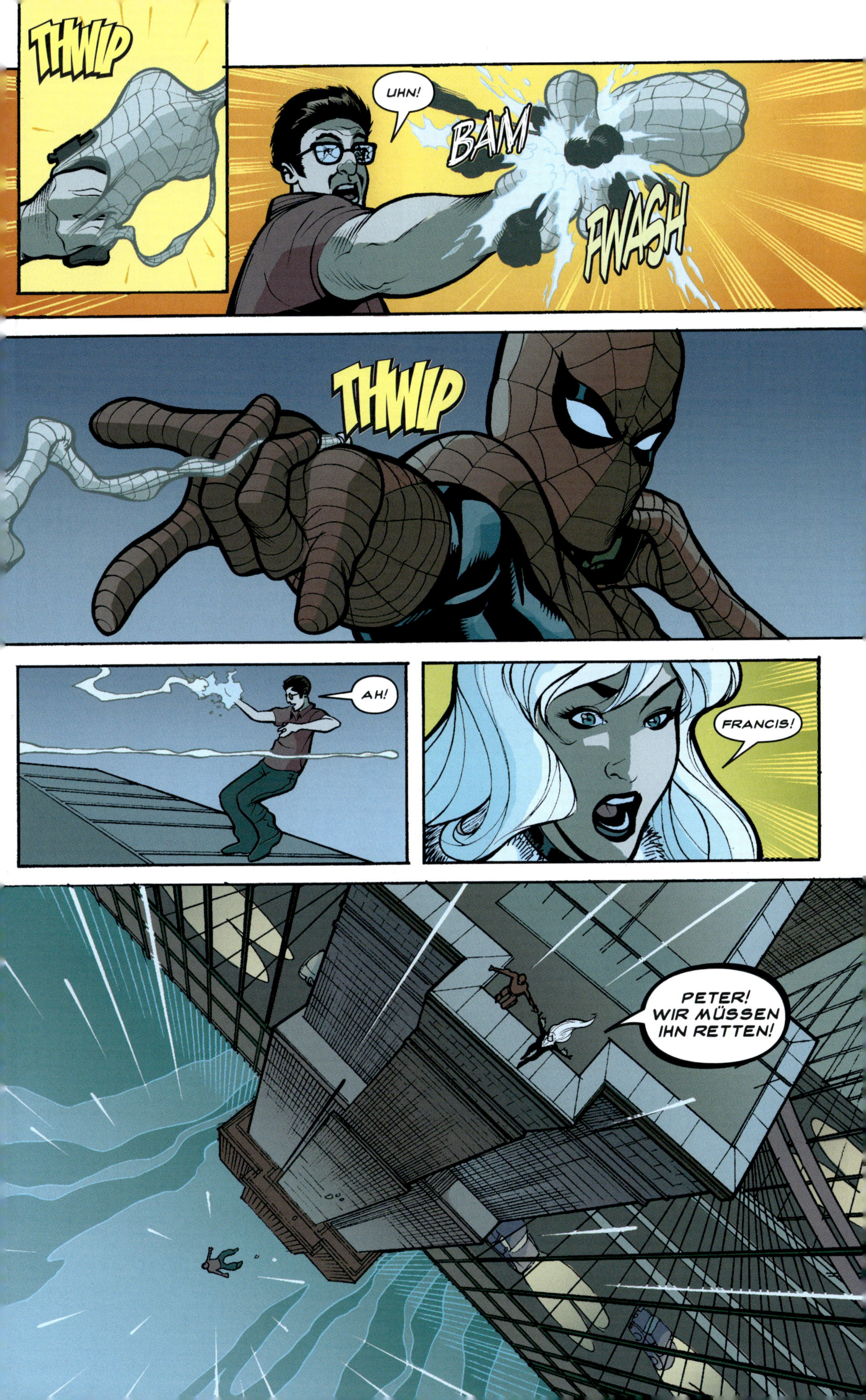

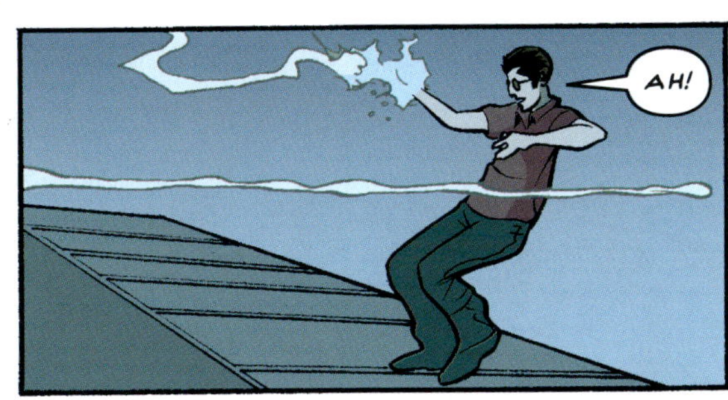
AH!

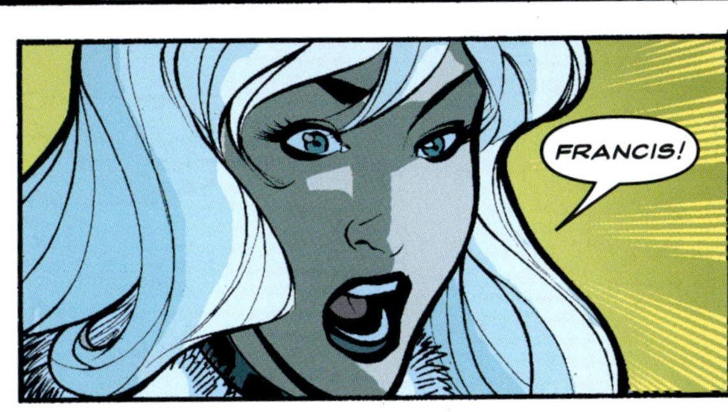
FRANCIS!

PETER!
WIR MÜSSEN
IHN RETTEN!

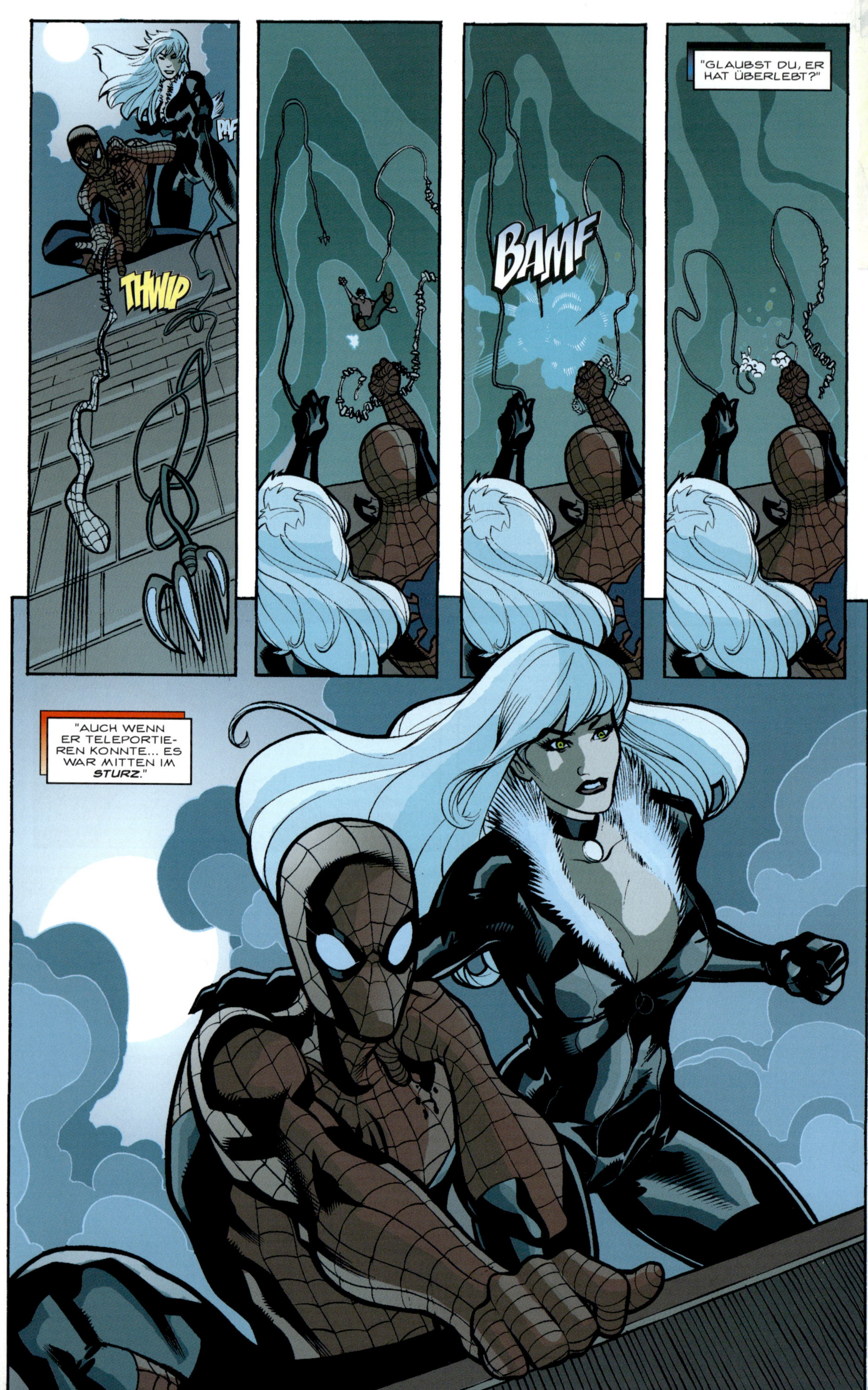
PAF
THWIP
BAMF
"GLAUBST DU, ER HAT ÜBERLEBT?"
"AUCH WENN ER TELEPORTIEREN KONNTE... ES WAR MITTEN IM *STURZ*."

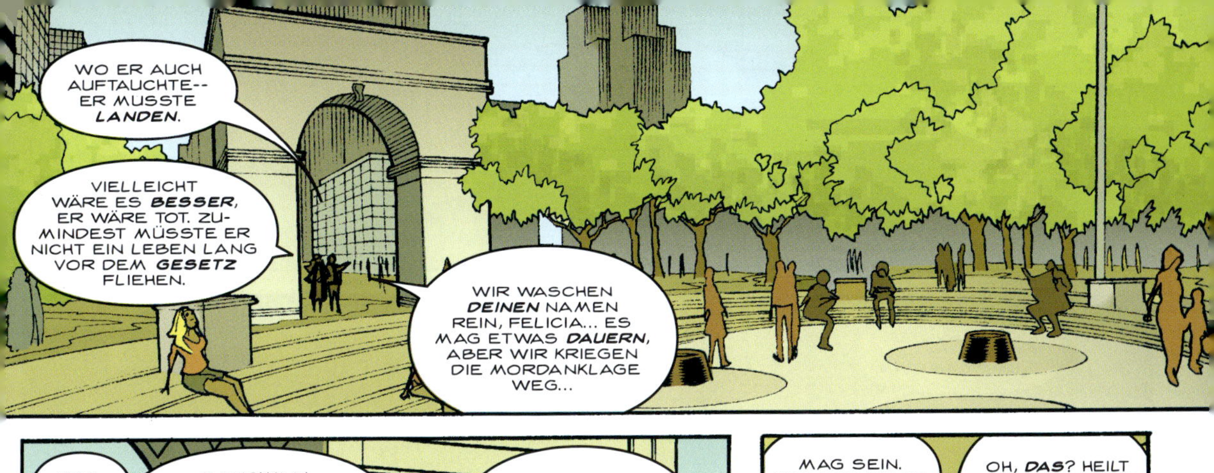

WO ER AUCH AUFTAUCHTE-- ER MUSSTE LANDEN.
VIELLEICHT WÄRE ES BESSER, ER WÄRE TOT. ZUMINDEST MÜSSTE ER NICHT EIN LEBEN LANG VOR DEM GESETZ FLIEHEN.
WIR WASCHEN DEINEN NAMEN REIN, FELICIA... ES MAG ETWAS DAUERN, ABER WIR KRIEGEN DIE MORDANKLAGE WEG...

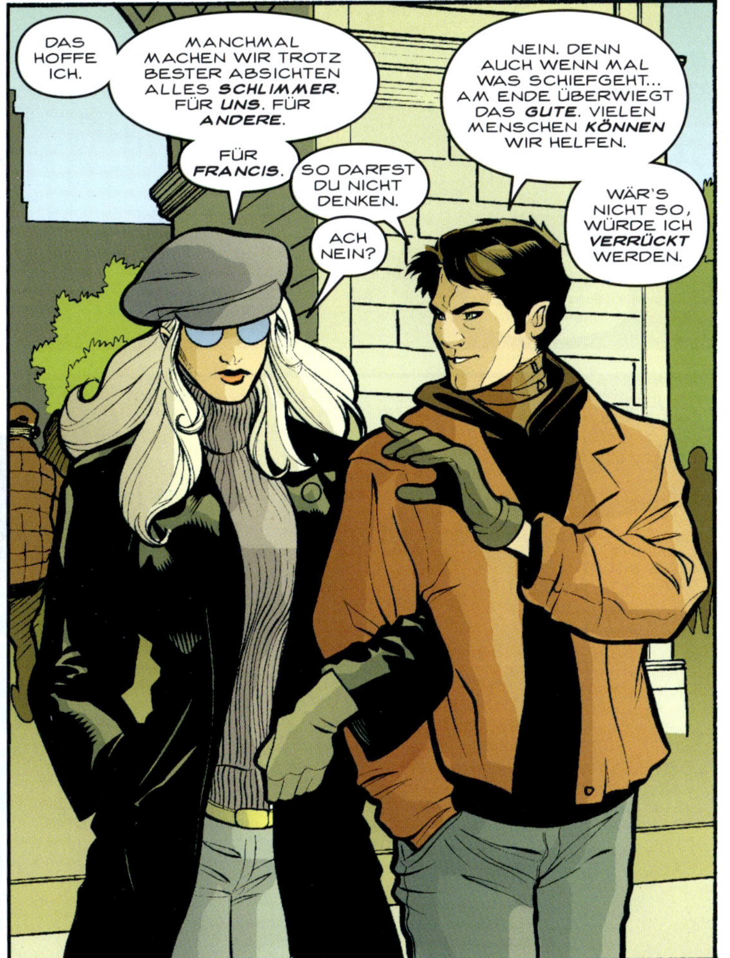

DAS HOFFE ICH.
MANCHMAL MACHEN WIR TROTZ BESTER ABSICHTEN ALLES SCHLIMMER. FÜR UNS. FÜR ANDERE.
FÜR FRANCIS.
SO DARFST DU NICHT DENKEN.
ACH NEIN?
NEIN. DENN AUCH WENN MAL WAS SCHIEFGEHT... AM ENDE ÜBERWIEGT DAS GUTE. VIELEN MENSCHEN KÖNNEN WIR HELFEN.
WÄR'S NICHT SO, WÜRDE ICH VERRÜCKT WERDEN.

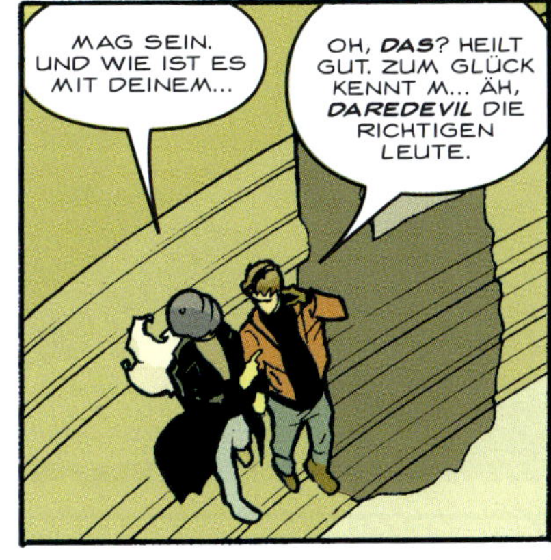

MAG SEIN. UND WIE IST ES MIT DEINEM...
OH, DAS? HEILT GUT. ZUM GLÜCK KENNT M... ÄH, DAREDEVIL DIE RICHTIGEN LEUTE.

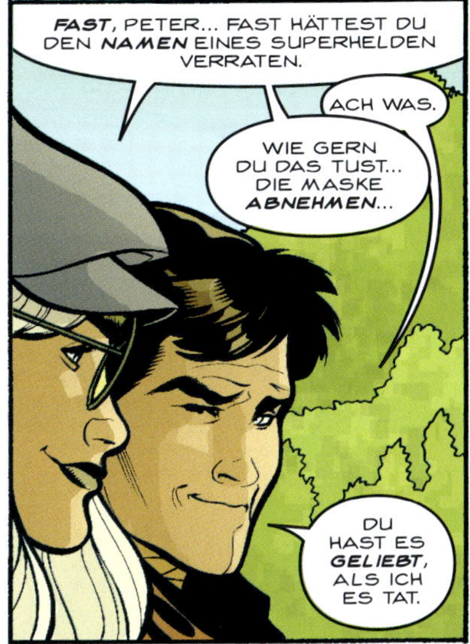

FAST, PETER... FAST HÄTTEST DU DEN NAMEN EINES SUPERHELDEN VERRATEN.
ACH WAS.
WIE GERN DU DAS TUST... DIE MASKE ABNEHMEN...
DU HAST ES GELIEBT, ALS ICH ES TAT.

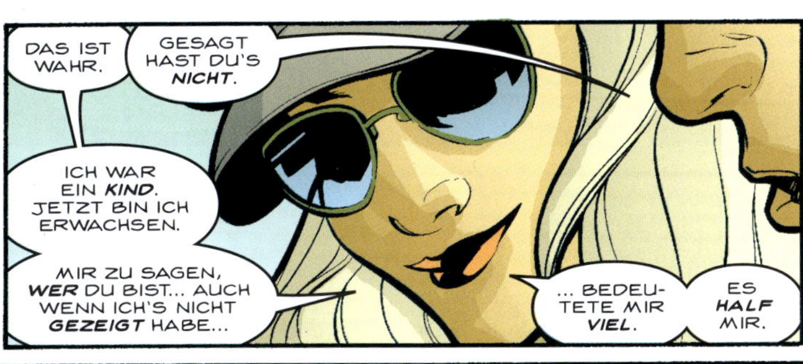

DAS IST WAHR.
GESAGT HAST DU'S NICHT.
ICH WAR EIN KIND. JETZT BIN ICH ERWACHSEN.
MIR ZU SAGEN, WER DU BIST... AUCH WENN ICH'S NICHT GEZEIGT HABE...
... BEDEUTETE MIR VIEL.
ES HALF MIR.

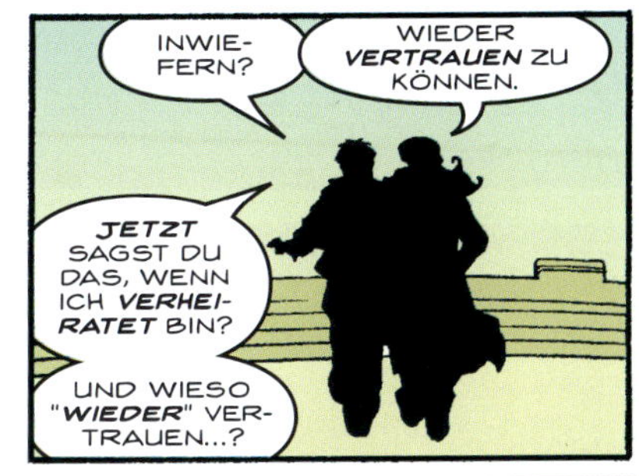

INWIEFERN?
WIEDER VERTRAUEN ZU KÖNNEN.
JETZT SAGST DU DAS, WENN ICH VERHEIRATET BIN?
UND WIESO "WIEDER" VERTRAUEN...?

PETER, ICH DENKE, ICH SOLLTE DIR WAS ERZÄHLEN.
ETWAS, DAS IN MEINER UNI-ZEIT GESCHAH...

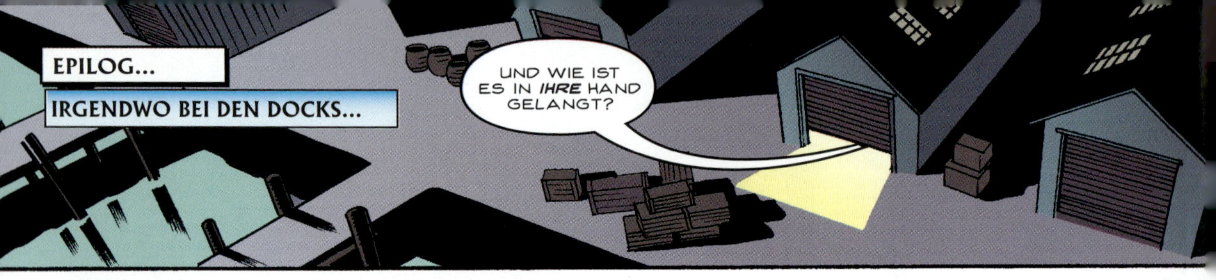
EPILOG...
IRGENDWO BEI DEN DOCKS...
UND WIE IST ES IN *IHRE* HAND GELANGT?

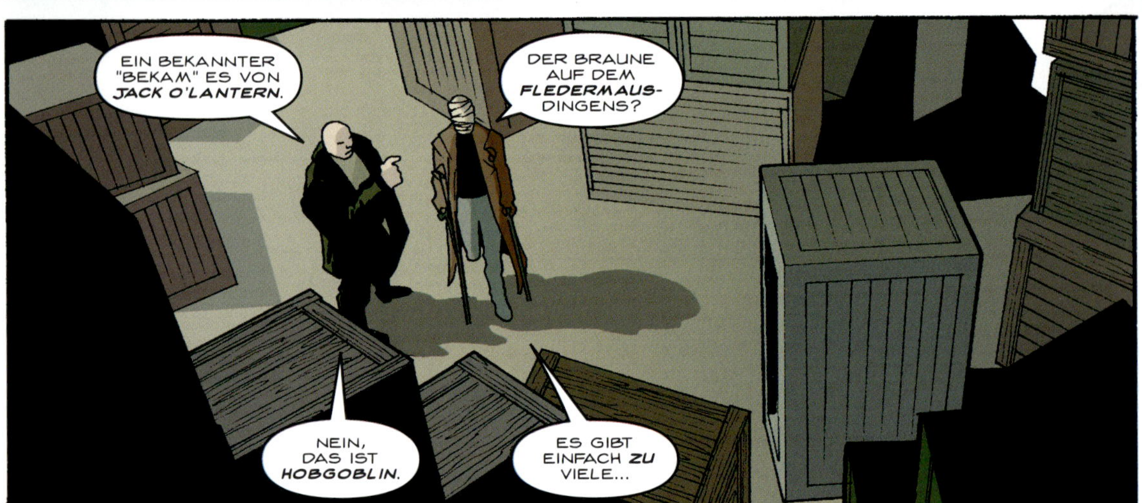
EIN BEKANNTER "BEKAM" ES VON *JACK O'LANTERN*.
DER BRAUNE AUF DEM *FLEDERMAUS*-DINGENS?
NEIN, DAS IST *HOBGOBLIN*.
ES GIBT EINFACH *ZU* VIELE...

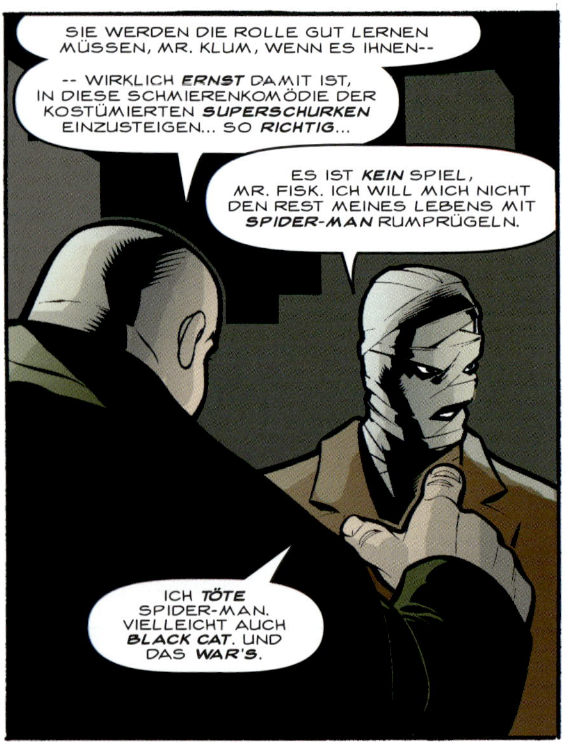
SIE WERDEN DIE ROLLE GUT LERNEN MÜSSEN, MR. KLUM, WENN ES IHNEN--
-- WIRKLICH *ERNST* DAMIT IST, IN DIESE SCHMIERENKOMÖDIE DER KOSTÜMIERTEN *SUPERSCHURKEN* EINZUSTEIGEN... SO *RICHTIG*...
ES IST *KEIN* SPIEL, MR. FISK. ICH WILL MICH NICHT DEN REST MEINES LEBENS MIT *SPIDER-MAN* RUMPRÜGELN.
ICH *TÖTE* SPIDER-MAN. VIELLEICHT AUCH *BLACK CAT*. UND DAS *WAR'S*.

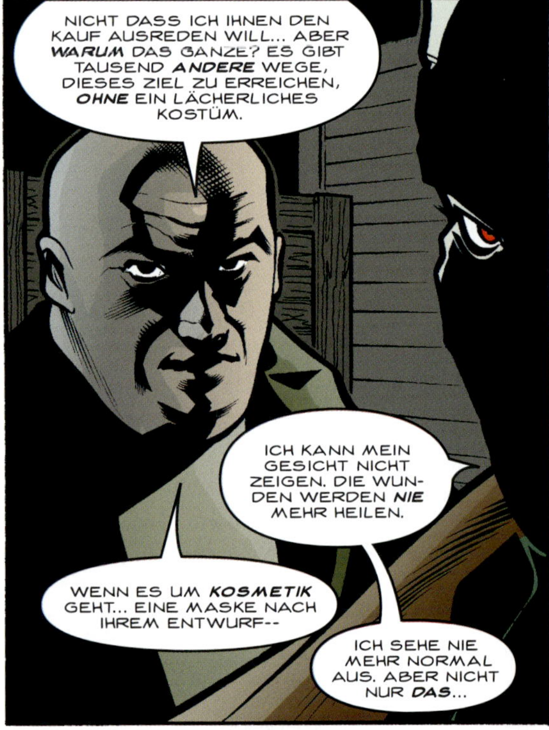
NICHT DASS ICH IHNEN DEN KAUF AUSREDEN WILL... ABER *WARUM* DAS GANZE? ES GIBT TAUSEND *ANDERE* WEGE, DIESES ZIEL ZU ERREICHEN, *OHNE* EIN LÄCHERLICHES KOSTÜM.
ICH KANN MEIN GESICHT NICHT ZEIGEN. DIE WUNDEN WERDEN *NIE* MEHR HEILEN.
WENN ES UM *KOSMETIK* GEHT... EINE MASKE NACH IHREM ENTWURF--
ICH SEHE NIE MEHR NORMAL AUS. ABER NICHT NUR *DAS*...

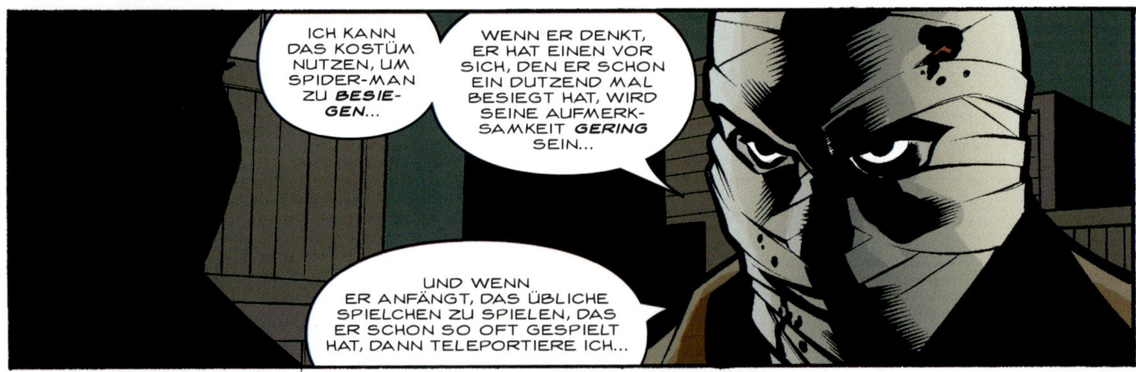
ICH KANN DAS KOSTÜM NUTZEN, UM SPIDER-MAN ZU *BESIEGEN*...
WENN ER DENKT, ER HAT EINEN VOR SICH, DEN ER SCHON EIN DUTZEND MAL BESIEGT HAT, WIRD SEINE AUFMERKSAMKEIT *GERING* SEIN...
UND WENN ER ANFÄNGT, DAS ÜBLICHE SPIELCHEN ZU SPIELEN, DAS ER SCHON SO OFT GESPIELT HAT, DANN TELEPORTIERE ICH...

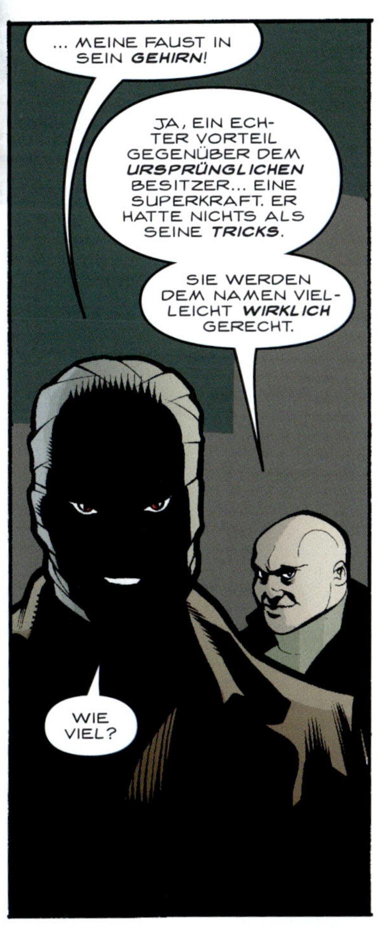
... MEINE FAUST IN SEIN **GEHIRN**!
JA, EIN ECHTER VORTEIL GEGENÜBER DEM **URSPRÜNGLICHEN** BESITZER... EINE SUPERKRAFT. ER HATTE NICHTS ALS SEINE **TRICKS**.
SIE WERDEN DEM NAMEN VIELLEICHT **WIRKLICH** GERECHT.
WIE VIEL?

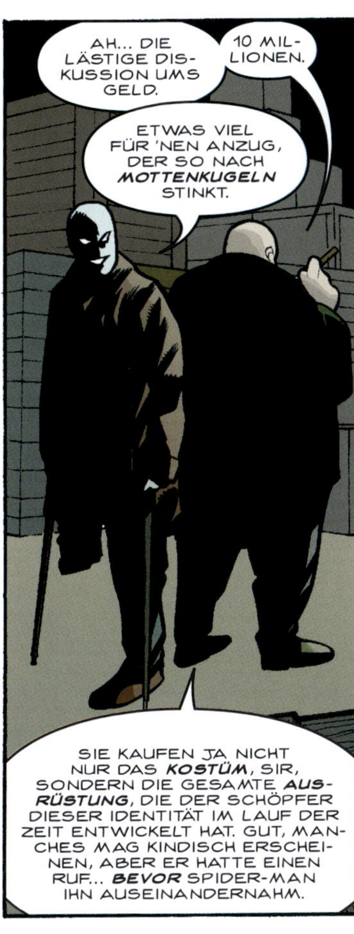
AH... DIE LÄSTIGE DISKUSSION UMS GELD.
10 MILLIONEN.
ETWAS VIEL FÜR 'NEN ANZUG, DER SO NACH **MOTTENKUGELN** STINKT.
SIE KAUFEN JA NICHT NUR DAS **KOSTÜM**, SIR, SONDERN DIE GESAMTE **AUSRÜSTUNG**, DIE DER SCHÖPFER DIESER IDENTITÄT IM LAUF DER ZEIT ENTWICKELT HAT. GUT, MANCHES MAG KINDISCH ERSCHEINEN, ABER ER HATTE EINEN RUF... **BEVOR** SPIDER-MAN IHN AUSEINANDERNAHM.

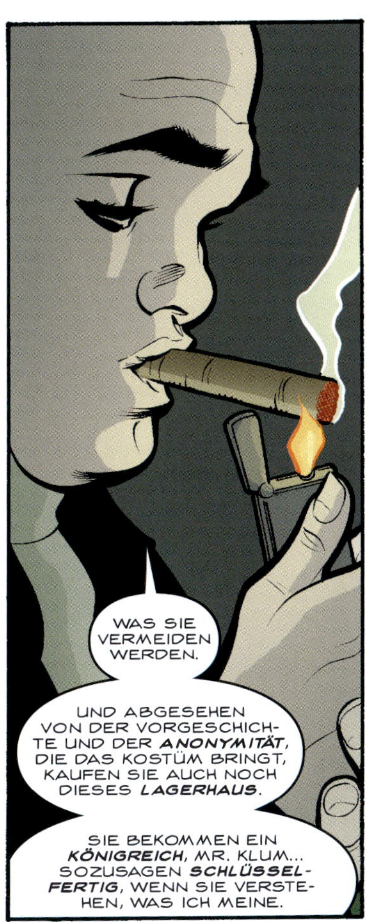
WAS SIE VERMEIDEN WERDEN.
UND ABGESEHEN VON DER VORGESCHICHTE UND DER **ANONYMITÄT**, DIE DAS KOSTÜM BRINGT, KAUFEN SIE AUCH NOCH DIESES **LAGERHAUS**.
SIE BEKOMMEN EIN **KÖNIGREICH**, MR. KLUM... SOZUSAGEN **SCHLÜSSELFERTIG**, WENN SIE VERSTEHEN, WAS ICH MEINE.

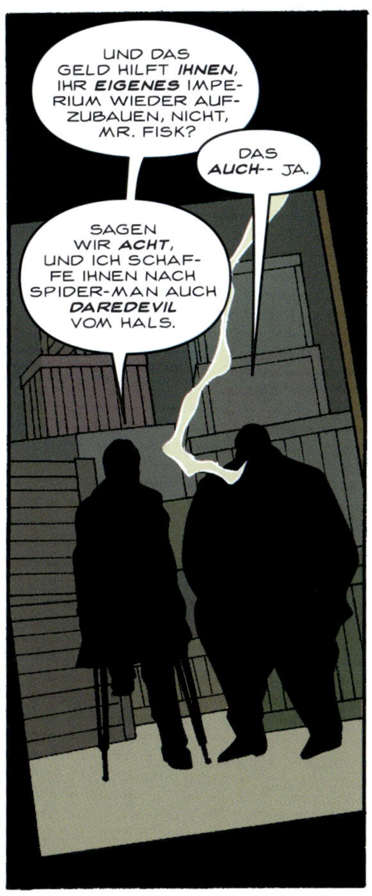
UND DAS GELD HILFT **IHNEN**, IHR **EIGENES** IMPERIUM WIEDER AUFZUBAUEN, NICHT, MR. FISK?
DAS **AUCH**-- JA.
SAGEN WIR **ACHT**, UND ICH SCHAFFE IHNEN NACH SPIDER-MAN AUCH **DAREDEVIL** VOM HALS.

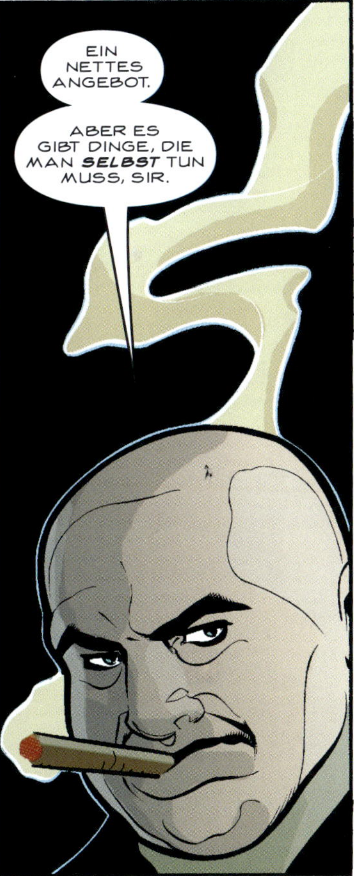
EIN NETTES ANGEBOT.
ABER ES GIBT DINGE, DIE MAN **SELBST** TUN MUSS, SIR.

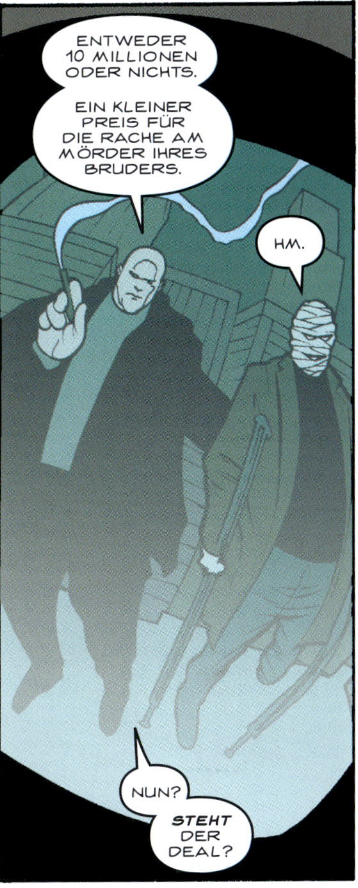
ENTWEDER 10 MILLIONEN ODER NICHTS.
EIN KLEINER PREIS FÜR DIE RACHE AM MÖRDER IHRES BRUDERS.
HM.
NUN?
STEHT DER DEAL?

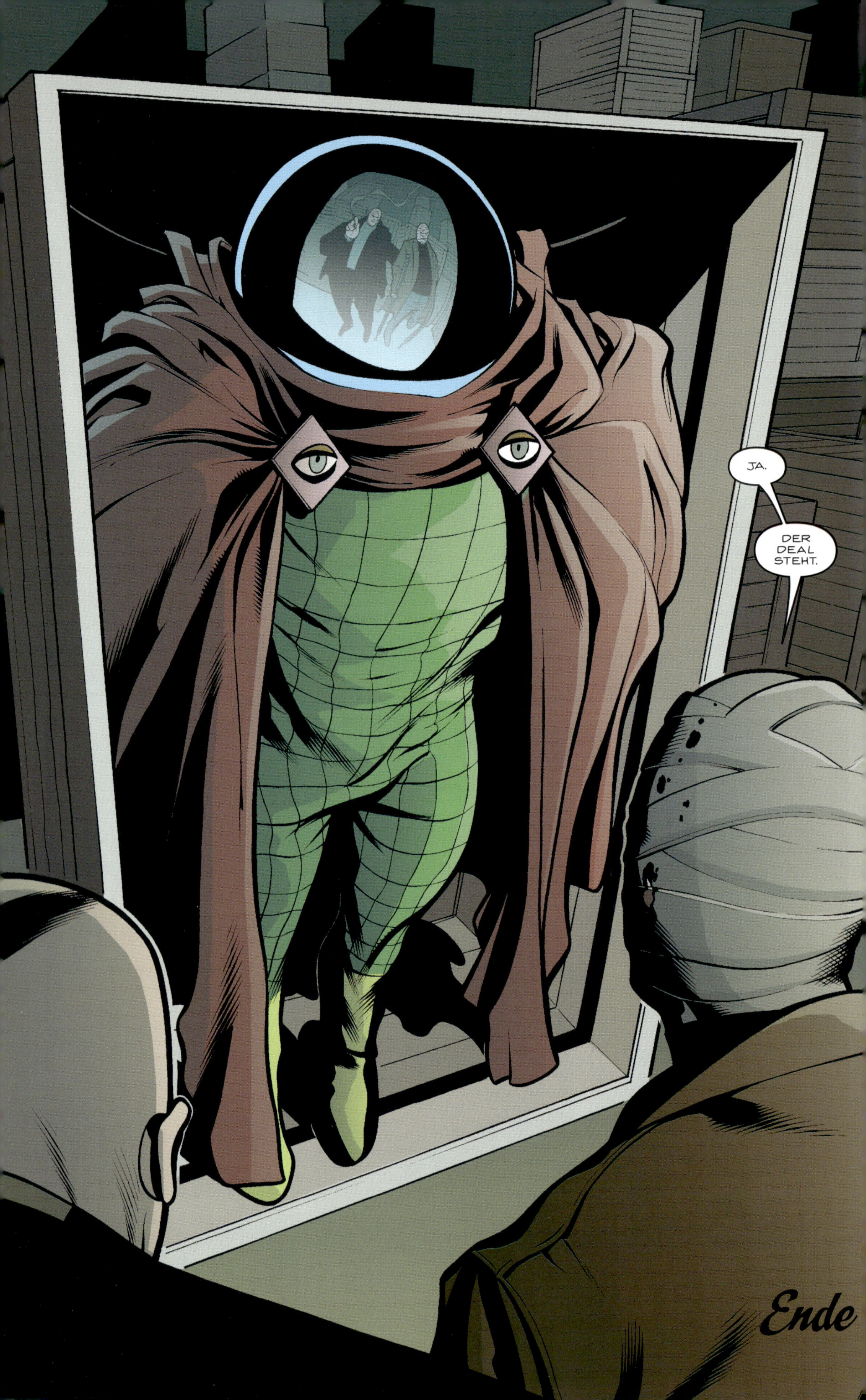
JA.
DER DEAL STEHT.
Ende

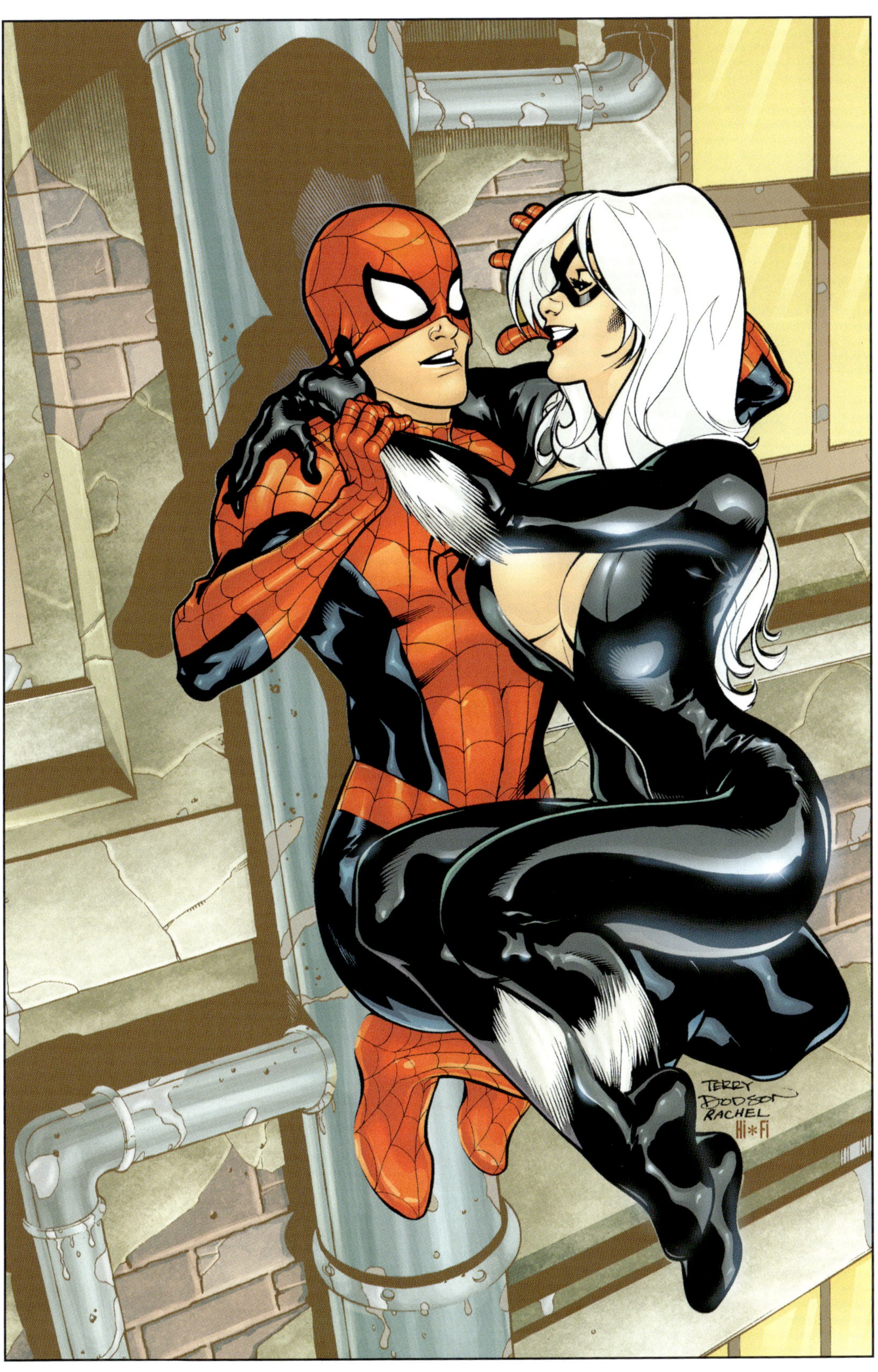

Wizard (1991) 130
Cover von **TERRY DODSON**

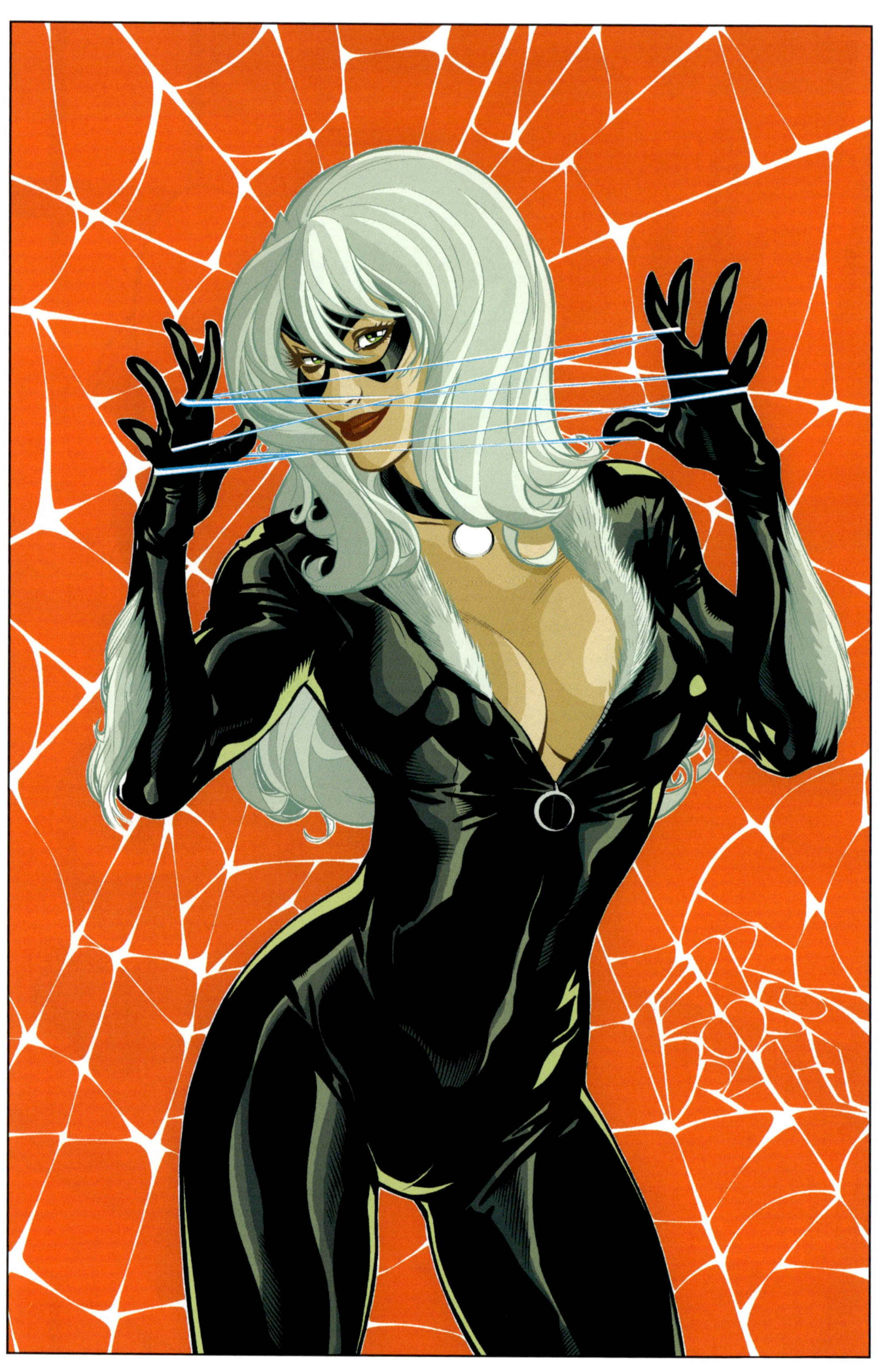

Spider-Man/Black Cat: The Evil That Men Do (2002) HC
Zeichnung von **TERRY DODSON**

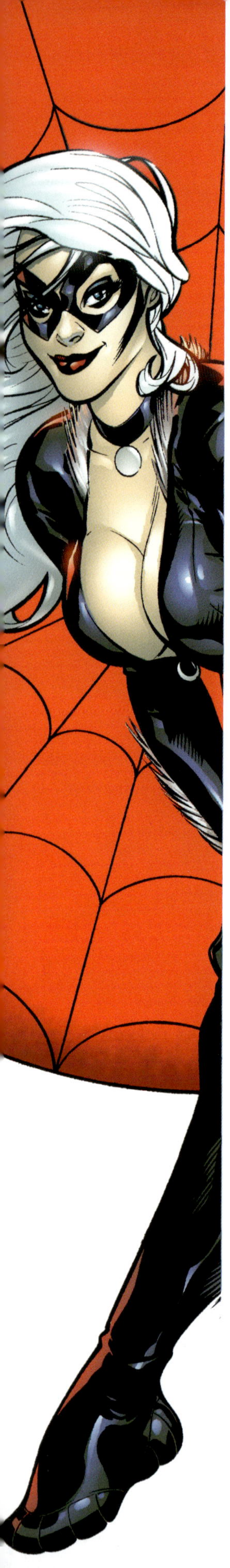

DIE MACHER

KEVIN SMITH war schon immer ein großer Comic-Fan, verkaufte einst jedoch seine Sammlung, um 1994 seinen ersten Film *Clerks* zu finanzieren. Seither realisierte der 1970 geborene Amerikaner, der als Drehbuchautor, Regisseur, Darsteller und Produzent tätig ist, Filme wie *Mallrats, Chasing Amy, Dogma, Jay und Silent Bob schlagen zurück* und *Zack and Miri Make a Porno*. Dabei arbeitete er mit Ben Affleck, Matt Damon, Alan Rickman, Elizabeth Banks, Bruce Willis und anderen zusammen. Als Schauspieler verkörperte Smith seine Figur Silent Bob in eigenen und fremden Stoffen, war in anderen Rollen aber auch z. B. im ersten *Daredevil*-Film, *Stirb Langsam 4.0*, *The Big Bang Theory* oder *Veronica Mars* zu sehen. Als Comic-Autor half Smith Ende der 1990er dabei, Marvel und Daredevil wiederzubeleben, die entsprechende Saga findet sich im Sammelband DAREDEVIL: IN DEN ARMEN DES TEUFELS. Darüber hinaus schrieb er GREEN ARROW: AUFERSTEHUNG und GREEN ARROW: DER KLANG DER GEWALT, BATMAN: KAKOFONIE, BATMAN: DER TEUFELSKREIS, HIT-GIRL IN HOLLYWOOD, *Green Hornet, Batman '66 Meets the Green Hornet, Bionic Man* und Comics zu seinen Filmen. Smith, der seine Tochter nach Harley Quinn benannte, ist reger Teil der Podcast-Szene und besitzt in seiner Heimat New Jersey einen eigenen Comic-Shop. Zu seinen jüngeren Projekten zählen das autobiografische Buch *Tough Sh*t* und z. B. eine Batman-Story in BATMAN SPECIAL – DETECTIVE COMICS 1000. Darüber hinaus führte er bei mehreren Folgen der TV-Serien *Flash, Supergirl* und *Die Goldbergs* Regie und verhalf der Animationsserie *Masters of the Universe* bei Netflix zu einem Revival.

TERRY DODSON feierte Anfang der 1990er sein Debüt als Comic-Zeichner und machte erstmals von sich reden, als er mit Autor Mike W. Barr die Ultraverse-Figur Mantra für Marvels verlegerischen Ableger Malibu etablierte. Durch die Serien *X-Men: Storm* und *Pryde and Wisdom* von Warren Ellis, *Generation X* von Larry Hama und anderen sowie HARLEY QUINN von Karl Kesel wurde der Amerikaner schließlich zum Top-Zeichner und Fanliebling. Schon früh unterstützte ihn seine Frau Rachel, die seine Bleistiftzeichnungen für Comic-Seiten und -Cover tuschend veredelt – seit Langem sind die beiden ein eingespieltes Dream-Team. Mit Mark Millar inszenierten sie nicht nur die hochkarätige Spidey-Serie MARVEL KNIGHTS – SPIDER-MAN, sondern auch die Miniserie *Trouble*, in der es um die Jugend von Tante May ging. Zudem zeichneten die Dodsons in verschiedenen Epochen des Mutanten-Franchise die X-MEN-Serie, DEFENDERS und *Adventureman* von Matt Fraction, AVENGERS & X-MEN: AXIS von Rick Remender, STAR WARS: PRINZESSIN LEIA von Mark Waid, WONDER WOMAN von Allan Heinberg und anderen, die Graphic Novel *Teen Titans: Earth One* von Jeff Lemire, den Band X-MEN/FANTASTIC FOUR – DAS VERLORENE KIND von Chip Zdarsky, *Red Skin* von Xavier Dorison, die zunächst in Frankreich veröffentlichte Albumserie *Träume* von D. P. Filippi und viele Titelbilder.

SPIDER-MAN/BLACK CAT

DAS BÖSE IN DIR

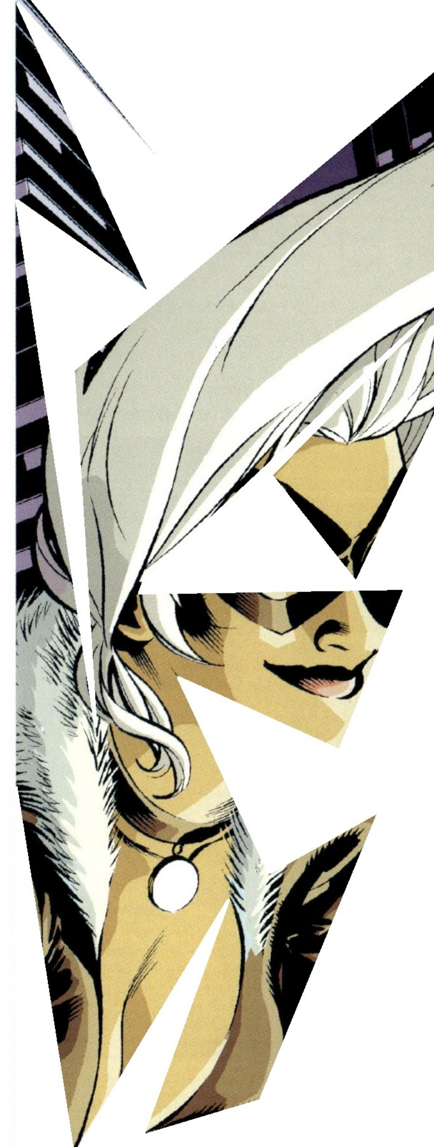

BONUSTEIL

2006 konnten die Leser endlich die letzten Kapitel der Miniserie *Spider-Man/Black Cat: The Evil That Men Do* von **Kevin Smith** und **Terry Dodson** lesen, nach einer ungeplanten Pause von drei Jahren zwischen dem dritten und vierten Kapitel. Bis heute kommt der Geschichte eine Schlüsselfunktion zu, wenn es um das Verständnis der rätselhaften **Felicia Hardy** geht.

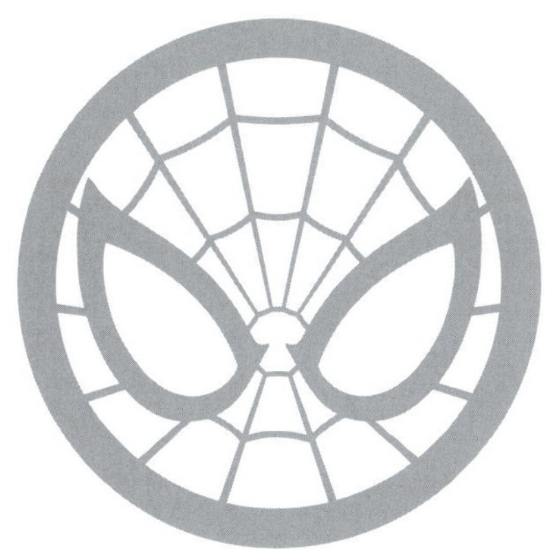

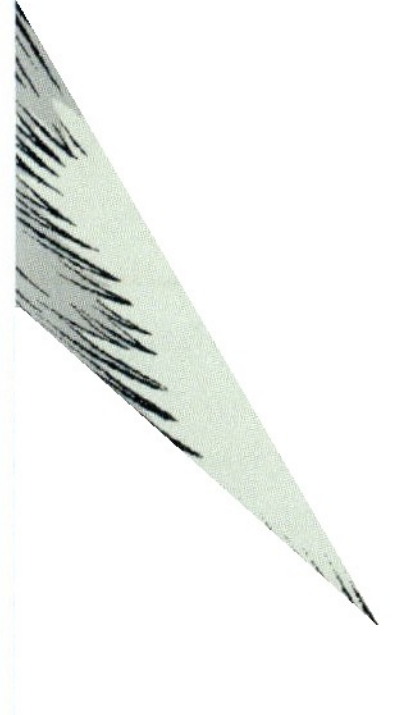

Das Warten hat sich gelohnt

Man kann sich kaum noch an die Zeiten erinnern, als Superhelden nicht das Standbein des Kinos waren, das sie heute sind. Aber 2002 war der erste **Spider-Man**-Film gerade erschienen, und Marvel beschloss, den bekannten Drehbuchautor und Regisseur **Kevin Smith** zu engagieren, um eine Spidey-Miniserie zu schreiben, die an die neue Popularität der Figur anknüpfen sollte. Smith hatte bereits eine hochgelobte Geschichte für die *Daredevil*-Serie des *Marvel Knights*-Ablegers verfasst, die ihn zu einem heißbegehrten Autor in der Branche gemacht hatte.

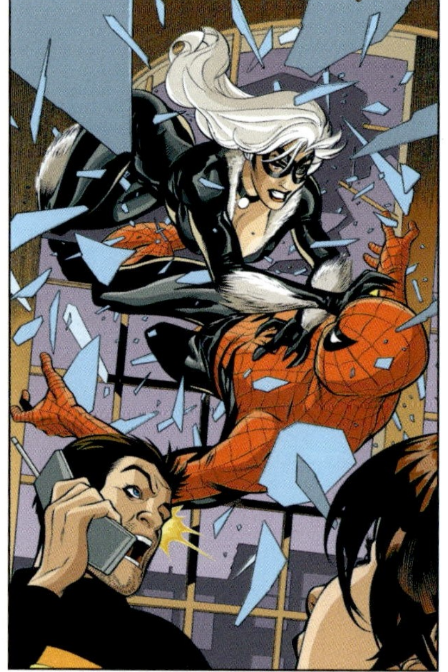

The Evil That Men Do war das erste Mal, dass das Künstler-Team und Ehepaar Terry und **Rachel Dodson** an Spider-Man und Black Cat arbeitete.

Man hoffte, dass Smiths Name neue Leser auf Marvel-Comics aufmerksam machen würde, darum war es wichtig, dass das Publikum das Gefühl hatte, dem Co-Star der Serie, **Felicia Hardy**, zum ersten Mal zu begegnen, und gleichzeitig den Sinn der Verbundenheit zwischen Spider-Man und **Black Cat** zu bewahren. Smith gelang das mit einigem Geschick, und die Chemie zwischen den beiden in der ersten Hälfte der Serie ist fast greifbar.

Terry Dodson war begeistert, als man ihn bat, die Serie zu illustrieren. Damals sagte er: „Spider-Man war eine der wenigen Serien, die ich als Kind monatlich las, daher freue ich mich auf die Gelegenheit, ihn zu zeichnen. Und außerdem ist es ein toller Zeitpunkt, an Spider-Man zu arbeiten, jetzt, da der Film und die Comic-Reihe so erfolgreich sind."

Anschließend sprach er über seine künstlerische Herangehensweise: „Ich passe mich immer an das Projekt an und versuche, den richtigen Zugang zu finden, um der Stimmung der Geschichte gerecht zu werden. Normalerweise ist das keine große Änderung des Stils, eher eine Einschätzung des Notwendigen. *Spidey/Black Cat* schlägt im Gegensatz zu einigen meiner früheren Arbeiten einen eher ernsten Ton an, daher zeichne ich etwas realistischer als sonst und verwende mehr Schwarz und Texturen, um die Ernsthaftigkeit der Geschichte zu unterstreichen."

The Evil That Men Do war sicherlich eine große Hilfe, um Black Cat als wichtige Nebenfigur zu etablieren,

▶ Smith lieh sich den Titel *The Evil That Men Do* aus **William Shakespeares** *Julius Caesar*. Kurz nachdem **Brutus**, **Cassius** und die anderen Verschwörer **Caesar** ermordet hatten, preist **Marcus Antonius** den toten Kaiser vor den Bürgern von Rom mit den Worten: „Was Menschen Übles tun, das überlebt sie, das Gute wird mit ihnen oft begraben."

denn Smith fügte der Figur eine Vielschichtigkeit hinzu, die andere Autoren dankbar aufgriffen. Nach Beendigung der Serie trat sie öfter in Erscheinung und wurde sogar neben **Wolverine** zum Co-Star der beiden *Claws*-Miniserien von 2006 und 2011. Außerdem wurde sie Mitglied der **Heroes for Hire**.

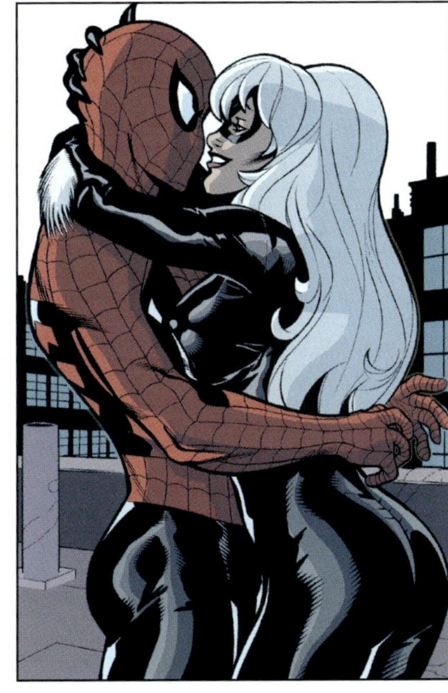

Die erste Hälfte der Serie hatte einen spielerischen und koketten Ton. Zeichnung von Terry Dodson.

Im Anschluss an die *Spider-Man/Black Cat*-Miniserie sollte Smith **J. Michael Straczynski** als Autor von *Amazing Spider-Man* ersetzen, der eine andere Serie aus dem Netzkopf-Kosmos machen wollte. Doch die Dinge liefen nicht wie geplant, denn nach der Hälfte der Serie sah sich Smith außerstande, die weiteren Scripts fertigzustellen, da er andere Verpflichtungen hatte. Die Tatsache, dass das dritte Kapitel mit einem der größten Cliffhanger der Comic-Geschichte geendet hatte, frustrierte die Fans, denn nun mussten sie einige Geduld aufbringen, bis sie erfahren sollten, was mit Black Cat geschah, nachdem der schurkische **Garrison Klum** sie in seine Finger bekam.

Vor der Pause zwischen den Heften 3 und 4 war Smith sehr angetan von der Aussicht, *Amazing Spider-Man* schreiben zu können. Damals sagte er: „Spideys Schurkenriege ist so gut wie Batmans – wenn nicht besser. Ihr könnt sicher sein, dass jede *Amazing*-Story, die ich schreibe, voller Schurken ist." Wenn man *The Evil That Men Do* heute liest, stellt sich unweigerlich die Frage, wie Smiths *Amazing Spider-Man* wohl ausgesehen hätte. Leider wurde das nie realisiert und wir können uns nur vorstellen, was für Spaß wir in Spideys Welt gehabt hätten, wenn Smith sich mit all den fantastischen Freunden und Feinden des Netzschwingers ausgetobt hätte.

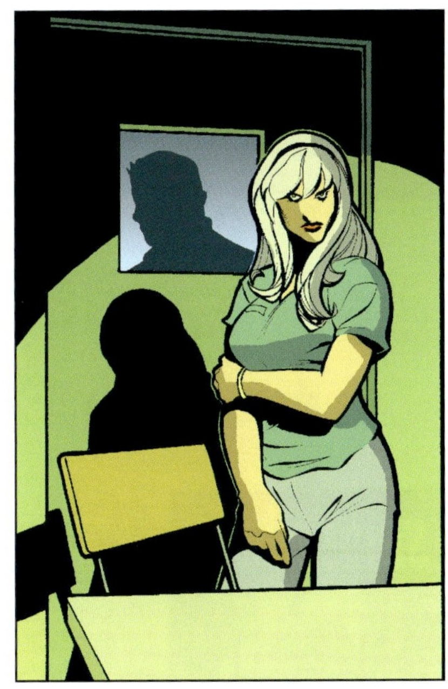

Der Ton der zweiten Hälfte der Serie war viel düsterer. Zeichnung von Terry Dodson.

Als die Serie schließlich fortgesetzt und 2006 abgeschlossen wurde, fiel den Lesern die Veränderung des Tonfalls zwischen den amüsanten ersten Kapiteln und der düsteren, traumatisierten Färbung der Schlusskapitel auf. Smith selbst sagte den Lesern: „Ich habe keine Ausreden für die Verspätung, aber eins kann ich sagen: Hätte ich die Geschichte 2002 beendet, wäre sie weniger gut geworden."

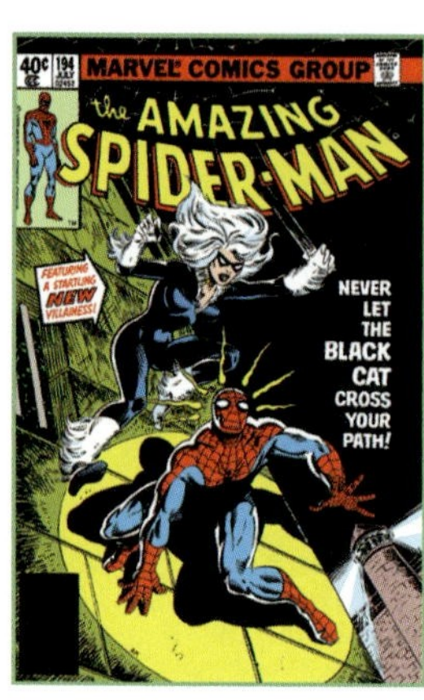

***The Amazing Spider-Man* 194 (1979)**
MARV WOLFMAN
KEITH POLLARD
Es bedeutete Pech für Spider-Man, als ***Black Cat*** *das erste Mal seinen Weg kreuzte. Denn er endete unter einem Schuttberg.*

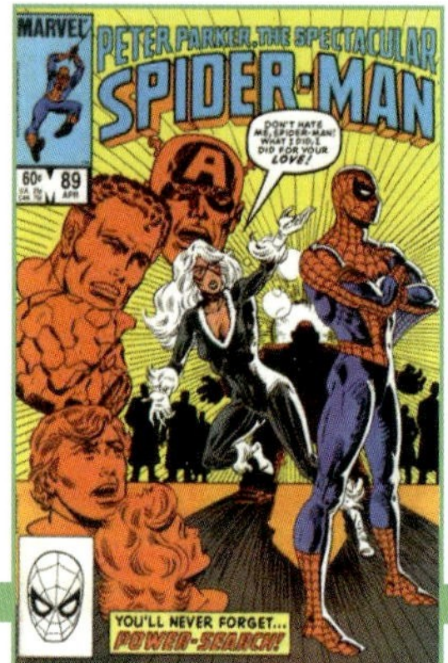

***Peter Parker, The Spectacular Spider-Man* 89 (1984)**
BILL MANTLO
AL MILGROM
Felicia tat alles, um Superkräfte zu bekommen, weil sie Spider-Man eine größere Hilfe sein wollte. Und dabei fiel sie ***Kingpin*** *in die Hände.*

SPIDER-MAN/BLACK CAT
DAS BÖSE IN DIR

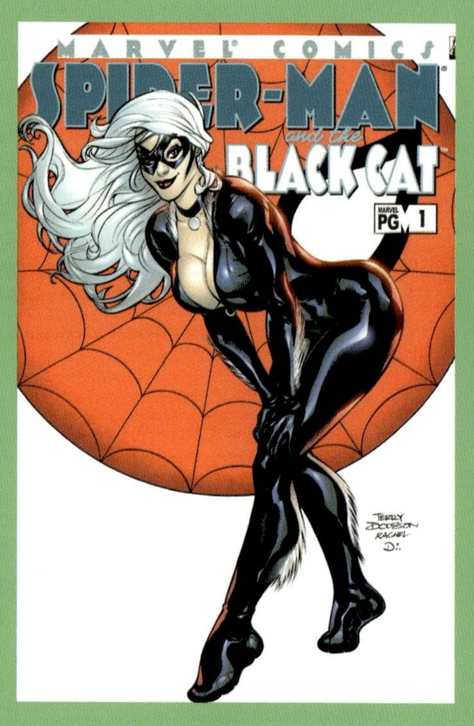

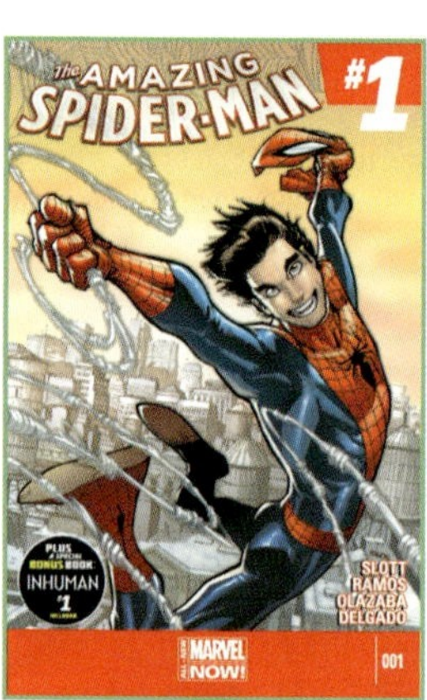

***The Amazing Spider-Man* 1 (2014)**
DAN SLOTT
CHRISTOS GAGE
HUMBERTO RAMOS
GIUSEPPE CAMUNCOLI
Peter Parker hatte wieder die Kontrolle über seinen Körper, aber er wusste nicht, dass Felicia Hardy auf Rache sann.

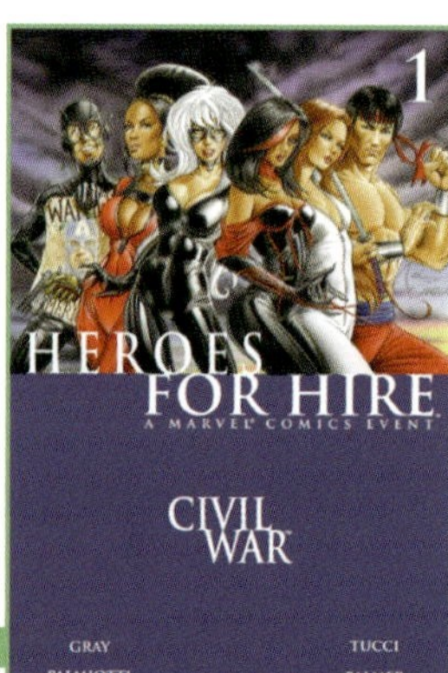

***Heroes for Hire* 1 (2006)**
JIMMY PALMIOTTI
JUSTIN GRAY
BILLY TUCCI
Misty Knight *und* ***Colleen Wing*** *machten Black Cat das Angebot, zu den* ***Heroes for Hire*** *zu stoßen und ihnen bei der Jagd auf nicht registrierte Helden zu helfen.*

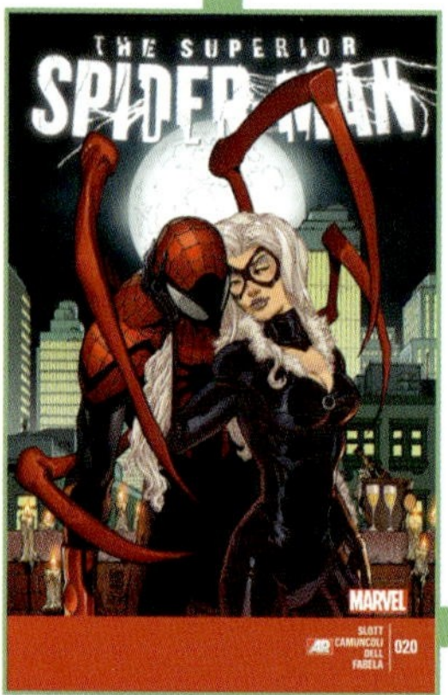

***Superior Spider-Man* 20 (2013)**
DAN SLOTT
GIUSEPPE CAMUNCOLI
Als ***Dr. Octopus*** *der Herr über Spideys Körper war, begegnete er Felicia und verprügelte sie heftig, bevor er sie der Polizei überließ.*

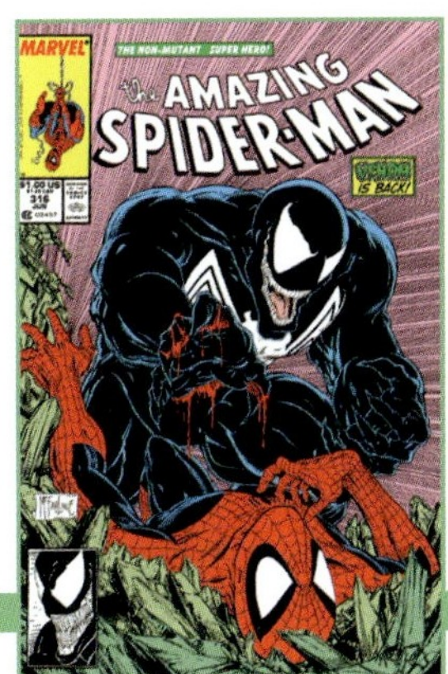

***The Amazing Spider-Man* 316 (1989)**
DAVID MICHELINIE
TODD McFARLANE
Felicia kehrte nach New York zurück, kollidierte mit ***Venom*** *und beschäftigte sich schon bald zwanghaft mit ihrem Ex-Freund Peter Parker.*

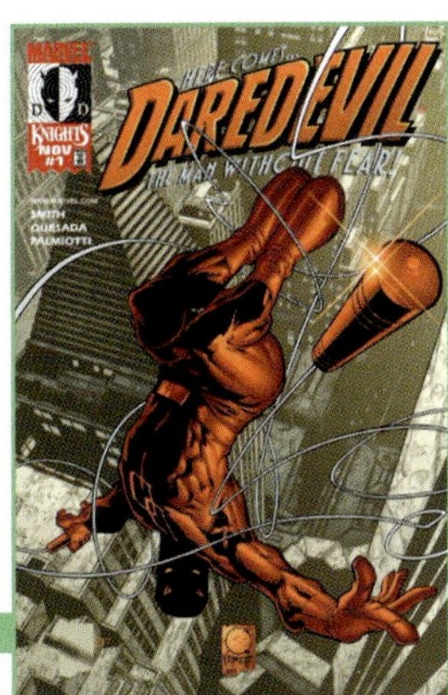

***Daredevil* 1 (1998)**
KEVIN SMITH
JOE QUESADA
Hier begann Kevin Smiths Guardian Devil*-Story, in der Spider-Man und* ***Mysterio*** *auftauchten.*

The Evil That Men Do holte **Spideys** alte Flamme, **Felicia Hardy**, zurück und behandelte ihre Vergangenheit auf nie gesehene Weise. Außerdem wurde uns der gequälte Schurke **Francis Klum** vorgestellt, ein Gegner, der noch eine persönliche Rechnung mit Spider-Man zu begleichen hatte. Die Story nahm auch die Beziehung zwischen **Peter Parker** und **Matt Murdock** unter die Lupe, und **Kevin Smith** genoss sichtlich die Gelegenheit, wieder über **Daredevil** zu schreiben. All das servierte uns diese Geschichte. Plus **Nightcrawler** und **Scorpia**. Konnte man mehr verlangen?

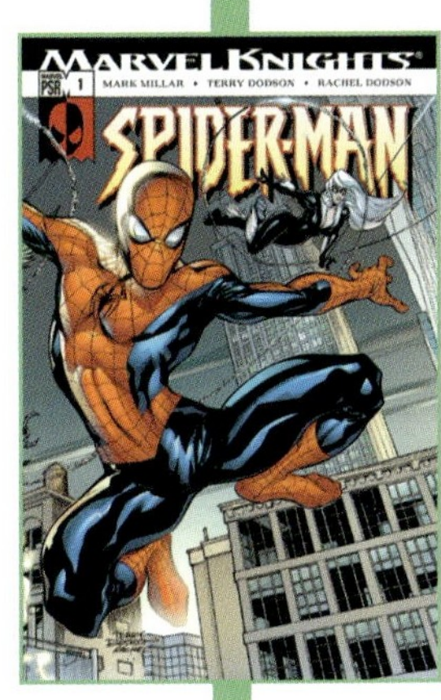

***Marvel Knights: Spider-Man* 1 (2004)**
MARK MILLAR
TERRY DODSON
RACHEL DODSON
In ***Mark Millars*** *Story* Down Among the Dead Men *wurden Spidey und Black Cat wiedervereint.*

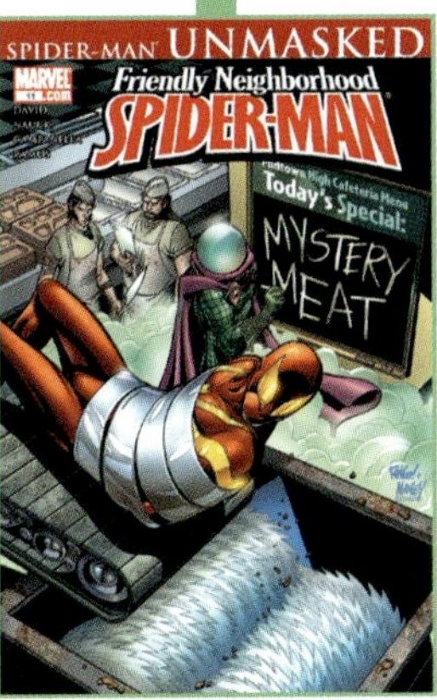

***Friendly Neighborhood Spider-Man* 11 (2006)**
PETER DAVID
TODD NAUCK
Nachdem Spider-Man der ganzen Welt seine Identität verkündet hatte, setzt Francis Klum, der neue Mysterio, seinen Racheplan in die Tat um.

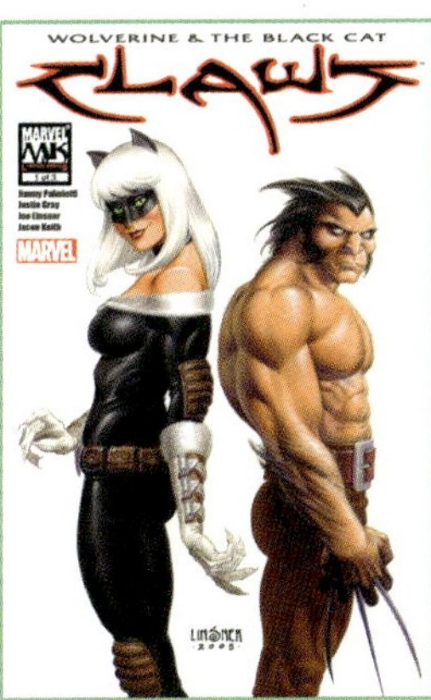

***Claws* 1 (2006)**
JIMMY PALMIOTTI
JUSTIN GRAY
JOSEPH LINSNER
Black Cat und ***Wolverine*** *wurden in diesem Dreiteiler entführt und mussten gegen eine Gruppe geheimnisvoller Jäger um ihr Leben kämpfen.*

Die Spinne und die Katze

Trotz der Lücke, die zwischen dem Start und dem Ende von *The Evil That Men Do* lag, hatte die Serie **Felicia Hardy** näher in den Vordergrund gerückt, eine leidenschafliche, aber mitunter auch lästige Ex-Freundin von **Peter Parker**. Auch wenn Felicia ihre frühere Beziehung als reinen „Matratzensport" abtat, wer ihre ersten Auftritte genauer betrachtet, sieht eine wahrhafte und liebende Beziehung zwischen dem Pärchen aufblühen. Sie fühlten sich sofort zueinander hingezogen, kaum dass sie sich 1979 in *Amazing Spider-Man* 194 erstmals über den Weg liefen, als Felicia fest entschlossen war, ihren Vater aus dem Gefängnis zu befreien. Später, nachdem sie dem Verbrechen den Rücken gekehrt hatte, wurde aus den beiden allmählich ein Paar. Felicia versuchte sogar Superkräfte zu bekommen, um Peter beschützen zu können. Leider wurden ihre Kräfte jedoch von **Wilson „Kingpin" Fisk** finanziert, und ihre neue Gabe, Pech zu bringen, wurde für **Spider-Man** zum Problem. Peter machte schließlich Schluss mit ihr, obwohl sie ihre Beziehung etwas später wieder aufleben ließen.

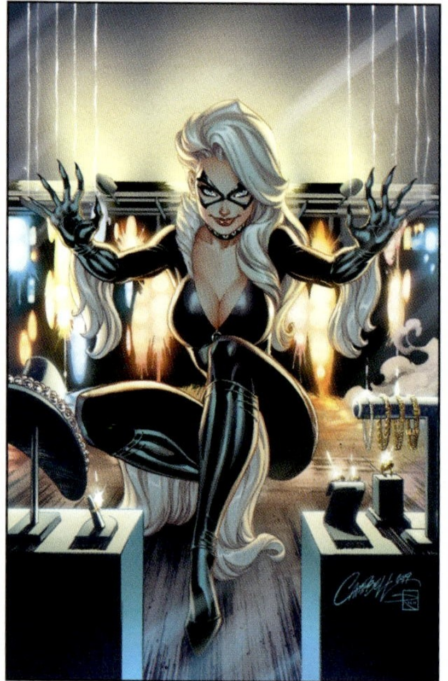

2019 bekam **Black Cat** ihre eigene Miniserie. Zeichnung von **J. Scott Campbell**.

Nachdem sie einige Jahre im Ausland verbracht hatte, kehrte Felicia zurück und zeigte eine unschöne Seite, denn sie glühte vor Eifersucht, als sie sah, wie glücklich Peter mit **Mary Jane** war. Sie schikanierte das Paar und ging zu Peters Ärger sogar mit seinem Kumpel **Flash Gordon** aus. Doch irgendwann kam sie darüber hinweg und freundete sich mit Mary Jane und Peter an.

In der *Heroes for Hire*-Serie aus dem Jahre 2006 wurde sie ein Mitglied dieses Teams, bevor sie wieder zur Verbrecherin wurde. Während eines Raubzugs hatte sie das Pech, dem „überlegenen" Spider-Man (alias **Dr. Octopus**) zu begegnen. Natürlich hielt sie ihn für Peter, ihren Ex-Freund, und war völlig geschockt, als er sie attackierte und übel zurichtete, bevor er sie einspann und der Polizei überließ.

▶ Die Prügel, die sie von **Octavius** bezog, verbitterten sie, und sie setzte alles daran, ein Verbrecherboss zu werden, weil sie sich an Peter Parker rächen wollte. Sie verbündete sich mit **Electro** und **Hammerhead** und kaufte sogar die Bar ohne Namen, als künftigen Treff für Superschurken. Bis heute ist sie kriminell geblieben, aber dennoch können die Marvel-Helden auf ihre Hilfe zählen, wenn Not am Mann ist.

Was ist aus ihnen geworden?

Elaine Coll alias **Scorpia** erschien erstmal 1995 in der Miniserie *Spider-Man: Power of Terror*, in der sie für den Verbrecherboss **Silvermane** arbeitete. Sie befolgte seinen Befehl, **Spider-Man** und **Daredevil** anzugreifen, doch anschließend wurde sie von ihrem Boss verraten und in den Rücken geschossen. Sie konnte entkommen und trat den **Sinister Seven** bei, die sich vorgenommen hatten, den Klon **Kaine** daran zu hindern, Spider-Mans Feinde umzubringen.

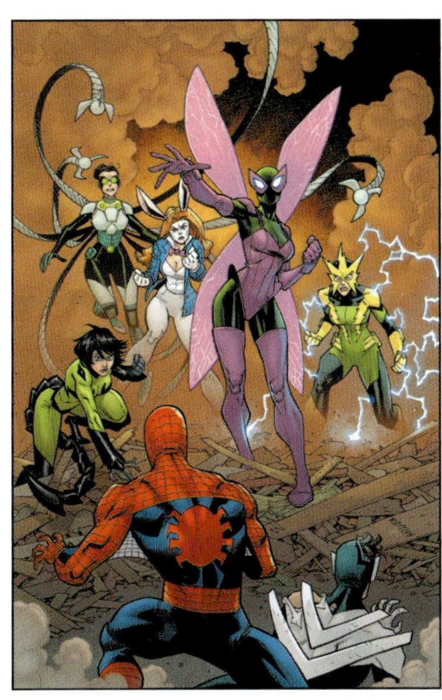

Scorpia schloss sich an der Seite von Beetle der Frauenbande Syndicate an. Zeichnung von **Ryan Ottley**.

Nach den Ereignissen in *The Evil That Men Do* wurde Scorpia von **Taskmaster** und **Black Ant** entführt, um gemeinsam mit anderen Schurken mit „tierischen" Fähigkeiten als Jagdbeute bei einem Komplott zu dienen, das **Kraven** und **Arcade** eingefädelt hatten. Nach ihrer Flucht schloss sie sich **Beetle** und einer Verbrecherorganisation namens **Syndicate** an, die nur aus Frauen bestand.

Als wir **Francis Klum** das letzte Mal sahen, kaufte er **Kingpin** das Kostüm von **Mysterio** ab. Als Spider-Man im Laufe des Events *Civil War* seine Geheimidentität enthüllte, kehrte Klum in *Friendly Neighborhood Spider-Man* 11 für den Dreiteiler *I Hate a Mystery* zurück.

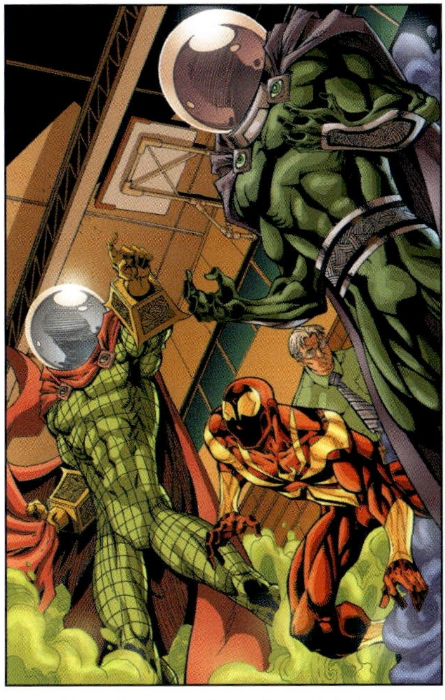

Klums Mysterio und Berkharts Mysterio haben Stress. Zeichnung von **Todd Nauck**.

Er stellte eine Reihe von Fallen in der Schule auf, in der **Parker** arbeitete, und pumpte das Gebäude mit K.O.-Gas voll. Doch zu seiner Überraschung tauchten zwei frühere Mysterios auf. Der zweite Mysterio, **Daniel Berkhart**, war gar nicht erbaut und wollte gegen den Hochstapler kämpfen. Spider-Man erschien, besiegte Berkhart, doch anschließend wollte Klum den Netzschwinger dazu bringen, sich selbst die Kehle durchzuschneiden. **Flash Thompson** gelang es, das Messer zu packen und Klum zu verwunden, der nun gezwungen war, die Flucht zu ergreifen.

Klum versuchte, die Schulkrankenschwester **Miss Arrow** als Geisel zu nehmen, doch sie stach auf ihn ein. Er teleportierte fort – und starb. Der Mutant wurde 2017 in der *Clone Conspiracy*-Story von **Jackal** zwar wieder zum Leben erweckt, doch er starb später an Klon-Degeneration.

WEITERE MUST-HAVE-TITEL

BEREITS ERHÄLTLICH

CIVIL WAR
AVENGERS: HELDENFALL
SPIDER-MAN: SPIDER-VERSE
WOLVERINE: OLD MAN LOGAN
DEADPOOL KILLT DAS MARVEL-UNIVERSUM
THANOS: DIE GEBURT EINES MONSTERS
DAREDEVIL: DER MANN OHNE FURCHT
MILES MORALES: ULTIMATE SPIDER-MAN
MS. MARVEL: META-MORPHOSE
DER TOD VON WOLVERINE
INFINITY GAUNTLET: DIE EWIGE FEHDE
PLANET HULK
X-MEN: DIE DARK PHOENIX SAGA
VENOM: DARK ORIGIN
IRON MAN: EXTREMIS
FANTASTIC FOUR - 4
PUNISHER: FRANK IST ZURÜCK!
MARVEL KNIGHTS SPIDER-MAN
BLACK PANTHER: WER IST BLACK PANTHER?
X-MEN: EIN NEUER ANFANG
FANTASTIC FOUR: ALLES GELÖST?!
SPIDER-MAN: HEIMKEHR
CAPTAIN AMERICA: WINTER SOLDIER
ASTONISHING X-MEN: BEGABT
SPIDER-MAN: KRAVENS LETZTE JAGD
HOUSE OF M
DEADPOOL: WEIBER, WUMMEN UND WADE WILSON
AVENGERS: AUSBRUCH
ULTIMATE SPIDER-MAN: LEKTIONEN FÜRS LEBEN
DER TOD VON CAPTAIN AMERICA
ANNIHILATION
MARVELS
DAREDEVIL: AUFERSTEHUNG
GUARDIANS OF THE GALAXY: SPACE-AVENGERS
AVENGERS PRIME
WOLVERINE: STAATSFEIND

JETZT ERHÄLTLICH

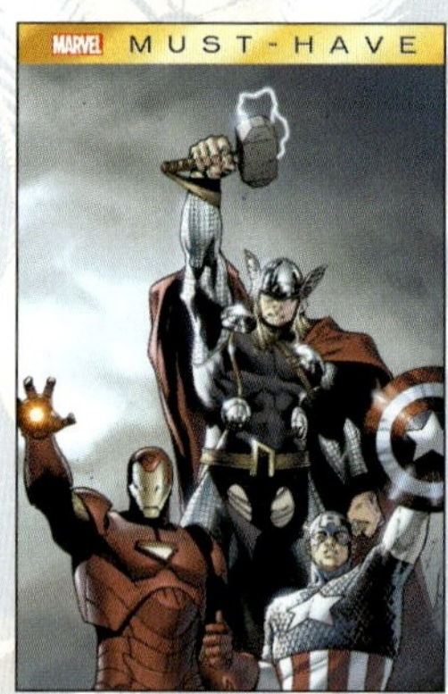

THE SIEGE - DIE BELAGERUNG

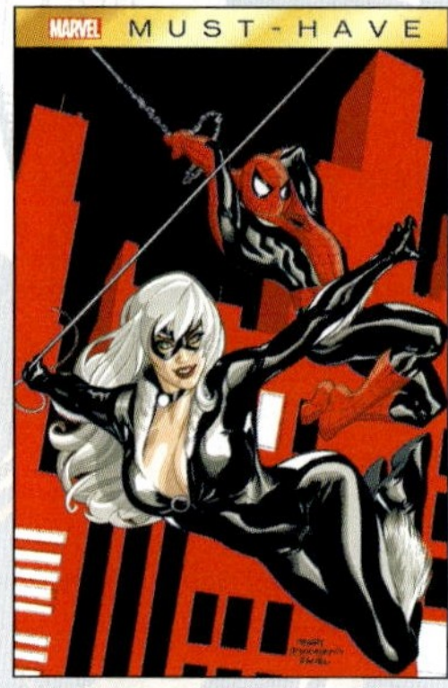

SPIDER-MAN/BLACK CAT

DEMNÄCHST

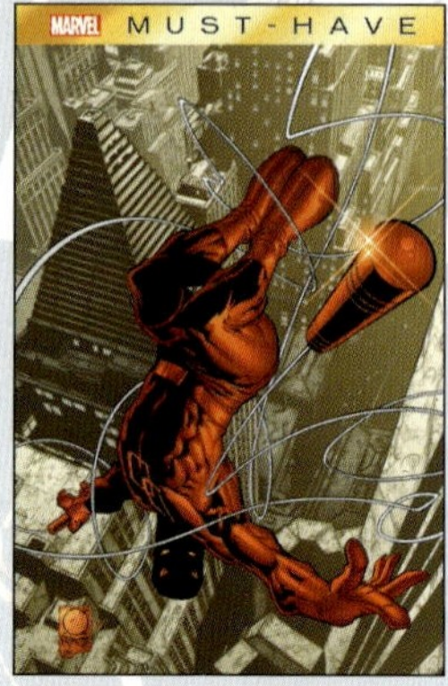

DAREDEVIL: IN DEN ARMEN DES TEUFELS

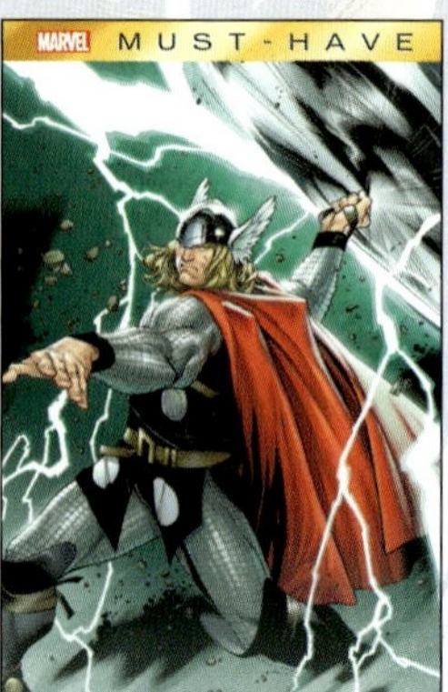

THOR: DIE RÜCKKEHR DES DONNERS